"十四五"职业教育国家规划教材

"十三五"职业教育国家规划教材

混合动力汽车拆装与检测

天津职业技术师范大学汽车职业教育研究所 组编

主　编　申荣卫
副主编　徐念峰
参　编　周　毅　包丕利　孔　超　何泽刚
　　　　杨小刚　台晓虹　黄晓飞

机械工业出版社

本书是"十四五"职业教育国家规划教材。

本书采用基于工作过程的方法开发，以典型工作任务为载体组织内容，主要包括混合动力汽车认知与使用安全、动力系统拆装与检测、动力蓄电池及管理系统拆装与检测、整车控制系统检修、辅助系统拆装与检测5个学习情境。每个情境还包含若干学习单元，每个学习单元以实际工作任务进行导入，理论知识包含基础知识和拓展知识，实践技能部分以丰田卡罗拉混合动力汽车为例。

本书可供开设新能源汽车专业的职业院校使用，也可以供新能源汽车技术培训机构使用，同时还可作为新能源汽车从业人员的学习参考书。

图书在版编目（CIP）数据

混合动力汽车拆装与检测/申荣卫主编. —北京：机械工业出版社，2019.3（2025.2重印）
职业教育新能源汽车专业理实一体化教材
ISBN 978-7-111-61968-0

Ⅰ.①混… Ⅱ.①申… Ⅲ.①混合动力汽车-装配（机械）-职业教育-教材②混合动力汽车-检测-职业教育-教材 Ⅳ.①U469.7

中国版本图书馆CIP数据核字（2019）第025308号

机械工业出版社（北京市百万庄大街22号 邮政编码100037）
策划编辑：于志伟　　　责任编辑：于志伟　牛砚斐
责任校对：刘雅娜　李　杉　封面设计：鞠　杨
责任印制：刘　媛
涿州市般润文化传播有限公司印刷
2025年2月第1版第13次印刷
184mm×260mm·16印张·390千字
标准书号：ISBN 978-7-111-61968-0
定价：48.00元

电话服务　　　　　　　　网络服务
客服电话：010-88361066　　机 工 官 网：www.cmpbook.com
　　　　　010-88379833　　机 工 官 博：weibo.com/cmp1952
　　　　　010-68326294　　金 书 网：www.golden-book.com
封底无防伪标均为盗版　　　机工教育服务网：www.cmpedu.com

关于"十四五"职业教育
国家规划教材的出版说明

为贯彻落实《中共中央关于认真学习宣传贯彻党的二十大精神的决定》《习近平新时代中国特色社会主义思想进课程教材指南》《职业院校教材管理办法》等文件精神,机械工业出版社与教材编写团队一道,认真执行思政内容进教材、进课堂、进头脑要求,尊重教育规律,遵循学科特点,对教材内容进行了更新,着力落实以下要求:

1. 提升教材铸魂育人功能,培育、践行社会主义核心价值观,教育引导学生树立共产主义远大理想和中国特色社会主义共同理想,坚定"四个自信",厚植爱国主义情怀,把爱国情、强国志、报国行自觉融入建设社会主义现代化强国、实现中华民族伟大复兴的奋斗之中。同时,弘扬中华优秀传统文化,深入开展宪法法治教育。

2. 注重科学思维方法训练和科学伦理教育,培养学生探索未知、追求真理、勇攀科学高峰的责任感和使命感;强化学生工程伦理教育,培养学生精益求精的大国工匠精神,激发学生科技报国的家国情怀和使命担当。加快构建中国特色哲学社会科学学科体系、学术体系、话语体系。帮助学生了解相关专业和行业领域的国家战略、法律法规和相关政策,引导学生深入社会实践、关注现实问题,培育学生经世济民、诚信服务、德法兼修的职业素养。

3. 教育引导学生深刻理解并自觉实践各行业的职业精神、职业规范,增强职业责任感,培养遵纪守法、爱岗敬业、无私奉献、诚实守信、公道办事、开拓创新的职业品格和行为习惯。

在此基础上,及时更新教材知识内容,体现产业发展的新技术、新工艺、新规范、新标准。加强教材数字化建设,丰富配套资源,形成可听、可视、可练、可互动的融媒体教材。

教材建设需要各方的共同努力,也欢迎相关教材使用院校的师生及时反馈意见和建议,我们将认真组织力量进行研究,在后续重印及再版时吸纳改进,不断推动高质量教材出版。

机械工业出版社

前言

Preface

2022年，我国新能源汽车产量为705.8万辆、销量为688.7万辆，保有量为1310万辆，我国新能源汽车产业已走在世界前列。2015年，《〈中国制造2025〉重点领域技术路线图（2015年版）》正式发布，明确提出纯电动和插电式混合动力汽车、燃料电池汽车是我国未来在新能源汽车领域的重点发展方向。2020年中国汽车工程学会《节能与新能源汽车技术路线图2.0》的发布，再次为新能源汽车技术发展提出了更为明确的思路和路径。

目前，我国职业院校肩负着培养新能源汽车技术技能人才的历史重任。在中国汽车工程学会汽车应用与服务分会的指导下，天津职业技术师范大学汽车职业教育研究所在参与完成教育部"新能源汽车行业人才需求与职业院校专业设置指导报告"课题的基础上，组织汽车专业一线教师编写了本套理实一体化教材。

本书采用"基于工作过程"的方法进行开发。在对新能源汽车技术技能人才岗位调研的基础上，分析出岗位典型工作任务，然后根据典型工作任务提炼出行动领域，在此基础上构建了工作过程系统化的课程体系。为方便职业院校开展一体化教学和信息化教学，本书配套了"新能源汽车专业课程及教学资源库平台"，平台为每个学习单元开发了教学设计、教学课件、任务工单、教学录像、操作视频、教学动画等丰富的教学资源。

本书主要包括混合动力汽车认知与使用安全、动力系统拆装与检测、动力蓄电池及管理系统拆装与检测、整车控制系统检修、辅助系统拆装与检测5个学习情境，每个情境还包含若干学习单元，全部内容均在实车上进行了验证。

本书始终坚持正确的政治方向，以国家和社会的需求为导向，以专业人才培养目标为依据，以所在专业能力结构为主线。本次重印，将习近平新时代中国特色社会主义思想和党的二十大精神融入教材，以全力打造精品教材为出发点，以每一个学习情境、每一个学习单元、每一幅插图为落脚点，全面落实立德树人的根本任务，发挥铸魂育人实效。

本书由天津职业技术师范大学申荣卫担任主编，中国汽车工程学会汽车应用与服务分会徐念峰担任副主编，天津职业技术师范大学周毅、包丕利、孔超、台晓虹，天津交通职业学院何泽刚，天津中德应用技术大学杨小刚，贵州机械工业学校黄晓飞参与编写，中汽研新能源汽车检测中心（天津）有限公司王仁广（负责全书典型工作任务的确定）、天津职业技术师范大学石培吉（负责全书知识性内容的审核）担任主审。

在本书编写过程中，山东星科智能科技股份有限公司提供了大量设备支持，在此表示衷心的感谢。在编写过程中还参考了大量国内外相关著作和文献资料，在此一并向相关作者表示感谢。

由于编者水平有限，书中难免有错漏之处，敬请读者批评指正。

编者

二维码清单

名称	图形	名称	图形
1.1-混合动力卡罗拉汽车高压部件认知1		3.1-HV蓄电池继电器总成的更换	
1.1-混合动力卡罗拉汽车高压部件认知2		3.2-熔丝盒的更换	
2.4-读取发电机与电动机温度信号故障码与数据流		3.3-电压传感器的更换	
2.5-逆变器外部结构认知		4.1-读取中央网关故障码和数据流	
2.6-带转换器的逆变器总成及传动桥冷却系统认知		5.2-更换空调放大器	

目录

前　言

学习情境1　混合动力汽车认知与使用安全 ········· 1

学习单元1.1　混合动力汽车认知 ········· 2
学习单元1.2　混合动力汽车维修作业安全与个人防护 ········· 18

学习情境2　动力系统拆装与检测 ········· 29

学习单元2.1　8ZR-FXE发动机拆装 ········· 30
学习单元2.2　8ZR-FXE发动机电控系统认知 ········· 42
学习单元2.3　混合驱动桥更换 ········· 53
学习单元2.4　混合驱动桥拆装与检测 ········· 63
学习单元2.5　带转换器的逆变器总成更换 ········· 76
学习单元2.6　逆变器冷却系统检修 ········· 92

学习情境3　动力蓄电池及管理系统拆装与检测 ········· 97

学习单元3.1　动力蓄电池的认知 ········· 98
学习单元3.2　动力蓄电池的检测 ········· 107
学习单元3.3　BMS的认知 ········· 117
学习单元3.4　动力蓄电池的更换 ········· 129

学习情境4　整车控制系统检修 ········· 143

学习单元4.1　车载网络系统检修 ········· 144
学习单元4.2　混合动力车辆ECU更换 ········· 156
学习单元4.3　整车工作模式测试 ········· 167

学习单元4.4　电子换档装置更换 …………………………………………………… 177

学习情境5　辅助系统拆装与检测 …………………………………………………… 187

　　学习单元5.1　空调系统认知 …………………………………………………………… 188
　　学习单元5.2　空调系统故障诊断与修复 ……………………………………………… 204
　　学习单元5.3　电控制动系统检测与修复 ……………………………………………… 220

参考文献 ……………………………………………………………………………………… 246

学习情境 1

混合动力汽车认知与使用安全

▶ 学习目标

素质目标：
1. 能在工作过程中养成良好的职业道德和工作规范。
2. 能在混合动力汽车应用中树立节能减排的社会责任感。
3. 能在认知混合动力系统各个组成部件中感悟团队协作的重要性。
4. 能在汽车高压安全诸多措施中感悟汽车设计师的工匠精神。
5. 能在下电操作过程中增强安全操作意识并树立团队精神。

能力目标：
1. 能通过查阅相关维修技术资料等方式获取车辆信息。
2. 能正确介绍丰田混合动力系统（THS）以及比亚迪 DM-i 超级混动系统的结构与组成。
3. 能对比分析丰田混合动力系统（THS）与比亚迪 DM-i 超级混动系统之间的异同点。
4. 能正确认知丰田卡罗拉混合动力汽车主要结构部件及安装位置。
5. 能正确识别和使用新能源汽车个人及车间防护用具。
6. 能正确选择和使用绝缘工具。
7. 能正确规范地对卡罗拉混合动力汽车进行下电操作。
8. 能正确规范地对卡罗拉混合动力汽车进行绝缘检测。

知识目标：
1. 了解混合动力汽车的定义和分类。
2. 了解新能源汽车的高压系统电压等级及防护标准。
3. 了解新能源汽车个人防护用具、车间防护设备及绝缘工具。
4. 理解串联、并联以及混联式混合动力汽车的工作模式。
5. 理解混合动力汽车维修作业三点安全规程。
6. 掌握丰田卡罗拉混合动力汽车的结构组成及特点。
7. 掌握卡罗拉混合动力汽车高压安全的相关措施及维修高压电路的注意事项。

 学习单元 1.1 混合动力汽车认知

小王是一汽丰田汽车 4S 店的服务顾问,客户张先生对丰田卡罗拉混合动力汽车特别感兴趣,想让小王介绍一下该款混合动力汽车的结构组成。假如你是小王,你能向张先生介绍丰田卡罗拉混合动力汽车的结构组成吗?

1. 能叙述混合动力汽车的定义及分类。
2. 能叙述丰田混合动力系统的组成及特点。
3. 能正确介绍丰田卡罗拉混合动力汽车结构组成。
4. 能正确进行丰田卡罗拉混合动力汽车驾驶操作。

1.1.1 混合动力汽车的定义

混合动力汽车(Hybrid Electrical Vehicle,HEV)是指由两种或两种以上不同类型的动力源作驱动能源,其中至少有一种能提供电能的汽车。通常所说的混合动力汽车指的是油电混合动力汽车,即燃油(汽油、柴油)和电能混合,由电机作为发动机的辅助动力驱动汽车。油电混合动力系统中的能量转换器为发动机和电机,能量储存系统为油箱和动力蓄电池。

1.1.2 混合动力汽车的分类

混合动力汽车有多种分类方式。依据混合方式不同,混合动力汽车可以分为串联式、并联式和混联式三种类型;依据混合度不同,混合动力汽车还可以分为弱混合动力、轻度混合动力、中度混合动力、重度混合动力、插电式混合动力五类。

1. 串联式混合动力汽车(Series Hybrid Electric Vehicle,SHEV)

如图 1-1-1 所示,串联式混合动力系统由发动机、发电机、电机控制器、电机和动力蓄电池等组成。

串联式混合动力系统主要应用于城市公交车,节油率可以达到 20% 左右。该系统可以实现以下工作模式:

1)纯电驱动模式:发动机关闭,车辆驱动能量完全来自动力蓄电池,该模式主要用于车辆低速行驶和倒车工况。

2)纯发动机驱动模式:车辆驱动能量来自发动机,经发电机、电机控制器、电机进行能量转换后驱动车辆,动力蓄电池既不提供能量也不接收能量,该模式主要用于车辆中速和

高速行驶工况。

3）混合驱动模式：车辆驱动能量同时来自发动机和动力蓄电池，发电机产生的电能和动力蓄电池提供的电能由电机控制器耦合，共同输送给电机，该模式主要用于车辆加速和爬坡行驶工况。

4）发动机驱动和动力蓄电池充电模式：来自发动机的机械能由发电机转化成电能后，由电机控制器分配能量，一部分输送给电机用于驱动车辆，另一部分给动力蓄电池充电，该模式主要用于车辆低负荷行驶且动力蓄电池 SOC 较低的工况。

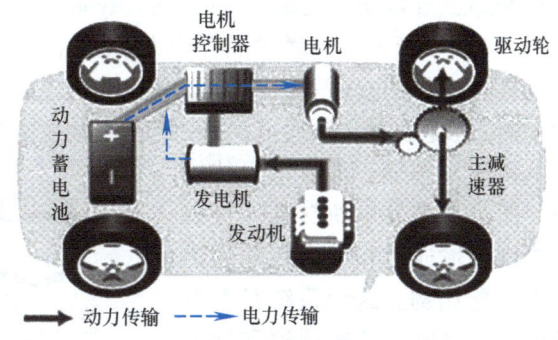

图 1-1-1　串联式混合动力系统

5）再生制动模式：发动机关闭，电机以发电机形式工作，把来自车轮的动能转化为电能，通过电机控制器给动力蓄电池充电，该模式主要用于车辆制动和下坡工况。

6）动力蓄电池充电模式：电机不接收能量，由发电机把来自发动机的机械能转化为电能，通过电机控制器给动力蓄电池充电，该模式主要用于车辆静止且动力蓄电池 SOC 较低的工况。

2. 并联式混合动力汽车（Parallel Hybrid Electric Vehicle，PHEV）

如图 1-1-2 所示，并联式混合动力系统由发动机、变速器、电机、电机控制器和动力蓄电池等组成。

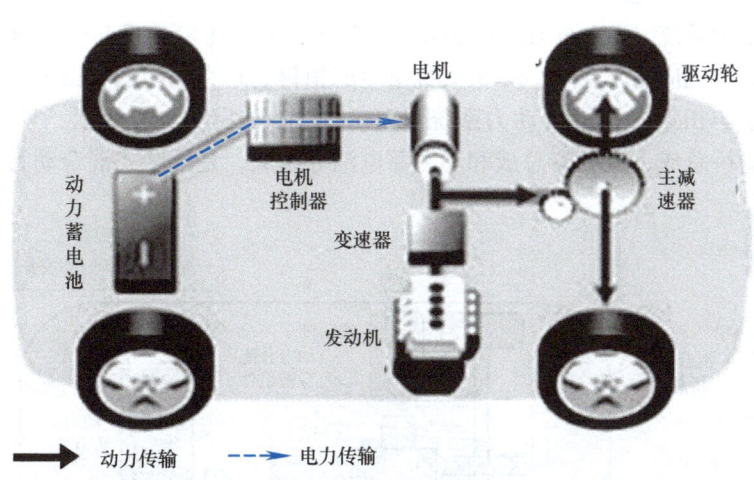

图 1-1-2　并联式混合动力系统

并联式混合动力系统在各种车型上都有应用，其中 BSG（Belt-driven Starter/Generator 带传动起动/发电一体化电机）技术节油率可以达到 5%，ISG（Intergrated Starter/Generator 集成起动/发电一体化电机）技术节油率为 15%，并联式公交车节油率为 25%～30%。在串联式中提到的各种工作模式在并联式中都可以实现。

3. 混联式混合动力汽车（Combined Hybrid Electric Vehicle，PSHEV）

如图 1-1-3 所示，混联式混合动力系统由发动机、动力分配机构、发电机、电机控制器、电机和动力蓄电池等组成。发动机的动力经过动力分配机构后分成两部分，一部分直接驱动车辆，形成机械传输通道；另一部分带动发电机发电，所产生的电能通过电机控制器提供给电机驱动车辆，形成电力传输通道。通过调整发电机转速，可以控制机械传输通道和电力传输通道的动力分配比例。这个系统具有双重特征，一是电力传输通道和动力蓄电池之间以电方式实现动力耦合，动力的流向为串联；二是机械传输通道和电机之间以机械方式实现动力耦合，动力的流向为并联，所以称为混联式混合动力系统。

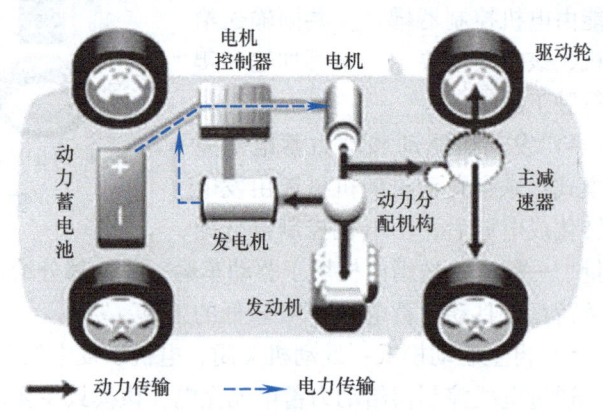

图 1-1-3　混联式混合动力系统

混联式混合动力系统吸收了串联式和并联式的优点，使两者的优势都能够得到发挥，应用前景广阔，在 NEDC（欧洲油耗及排放评定标准）循环工况下，节油率可达 40% 以上。

1.1.3　丰田混合动力系统及车型介绍

1. 丰田混合动力系统

丰田混合动力系统（Toyota Hybird System，THS）由汽油发动机和电机组成。丰田普锐斯混合动力汽车首先应用了 THS，并被大批量生产销售。现在国内的丰田卡罗拉和雷凌混合动力汽车采用了丰田第二代混合动力系统（THS-Ⅱ），如图 1-1-4 所示。THS-Ⅱ主要由发动机、混合驱动桥总成、逆变器总成和动力蓄电池等组成，是混联式混合动力系统。

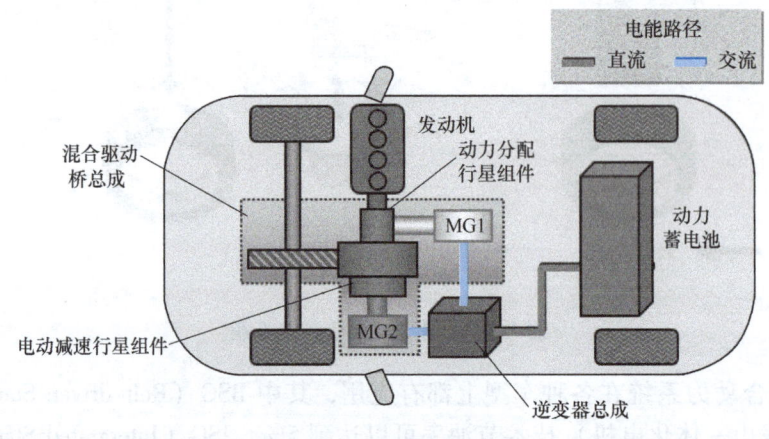

图 1-1-4　丰田第二代混合动力系统（THS-Ⅱ）

发动机的动力和电机的动力在混合驱动桥耦合，发动机与电机（MG1、MG2）协调工作,实现车辆性能的最优控制。

2. 丰田卡罗拉混合动力汽车介绍

丰田卡罗拉混合动力汽车采用丰田第二代混合动力系统,使用两种动力源(发动机和动力蓄电池),以利用各动力源的优势并弥补各自的劣势。丰田卡罗拉混合动力汽车高压部件主要有动力蓄电池、带转换器的逆变器总成、P410混合驱动桥、空调压缩机总成及电源电缆等,如图1-1-5所示。下面对丰田卡罗拉混合动力系统的主要组成部件进行简要介绍。

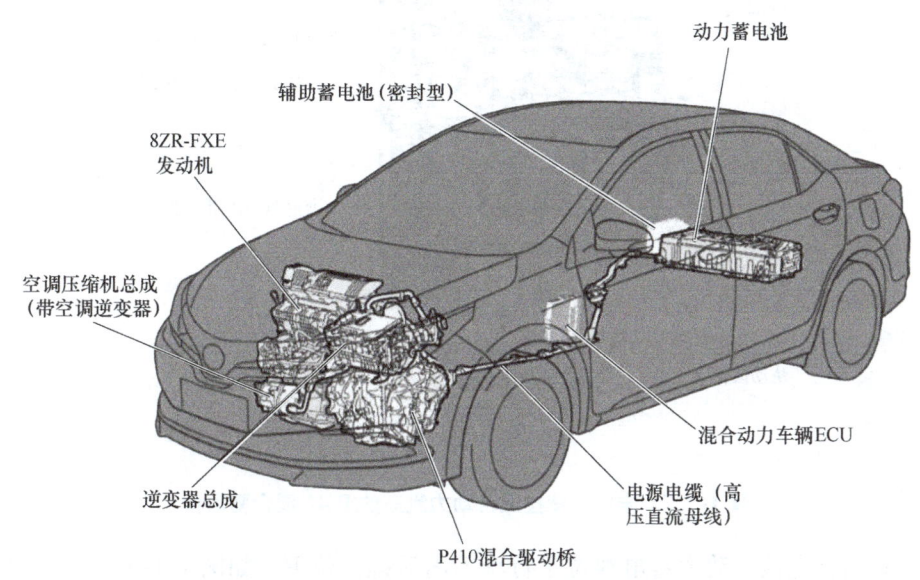

图 1-1-5 丰田卡罗拉混合动力汽车整体结构

(1)阿特金森(Atkinson)循环发动机 丰田卡罗拉混合动力汽车采用8ZR-FXE发动机,该发动机是一款直列4缸、1.8L、16气门DOHC发动机,最大输出功率为73 kW,最大输出转矩为142 N·m。该发动机采用了电动水泵,提高了暖机性能并减少了冷却损失。

发动机工作循环为具有高膨胀比的阿特金森循环,从而提高了发动机效率。阿特金森循环比传统奥托(Otto)循环多了一个回流过程,包括进气、回流、压缩、做功和排气五个过程。在阿特金森循环中,进气门开启的时间延长到压缩行程开始之后,使气缸中一部分混合气在活塞开始上升时被压回到进气管中,也就是延迟了实际压缩行程开始的时间,其结果是提高了膨胀比,提高了发动机的能量转换效率。另外,进气门晚关使实际压缩比降低,所以气缸内燃烧温度降低,有利于改善NO_x排放性能。丰田阿特金森循环发动机外观如图1-1-6所示。

(2)P410混合驱动桥 卡罗拉混合动力汽车的动力分配装置为P410混合驱动桥总成,如

图 1-1-6 丰田阿特金森循环发动机外观

图 1-1-7 所示。P410 混合驱动桥为电子控制连续可变型变速器，由电机 1（MG1）、电机 2（MG2）、动力分配行星齿轮机构和电机减速行星齿轮机构等组成。MG1 主要用于起动发动机和发电，MG2 主要用于驱动车轮和发电（制动和减速时），MG2 最大输出功率为 53kW。混合驱动桥将发动机和电动机的力矩分配给驱动轮或发电机，通过选择性控制驱动电机和发动机的转速，模拟变速器传动比的连续变化，工作起来像普通的无级变速器一样。

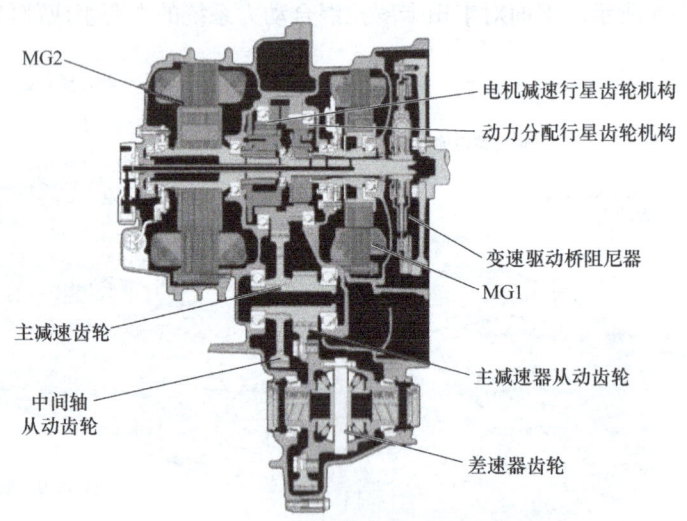

图 1-1-7 丰田卡罗拉混合动力汽车的 P410 混合驱动桥

（3）动力蓄电池 动力蓄电池位于行李箱内后排座位下，如图 1-1-8 所示。动力蓄电池为金属氢化物镍蓄电池，由 28 个单独的蓄电池模块组成，每个蓄电池模块均由 6 个单体蓄电池组成，共 168 个单体蓄电池，每个单体蓄电池标称电压为 1.2V，因此，动力蓄电池标称电压为 201.6V。在重复的充放电过程中，动力蓄电池会产生热量，为了保证动力蓄电池良好的工作性能，专门为动力蓄电池提供了一套冷却系统——风冷系统。

（4）逆变器总成 卡罗拉混合动力汽车采用将 MG ECU、逆变器、增压转换器和 DC/DC 变换器集成于一体的结构紧凑、轻量化的逆变器总成。逆变器总成外观如图 1-1-9 所示，上层为增压转换器和逆变器，下层为 DC/DC 变换器。

如图 1-1-10 所示，带转换器的逆变器总成内的增压转换器将动力蓄电池的 201.6V 直流电升高至 650V 送给逆变器，逆变器将 650V 高压直流电转为三相交流电驱动电机工作；或者逆变器将电机发出的三相交流电转为 650V 直流电

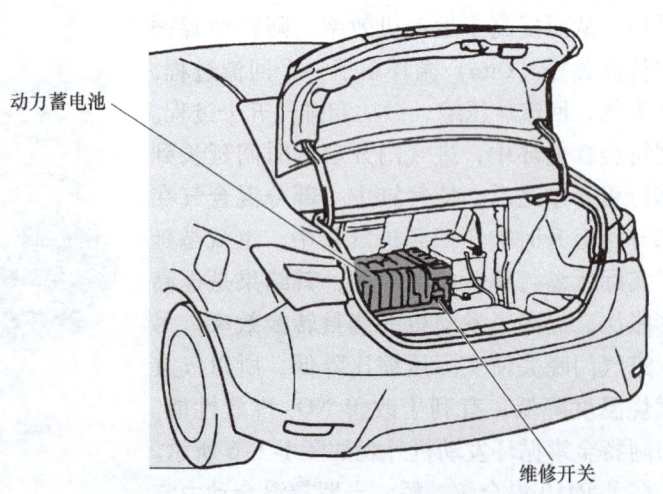

图 1-1-8 卡罗拉混合动力汽车动力蓄电池安装位置

送给增压转换器，增压转换器将 650V 高压直流电降压至 201.6V 给动力蓄电池充电。DC/DC 变换器将动力蓄电池的 201.6V 直流电转换为直流 14V，给辅助蓄电池充电。MG ECU 与混合动力车辆 ECU 等控制单元通信，控制增压转换器、逆变器以及 MG1 和 MG2 的工作。

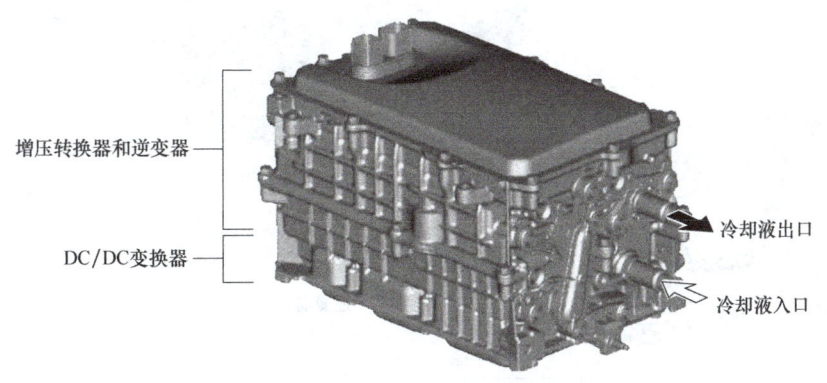

图 1-1-9　带转换器的逆变器总成外观

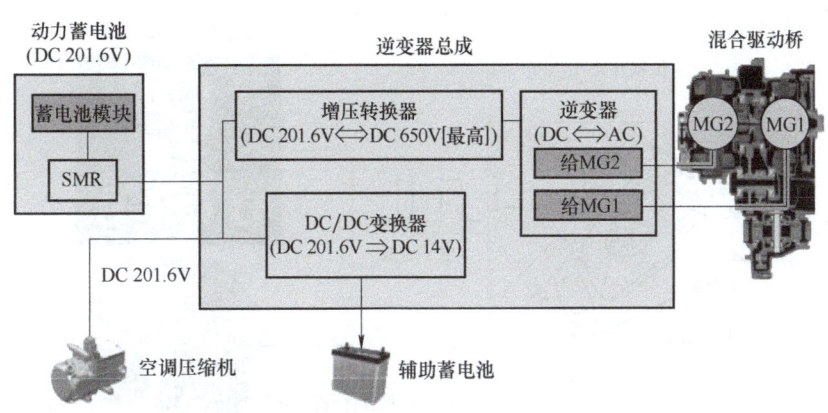

图 1-1-10　逆变器总成的作用

带转换器的逆变器总成采用了独立于发动机冷却系统的水冷系统，对逆变器和混合驱动桥进行冷却，如图 1-1-11 所示。

（5）混合动力车辆 ECU　混合动力车辆 ECU 总成对混合动力系统进行综合控制。它接收来自各种传感器和 ECU（发动机控制模块、MG ECU、蓄电池控制单元和防滑控制 ECU）的信息，并据此计算所需转矩及输出功率，然后将计算结果传输至发动机控制模块（ECM）、MG ECU 和防滑控制 ECU。

（6）电子换档系统　电子换档系统使用线控技术，根据各种传感器、开关和 ECU 提供的信息判断车辆状态，并根据驾驶人对变速器地板式换档总成和 P 位置开关（变速器换档主开关）的操作激活适当的换档控制。结构紧凑的变速器地板式换档总成如图 1-1-12 所示，此总成为瞬时换档型，换档后驾驶人的手松开变速杆时，变速杆会返回原始位置，用指尖就可以换档。

变速器地板式换档总成中的变速杆位置传感器检测变速杆位置（R、N、D 或 S）并发送信号至混合动力车辆 ECU 总成。混合动力车辆 ECU 总成控制发动机、MG1 和 MG2 的运

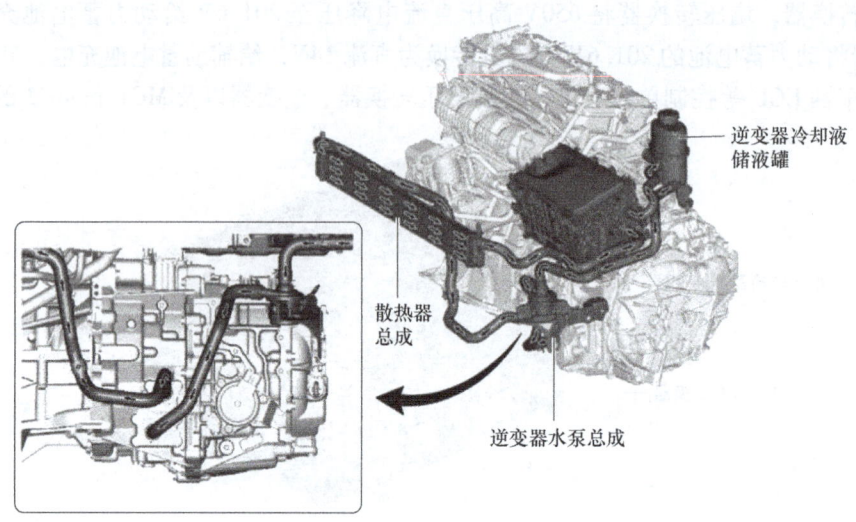

图 1-1-11　逆变器及混合驱动桥的冷却系统

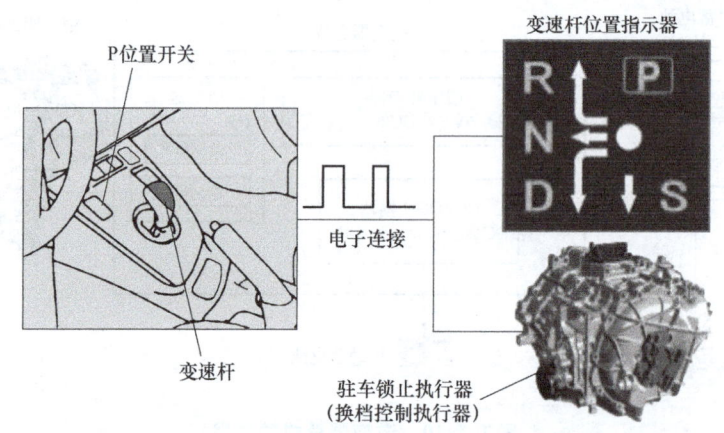

图 1-1-12　卡罗拉混合动力汽车电子换档系统

转,以产生最佳传动比。在 S 位时,也可以操作转向柱上的换档拨片进行换档。驾驶人按下 P 位置开关时,混合动力车辆 ECU 控制混合驱动桥总成内的换档控制执行器总成以机械锁止驻车档齿轮。

(7) 电子控制制动系统　卡罗拉混合动力汽车的制动系统与常规制动系统不同,它由液压制动助力器、制动执行器和制动助力泵组成,如图 1-1-13 所示。正常制动期间,液压制动助力器产生的液压并不直接驱动轮缸,而是用作液压信号,通过调节制动助力泵总成的液压获得实际控制压力,从而驱动轮缸。防滑控制 ECU 检测到系统有故障时,通过液压制动助力器增压施加制动,确保制动力。

该制动系统配备了带电子制动力分配(EBD)的防抱死制动系统(ABS)、制动辅助系统(BAS)、牵引力控制(TRC)系统、车辆稳定性控制(VSC)系统和上坡辅助控制(HAC)系统,防滑控制 ECU 与混合动力车辆 ECU 和动力转向系统 ECU 实时通信,采用再生制动协同控制,提高再生制动系统的效率,将车辆制动时的能量回收。

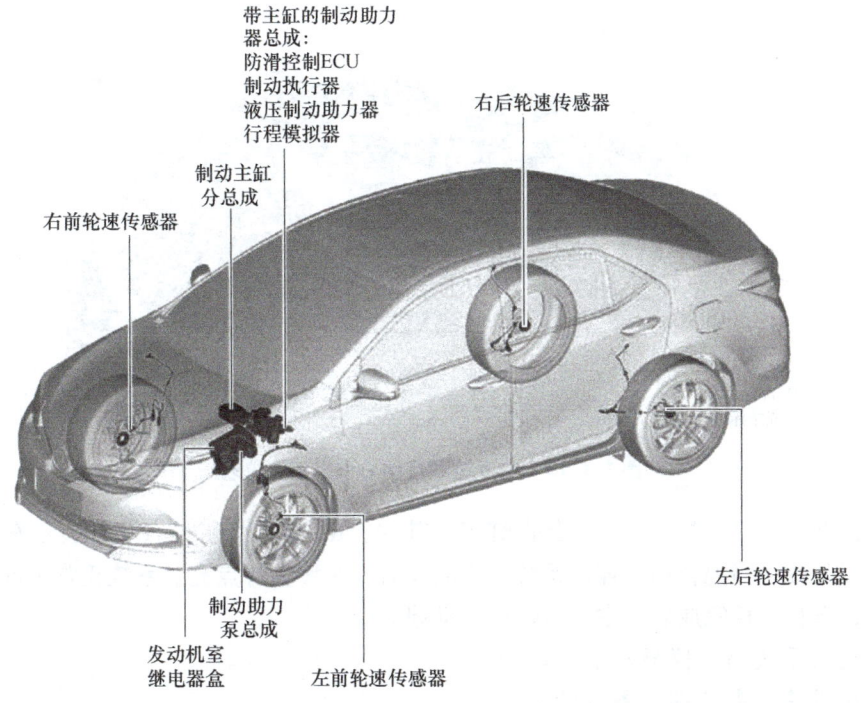

图 1-1-13　卡罗拉混合动力汽车电子控制制动系统组成

（8）电动压缩机　传统空调系统的压缩机由发动机通过传动带驱动，而卡罗拉混合动力汽车的空调压缩机由电动机驱动，如图 1-1-14 所示。

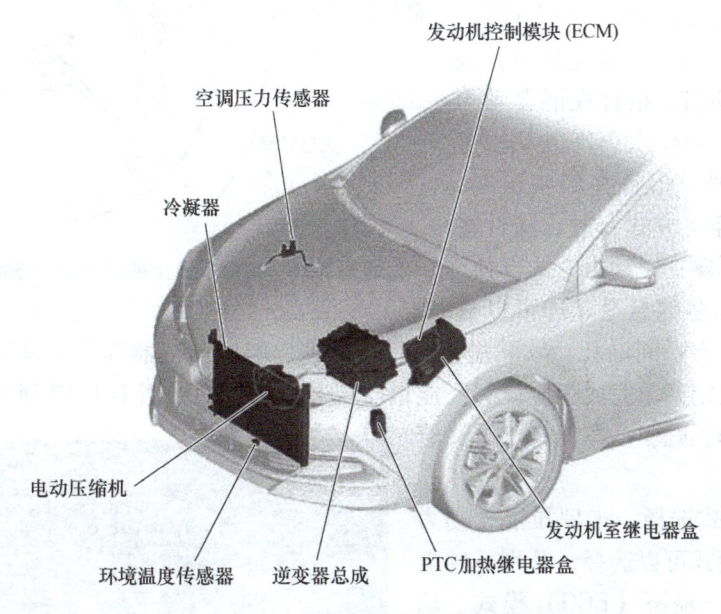

图 1-1-14　卡罗拉电动空调系统部分部件位置

（9）组合仪表　卡罗拉混合动力汽车的组合仪表如图 1-1-15 所示，组合仪表内置 ECU 和蜂鸣器，主要包括混合动力系统指示仪、变速杆位置指示器、多信息显示屏、车速表、燃

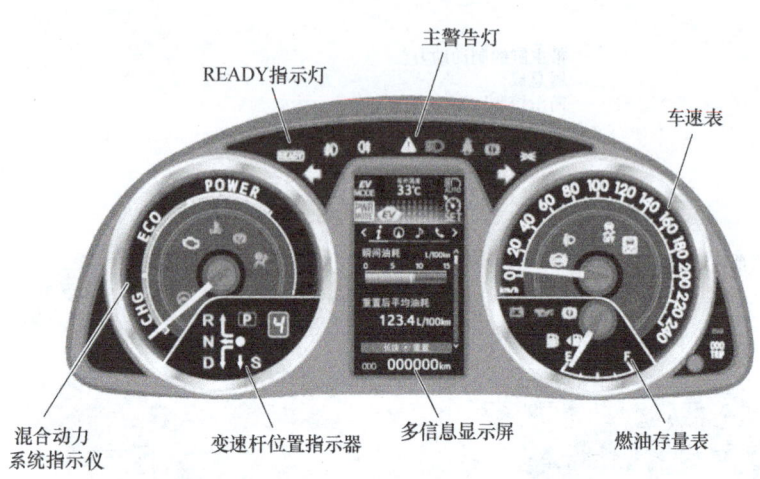

图 1-1-15　卡罗拉混合动力汽车组合仪表

油存量表以及 READY 指示灯、主警告灯等。其中，READY 指示灯点亮，表示车辆已准备就绪，可以驾驶。当混合动力控制系统出现故障时，主警告灯点亮。系统正常情况下，打开电源开关，车辆自检完成后，主警告灯应自动熄灭。

混合动力系统指示仪显示混合动力系统的输出功率，混合动力系统的输出功率是动力蓄电池和发动机输出功率的总和。混合动力系统指示仪的表盘分为三个区域，分别是充电区域、经济区域（包括混合动力经济区域）、动力区域，如图 1-1-16 所示。指针在充电区时，表示车辆正在回收能量；指针在混合动力经济区时，表示车辆仅以提高电动机工作频率的方式行驶；指针在经济区时，表示车辆正在以经济方式行驶；指针在动力区时，表示车辆在以动力方式行驶。

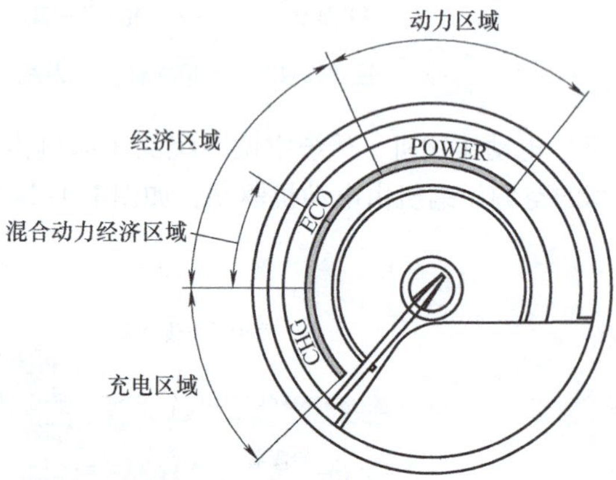

图 1-1-16　组合仪表上的混合动力系统指示仪

组合仪表上的多信息显示屏可以显示行车信息，主要有瞬间油耗、续驶里程、平均车速、能量监视器等；还可以显示故障信息；也可以进入设定菜单完成相应设置。能量监视器显示界面如图 1-1-17 所示，当前界面显示为发动机工作，既驱动车辆行驶，又给动力蓄电池充电。

（10）驾驶模式选择　卡罗拉混合动力汽车有三种驾驶模式可以选择，分别是纯电驱动（EV）模式、经济（ECO）模式、动力（PWR）模式，如图 1-1-18 所示。

按下纯电驱动模式选择按钮，如果满足规定条件，则系统进入纯电驱动模式，组合

图 1-1-17　多信息显示屏上的能量
监视器显示界面

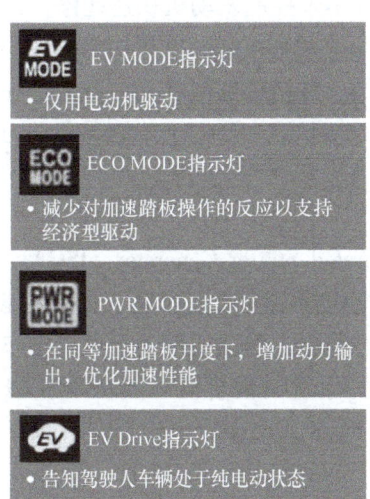
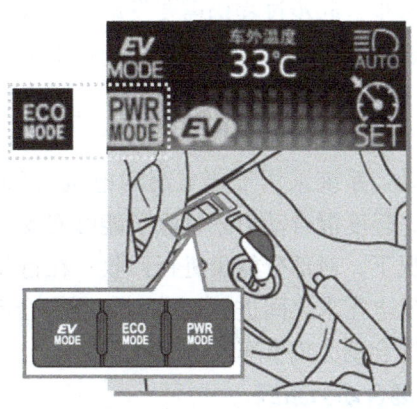

图 1-1-18　卡罗拉混合动力汽车驾驶模式选择

仪表多信息显示屏上显示 EV MODE；按下经济模式选择按钮，系统进入经济模式，混合动力车辆 ECU 减少对加速踏板操作的反应以支持经济型驱动，同时组合仪表多信息显示屏上显示 ECO MODE；按下动力模式选择按钮，系统进入动力模式，混合动力车辆 ECU 优化控制驱动转矩，获得与驾驶人操作加速踏板相匹配的动力，同时组合仪表多信息显示屏上显示 PWR MODE。

1.1.4　混合动力汽车按混合度分类

根据电动机的输出功率在整个系统输出功率中所占比重，混合动力系统可以分为以下五类：微混合动力（也称弱混合动力）、轻度混合动力、中度混合动力、重度混合动力（也称全混合动力、强混合动力）、插电式混合动力（Plug-in Hybrid）。混合度不同，功能要求也有差别，见表 1-1-1。混合度指的是电系统功率 P_{elec} 占动力源总功率 P_{total} 的百分比，即

$$H = \frac{P_{elec}}{P_{total}} \times 100\% \qquad (1\text{-}1\text{-}1)$$

表 1-1-1　混合度类型及功能列表

类　型	功　能　要　求
微混	发动机自动起停
轻度混	发动机自动起停 + 再生制动
中度混	发动机自动起停 + 再生制动 + 电动辅助
重度混	发动机自动起停 + 再生制动 + 电动辅助 + 纯电驱动
Plug-in	发动机自动起停 + 再生制动 + 电动辅助 + 纯电驱动 + 电网充电

1. 微混合动力系统

这种混合动力系统对传统发动机的起动机进行了改造，形成由带传动的发电起动一体式

电机（Belt driven Starter Generator，BSG）。该电机用来控制发动机快速起停，因此可以取消发动机的怠速过程，降低了油耗和排放。微混合动力系统搭载的电机功率比较小，仅靠电机无法使车辆起步，起步过程仍需要发动机介入，是一种初级的混合动力系统。在微混合动力系统中，电机的电压通常有两种：12V 和 42V，其中 42V 主要用于柴油混合动力系统。在城市循环工况下节油率一般在 5% ~ 10%。

2. 轻度混合动力系统

该混合动力系统采用了集成起动电机（Integrated Starter Generator，ISG）。与微混合动力系统相比，轻度混合动力系统除了能够实现用电机控制发动机的起停外，还能够在车辆制动和下坡工况下，对部分能量进行回收；在行驶过程中，发动机的动力可以在车轮的驱动需求和发电机发电需求之间进行调节。轻度混合动力系统的混合度一般在 20% 以下，代表车型是通用的混合动力皮卡车。

3. 中度混合动力系统

该混合动力系统同样采用了 ISG 系统。与轻度混合动力系统的不同之处在于，中度混合动力系统采用的是高压电机，在汽车加速或者大负荷工况时，电机能够辅助发动机驱动车辆，补充发动机本身动力输出的不足，提高整车性能。这种系统的混合程度较高，可以达到 30% 左右，在城市循环工况下节油率可以达到 20% ~ 30%，目前技术比较成熟，应用广泛。本田旗下的 Insight、Accord 和 Civic 混合动力汽车都属于这类系统。

4. 重度混合动力系统

重度混合动力系统采用了 272 ~ 650V 的高压电机，混合度可以达到 50% 以上，在城市循环工况下节油率可以达到 30% ~ 50%。其特点是动力系统以发动机为基础动力源，动力蓄电池为辅助动力源。采用的电机功率更大，完全可以满足车辆在起步和低速时的动力要求。因此重度混合动力汽车无论是在起步还是低速行驶状态下都不需要起动发动机，可以完全依靠电机行驶，在低速时就像一款纯电动汽车。在急加速和爬坡运行工况下车辆需要较大的驱动力时，电机和发动机同时对车辆提供动力。随着电机、电池技术的进步，重度混合动力系统逐渐成为混合动力技术的主要发展方向。

5. 插电式混合动力系统

插电式混合动力汽车（Plug-in Hybrid Electric Vehicle，PHEV）是可以利用电网对动力蓄电池充电的混合动力汽车，可以使用纯电模式驱动车辆行驶，且纯电动行驶里程较长；电能不足时，车辆仍然可以重度混合模式行驶。一般插电式混合动力轿车都有车载充电机，可以使用家用电源为动力蓄电池充电；而插电式混合动力公交车由于行驶路线固定，通常利用外接充电机充电。插电式混合动力系统的电机功率比纯电动汽车用的电机稍小，动力蓄电池的容量介于重度混合动力汽车和纯电动汽车之间。由于具有能利用夜间用电低谷对动力蓄电池充电、降低排放等优势，插电式混合动力汽车已成为主流发展方向之一。

1.1.5 卡罗拉混合动力汽车结构认知

下面以丰田卡罗拉混合动力汽车为例，认知混合动力汽车主要结构部件。

1. 车辆准备

准备卡罗拉混合动力汽车一辆,如图 1-1-19 所示。这是一款油电混合动力汽车,采用丰田第二代混合动力系统。这款混合动力汽车使用两种动力源,一种是发动机,一种是动力蓄电池。

2. 实践操作

(1) 找到车辆铭牌　车辆铭牌在右侧 B 柱下面,如图 1-1-20 所示。

图 1-1-19　卡罗拉混合动力汽车

图 1-1-20　卡罗拉混合动力汽车车辆铭牌

(2) 找到发动机　发动机安装在发动机室左侧,如图 1-1-21 所示。这是一款直列 4 缸、1.8L、16 气门的双顶置凸轮轴发动机。该发动机配备了电动水泵以提高暖机性能并减少冷却损失。

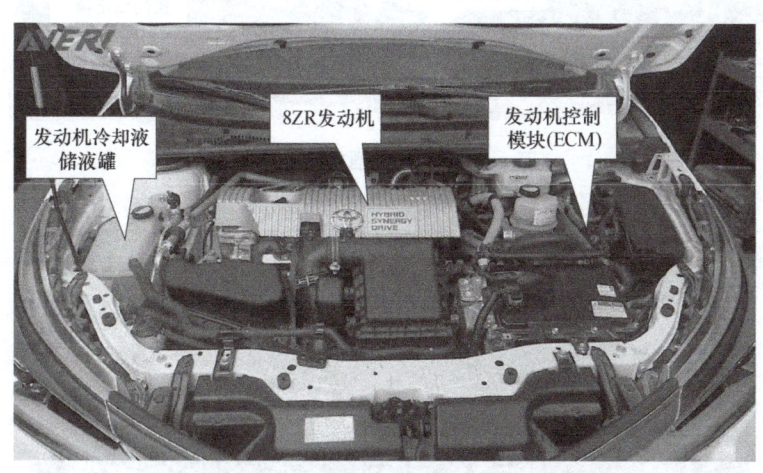

图 1-1-21　卡罗拉混合动力汽车发动机

(3) 找到带转换器的逆变器总成　带转换器的逆变器总成和逆变器冷却液储液罐布置在发动机室右侧,如图 1-1-22 所示。

逆变器与动力蓄电池、电动压缩机、MG1、MG2 连接的高压插接器及线束如图 1-1-23 所示。

DC/DC 变换器输出 14V 正极线束如图 1-1-24 所示,经端子盒内 125A 的熔体后,通过 AMD 端子连接到辅助蓄电池正极,给辅助蓄电池充电,同时也给车辆用电器供电。

(4) 找到动力蓄电池和辅助蓄电池　卡罗拉混合动力汽车有两个蓄电池,这两个蓄电

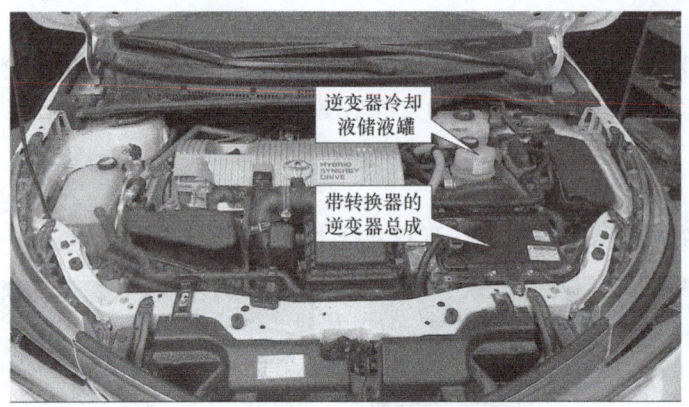

图 1-1-22　卡罗拉混合动力汽车逆变器及冷却液储液罐

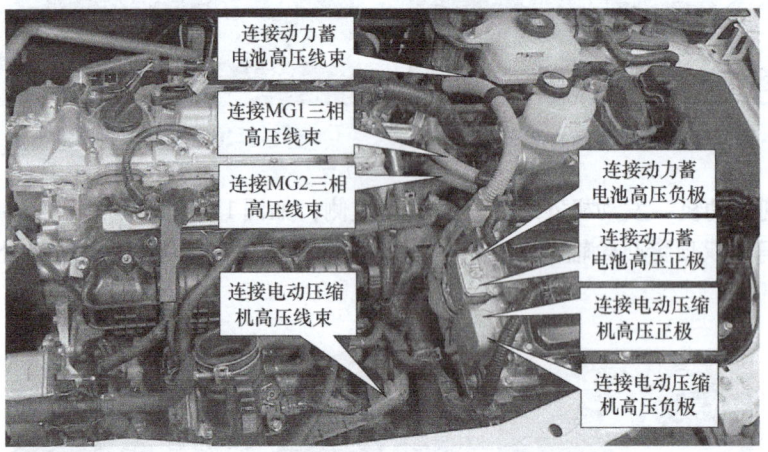

图 1-1-23　高压插接器及线束

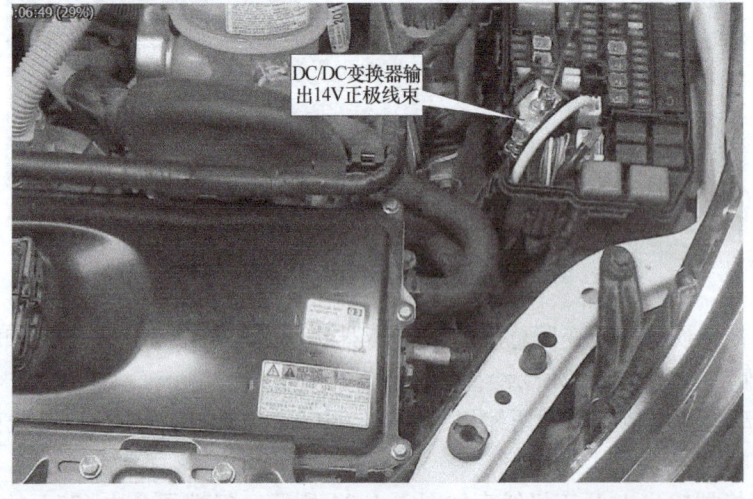

图 1-1-24　DC/DC 变换器输出 14V 正极线束

池都在车辆后部的行李箱内，一个是为车辆低压电气部件供电的辅助蓄电池，一个是存储电能来驱动车辆的动力蓄电池，如图 1-1-25 所示。

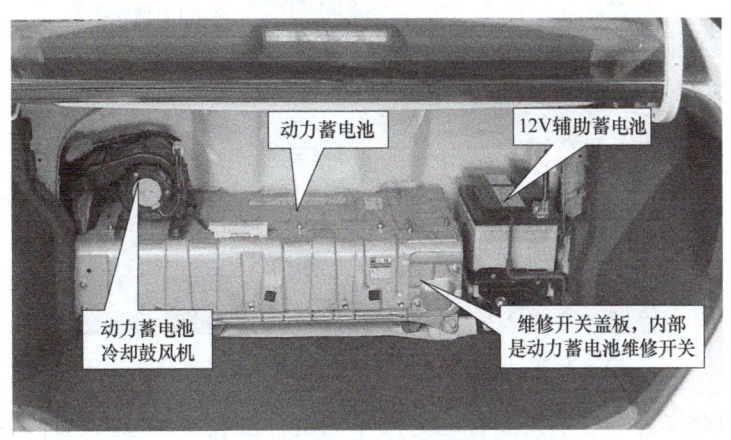

图 1-1-25　动力蓄电池和辅助蓄电池

发动机室内的跨接起动端子正极、端子负极如图 1-1-26 所示。

（5）找到 P410 混合驱动桥　P410 混合驱动桥安装在发动机室右侧下部，如图 1-1-27 所示。

（6）找到电动压缩机　卡罗拉混合动力汽车采用电动压缩机，安装位置在发动机室左侧下部，如图 1-1-27 所示。

（7）找到制动系统部件　卡罗拉混合动力汽车采用电子控制制动系统，没有常规的制动助力器部分，而是由液压制动助力器、制动执行器和制动助力泵组成。其中，制动主缸储液罐、制动助力泵总成、带主缸的制动助力器总成（主要包括制动执行器和防滑控制 ECU）如图 1-1-28 所示。

图 1-1-26　发动机室内的跨接起动端子

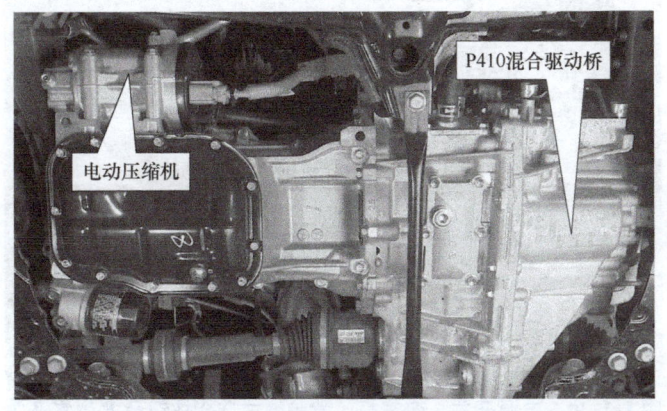

图 1-1-27　P410 混合驱动桥和电动压缩机

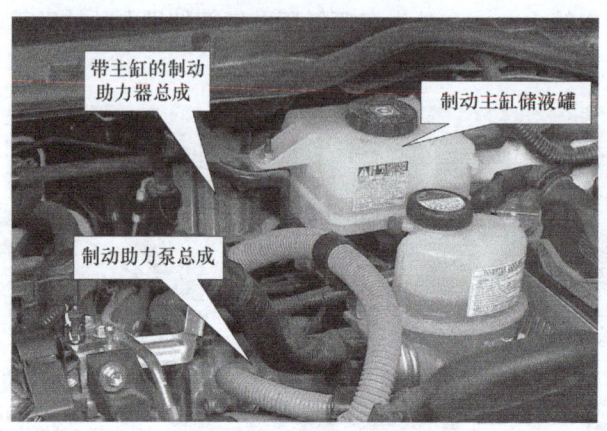

图 1-1-28　卡罗拉混合动力汽车制动系统部分部件

（8）找到组合仪表　卡罗拉混合动力汽车的组合仪表主要包括混合动力系统指示仪、车速表、多信息显示屏、故障灯、警告灯及指示灯等，如图 1-1-29 所示。

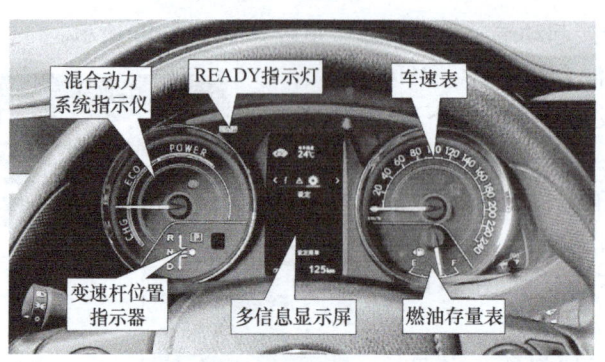

图 1-1-29　卡罗拉混合动力汽车组合仪表

（9）找到电源开关、变速杆、驾驶模式选择按钮及 P 位置开关　卡罗拉混合动力汽车配备一键起动系统、电子换档系统，并提供三种驾驶模式，电源开关、变速杆、驾驶模式选择按钮及 P 位置开关如图 1-1-30 所示。

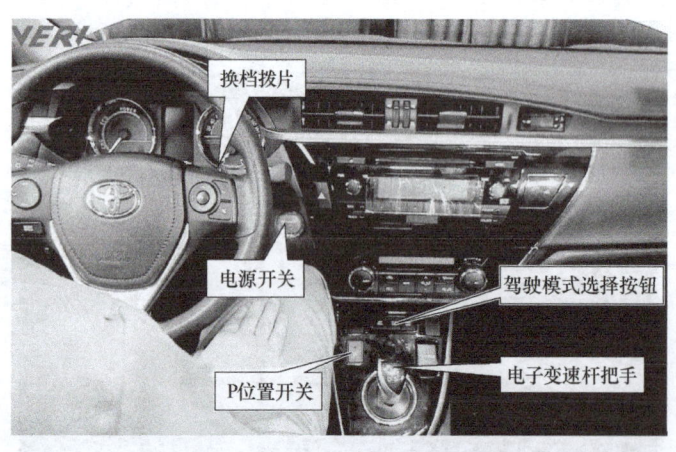

图 1-1-30　电源开关、变速杆、驾驶模式选择按钮及 P 位置开关

 **单元小结**

1. 混合动力汽车（Hybrid Electrical Vehicle，HEV）是指由两种或两种以上不同类型的动力源作驱动能源，其中至少有一种能提供电能的汽车。

2. 插电式混合动力汽车（Plug-in Hybrid Electric Vehicle，PHEV）是可以利用电网对动力蓄电池充电的混合动力汽车，可以使用纯电模式驱动车辆行驶，且纯电动行驶里程较长；电能不足时，车辆仍然可以重度混合模式行驶。

3. 丰田卡罗拉混合动力汽车高压部件主要有动力蓄电池、带转换器的逆变器总成、P410混合驱动桥、电动空调压缩机及高压线束等。

4. P410混合驱动桥由MG1、MG2、动力分配行星齿轮机构和电机减速行星齿轮机构等组成，MG1主要用于起动发动机和发电，MG2主要用于发电和驱动车轮。

学习单元1.2　混合动力汽车维修作业安全与个人防护

任务导入

小王是一汽丰田4S店的维修工,早晨接到一辆发生故障的卡罗拉混合动力汽车,师傅让小王对该混合动力汽车进行下电作业,以保证检修安全。你能告诉小王如何安全规范地对卡罗拉混合动力汽车进行下电作业吗?

学习目标

1. 能了解新能源汽车高压系统的电压等级及防护标准。
2. 能正确识别和使用新能源汽车个人及车间防护用具。
3. 能叙述卡罗拉混合动力汽车维修作业安全注意事项。
4. 能正确规范地对卡罗拉混合动力汽车进行下电操作。
5. 能正确规范地对卡罗拉混合动力汽车进行绝缘检测。

理论知识

具有高压系统是新能源汽车与传统汽车的最大区别。新能源汽车的电压可高达200～650V,如北汽EV160纯电动汽车的动力蓄电池额定电压为320V,特斯拉动力蓄电池额定电压可达366V,比亚迪插电式混合动力汽车的动力蓄电池额定电压高达500V,卡罗拉混合动力汽车的动力蓄电池额定电压为201.6V,经增压转换器升压后电压可达650V。如此高的电压,在带电作业时如果防护不当,将会引起触电事故。

国家标准GB/T 18384.3—2015《电动汽车安全要求 第3部分:人员触电防护》中要求,车辆电压,直流在60V以上、交流在30V以上时,必须为人员提供触电防护。在车辆系统中,高压系统线束和插头均为橙色,在带电作业时必须采取防护措施。

1.2.1　个人防护用具

对新能源汽车进行维修作业时,必须按照厂家维修手册要求进行。为防止作业时人的身体触碰到高压电,维修新能源汽车时需要佩戴个人防护用具。常用的个人高压防护用具包括绝缘手套、绝缘鞋、绝缘靴、绝缘服、防护眼镜、绝缘帽等,如图1-2-1所示。电气作业时应使用绝缘胶带包裹所有的高压电线或端子。在电动汽车维

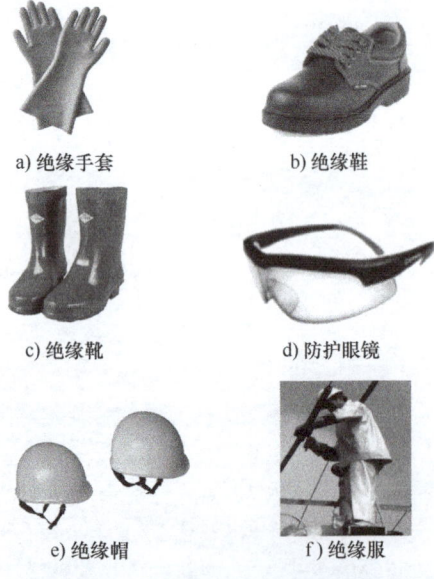

图1-2-1　个人高压防护用具

修开关被拔出后,应使用绝缘胶带包住维修开关槽。

在进行任何有关高压组件或线路的操作时,需要使用橡胶制成的绝缘手套,以防止双手触碰到高压电。按照国家标准 GB/T 17622—2008《带电作业用绝缘手套》规定,绝缘手套的耐电压等级分 0~4 五级,各级可适用的最高电压:0 级为 380V,1 级为 3000V,2 级为 10 000V,3 级为 20 000V,4 级为 35 000V。新能源汽车用绝缘手套耐电压等级需在 1 级以上,绝缘手套使用时要先进行泄漏检查。防护眼镜可防止腐蚀液体或电弧伤害眼睛。绝缘鞋可防止高压电通过大地与人体形成导电回路,作为辅助安全用具。绝缘帽可以防止头部触碰到高压电。绝缘服可以防止身体触碰到高压电。

1.2.2 车间防护设备

新能源汽车常用的车间防护设备主要有防静电工作台、绝缘胶垫、灭火器、隔离带、车间警示标志等。

1. 防静电工作台

防静电工作台如图 1-2-2 所示,在对新能源汽车电力电子部件或总成进行检测时,防静电工作台可防止静电击穿电力电子元器件。

图 1-2-2 防静电工作台

2. 绝缘胶垫

绝缘胶垫又称为绝缘毯、绝缘垫、绝缘胶皮、绝缘垫片等,如图 1-2-3 所示。绝缘胶垫具有较大体积电阻率,耐电击穿,用于配电等工作场合的台面或铺地绝缘材料,起到绝缘的作用。

图 1-2-3 绝缘胶垫

3. 灭火器

灭火器有干粉灭火器、泡沫灭火器及二氧化碳灭火器等。干粉灭火器使用方便、有效期长,一般室内使用的灭火器都是这一类型,如图 1-2-4 所示,它适用于扑救各种易燃、可燃液体和易燃、可燃气体火灾,以及电气设备火灾;泡沫灭火器适用于扑救各种油类火灾和木材、纤维、橡胶等固体可燃物火灾;二氧化碳灭火器灭火性能高、毒性低、腐蚀性小、灭火后不留痕迹,使用比较方便,它适用于各种易燃、可燃液体和可燃气体火灾,还可扑救仪器仪表、图书档案和 600V 以下电气设备的初起火灾。

新能源汽车火灾是指纯电动汽车、油(气)电混合动力汽车、插电式混合动力汽车及其他新能源汽车,由于发生交通事故、自身设备故障或引燃等原因,导致车辆起火,造成人员伤亡和财产损失的灾害。当新能源汽车发生火灾时,应及时报警并根据现场情况救助被困人员。如果火势处于初起阶段,且有被困人员时,可使用干粉灭火器对火势进行压制;当无被困人员时,可使用干粉灭火器或二氧化碳灭火器对火势进行压制。

图 1-2-4 灭火器

4. 隔离带

隔离带将车辆高压电气系统的作业场地隔离，防止其他人员随意进入，起到隔离和警示的作用，如图 1-2-5 所示。

图 1-2-5　隔离带

5. 车间警示标志

车间警示标志如图 1-2-6 所示，用于提醒人员电气设备高压危险。

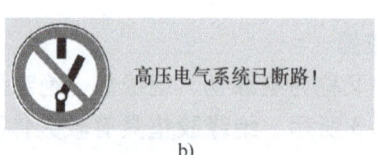

a)　　　　　　　　　　　b)

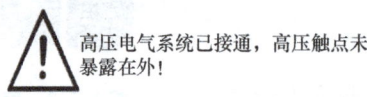
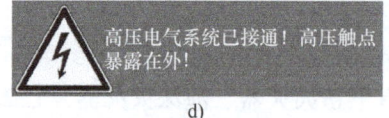

c)　　　　　　　　　　　d)

图 1-2-6　警示标志及含义

1.2.3　绝缘工具

由于新能源汽车上的电压等级与传统车不同，在进行新能源汽车维护维修作业时，需要用满足绝缘等级要求的新能源汽车专用工具，如图 1-2-7 所示。

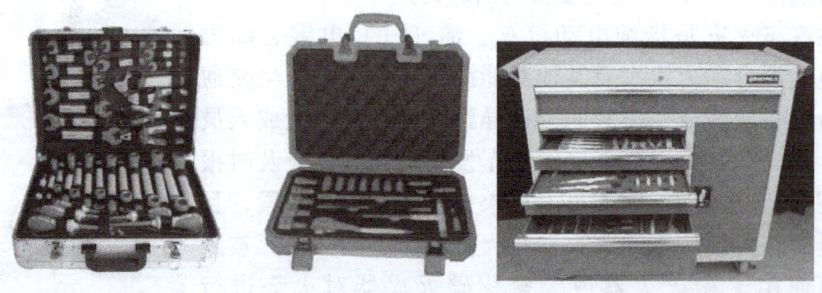

图 1-2-7　新能源汽车专用工具

1. 绝缘工具的定义

绝缘工具是指可在额定电压 1000V（交流）和 1500V（直流）的带电或近电的工件、器件上进行维修作业的手工工具。

2. 绝缘工具依据的标准

我国修改采用国际标准 IEC 60900：2004《交流 1kV、直流 1.5kV 及以下电压等级带电作业用手工工具》制定了国家标准 GB/T 18269—2008《交流 1kV、直流 1.5kV 及以下电压等级带电作业用绝缘手工工具》。

1.2.4 混合动力汽车维修作业安全

检修混合动力汽车高压系统时，仅允许具备足够资质和知识的人员对车辆高压电气系统进行操作。混合动力汽车维修作业一般应遵循以下三点安全操作规程：

1）断电：断开来自高压系统的电压。
2）严防设备重新合闸：防止再次接通。
3）验电：确保高压系统断电。

因此，对混合动力汽车进行维修作业前，应先对车辆进行下电操作。

1.2.5 卡罗拉混合动力汽车高压安全措施

高压安全包含两点：高压电路绝缘和高压电路切断。混合动力系统可检测到高压系统与车身搭铁之间的绝缘电阻是否减小。

1. 高压电路绝缘

1）卡罗拉混合动力汽车高压电路在动力蓄电池、带转换器的逆变器总成、P410 混合驱动桥和电动压缩机总成之间，如图 1-2-8 所示。所有高压部件均由电源电缆（线束组）连接并用外壳和盖绝缘。

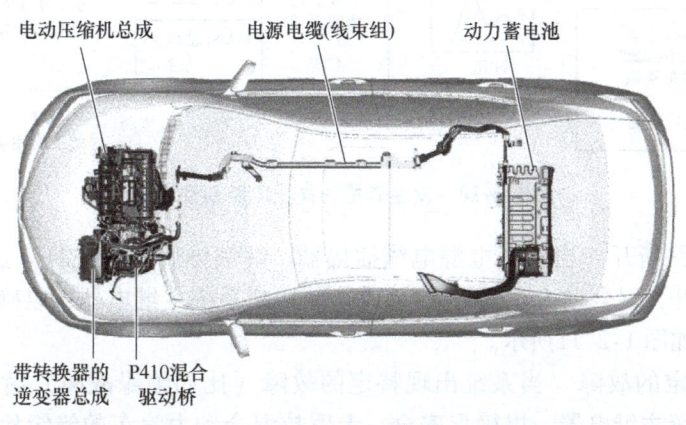

图 1-2-8　卡罗拉混合动力汽车高压系统

2）利用内置于电气绝缘体的网状导体对电源电缆（线束组）进行屏蔽。屏蔽装置与车辆底盘搭铁，主要目的是防止电磁干扰。

2. 高压电路自动切断

出现以下任一情况时，混合动力车辆 ECU 总成会自动切断系统主继电器，如图 1-2-9 所示。

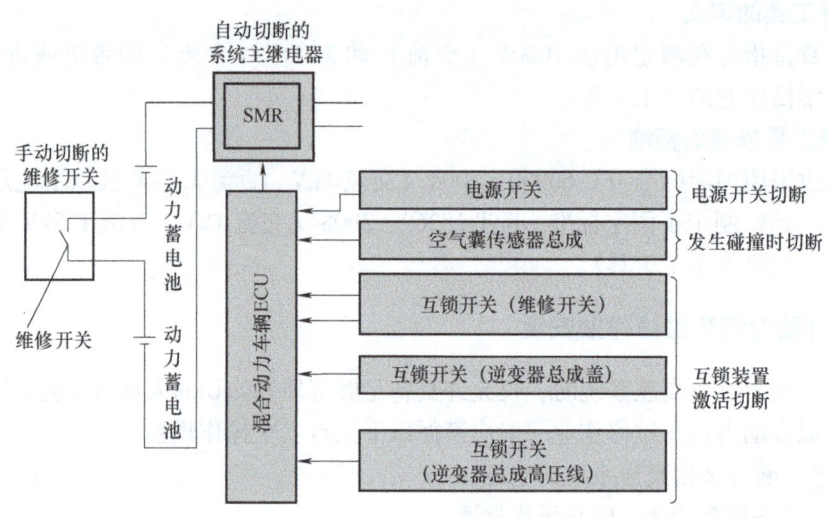

图 1-2-9　高压电路切断

（1）电源开关置于 OFF 位置　当关闭电源开关后，混合动力车辆 ECU 总成会切断系统主继电器。

（2）任一空气囊展开　当发生碰撞时，混合动力车辆 ECU 总成通过断开系统主继电器来切断电源，以确保安全。在正面碰撞、侧面碰撞或后面碰撞过程中，混合动力车辆 ECU 总成接收来自空气囊传感器总成的空气囊展开信号，如图 1-2-10 所示。

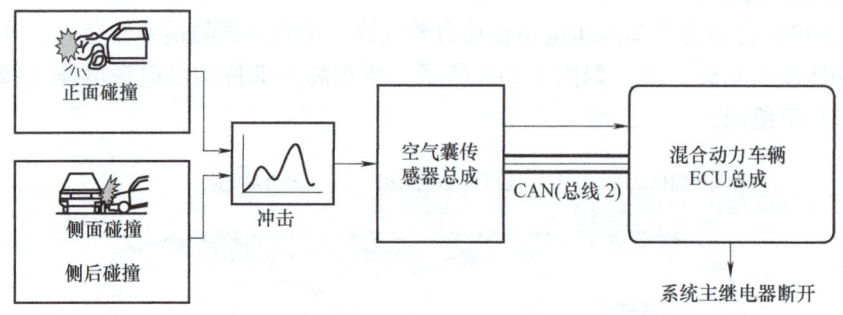

图 1-2-10　发生碰撞时高压电路自动切断

（3）互锁电路断开　当断开电源电缆插接器、解锁维修开关或打开逆变器总成盖时，系统互锁电路断开，混合动力车辆 ECU 总成自动切断系统主继电器，以确保安全，维修开关上的互锁开关如图 1-2-11 所示。

（4）出现特定的故障　当系统出现特定的故障（比如绝缘故障）时，混合动力车辆 ECU 也会切断系统主继电器，以确保安全。卡罗拉混合动力汽车的绝缘检测是由内置于蓄电池控制单元的泄漏检测电路来完成的，如图 1-2-12 所示。泄漏检测电路持续监视高压电路和车身搭铁之间的绝缘电阻情况。混合动力车辆 ECU 总成根据来自蓄电池控制单元的信息确定绝缘电阻是否减小。当绝缘阻值小于设定值时，混合动力车辆 ECU 总成断开系统主继电器。

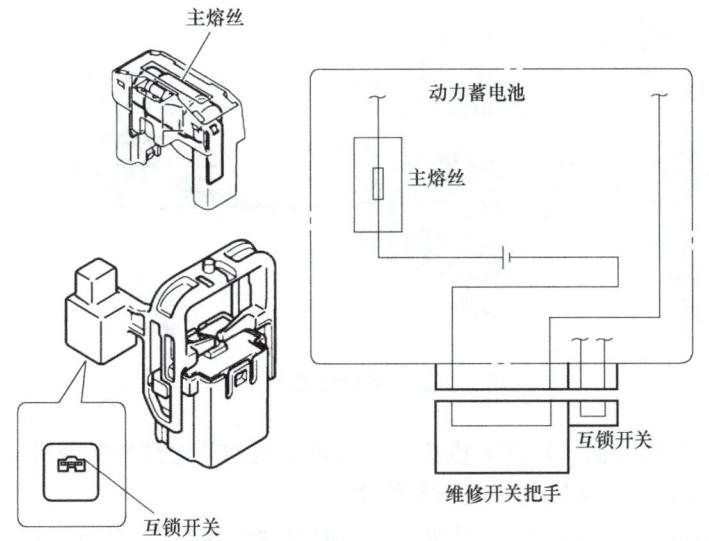

图 1-2-11 互锁开关

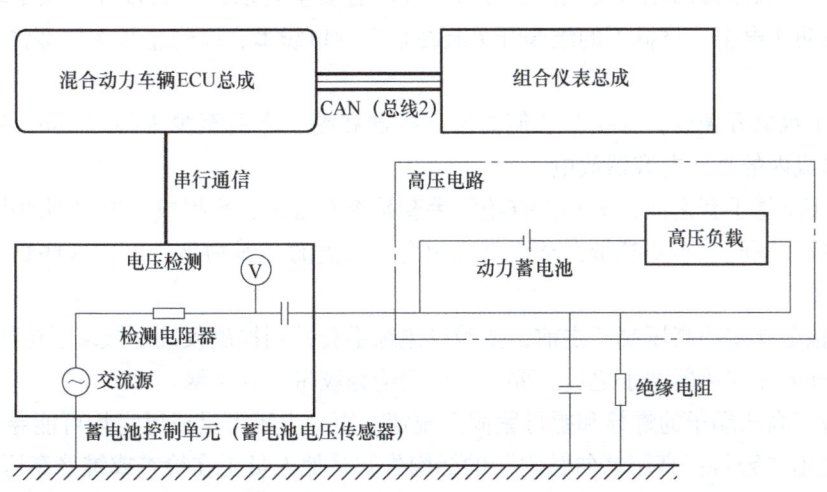

图 1-2-12 绝缘检测

3. 高压电路手动切断

维修开关与动力蓄电池串联,在执行任何检查或维修前,拆下维修开关可使高压电路在动力蓄电池中断开,从而确保维修安全,如图 1-2-13 所示。注意:拆下维修开关前,确保电源开关置于 OFF 位置。

1.2.6 检查和维修高压电路的注意事项

卡罗拉混合动力汽车配备了在最高 650V 电压下工作的混合动力系统。混合动力系统使用动力蓄电池,动力蓄电池电解液为含氢氧化钾的强碱溶液。务必按照维修手册中的说明正确操作该系统,否则,可能会导致严重伤害。

1)技师必须经过专业训练才能维修和检查高压系统。

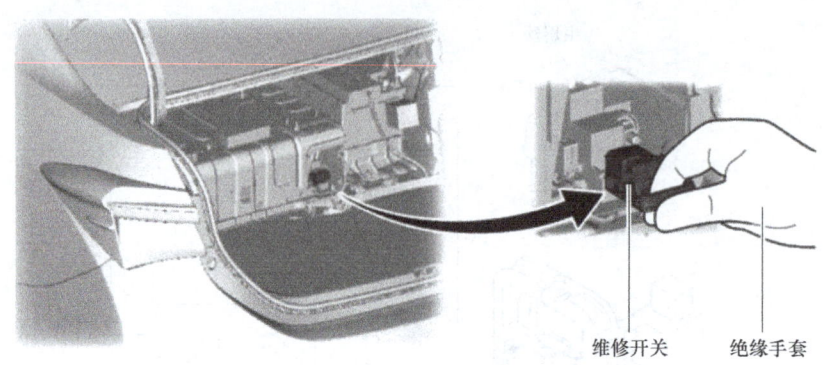

图 1-2-13　手动切断高压电路

2）所有高压线束和插接器均为橙色。动力蓄电池和其他高压零部件上都带有"高压"的警告标签。不要随意触碰这些线束和零部件。

3）高压电路的线束或插接器有故障时，不要尝试维修线束或插接器，须更换损坏或有故障的高压线束或插接器。

4）在检查或维修高压系统之前，务必遵守所有安全要求，例如戴好绝缘手套和拆下维修开关，以防止电击。将拆下的维修开关装在自己的口袋里，以防止其他技师将其意外重新连接。

5）拆下维修开关后，在接触任何高压插接器和端子之前至少等待 10min，使带转换器的逆变器总成内的高压电容器放电。

6）使用绝缘手套之前，务必检查绝缘手套是否有破裂、磨损或其他类型的损坏。

7）维修车辆时，不要携带自动铅笔或刻度尺之类的金属物品，以免这些物品意外掉落导致短路。

8）在接触裸露的高压端子之前，要戴好绝缘手套并用检测仪确定该端子电压为 0V。

9）断开高压插接器端子之后，要立即使用绝缘胶带将其绝缘。

10）应将高压端子的螺栓和螺母紧固至规定力矩。力矩不足或过大均可能导致故障。

11）使用"警告：高压请勿触碰"的标牌告知其他人员正在检查或维修高压系统。

12）在维修高压系统之后和重新安装维修开关之前，再次检查并确认没有任何零件或工具遗留在系统内，已紧固好高压端子并正确连接了插接器。

13）执行高压电路工作时，使用缠绕乙烯绝缘胶带的工具或绝缘工具。

14）安装混合动力系统零部件时，确保连接的所有极性正确。

1.2.7　维修受损车辆时的注意事项

1）佩戴绝缘手套、防护眼镜并穿绝缘鞋。

2）检查动力蓄电池及其周围区域是否有电解液泄漏。

3）不要触碰可能为高压电缆的裸露电缆。如果必须接触电缆或不可避免意外接触该电缆，则应事先做到：佩戴绝缘手套和防护眼镜，用电子检测仪检测电缆和车身搭铁之间的电压，用绝缘胶带将电缆绝缘。

4）如果怀疑任一高压零部件和电缆损坏，则按照规定程序切断高压电路。

 实践技能

1.2.8 丰田卡罗拉混合动力汽车下电操作

电动汽车作业包括带电作业和非带电作业，带电作业需要佩戴个人高压防护用具。进行非带电作业（如绝缘检测、拆卸高压线束或更换高压部件等）之前，应先按照操作规范进行下电操作。不同车型下电步骤可能有所不同，下电前请一定详细阅读维修手册。

1. 准备工作

穿戴好工服及绝缘鞋，做好车辆防护：安装方向盘套、座椅套及地板垫，安装翼子板布、前格栅布，如图 1-2-14 所示。

2. 下电操作

（1）电源开关置于 OFF 位置　确保电源开关在 OFF 位置，并将钥匙移开智能系统探测范围，如图 1-2-15 所示。

图 1-2-14　准备工作

图 1-2-15　电源开关置于 OFF 位置

（2）断开辅助蓄电池负极端子

1）打开行李箱，拆下行李箱前装饰罩，如图 1-2-16 所示。

2）拆下辅助蓄电池负极端子并适当固定，防止蓄电池夹接触到辅助蓄电池负极端子，如图 1-2-17 所示。

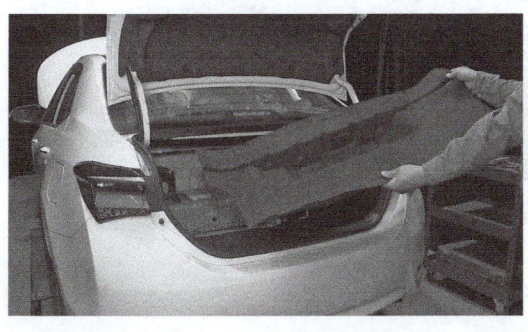

图 1-2-16　拆下行李箱前装饰罩

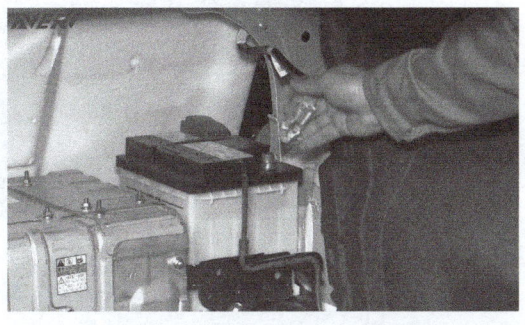

图 1-2-17　拆下辅助蓄电池负极端子

(3) 拆下维修开关

1) 拆下维修开关盖板，如图 1-2-18 所示。

2) 检查绝缘手套是否有破裂、磨损或其他类型的损坏。旋转密封，确保绝缘手套无泄漏。检查无误后戴好绝缘手套，如图 1-2-19 所示。

3) 解锁并拆下维修开关，将维修开关装入口袋中，如图 1-2-20 所示。

(4) 等待电容放电　至少需等待 10min，使逆变器总成内的高压电容器放电，如图 1-2-21 所示。

图 1-2-18　拆下维修开关盖板

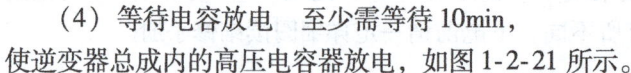

图 1-2-19　检查及佩戴绝缘手套

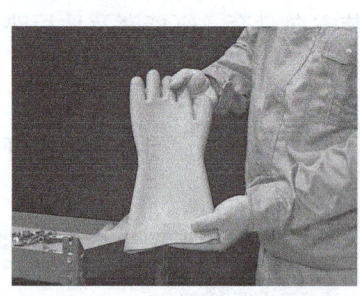 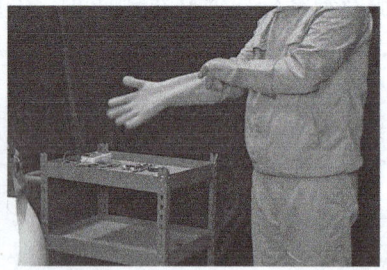

a) 向上解锁维修开关　　　　　　　　b) 向外拔维修开关

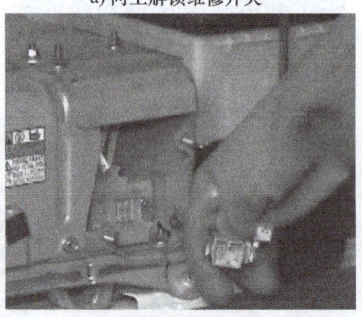 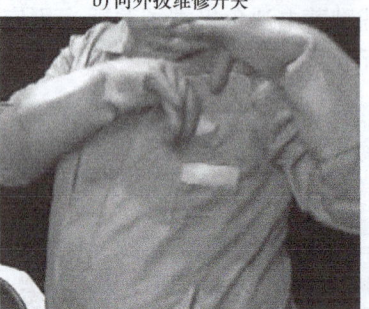

c) 拆下维修开关　　　　　　　　d) 将维修开关装入口袋内

图 1-2-20　解锁并拆下维修开关

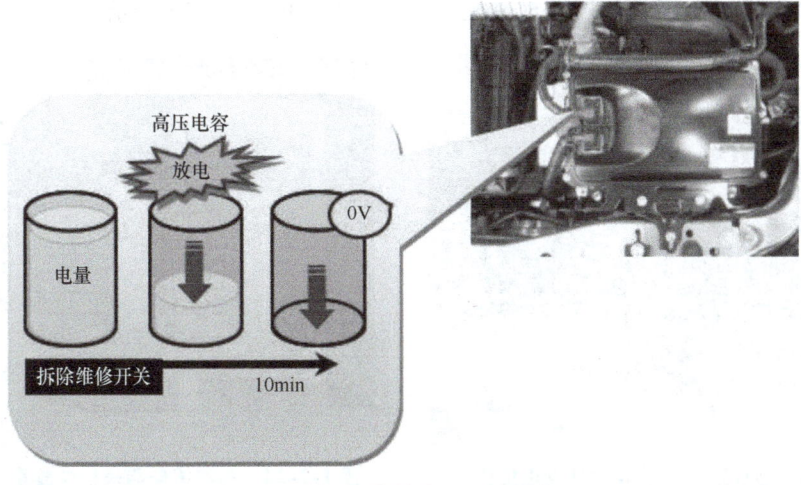

图 1-2-21　等待高压电容放电

（5）验电

1）拆下逆变器总成低压控制插头，然后从逆变器总成上拆下插接器盖总成，如图 1-2-22 所示。

a) 拆下逆变器总成低压控制插头　　　　b) 从逆变器总成上拆下插接器盖总成

图 1-2-22　拆下逆变器总成低压控制插头、插接器盖总成

2）将万用表旋至直流电压档，佩戴绝缘手套，检查逆变器总成检查点正负极端子间的电压，规定电压值为 0V，如图 1-2-23 所示。

（6）下电完毕　盖上插接器盖总成，防止异物进入，可以进行维修操作。

1.2.9　动力蓄电池母线绝缘检测

1）按照规范完成混合动力车辆下电操作。

2）检查并佩戴绝缘手套。

3）将绝缘电阻表档位旋至 500V，进行校表，如图 1-2-24 所示。

4）绝缘检测。

① 用绝缘电阻表检测逆变器总成检查点的高压正极端子与车身之间的绝缘电阻，阻值应大于 10 MΩ。绝缘电阻表显示 550MΩ，符合要求，如图 1-2-25 所示。

② 用绝缘电阻表检测逆变器总成检查点的高压负极端子与车身之间的绝缘电阻，阻值

应大于 10 MΩ。绝缘电阻表显示 550MΩ，符合要求，如图 1-2-26 所示。

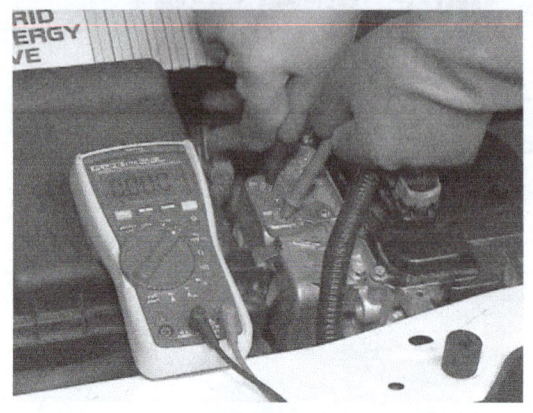

图 1-2-23　检查逆变器总成检查点正负极端子间的电压

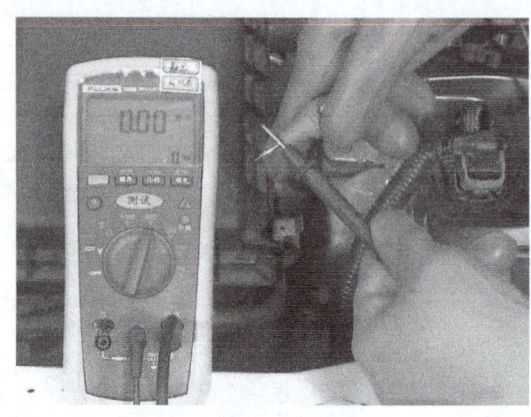

图 1-2-24　将绝缘电阻表档位旋至 500V 并校表

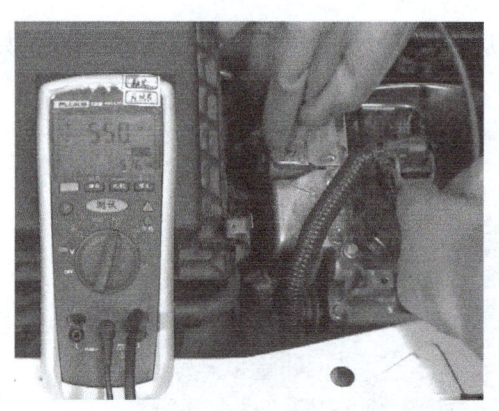

图 1-2-25　检测逆变器总成检查点的高压正极端子与车身之间的绝缘电阻

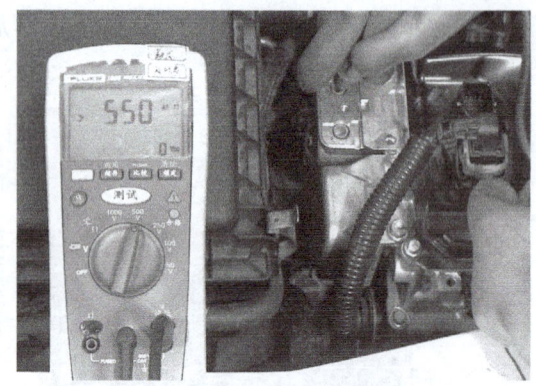

图 1-2-26　检测逆变器总成检查点的高压负极端子与车身之间的绝缘电阻

如果绝缘阻值不符合要求，需进一步检测与逆变器总成相连的高压线束和部件。

单元小结

1. 车辆电压，直流在 60V 以上、交流在 30V 以上时，必须为人员提供触电防护。在车辆系统中，高压系统线束和插头均为橙色，在带电作业时必须采取防护措施。

2. 个人高压防护用具包括绝缘帽、防护眼镜、绝缘服、绝缘鞋、绝缘手套等。绝缘手套使用时要先进行泄漏检查。

3. 绝缘工具是指可在额定电压 1000V（交流）和 1500V（直流）的带电或近电的工件、器件上进行维修作业的手工工具。

4. 高压安全包含两点：高压电路绝缘和高压电路切断。

5. 卡罗拉混合动力汽车高压电路绝缘用于动力蓄电池、带转换器的逆变器总成、P410 混合驱动桥和电动压缩机总成之间。

学习情境 2

动力系统拆装与检测

🔸 学习目标

素质目标：
1. 能在工作过程中树立良好的职业道德。
2. 能在制订拆卸更换流程的过程中培养团队合作意识和纪律意识。
3. 培养学生养成"理论紧密联系实践，吃苦耐劳"的劳动精神。
4. 能在工作过程中树立实事求是、积极进取的科学观。

能力目标：
1. 能通过查阅相关维修技术资料等方式获取车辆信息。
2. 能够完成发动机气缸盖和气缸体总成的拆卸与装配作业。
3. 能够完成电控系统主要零部件的检修作业。
4. 能够正确进行混合驱动桥的更换。
5. 能够正确进行混合驱动桥的分解与安装。
6. 能够正确进行变频器总成的更换。
7. 能够正确进行动力总成冷却系统的检修。
8. 能正确使用故障诊断仪读取动力总成各相关系统的相关数据流。
9. 能遵守高压安全相关规范进行安全操作。

知识目标：
1. 了解 8ZR-FXE 发动机各组成的结构与工作原理。
2. 了解 8ZR-FXE 发动机电控系统各零部件的安装位置。
3. 掌握发动机电控系统主要的传感器和执行器的功能。
4. 了解混合动力汽车混合驱动桥内各部件的作用。
5. 了解混合动力汽车混合驱动桥与其他部件的电气连接方法。
6. 了解混合动力汽车混合驱动桥内各部件的工作原理。
7. 了解混合动力汽车逆变器总成的工作原理。
8. 了解混合动力汽车动力总成冷却系统的工作原理。

学习单元 2.1　8ZR-FXE 发动机拆装

小王是某新能源汽车 4S 店的维修工，一辆丰田卡罗拉混合动力汽车发动机的工作油耗过大，经检查是发动机活塞环损坏，需要更换活塞环。你知道活塞环的更换步骤吗？活塞环更换过程中有什么注意事项呢？

1. 能够迅速找到 8ZR-FXE 发动机各零部件的安装位置。
2. 能够向客户讲解 8ZR-FXE 发动机的工作原理。
3. 能够向客户讲解 8ZR-FXE 发动机的性能特点。
4. 能够完成发动机气缸盖和气缸体总成的拆卸与装配作业。
5. 能够按照环保要求和车间规定，正确处理发动机机械系统废旧零部件。

2.1.1　8ZR-FXE 发动机简介

丰田卡罗拉混合动力汽车使用的是新款 8ZR-FXE 发动机，这款发动机是直列 4 缸、1.8L、16 气门 DOHC 发动机。该发动机采用高膨胀比的阿特金森循环、智能可变气门正时（VVT-i）系统、直接点火系统（DIS）和智能电子节气门控制系统（ETCS-i），此款发动机动力性能得到提高，静谧性好，改善了燃油经济性并实现了更清洁的排放；此外，采用电动水泵，提高了暖机性能并减少了冷却损失。

发动机基本参数见表 2-1-1。

表 2-1-1　8ZR-FXE 发动机基本参数

项　目	技术数据
发动机型号	8ZR-FXE
气缸数及排列方式	直列 4 缸
气门机构	正时链条，16 气门，双顶置凸轮轴（DOHC） 进气侧智能可变气门正时（VVT-i）
排量/mL	1798
（缸径/mm）×（行程/mm）	80.5×88.3
压缩比	13.0
最大功率/kW	73（5200r/min）
最大转矩/(N·m)	142（4000r/min）

(续)

项　目		技　术　数　据
点火顺序		1－3－4－2
机油容量/L	净含量	4.7
	带机油滤芯	4.2
	不带机油滤芯	3.9
气门正时	进气　开	活塞上止点前29°～活塞上止点后12°
	进气　关	活塞下止点后61°～102°
	排气　开	活塞下止点前31°
	排气　关	活塞上止点后3°
排放标准		欧Ⅵ
发动机质量（不含油液）/kg		90

　　这款发动机最大的特点就是采用了阿特金森循环。1882年，英国工程师詹姆斯·阿特金森在使用奥托循环发动机的基础上，通过一套复杂的连杆机构（如图2-1-1所示），使得发动机的压缩行程小于做功行程，这种巧妙的设计不仅改善了发动机的进气效率，也使得发动机的膨胀比大于压缩比，有效地提高了发动机效率，这种发动机的工作原理被称为阿特金森循环。

　　而8ZR-FXE发动机则是通过进气门晚关的方法（如图2-1-2所示），使吸入气缸的混合气在压缩行程中再被"挤出"一些，缩短实际压缩行程，实现膨胀比大于压缩比的，如图2-1-3所示。

　　从表2-1-1中也可以看出，该发动机进气门的关闭时刻明显晚于常规发动机。这样做最大的好处是提高了发动机热效率，节省了燃油，但带来的问题是低转速时发动机的输出功率和转矩均明显低于同排量采用奥托循环的常规发动机。不过对于混合动力汽车来说，电动机的转矩特性恰好弥补了阿特金森循环发动机的短板，同时满足了动力和低油耗的需求。

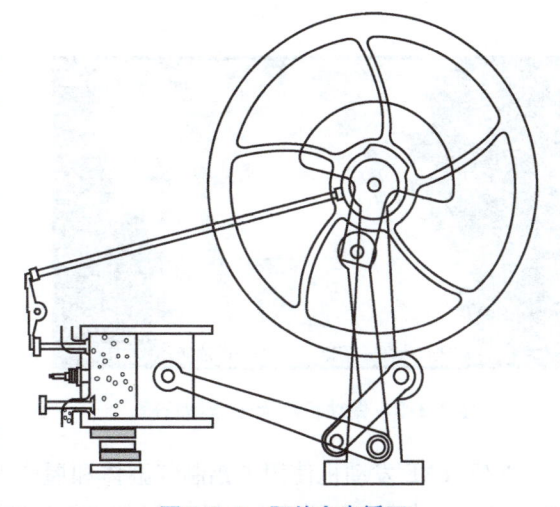

图2-1-1　阿特金森循环

2.1.2　8ZR-FXE发动机的主要特征

　　8ZR-FXE发动机采用先进的曲轴偏置技术，其气缸中心和曲轴中心不在同一平面，曲轴中心线向排气侧偏移了12 mm，如图2-1-4所示，曲轴偏置可以最大限度地减小敲缸声。另外在做功行程时，连杆会更接近于垂直状态，这样可以更多地将燃烧产生的压力作用于曲轴，同时也减小了活塞在气缸壁上的压紧力和摩擦，从而提高活塞运行时的效率。

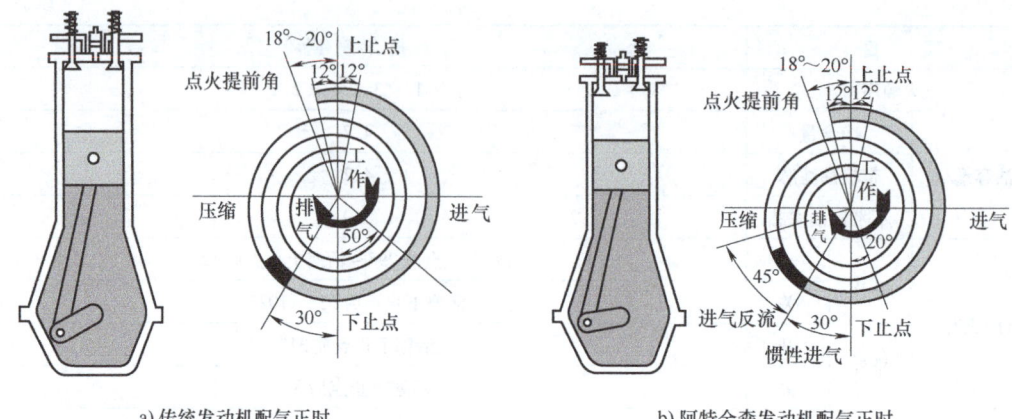

图 2-1-2　发动机配气正时

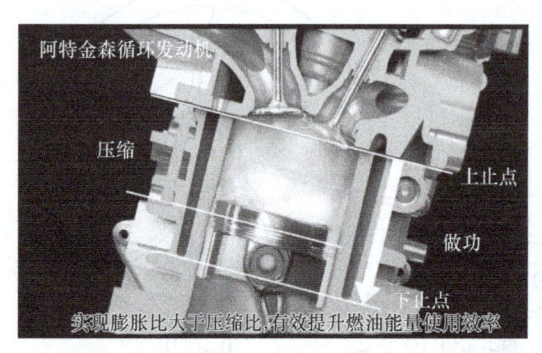

图 2-1-3　做功行程大于压缩行程

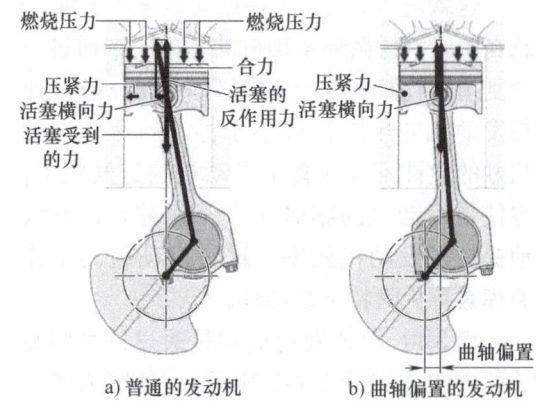

图 2-1-4　8ZR-FXE 发动机曲轴偏置

8ZR-FXE 发动机使用了铝制气缸体和屋脊形燃烧室，采用轻量化、高强度铝压铸的加强曲轴箱总成。气缸盖上使用凸轮轴架来简化结构，进、排气门的夹角为 29°。活塞同样为铝合金制造，结构紧凑，重量更轻。活塞顶部为锥形挤压状，可使燃油有效燃烧；活塞头部安装了低张力活塞环，可减轻重量并减小摩擦，油环表面涂有物理气相沉积（PVD）涂层，提高了耐磨性；活塞裙部安装了全浮式活塞销，每个活塞裙部都涂有树脂涂层以减少摩擦损失。

配气机构采用链传动，凸轮轴通过液压挺柱和滚子气门摇臂驱动进、排气门，如图 2-1-5 所示，在进气侧配备了智能可变气门正时（VVT-i）系统。液压挺柱利用机油压力和弹簧弹力保持恒定为 0 的气门间隙，避免了因有气门间隙而产生的冲击及噪声，同时不需要进行气门间隙的调整。

8ZR-FXE 发动机采用了电动水泵，如图 2-1-6 所示，发动机控制模块（ECM）能根据冷却液温度、发动机转速以及车速等信息，计算必要的冷却液流量，从而控制水泵电机转速。这不仅可以加快暖机速度并减少冷却损失，而且也因取消了传动带和带轮，而降低了发动机的功率损耗。

8ZR-FXE 发动机的进气系统如图 2-1-7 所示，进气歧管采用塑料制造，可以有效地减

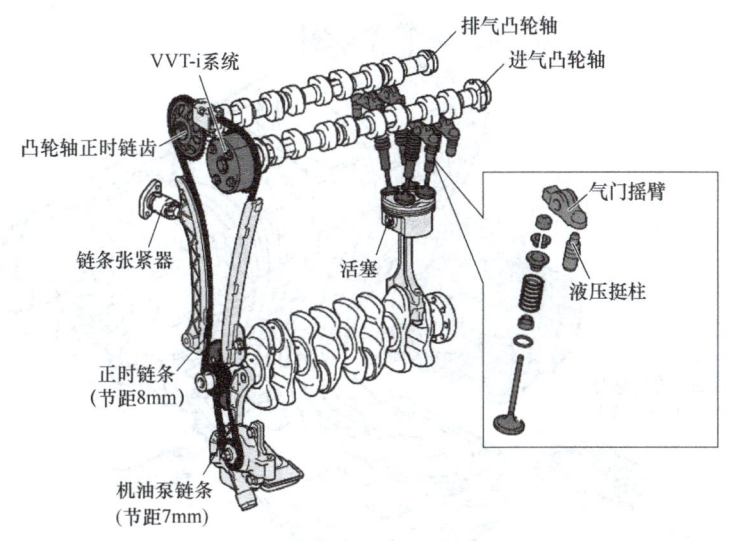

图 2-1-5　8ZR-FXE 发动机配气机构

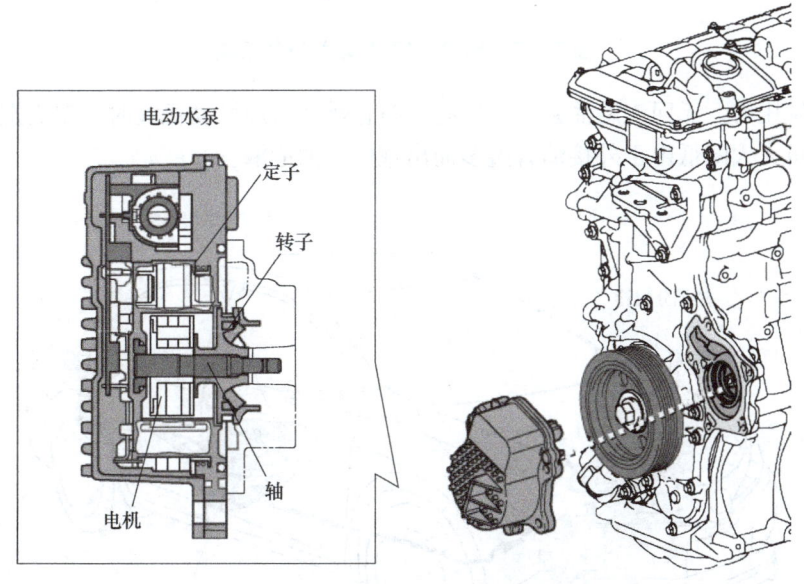

图 2-1-6　8ZR-FXE 发动机电动水泵

轻发动机重量,提升发动机动力性能和经济性能;内壁更加光滑,进气更加顺畅,从而实现强劲动力和经济省油的完美结合。无拉索型的电子节气门控制系统使节气门开度得到精确控制,一方面可以提高燃油经济性,减少排放,同时系统响应迅速,具有良好的操控性能;另一方面,可实现怠速控制、巡航控制和车辆稳定性控制等的集成,简化了控制系统结构。

8ZR-FXE 发动机的燃油供给系统为无回流燃油系统,如图 2-1-8 所示。在无回流燃油系统中,燃油压力调节器和燃油泵合成为一体,它与发动机之间没有真空管连接,燃油压力调节器不参考发动机的负压。因此,无论发动机运行状况如何变化,燃油压力调节器都将保

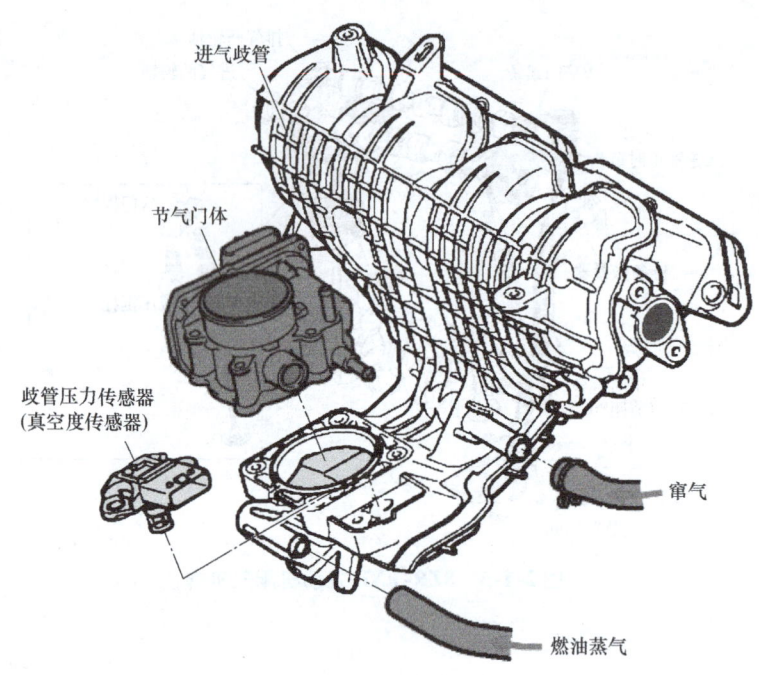

图 2-1-7　8ZR-FXE 发动机进气系统

持稳定的系统压力。无回流燃油系统可以有效防止燃油流经发动机室时升温而造成燃油蒸发过多，而且可大大降低由于外接油管过多而出现的燃油泄漏。

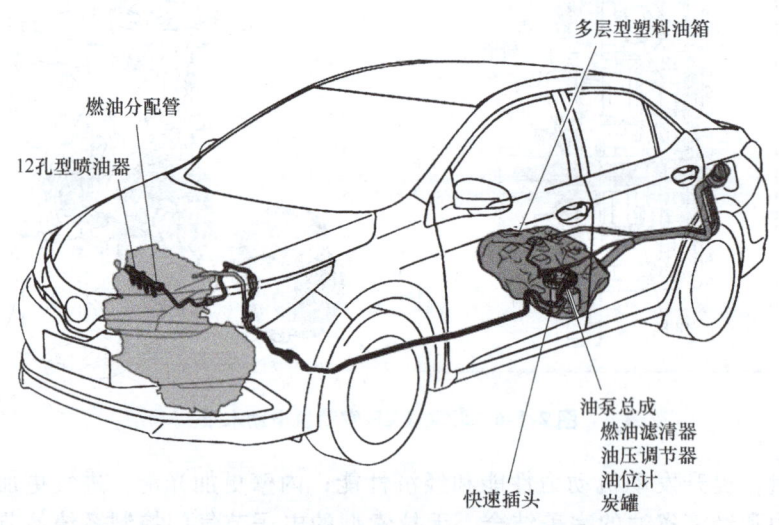

图 2-1-8　8ZR-FXE 发动机燃油供给系统

8ZR-FXE 发动机采用 12 孔型超微粒化喷油器可令喷雾粒径缩小约 40%，燃油喷射和雾化效果更好，既提高了燃烧的效率，同时还能使排放的尾气更加清洁。

8ZR-FXE 发动机的点火系统采用长距铱金火花塞，如图 2-1-9 所示。装配铱金火花塞的发动机在各种驾驶条件下很少会出现熄火或意外点火的情况。铱金火花塞寿命可以保障行驶 6 万～8 万 km，与普通火花塞相比，其点火能量充足且点火稳定，从而提高了车辆性能，降低了燃油消耗。

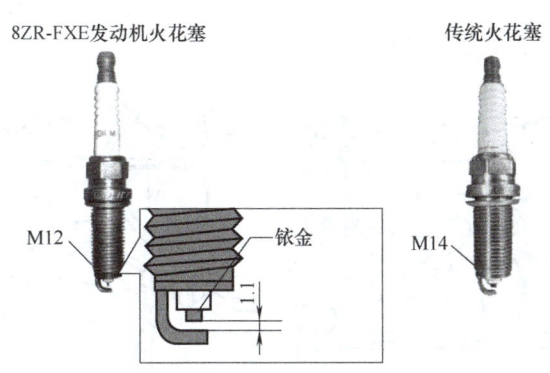

图 2-1-9　8ZR-FXE 发动机火花塞

2.1.3　8ZR-FXE 发动机的命名规则

丰田发动机型号中的每个英文字母和数字都代表着一定的含义，并且有着固定的命名规则。第一个阿拉伯数字代表该系列发动机的气缸体设计序列（同系列的第一款气缸体设计序列为 1，第二款为 2……）；接下来的一个或两个大写英文字母代表该发动机所属的系列，例如 4A-GE 发动机属于 A 系列发动机，而 8ZR-FE 发动机与 4ZR-FE 发动机一样同属丰田最新的 ZR 系列发动机；短横线相连的后缀大写英文字母则代表了该款发动机的技术特性，其中常见的字母标识意义如下：E——电子燃油喷射，X——阿特金森循环，F——窄气门夹角双顶置凸轮轴布置，G——宽气门夹角双顶置凸轮轴布置，Z——机械增压发动机，T——涡轮增压发动机。

2.1.4　奥托循环

奥托循环又称四冲程循环，是内燃机热力循环的一种，为定容加热的理想热力循环。基于这种循环而制造的煤气机和汽油机是最早的活塞式内燃机。1876 年德国工程师尼古拉斯·奥托利用这个原理发明了发动机，因这种发动机具有转动平稳、噪声小等优良性能，对工业影响很大，故把这种循环命名为奥托循环，采用奥托循环的发动机即为奥托循环发动机。奥托循环的一个周期由进气行程、压缩行程、做功行程和排气行程这四个行程构成。

2.1.5　气缸体的拆解

1. 拆卸 1 号通风箱

1 号通风箱有 A 型和 B 型两种安装方式。根据安装方式的不同，使用螺栓、螺母和双头螺柱的数目各不相同。A 型需要拆下 6 个螺栓和 2 个螺母，B 型需要拆下 8 个螺栓。拆卸时使用头部缠有保护胶带的螺钉旋具，通过撬动 1 号通风箱和气缸体总成之间的部位拆下 1 号通风箱，如图 2-1-10 所示（小心不要损坏气缸体分总成和 1 号通风箱的接触面）；使用 TORX 梅花套筒 E6 拆下 2 个双头螺柱。

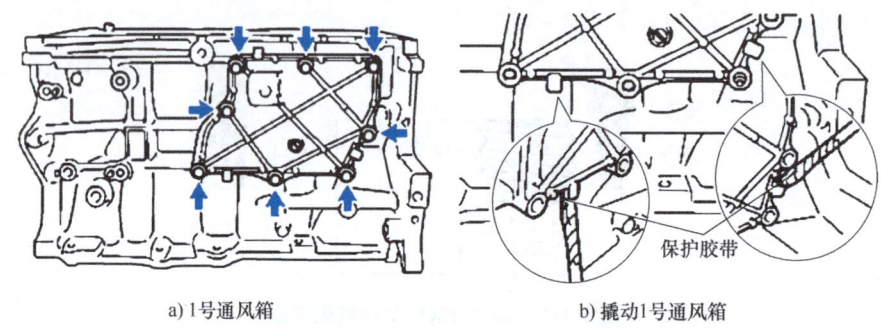

a) 1号通风箱　　　　　　　　　b) 撬动1号通风箱

图 2-1-10　拆卸 1 号通风箱

2. 拆卸带连杆的活塞分总成

1）在各相应连杆和连杆盖上做油漆标记，如图 2-1-11 所示。

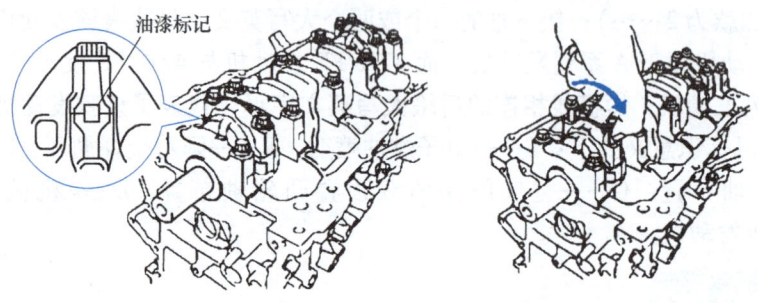

图 2-1-11　拆卸连杆螺栓和连杆盖

油漆标记用于确保相同零件以相同组合安装到原始位置。

2）从连杆盖上拆下 8 个连杆螺栓。

3）使用 2 个已拆下的连杆螺栓，通过左右晃动各连杆盖拆下 4 个带连杆轴承的连杆盖。

4）将 4 个活塞和 4 个连杆以及 4 个连杆轴承从气缸体分总成顶部推出。将拆下的连杆轴承、连杆和连杆盖连在一起，按易于重新安装至原始位置的方式摆放。

3. 拆卸连杆轴承

从 4 个连杆和 4 个连杆盖上拆下 8 个连杆轴承。

4. 拆卸曲轴

1）按如图 2-1-12 所示顺序，分步均匀地拧松并拆下 10 个曲轴轴承盖固定螺栓。

2）使用 2 个已拆下的曲轴轴承盖固定螺栓，通过前后晃动各曲轴轴承盖从气缸体分总成上拆下 5 个曲轴轴承盖。

3）从气缸体分总成上拆下曲轴。

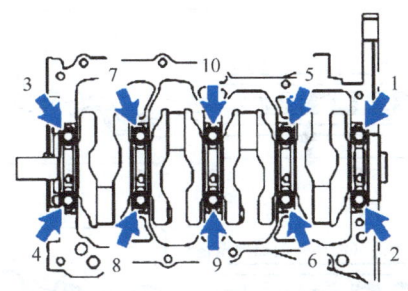 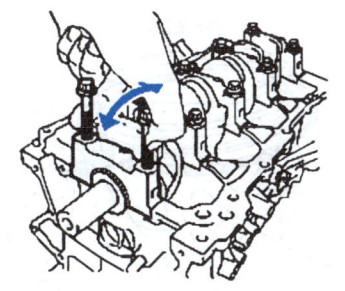

图 2-1-12　拆卸曲轴轴承盖

5. 拆卸曲轴轴承

1) 如图 2-1-13 所示,从气缸体分总成上拆下 5 个曲轴上轴承。
2) 从 5 个曲轴轴承盖上拆下 5 个曲轴下轴承。

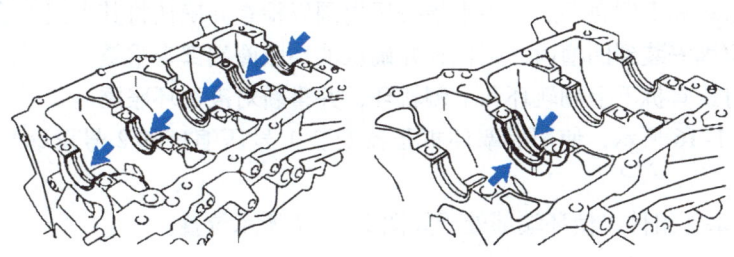

图 2-1-13　拆卸曲轴轴承和止推垫圈

6. 拆卸曲轴上止推垫圈

从气缸体分总成上拆下 2 个曲轴上止推垫圈。

7. 拆卸活塞环组件

1) 如图 2-1-14 所示,使用活塞环扩张器从活塞上拆下 1 号压缩环和 2 号压缩环。
2) 用手从活塞上拆下油环胀圈、上侧轨环和下侧轨环。

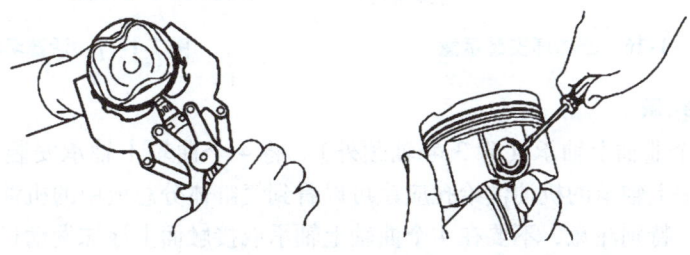

图 2-1-14　拆卸活塞环组件

8. 拆卸活塞

使用螺钉旋具从活塞上撬出活塞销孔卡环。除非更换活塞销孔卡环(后侧),否则不要将其拆下。拆下活塞销孔卡环(后侧)时,小心不要损坏活塞。

2.1.6　气缸体的装配

1. 安装活塞环组件

1) 如图 2-1-15 所示,用手将油环胀圈、上侧轨环和下侧轨环安装到活塞上。

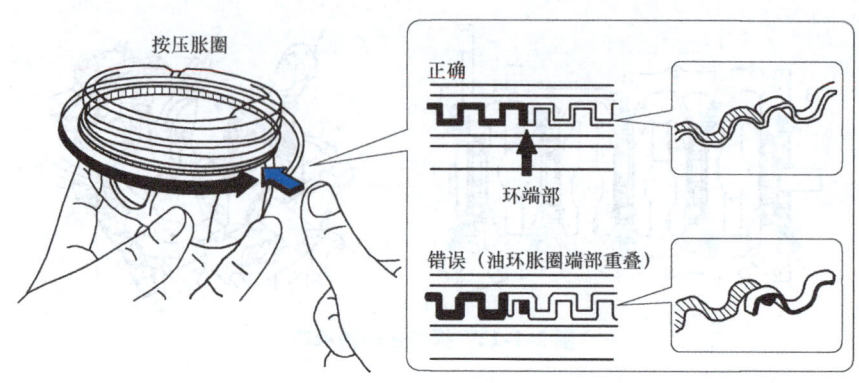

图 2-1-15　油环胀圈安装示意

2）检查并确认油环胀圈端部未重叠，且上侧轨环和下侧轨环牢固安装至槽内。安装油环胀圈、上侧轨环和下侧轨环后，用手指按压周围以检查并确认将其牢固安装到凹槽内。如果油环胀圈未牢固安装到凹槽内，则检查并确认油环胀圈端部未重叠。如果油环胀圈端部重叠，则使用螺钉旋具拆下上侧轨环和下侧轨环，并重新对准油环胀圈。

3）如图 2-1-16 所示，使用活塞环扩张器安装 1 号压缩环和 2 号压缩环，使代码标记朝上。

4）放置活塞环组件以使环端部处于如图 2-1-17 所示位置。

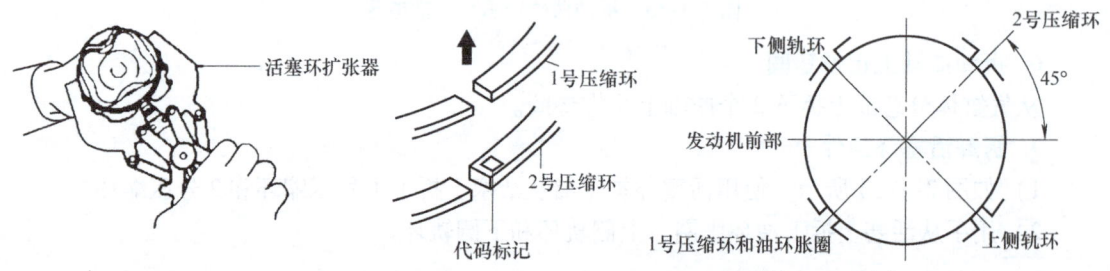

图 2-1-16　压缩环安装示意　　　　　图 2-1-17　活塞环组件安装标准

2. 安装曲轴轴承

（1）安装 4 个曲轴上轴承（除 3 号轴颈外）　将 4 个曲轴上轴承安装到气缸体分总成上。通过 4 个曲轴上轴承的机油供给孔应该可以看到气缸体分总成中的机油槽两侧，孔两侧的可见量应相同。特别注意，不要在 4 个曲轴上轴承或接触面上涂抹发动机机油。

（2）安装曲轴上轴承（3 号轴颈）　将曲轴上轴承安装到气缸体分总成上。通过曲轴上轴承的机油供给孔应该可以看到气缸体分总成中的机油槽两侧，孔两侧的可见量应相同。特别注意，不要在曲轴上轴承或接触面上涂抹发动机机油。

（3）安装 5 个曲轴下轴承　将 5 个曲轴下轴承安装到 5 个曲轴轴承盖上。不要在 5 个曲轴下轴承或接触面上涂抹发动机机油。

3. 安装曲轴上止推垫圈

1）如图 2-1-18 所示，使机油槽向外，将 2 个曲轴上止推垫圈安装到气缸分总成 3 号轴颈位置。

2）在曲轴上止推垫圈上涂抹发动机机油。
4. 安装曲轴
1）在曲轴上轴承上涂抹发动机机油，并将曲轴安装到气缸体分总成上。
2）在曲轴下轴承上涂抹发动机机油。确认朝前标记和编号，如图 2-1-19 所示，并将 5 个曲轴轴承盖放在气缸体分总成上。

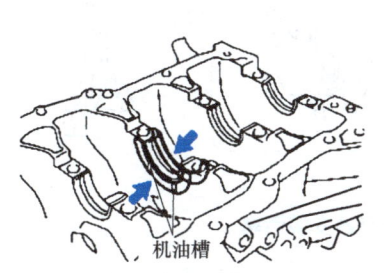

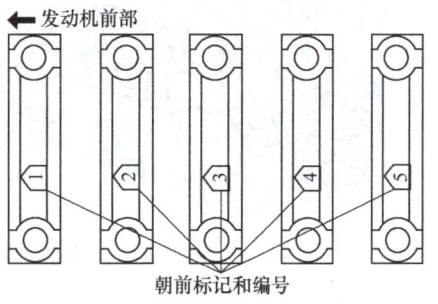

图 2-1-18　安装曲轴上止推垫圈　　　图 2-1-19　确认朝前标记和编号

3）在曲轴轴承盖固定螺栓的螺纹上和螺栓头下部涂抹一薄层发动机机油。
4）用手推动曲轴轴承盖直至曲轴轴承盖和气缸分总成之间的间隙小于 5mm。
5）使用塑料锤轻敲曲轴轴承盖以确保正确装配。
6）紧固曲轴轴承盖固定螺栓，如图 2-1-20 所示。

分 2 步紧固曲轴轴承盖固定螺栓：首先按图中所示顺序均匀紧固 10 个曲轴轴承盖固定螺栓，力矩为 40N·m。如果曲轴轴承盖固定螺栓无法紧固至规定力矩，则将其更换。然后用油漆在曲轴轴承盖固定螺栓的前端做标记，将曲轴轴承盖固定螺栓紧固 90°。

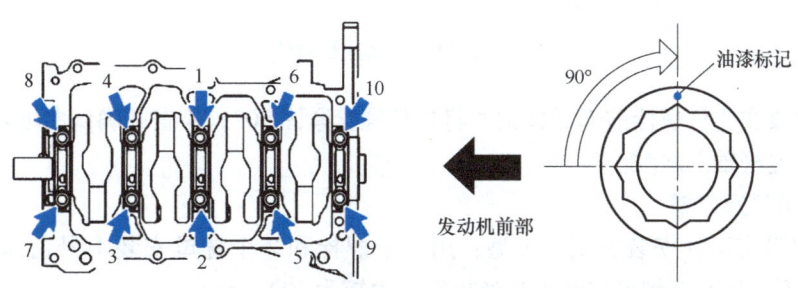

图 2-1-20　紧固曲轴轴承盖固定螺栓

7）检查并确认油漆标记与发动机前部成 90°角。
8）检查并确认曲轴转动平稳。
9）检查曲轴轴向间隙。
5. 安装连杆轴承
将 8 个连杆轴承安装到 4 个连杆和 4 个连杆盖上。
6. 安装带连杆的活塞
1）在气缸壁、活塞和连杆轴承表面上涂抹发动机机油。
2）如图 2-1-21 所示，使用活塞环压缩器将正确编号的带连杆的活塞推入气缸，使带连杆的活塞的朝前标记朝向发动机前部。插入带连杆的活塞时，不要使其与1号机油喷嘴分总成接触。将各连杆盖与正确的连杆匹配。

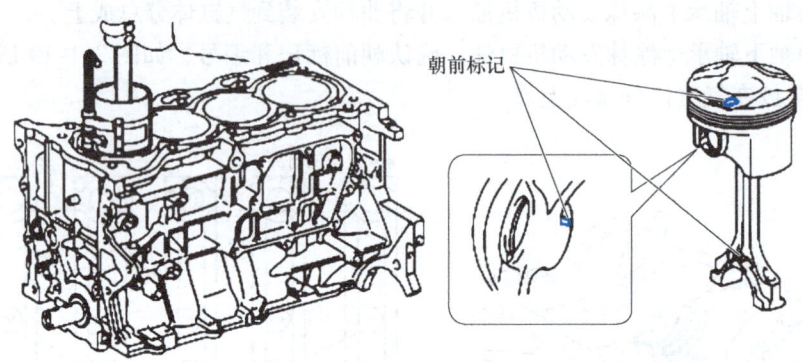

图 2-1-21　使用活塞环压缩器安装活塞

3）检查并确认连杆盖的朝前标记朝向正确的方向。在连杆螺栓的螺纹上和螺栓头下部涂抹一薄层发动机机油，安装连杆螺栓。

4）如图 2-1-22 所示，使用 SST（09205-16011）分步交替紧固连杆螺栓，力矩为 20N·m。

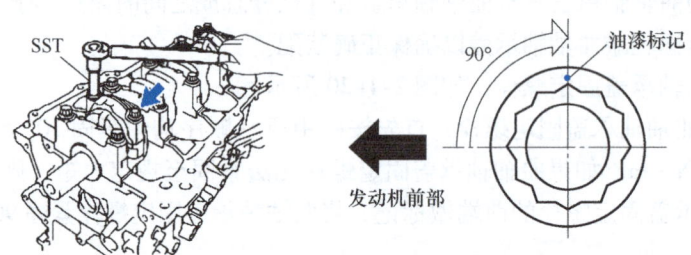

图 2-1-22　紧固连杆螺栓

5）用油漆在连杆螺栓前部做标记，将连杆螺栓紧固 90°，检查并确认曲轴转动平稳。

6）检查连杆轴向间隙。

7. 安装 1 号通风箱

1号通风箱有两种安装方式。A 型：用 6 个螺栓和 2 个螺母安装 1 号通风箱，力矩为 10N·m。B 型：用 8 个螺栓安装 1 号通风箱，力矩为 10N·m。

1）连续涂抹密封胶。涂抹时，密封胶直径为 2.0~3.0mm，盖内边缘至密封胶中心的距离为 3.0mm。

2）清除接触面的所有机油。涂抹密封胶后 3min 内安装 1 号通风箱，并在 15min 内紧固螺栓和螺母。安装后至少 2h 内不要起动发动机。

1. 8ZR-FXE 发动机是一款直列 4 缸、1.8L、16 气门 DOHC 发动机，采用高膨胀比的阿特金森循环、智能可变气门正时（VVT-i）系统、智能电子节气门控制系统（ETCS-i）。

2. 8ZR-FXE 发动机采用先进的曲轴偏置技术，其气缸中心和曲轴中心不在同一平面，曲轴中心线向排气侧偏移了 12 mm，可以最大限度地减小敲缸声。有效降低油耗。

3. 8ZR-FXE 发动机使用了铝制气缸体和屋脊形燃烧室，采用轻量化、高强度铝压铸的加强曲轴箱总成。气缸盖上使用凸轮轴架来简化结构，进、排气门的夹角为 29°。活塞同样为铝合金制造。

4. 配气机构采用链传动，凸轮轴通过液压挺柱和滚子气门摇臂驱动进、排气门，在进气侧配备了智能可变气门正时（VVT-i）系统。

学习单元 2.2　8ZR-FXE 发动机电控系统认知

任务导入

小王是某新能源汽车 4S 店的维修工，一辆丰田卡罗拉混合动力汽车的发动机熄火后，再也不能起动，经检查是曲轴位置传感器损坏，需要更换曲轴位置传感器。你知道该如何正确更换曲轴位置传感器吗？

学习目标

1. 能够迅速找到 8ZR-FXE 发动机电控系统各零部件的安装位置。
2. 能够熟练阅读电控系统各部分的电路图。
3. 能够向客户讲解电控系统主要的传感器和执行器的功能。
4. 能够完成电控系统主要零部件的检修作业。
5. 能够按照环保要求和车间规定，正确处理发动机电控系统废旧零部件。

理论知识

2.2.1　8ZR-FXE 发动机电控系统的功能

基于现代汽油发动机的发展要求，发动机电控系统的功能越来越强大，并将多项控制功能集成在一个发动机控制模块（ECM）上，共用传感器信号，实现多功能控制，所以又称为发动机集中控制系统或发动机管理系统。发动机电控系统通过汽车内部网络的信息通信，完成与其他控制系统之间各种必要的消息的传送和接收，从而实现高度集中控制及集中故障诊断的整车控制。丰田卡罗拉 8ZR-FXE 发动机电控系统可以实现以下控制功能：

1）顺序多点燃油喷射（SFI）：采用 L 型 SFI 系统，通过热丝型空气流量传感器检测进气质量。燃油喷射有两种形式：同步喷射和异步喷射，同步喷射又分为冷机起动期间的分组喷射和发动机起动后的独立喷射。

2）电子点火提前（ESA）：ECM 根据来自各种传感器的信号确定点火正时，并将点火（IGT）信号发送至点火器，精确控制点火时刻，改善燃烧过程，提高发动机的性能，避免发动机爆燃。主要包括点火时刻控制（点火提前角控制和爆燃控制）和点火能量控制（通电时间控制）。

3）智能电子节气门控制（ETCS-i）：根据加速踏板位置、发动机和车辆状况等信息优化控制节气门开度。

4）智能可变气门正时（VVT-i）：根据发动机工作状态，对进气凸轮轴进行最佳气门正时控制。

5）冷却风扇控制：根据发动机冷却液温度、空调工作情况和混合动力系统冷却液温度控制风扇以最佳的转速运行。

6）电动水泵控制：ECM 根据发动机冷却液温度、车速和发动机转速等信号调节发动机冷却液循环量，减少了冷却损失，提高了暖机性能，改善了燃油经济性并实现了更清洁的排放。

7）燃油泵控制：根据来自 ECM 的信号，控制燃油泵的运行。当任一空气囊展开时，混合动力车辆 ECU 总成检测到空气囊总成传递来的空气囊展开信号，将发动机关闭信号传输至 ECM，ECM 接收到此信号后断开电路断路继电器，燃油泵停止工作。

8）供油控制：准确检测发动机工况和进气量，根据发动机工况的需要精确控制喷油量，在合适的时刻将燃油喷入进气管道或气缸内，配制合适空燃比的混合气。喷油量控制和喷油正时控制是发动机电控系统最重要的控制功能。

9）排放控制：主要包括废气再循环控制、曲轴箱强制通风控制、油箱蒸气排放控制、三元催化器监测控制等。

10）警告控制：由 ECM 控制各种指示和报警装置，一旦发动机控制系统出现故障，及时发出信号，有效减少发动机故障运行时的污染排放。

11）自诊断控制：监测控制系统的工作情况。当控制系统的元件或电路出现故障时，ECM 检测到故障信号，立即点亮"CHECK ENGINE"故障指示灯，提示驾驶人发动机有故障，同时，ECM 将故障信息以故障码的形式存储在存储器内，维修人员可以利用故障诊断仪读取故障码或清除故障码，获得故障信息，以帮助快速诊断故障部位。

12）失效保护控制：当控制系统的传感器或其电路出现故障时，ECM 检测到信号失效，不采纳失效信号，而自动按照 ECM 内预设的信号替代值进行控制，使发动机能够继续运行。当比较重要的信号失效时，ECM 自动停止发动机工作。如当 ECM 接收的点火确认信号失效时，将立即停止供油，防止大量燃油进入气缸而不点火。

13）应急备用控制：当控制系统的电脑出现故障时，ECM 自动启用应急备用系统，根据存储区内已存储的数据按设定的信号（如固定的喷油量、点火提前角）控制发动机进入强制运行工况，使发动机不至于熄火。

除此之外还具有怠速控制、起动机控制等功能。

2.2.2　8ZR-FXE 发动机电控系统的组成

丰田卡罗拉 8ZR-FXE 发动机电控系统如图 2-2-1 所示。发动机电控系统主要由传感器、ECM 和执行器等组成。传感器的作用是检测发动机的各种工作参数，并送给 ECM；ECM 分析传感器信号，产生并输出控制信号，传给执行器；执行器一般是电磁阀或电机，接收 ECM 的控制信号，执行命令，按照预定要求动作，从而实现各种控制功能。

8ZR-FXE 发动机电控系统主要零部件的类型和功能见表 2-2-1。

2.2.3　8ZR-FXE 发动机主要传感器的安装位置

8ZR-FXE 发动机主要传感器的安装位置如图 2-2-2 所示。

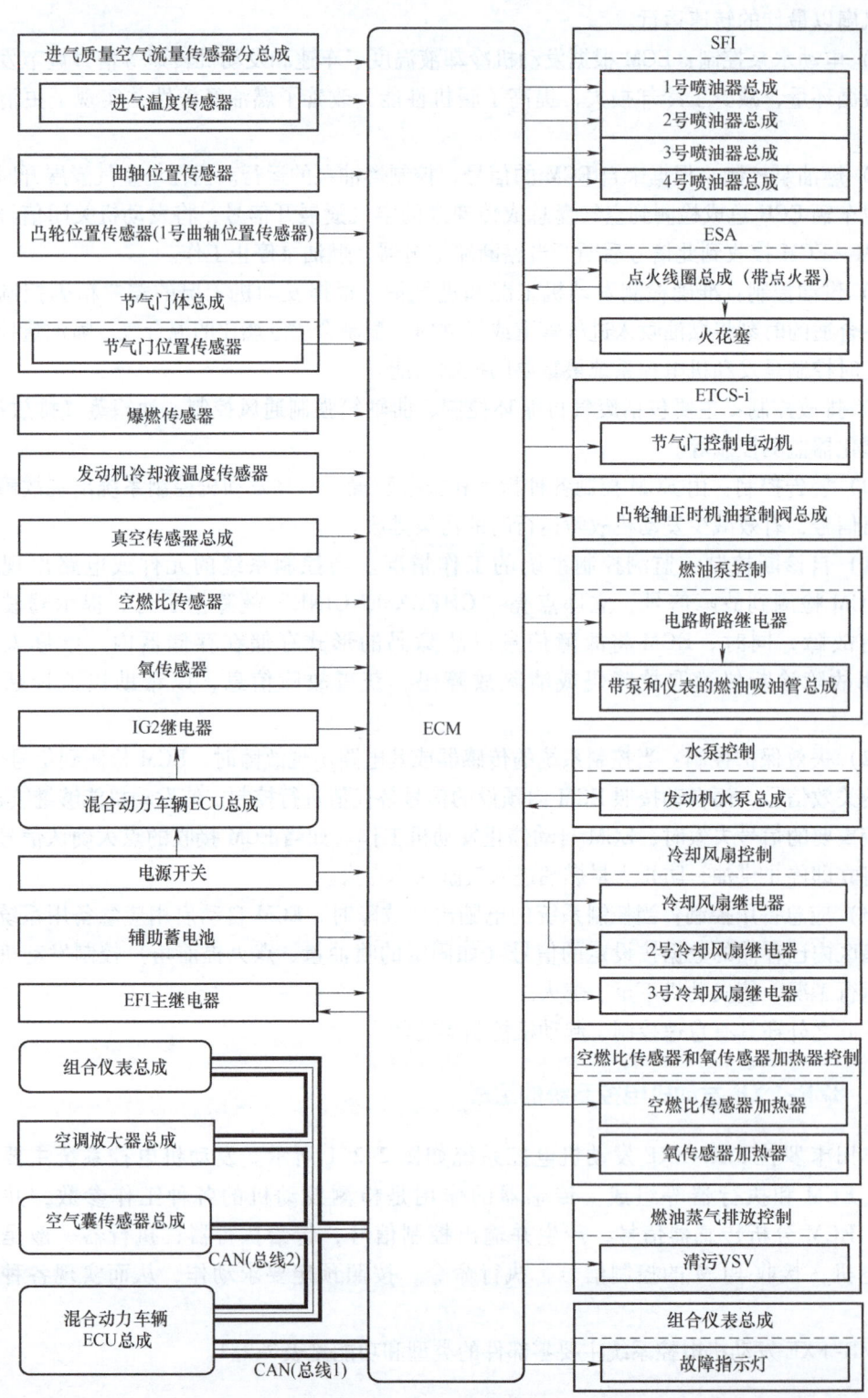

图 2-2-1　丰田卡罗拉 8ZR-FXE 发动机电控系统

表 2-2-1　8ZR-FXE 发动机电控系统主要零部件类型和功能

零部件	概　要	数量	功　能
ECM	32 位 CPU	1	ECM 根据传感器提供的信号对 SFI、ESA 和 ETCS-i 等进行最佳控制，以适应发动机的工作情况
进气质量空气流量传感器	热丝型	1	内置热丝直接检测进气质量
进气温度传感器	热敏电阻型	1	借助内部热敏电阻检测进气温度
曲轴位置传感器	磁电式	1	检测发动机转速和曲轴转角
凸轮轴位置传感器	磁阻元件（MRE）型	1	进行气缸识别并检测 VVT 角度
节气门位置传感器	线性（非接触）型	1	检测节气门开度
爆燃传感器	内置压电元件型（平面型）	1	根据发动机爆燃所造成的气缸体振动来间接检测发动机是否出现爆燃现象
发动机冷却液温度传感器	热敏电阻型	1	通过内部热敏电阻检测发动机冷却液温度
空燃比传感器	带加热器的平面型	1	以线性方式检测废气中的氧浓度
氧传感器	带加热器的杯型	1	通过测量传感器自身产生的电动势检测废气中的氧浓度
喷油器总成	12 孔型	4	根据 ECM 发出的信号操纵电磁阀喷射燃油

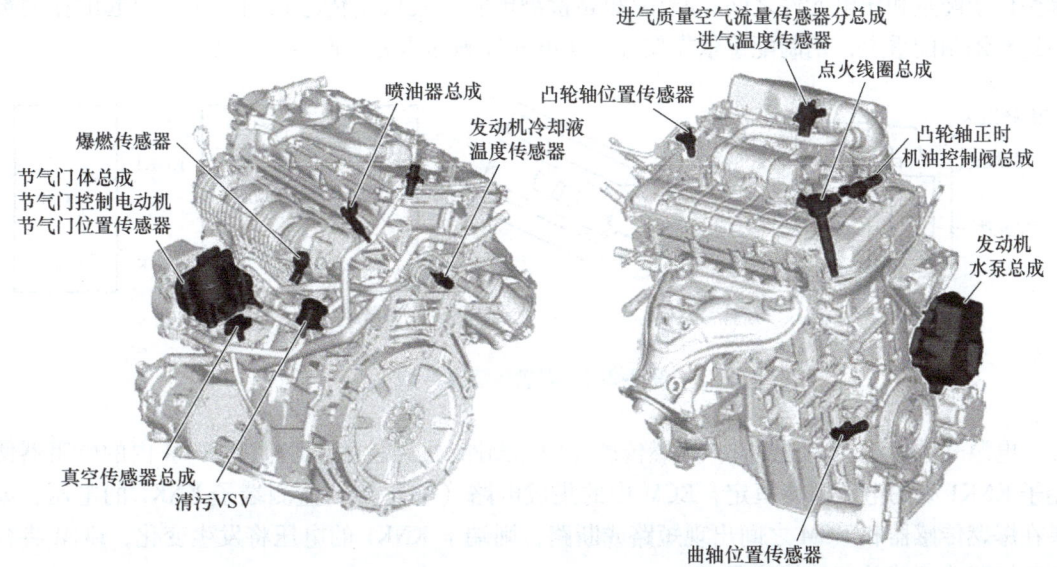

图 2-2-2　8ZR-FXE 发动机电控系统传感器安装位置

2.2.4　8ZR-FXE 发动机电控系统主要部件的介绍

1. 节气门位置传感器

8ZR-FXE 发动机使用的节气门位置传感器为非接触型霍尔传感器，其结构如图 2-2-3

所示。霍尔集成电路包括主信号电路和副信号电路，它把安装在节气门轴上的磁轭绕组磁通量的变化转换为电信号，并将其以节气门位置信号的形式输出至 ECM。

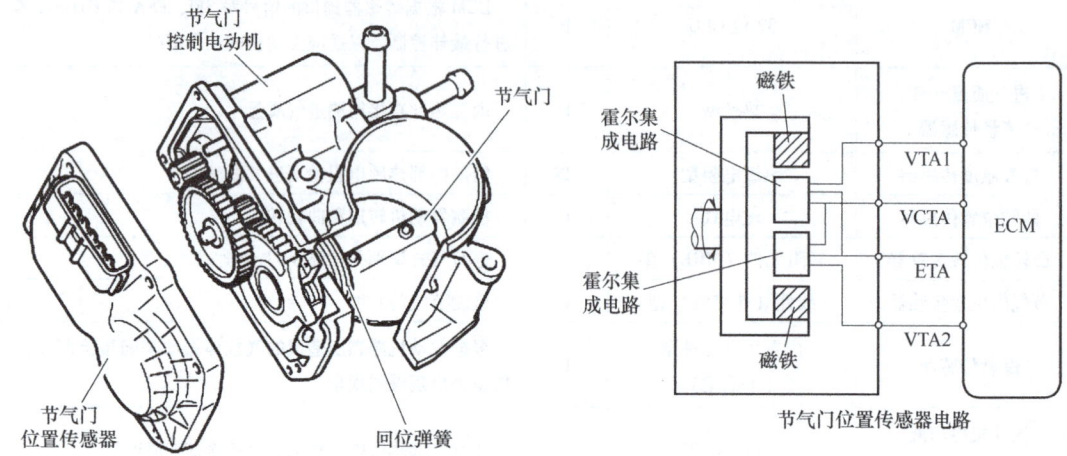

图 2-2-3　节气门位置传感器结构

2. 爆燃传感器

8ZR-FXE 发动机采用的是平面型爆燃传感器，如图 2-2-4 所示，振动检测能力得到提高，并且可以更精确地控制点火正时。爆燃传感器通过气缸体分总成的双头螺栓安装到发动机上，因此，在传感器中心有一个双头螺柱可通过的孔。在传感器上部有一个钢制配重，绝缘垫位于配重和压电元件之间，断路/短路检测电阻器集成于传感器内。爆燃引起的振动被传递到钢制配重上，钢制配重依靠惯性向压电元件施加压力，产生电动势。

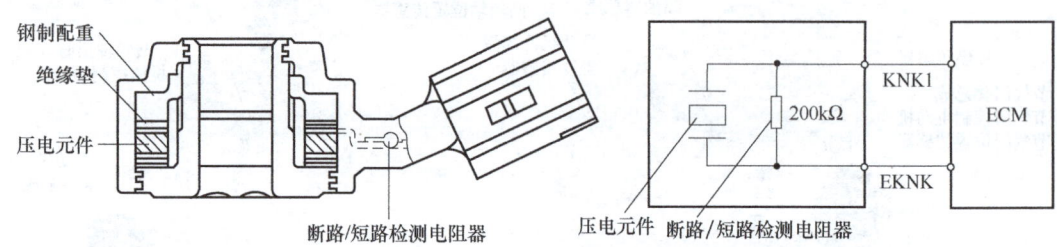

图 2-2-4　爆燃传感器结构

电源开关置于 ON 位置时，爆燃传感器内的断路/短路检测电阻器和 ECM 内的电阻器使端子 KNK1 处的电压保持恒定，ECM 中的集成电路（IC）持续监测端子 KNK1 的电压，如果在爆燃传感器和 ECM 之间出现短路或断路，则端子 KNK1 的电压将发生变化，ECM 将检测到短路或断路并存储故障码。

3. 空气流量传感器

空气流量传感器为插入式，如图 2-2-5 所示，结构紧凑且质量轻，采用内置热丝直接检测进气质量，提高了检测精度并减小了进气阻力。该空气流量传感器分总成内置进气温度传感器，借助内部热敏电阻检测进气温度。

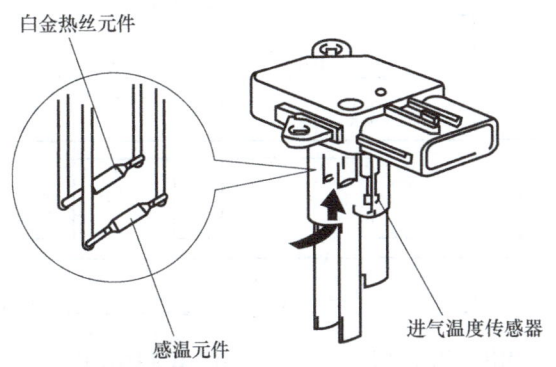

图 2-2-5 空气流量传感器结构

4. 曲轴位置传感器与凸轮轴位置传感器

8ZR-FXE 发动机的曲轴位置传感器安装在曲轴前端，类型是磁电式曲轴位置传感器，如图 2-2-6 所示。曲轴的信号转子由 34 个齿和 2 个缺齿组成。ECM 根据缺齿造成的信号变化确定上止点，结合凸轮轴位置传感器信号确定喷油和点火时序。

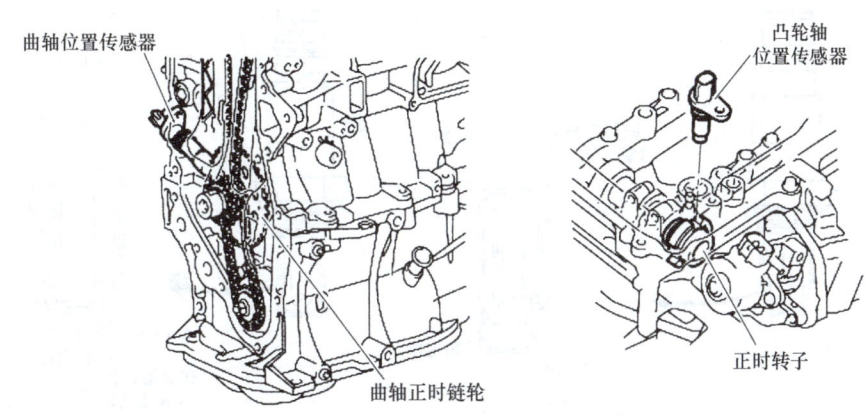

图 2-2-6 曲轴位置传感器与凸轮轴位置传感器安装位置示意

8ZR-FXE 发动机的凸轮轴位置传感器类型为磁阻型。曲轴每旋转两周，凸轮轴上的正时转子部分可产生三个脉冲，如图 2-2-7 所示。

5. 氧传感器和空燃比传感器

8ZR-FXE 发动机采用平面型空燃比传感器（上游氧传感器）和杯型氧传感器（下游氧传感器），如图 2-2-8 所示。平面型空燃比传感器采用导热性能和绝缘性能良好的氧化锆，传感器元件与加热器集成于一体，提高了传感器的预热性能。杯型氧传感器包含一个围绕加热器的传感器元件。

空燃比传感器和氧传感器在输出特性上不同，如图 2-2-9 所示，处于理论空燃比阈值（14.7）时，氧传感器输出电压会发生突变，相反，空燃比传感器数据与当前空燃比大致成比例，空燃比传感器将氧浓度转换为电压信号，并将其发送至 ECM，从而提高了空燃比的检测精度。使用 GTS 等检测设备可以读取空燃比传感器数据。

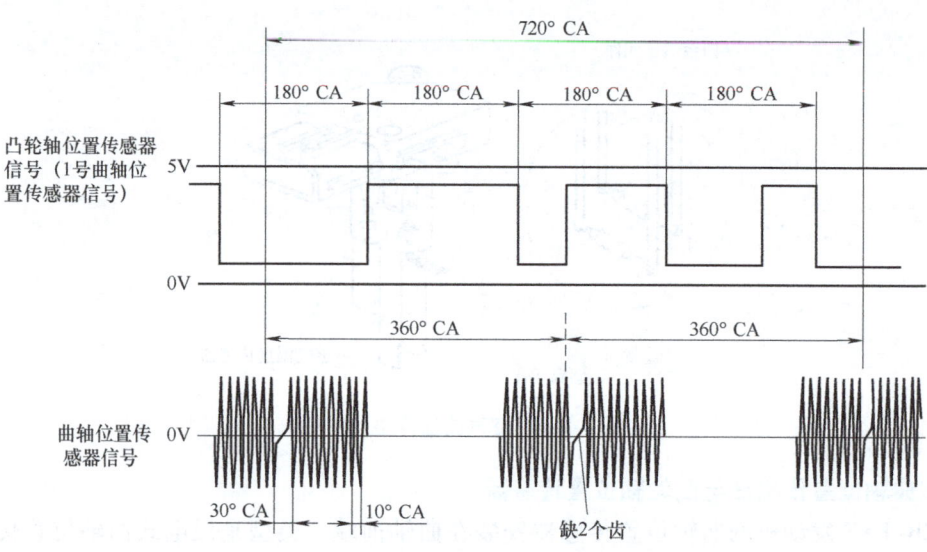

图 2-2-7　曲轴位置传感器与凸轮轴位置传感器输出波形示意

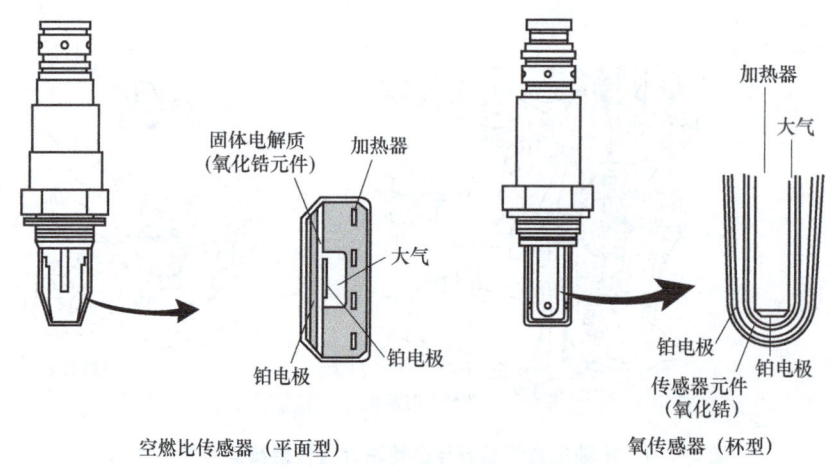

图 2-2-8　氧传感器和空燃比传感器结构

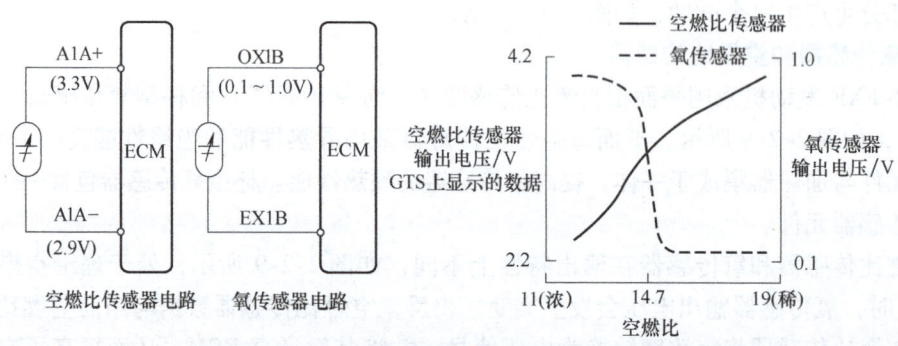

图 2-2-9　空燃比传感器和氧传感器电路

6. 凸轮轴正时机油控制阀

凸轮轴正时机油控制阀总成利用 ECM 的占空比控制滑阀，将液压施加于 VVT-i 控制器（凸轮轴正时链轮总成）的提前侧或延迟侧，如图 2-2-10 所示。发动机停机时，凸轮轴正时机油控制阀总成将移至延迟位置。

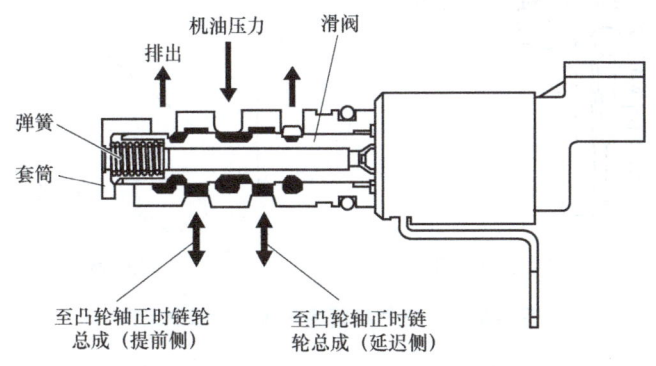

图 2-2-10　凸轮轴正时机油控制阀结构

7. 点火线圈和火花塞

8ZR-FXE 发动机的点火控制器和点火线圈集成一体（如图 2-2-11a 所示），单独安装在各气缸上，不再使用分电器，从而提高了点火正时的精确性，减少了高压损失，并提升了点火系统的整体可靠性。和火花塞接触的火花塞帽集成在点火线圈总成内，封闭的点火器简化了整个点火系统。

8ZR-FXE 发动机采用细长电极铱金火花塞（如图 2-2-11b 所示），可以将收纳火花塞的气缸盖分总成做得比较厚，这样就可以将气缸盖水套延伸到燃烧室附近，提高了冷却性能。在确保与铂金火花塞具有相同耐久性的同时，铱金火花塞还可以提高点火性能。

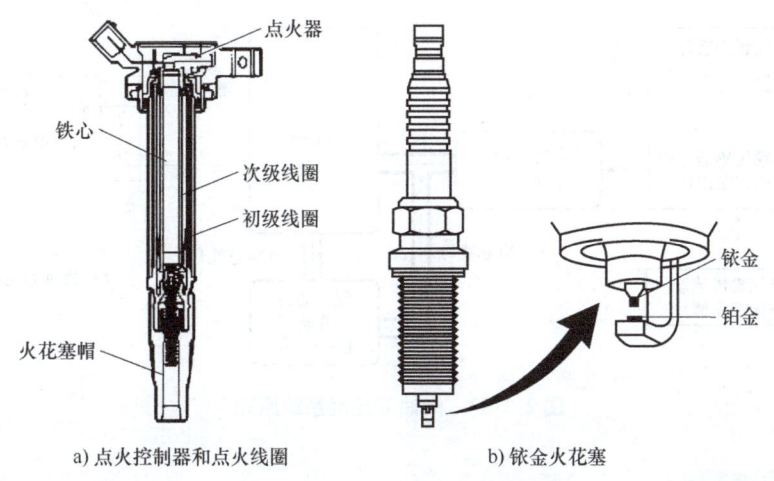

图 2-2-11　点火线圈和火花塞结构

8. 进气歧管绝对压力传感器（真空传感器）

进气歧管绝对压力传感器也叫真空传感器，由硅片组成，如图 2-2-12 所示，利用其受压时改变电阻的特性，通过内置传感器检测作为绝对压力的进气歧管内部压力，并将压力转换为电压信号，以放大的形式发送至 ECM，ECM 根据这个电压控制空燃比。

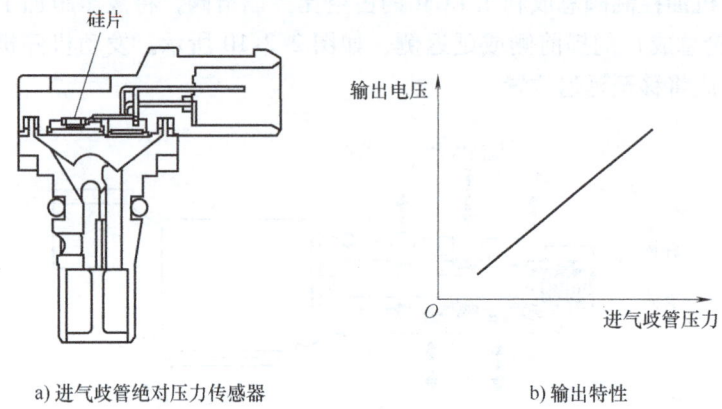

图 2-2-12　进气歧管绝对压力传感器结构

2.2.5　燃油泵控制系统

燃油泵控制系统具有燃油切断功能，如图 2-2-13 所示。混合动力车辆 ECU 总成通过 CAN 总线检测到来自空气囊传感器总成的空气囊展开信号时，会将发动机关闭信号传输至 ECM。接收到此信号后，ECM 断开 C/OPN 继电器，使燃油泵停止工作。

激活燃油切断功能后，电源开关从 OFF 位置切换至 ON 位置时即可取消燃油切断功能，然后可重新起动发动机。

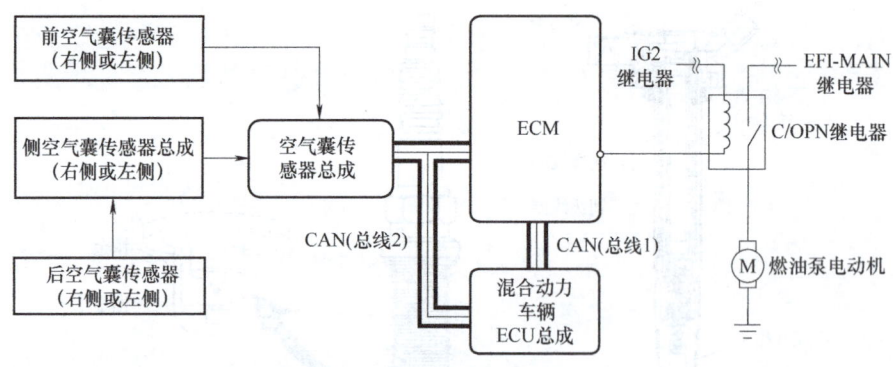

图 2-2-13　燃油泵控制系统原理

2.2.6　8ZR-FXE 发动机主要传感器数据流读取

使用 KT660 读取 8ZR-FXE 发动机主要传感器数据流。

1）将故障诊断仪 KT660 连接到诊断接口，如图 2-2-14 所示。

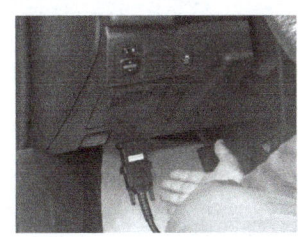

图 2-2-14　连接故障诊断仪 KT660

2）设置 8ZR-FXE 发动机进入发动机检修模式。
3）起动发动机，打开诊断仪。
4）单击"汽车诊断"选项，然后依次单击"VIN 码识别""自动识别 VIN 码"选项，在弹出的窗口确认 VIN 码为测试车辆正确的 VIN 码，如图 2-2-15 所示。

图 2-2-15　识别测试车辆正确 VIN 码

5）如图 2-2-16 所示，单击"自动扫描"选项，在弹出的窗口确认测试车辆信息，单击"确定"选项，依次单击"COROLLA HV""TFTM 生产""丰田电控系统""动力性""发动机和自动变速器""读取数据流""主要"选项，依次选取"发动机转速""空气流量""进气压力""冷却液温度""进气温度""节气门传感器 1 信号开度""节气门传感器 2 信号开度""节气门电动机电流""喷油脉宽""喷油量"等选项，最后单击"确定"选项。

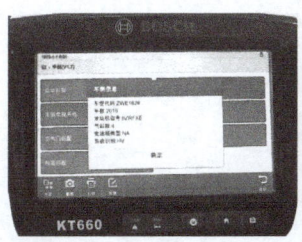
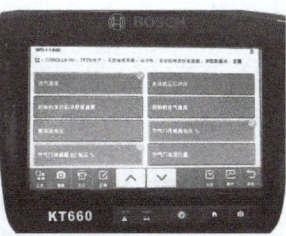

图 2-2-16　确认测试车辆信息

6）在弹出的窗口内读出当前发动机主要参数的数据流，如图 2-2-17 所示。当前发动机转速为 1025r/min，空气流量为 6.00g/s，进气压力为 30kPa，冷却液温度为 85℃，进气温度为 30℃，节气门传感器 1 信号开度为 18.0%，节气门传感器 2 信号开度为 46.3%，节气门电动机电流为 0.8A，喷油脉宽为 1949μs，喷油量为 0.063mL。

如果有异常的数据信息，结合具体电路分析其出现原因，排除故障。

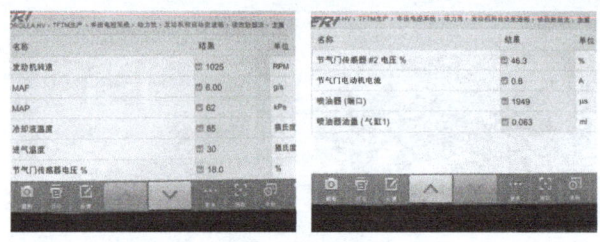

图 2-2-17　读取主要数据流

1. 发动机电控系统的功能越来越强大，并将多项控制功能集成在一个发动机控制模块（ECM）上，共用传感器信号，实现多功能控制，所以又称为发动机集中控制系统或发动机管理系统。

2. 丰田卡罗拉 8ZR-FXE 发动机电控系统采用 L 型 SFI 系统，通过热丝型空气流量传感器检测进气质量。

3. ECM 根据来自各种传感器的信号确定点火正时，并将点火（IGT）信号发送至点火器，精确控制点火时刻，改善燃烧过程，提高发动机的性能，避免发动机爆燃。

4. 智能电子节气门控制系统（ETCS-i）根据加速踏板位置、发动机和车辆状况等信息优化控制节气门开度。

5. 智能可变气门正时（VVT-i）系统根据发动机工作状态，对进气凸轮轴进行最佳气门正时控制。

6. ECM 根据发动机冷却液温度、车速和发动机转速等信号调节发动机冷却液循环量，减少了冷却损失，提高了暖机性能，改善了燃油经济性并实现了更清洁的排放。

学习单元 2.3　混合驱动桥更换

任务导入

小王在某新能源汽车 4S 店工作，今天接到一辆混合动力汽车，车辆行驶中存在异响，师傅检查后发现异响来自混合驱动桥，告知小王需拆卸混合驱动桥进一步检查，请小王按照正确操作规范对混合驱动桥进行更换。

学习目标

1. 能正确进行混合驱动桥的拆卸。
2. 能正确进行混合驱动桥的安装。
3. 能正确使用故障诊断仪读取发电机和电动机的相关数据流。
4. 能正确遵守高压安全相关规范进行安全操作。

理论知识

2.3.1　混合驱动桥概述

丰田卡罗拉混合驱动桥的型号为 P410，其与发动机相连，位于发动机室下部，如图 2-3-1 所示。P410 混合驱动桥是电子控制连续可变型变速器，包括电机 1（MG1）、电机 2（MG2）、动力分配行星齿轮机构和电机减速行星齿轮机构等。混合驱动桥可以在发动机与电机的协同工作下实现车辆的无级变速，但其内部结构及原理与传统的无级变速器完全不同。

2.3.2　混合驱动桥电机参数

混合驱动桥电机的参数见表 2-3-1。

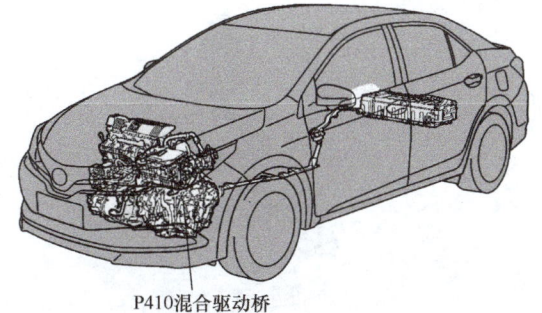

图 2-3-1　混合驱动桥位置

表 2-3-1　混合驱动桥电机参数

项　目	规　格	
	MG1	MG2
类型	永磁电机	永磁电机
功能	发电、发动机起动	发电、驱动车轮
最高电压/V	直流 650	直流 650
最大输出功率/kW	—	53
最大转矩/N·m	—	207
冷却系统	水冷型	风冷型

MG1主要作为发电机使用,发出的电经过带转换器的逆变器总成后既可为动力蓄电池充电,也可为MG2供电使其运转。MG1另一个作用是帮助发动机起动,起到传统燃油汽车的起动机的作用,由于MG1功率和转矩较大,帮助发动机起动的过程相比传统的起动机更加迅速和平稳。

MG2主要作为电动机在低速时驱动车辆行驶,在车速较高时与发动机配合共同驱动车辆,提高车辆的动力性与经济性。在车辆减速及制动过程中,MG2可作为发电机增加车辆行驶阻力,进行制动能量回收帮助车辆制动,回收的电能通过带转换器的逆变器总成储存在动力蓄电池中,既提高了经济性又减少了制动系统的磨损。

2.3.3 混合驱动桥电机工作电压控制

卡罗拉动力蓄电池的标称电压只有直流201.6V,为提升混合驱动桥电机的工作电压,减小电机尺寸,需将电压升高至最大直流650V,再经过逆变器转换为一定幅值和频率的交流电供给电机。当电机进行制动能量回收时,其发出的交流电经逆变器整流为直流后,还要将电压降至201.6V之后再向动力蓄电池充电。

2.3.4 混合驱动桥外部电气连接

混合驱动桥外部装有电机电缆、电机温度传感器插头、电机旋转变压器插头和换档控制执行器总成等,如图2-3-2所示。电机电缆用来在MG1、MG2两个电机与带转换器的逆变器总成之间传输电力,电机温度传感器用来监测电机定子温度,电机旋转变压器用来确定电机转子位置、转速和旋转方向,带转换器的逆变器总成根据电机转子具体位置在定子上产生旋转磁场驱动电机运转。

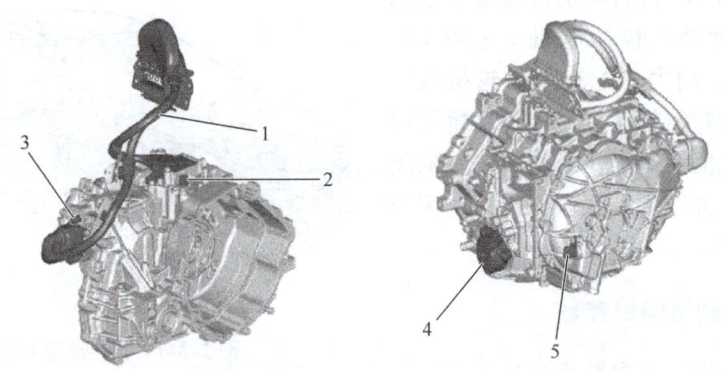

图2-3-2 混合驱动桥外部电气连接
1—电机电缆 2—发电机旋转变压器和发电机温度传感器 3—电动机温度传感器
4—换档控制执行器总成 5—电动机旋转变压器

2.3.5 驻车锁止机构

驻车锁止机构包括驻车制动杆、驻车锁杆、驻车锁爪和驻车齿轮,如图2-3-3所示。驻车锁止执行器旋转，驻车制动杆旋转然后推动驻车锁杆，驻车锁杆向上推动驻车锁爪使驻车锁爪与驻车齿轮接合，从而锁止车辆。

图 2-3-3　驻车锁止机构

驻车锁止执行器（换档控制执行器总成）安装在混合驱动桥总成侧部，包括一个开关磁阻电动机和一个摆线减速机构。执行器接收到来自混合动力车辆 ECU 总成的执行信号后，电动机旋转以接合或解除驻车锁止机构，从而机械锁止或解锁驱动桥。

2.3.6　混合驱动桥拆卸

安全注意事项：因混合动力汽车混合驱动桥由高压供电工作，所以应做好高压安全防护；拆卸混合驱动桥之前，应按正确操作规范先进行下电操作，再进行其他相关操作；混合驱动桥总成连同发动机总成非常重，务必遵循手册描述的程序进行拆卸，否则发动机托盘千斤顶可能会突然掉落。

混动驱动桥故障包括电气与机械故障，故障征兆呈多样性，既有机械故障的一般特性，也有电气、磁场等故障特性。通过大量的故障结果分析发现，电机故障按其原因分，70% 左右源于机械故障（主要是轴承故障），30% 源于电气故障（主要是绕组故障）。减速行星组件和动力分配行星组件为机械部件，可目视检查其状态。

1. 下电操作

按照正确操作规范进行高压下电操作。

2. 拆卸悬置隔振垫和散热器管

1）拆卸发动机前悬置隔振垫。
2）拆卸发动机后悬置隔振垫。
3）拆卸散热器管。

3. 断开空调线束

1）拆下螺栓。
2）分离 2 个卡夹以从发动机线束上断开空调线束，如图 2-3-4 所示。

4. 断开发动机线束

1）断开节气门体总成插接器，如图 2-3-5 所示。

2）断开换档控制执行器总成插接器。
3）断开旋转变压器插接器。
4）断开电动机电缆端子插接器。
5）断开发电机电缆端子插接器。
6）断开发动机冷却液温度传感器插接器。
7）拆下螺栓。
8）分离7个卡夹以断开发动机线束。

5. 拆卸起动机孔隔振垫

从发动机总成上拆下2个螺栓和起动机孔隔振垫，如图2-3-6所示。

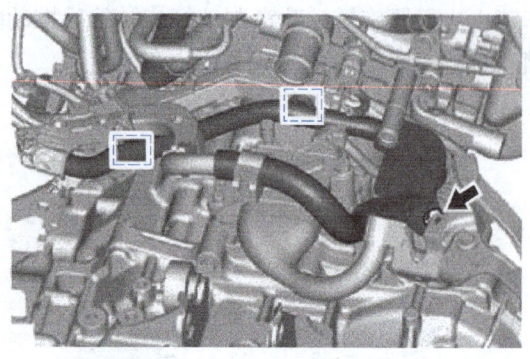

图2-3-4 分离空调线束卡夹

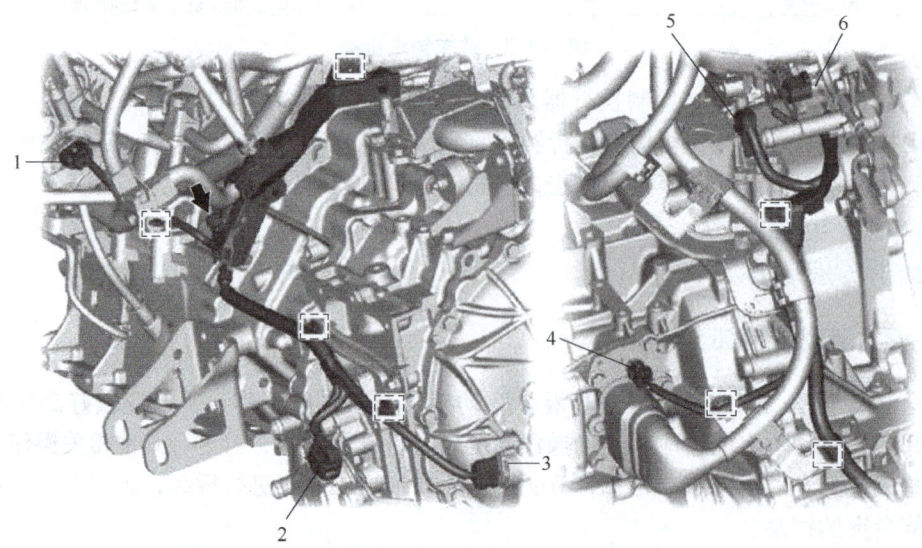

图2-3-5 断开发动机线束
1—节气门体总成插接器 2—换档控制执行器总成插接器 3—旋转变压器插接器 4—电动机电缆端子插接器
5—发电机电缆端子插接器 6—发动机冷却液温度传感器插接器

6. 拆卸飞轮壳侧盖

从发动机总成上拆下飞轮壳侧盖，如图2-3-7所示。

7. 拆卸混合驱动桥总成

从发动机总成上拆下7个螺栓和混合驱动桥总成，如图2-3-8所示。

为避免锁销损坏，不要撬动混合驱动桥总成和发动机总成之间的部位；为防止减振器的花键错位，在拆卸和安装混合驱动桥总成期间，不要使混合驱动桥总成触碰减振器。

8. 拆卸发动机前悬置支架

从混合驱动桥总成上拆下3个螺栓和发动机前悬置支架，如图2-3-9所示。

9. 拆卸发动机后悬置支架

从混合驱动桥总成上拆下4个螺栓和发动机后悬置支架，如图2-3-10所示。

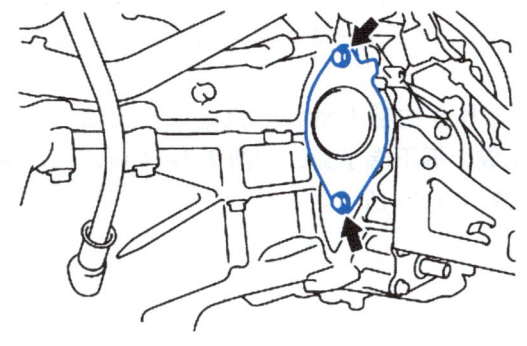
图 2-3-6 拆卸起动机孔隔振垫

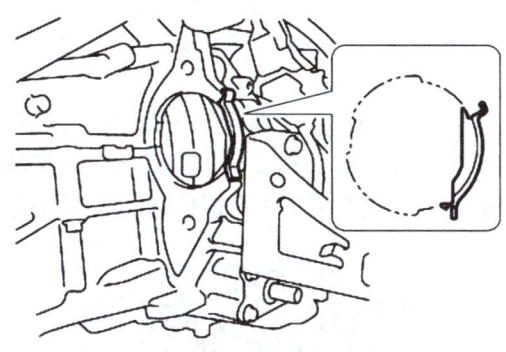
图 2-3-7 拆卸飞轮壳侧盖

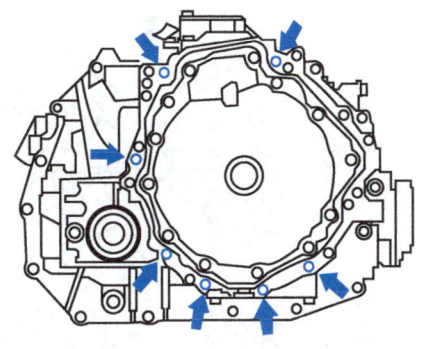
图 2-3-8 拆卸混合驱动桥与发动机连接螺栓

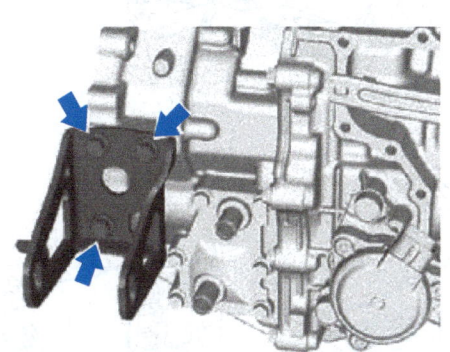
图 2-3-9 拆卸发动机前悬置支架

10. 拆卸电机电缆

1) 分离 4 个卡夹以从电机电缆支架和线束卡夹支架上断开电机电缆,如图 2-3-11 所示。

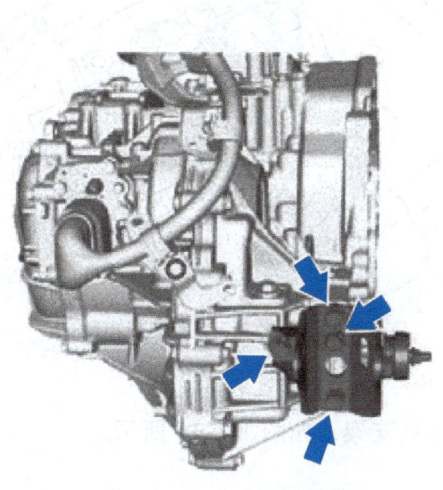
图 2-3-10 拆卸发动机后悬置支架

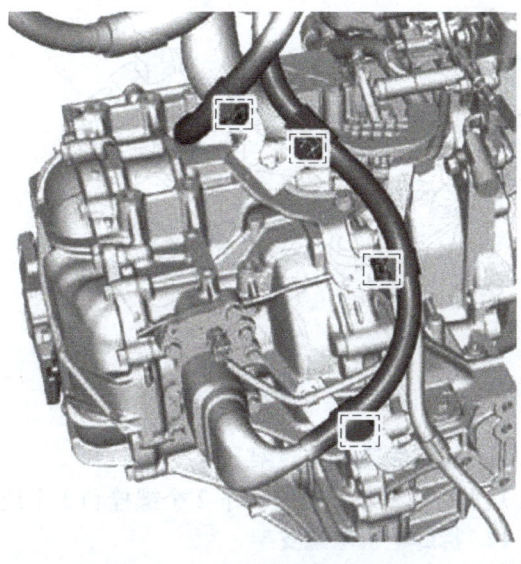
图 2-3-11 分离电机电缆卡夹

2）拆下电机2（电动机）电缆。拆下2个螺栓并向后滑动电动机电缆插接器壳，如图2-3-12所示。分离2个卡夹以从混合驱动桥总成上拆下端子盖。从混合驱动桥总成上拆下3个螺栓和电动机电缆。

3）拆下电机1（发电机）电缆。拆下3个螺栓并向后滑动发电机电缆插接器壳，如图2-3-13所示。分离2个卡夹以从混合驱动桥总成上拆下端子盖，如图2-3-14所示。从混合驱动桥总成上拆下3个螺栓和发电机电缆，如图2-3-15所示。

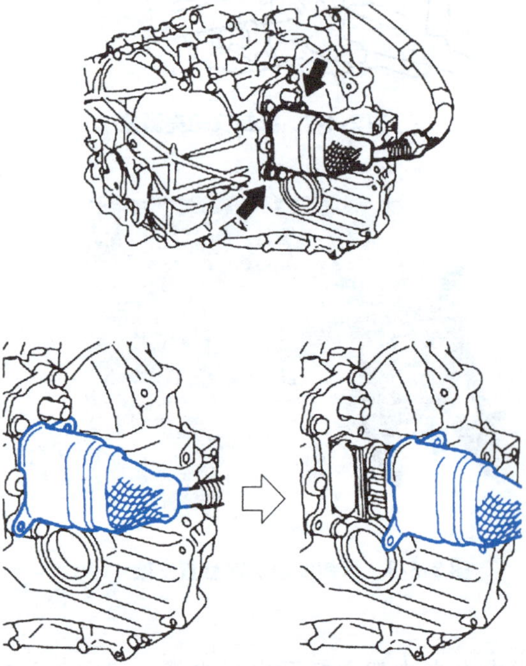

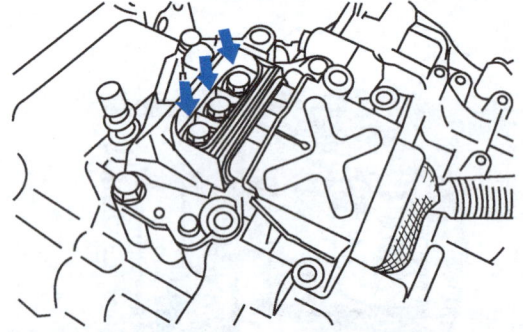

图2-3-12　拆下电动机电缆 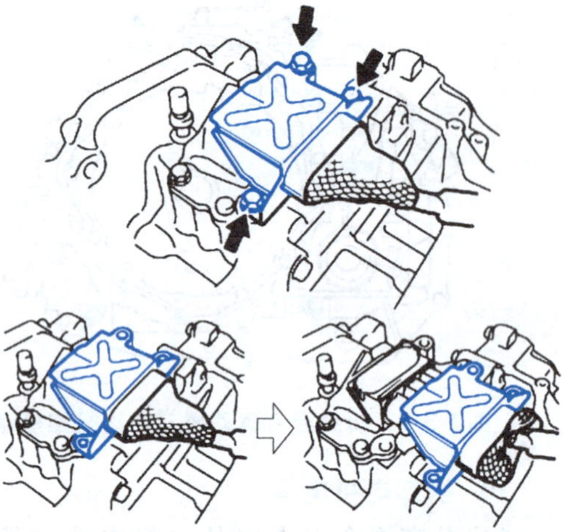　　　　　图2-3-13　拆下电缆插接器壳

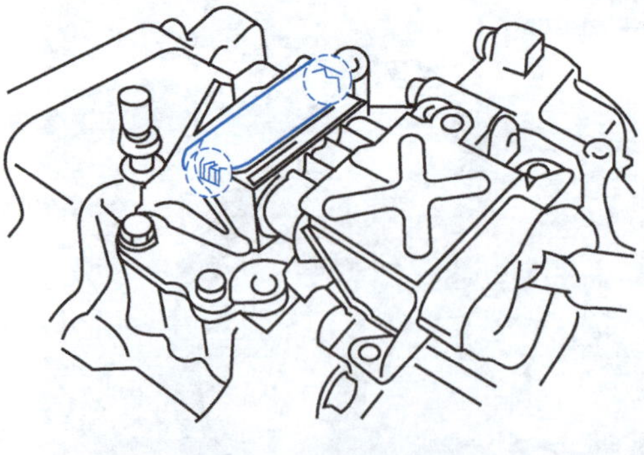

图2-3-14　拆下端子盖　　　　　　　图2-3-15　拆下发电机电缆

11. 拆卸线束卡夹支架

从混合驱动桥总成上拆下2个螺栓和2个线束卡夹支架，如图2-3-16所示。

12. 拆卸电机电缆支架

从混合驱动桥总成上拆下螺栓和电机电缆支架，如图2-3-17所示。

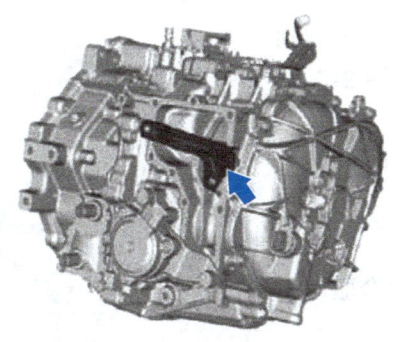

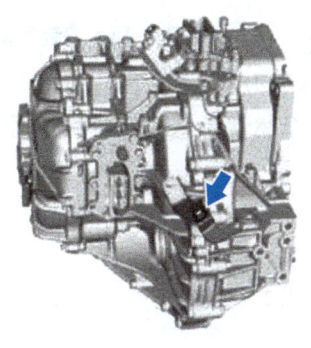
图 2-3-16　拆卸线束卡夹支架

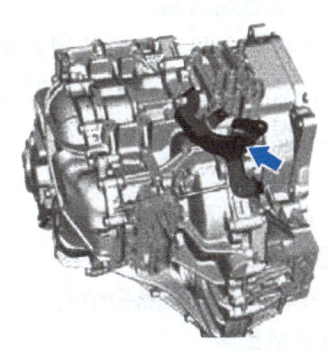
图 2-3-17　拆卸电机电缆支架

2.3.7　混合驱动桥安装

1. 安装电机电缆支架

用螺栓将电机电缆支架安装到混合驱动桥总成上，紧固力矩为 23N·m。

2. 安装线束卡夹支架

用 2 个螺栓将 2 个线束卡夹支架安装到混合驱动桥总成上，紧固力矩为 12.5N·m。

3. 安装电机电缆

1）安装电机 1（发电机）电缆。用 3 个螺栓将发电机电缆安装到混合驱动桥总成上，紧固力矩为 10N·m。

注意：不要使发电机电缆的密封表面和插接器端子粘上异物。

2）接合 2 个卡夹以将新端子盖安装到混合驱动桥总成上。

注意：将端子盖安装到端子盒时，不要使密封表面粘上异物。

3）将发电机电缆插接器壳放置到适当位置并用 3 个螺栓安装，紧固力矩为 20N·m。

4）安装电机 2（电动机）电缆。用 3 个螺栓将电动机电缆安装到混合驱动桥总成上，紧固力矩为 10N·m。

注意：不要使电动机电缆的密封表面和插接器端子粘上异物。

5）接合 2 个卡夹以将新端子盖安装到混合驱动桥总成上。

6）将电动机电缆插接器壳放置到适当位置并用 2 个螺栓安装，紧固力矩为 10N·m。

7）通过 4 个卡夹将电机电缆安装在电机电缆支架和线束卡夹支架上。

4. 安装发动机后悬置支架

分步均匀地用 4 个螺栓将发动机后悬置支架安装到混合驱动桥总成上，紧固力矩为 45N·m，如图 2-3-18 所示。

注意：暂时紧固螺栓 A，然后按 B、C、D 和 A 的顺序完全紧固这 4 个螺栓。

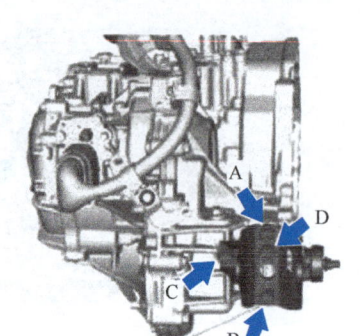

图 2-3-18　安装发动机后悬置支架

5. 安装发动机前悬置支架

用 3 个螺栓将发动机前悬置支架安装到混合驱动桥总成上。

6. 安装混合驱动桥总成

用 7 个螺栓将混合驱动桥安装到发动机总成上。为避免锁销损坏，安装混合驱动桥时要对准孔位后再用力安装；为防止减振器的花键错位，安装时不要使混合驱动桥总成触碰减振器。

7. 安装飞轮壳侧盖

将飞轮壳侧盖安装到发动机总成上。

8. 安装起动机孔隔振垫

用 2 个螺栓将起动机孔隔振垫安装到发动机总成上。

9. 安装发动机线束

1）安装节气门体总成插接器。
2）安装换档控制执行器总成插接器。
3）安装旋转变压器插接器。
4）安装电动机电缆端子插接器。
5）安装发电机电缆端子插接器。
6）安装发动机冷却液温度传感器插接器。
7）安装螺栓。
8）通过 7 个卡夹安装发动机线束。

10. 连接空调线束

将空调线束连接到发动机线束上，用 2 个卡夹固定。

11. 安装悬置隔振垫和散热器管

1）安装散热器管。
2）安装发动机后悬置隔振垫。
3）安装发动机前悬置隔振垫。

12. 上电操作

按照正确操作规范进行高压上电操作。

2.3.8　读取电机的工作温度数据流

1）将丰田专用故障诊断仪诊断线与 DLC3 诊断接口连接，如图 2-3-19 所示。
2）点火开关置于 ON 位，系统上电。
3）单击诊断仪屏幕上诊断程序 Techstream，如图 2-3-20 所示。

图 2-3-19　连接 DLC3 诊断接口

图 2-3-20　单击诊断程序 Techstream

4）单击"与车辆连接"选项,如图 2-3-21 所示。

5）选择选项"TFTM Product"和"1704",如图 2-3-22 所示。

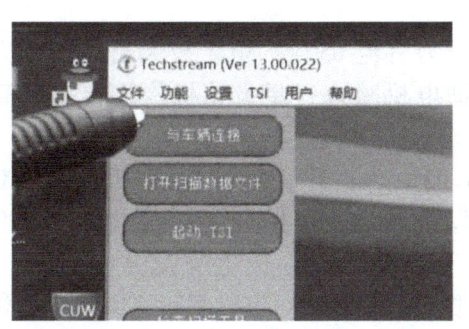
图 2-3-21　单击"与车辆连接"选项

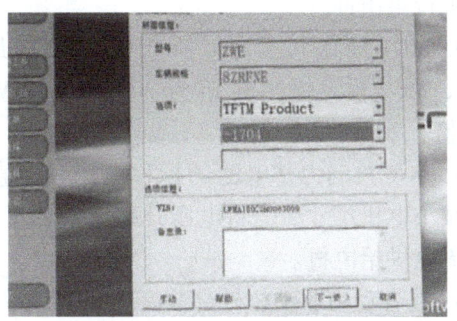
图 2-3-22　选择选项"TFTM Product"和"1704"

6）单击下一步。

7）选择"混合动力控制",如图 2-3-23 所示。

8）选择"数据列表",读取数据流,如图 2-3-24 所示。

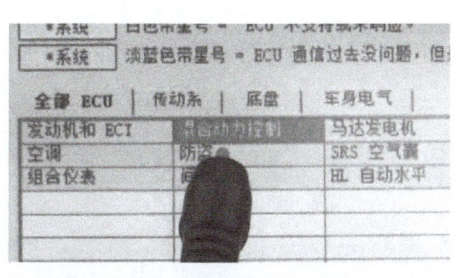
图 2-3-23　选择"混合动力控制"

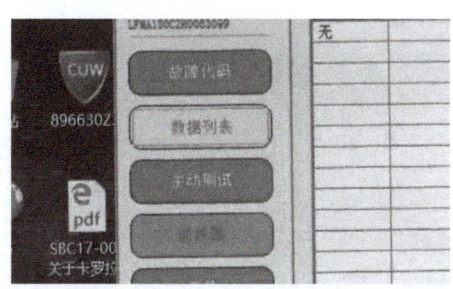
图 2-3-24　选择"数据列表"

9）如图 2-3-25 所示,屏幕显示发电机工作温度为 41℃,信号电压为 3.56V。

10）如图 2-3-26 所示,屏幕显示电动机工作温度为 32℃,信号电压为 3.89V。

11）关闭诊断程序,退出系统。

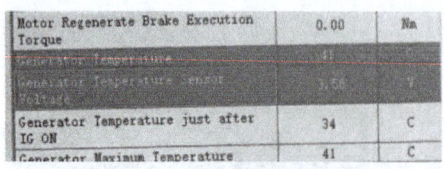
图 2-3-25　屏幕显示发电机工作温度和信号电压

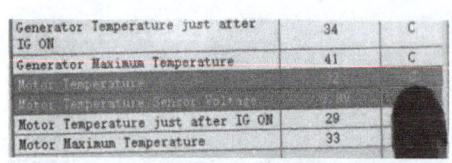
图 2-3-26　屏幕显示电动机工作温度和信号电压

1. 混合驱动桥可以在发动机与电机的协同工作下实现车辆的无级变速，但其内部结构及原理与传统的无级变速器完全不同。

2. 混合驱动桥与发动机连接，内部包括 MG1 与 MG2 两台电机、电机减速行星组件和动力分配行星组件。

3. MG1 最高电压为直流 650V，MG2 最高电压为直流 650V；MG2 最大输出功率为 53kW，MG2 最大输出转矩为 207N·m。MG2 借助电机减速行星齿轮机构将转矩提高 2.64 倍。

4. 卡罗拉动力蓄电池的标称电压只有直流 201.6V，为提升混合驱动桥电机的工作电压，减小电机尺寸，需将电压升高至最大直流 650V，再经过逆变器转换为一定幅值和频率的交流电供给电机。

5. 混合动力驱动桥外部装有电机电缆、电机温度传感器插头、电机旋转变压器插头和换档控制执行器总成等。

 **学习单元 2.4　　混合驱动桥拆装与检测**

小王在某新能源汽车 4S 店工作，今天接到一辆混合动力汽车，该车上报了混合驱动桥电机温度过高故障，师傅检查后告知小王需拆解混合驱动桥进行检查，请按照相关操作规范对混合驱动桥进行拆解。

1. 能正确拆解混合驱动桥。
2. 能根据维修手册对混合驱动桥进行检测。
3. 能正确使用故障诊断仪读取逆变器数据流。
4. 能正确遵守高压安全相关规范进行安全操作。

2.4.1　混合驱动桥电机

MG1 和 MG2 置于混合驱动桥总成内，是紧凑、高效、轻量化的永磁同步电机。MG1 和 MG2 分别由定子、定子绕组、转子、永久磁铁和旋转变压器组成。

三相交流电流经定子线圈的三相绕组时，电机内产生旋转磁场，转子中的永久磁铁受到旋转磁场的吸引而产生转矩。产生的转矩与实际电流大小成比例，转速由三相交流电的频率控制。此外，通过适当控制旋转磁场与转子磁铁角度间的关系，可以有效地使电机产生大转矩和高转速。定子磁场与转子磁场正交时，转子获得的转矩最大，因为此时转子的受力力臂最长。

电机用于发电时，转子旋转产生旋转磁场，在定子绕组内产生电流，如图 2-4-1 和图 2-4-2 所示。

2.4.2　旋转变压器

旋转变压器是可靠性极高且结构紧凑的位置传感器，可精确检测电机转子磁极位置，以确保有效控制 MG1 和 MG2，这两个电机都有各自的旋转变压器。旋转变压器的定子包括三种线圈，分别是励磁线圈 A、检测线圈 S 和检测线圈 C。旋转变压器的转子为椭圆形，定子与转子之间的距离随转子的旋转而变化。MG ECU 给励磁线圈 A 输入恒定频率和幅值的交流电，线圈 S 和线圈 C 在旋转的转子的作用下通过电磁感应输出与转子位置相应的值。MG ECU 根据线圈 S 和线圈 C 输出值间的差异检测转子磁极绝对位置，根据给定时间内位置的变化量计算转子转速。检测线圈 S 的 +S 和 -S 组错开 90°，检测线圈 C 的 +C 和 -C 组也以同样的方式错开，线圈 S 和线圈 C 错开 45°，如图 2-4-3 所示。

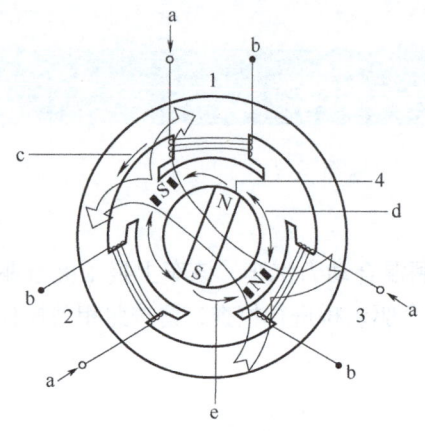
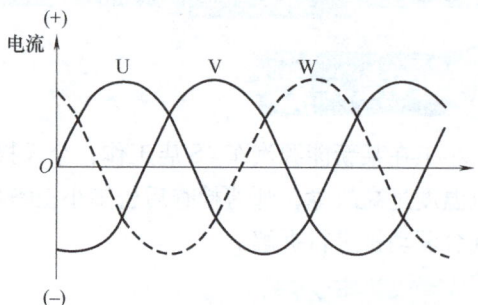

图2-4-1　电机发电状态

1—定子绕组（U相）　2—定子绕组（V相）
3—定子绕组（W相）　4—转子（永久磁铁）
a—自带转换器的逆变器总成　b—在电机内部连接
c—旋转磁场　d—排斥　e—吸引

图2-4-2　电机发电产生的交流电

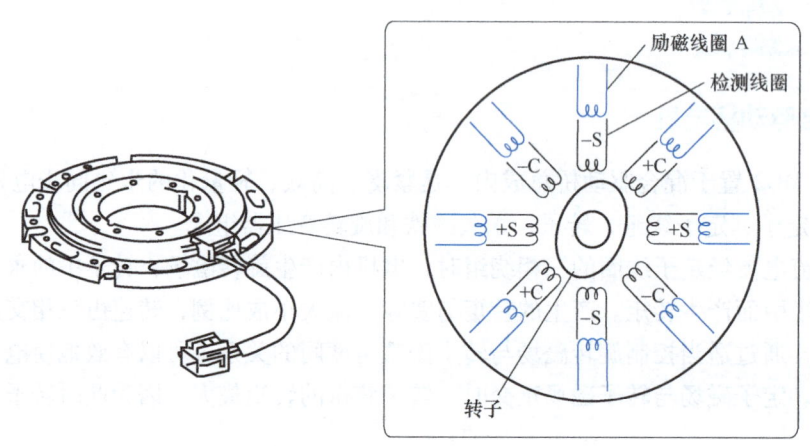

a）旋转变压器内部结构

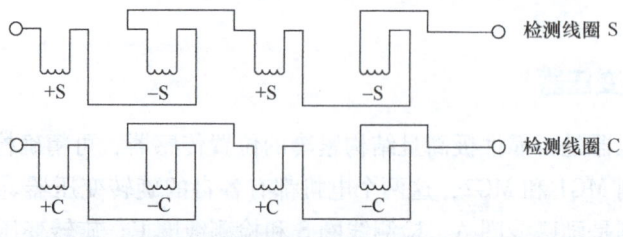

b）旋转变压器电流走向

图2-4-3　旋转变压器

  MG ECU持续检测线圈S和线圈C产生的波形的包络线，根据包络线的幅值计算转子的绝对位置，根据包络线的相位差判定转子的方向，根据规定时间内转子位置的变化量计算转子的转速。转子从特定位置正向旋转180°时，线圈A、S和C的输出波形如图2-4-4所示。

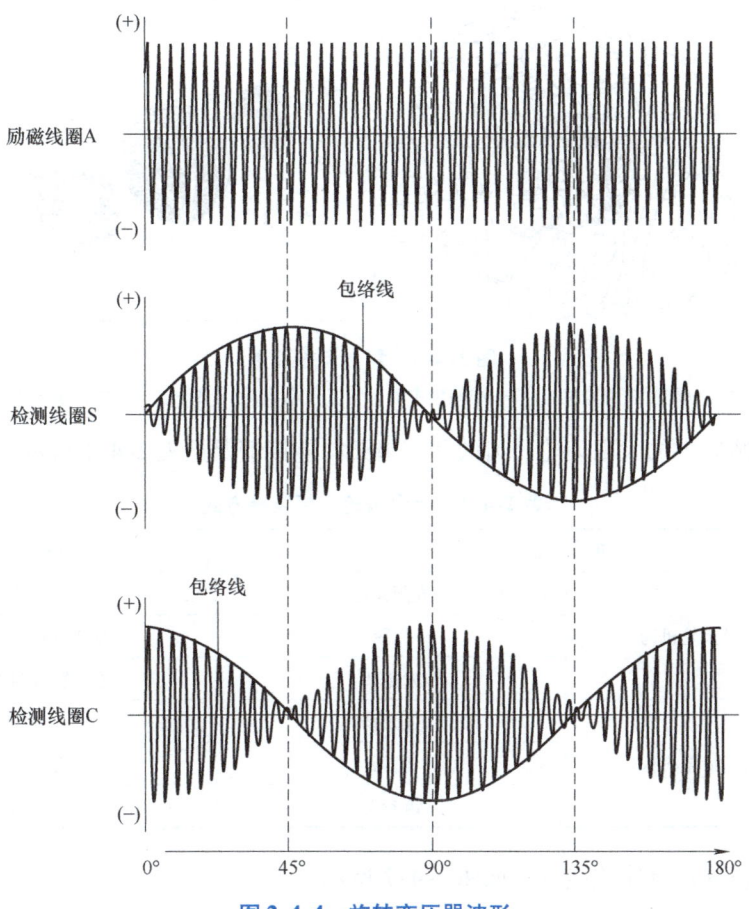

图 2-4-4 旋转变压器波形

2.4.3 MG1 和 MG2 的温度传感器

电机温度传感器用于检测 MG1 和 MG2 的定子温度，混合动力车辆 ECU 总成根据各温度传感器的信号对 MG1 和 MG2 进行优化控制。电机温度传感器的电阻随温度变化的特性如图 2-4-5 所示。

2.4.4 复合齿轮装置

复合齿轮装置包括动力分配行星齿轮机构和电机减速行星齿轮机构，两个行星齿轮机构的齿圈与复合齿轮集成于一体。该复合齿轮还集成了中间轴主动齿轮和驻车档齿轮，如图 2-4-6 所示。

动力分配行星齿轮机构将发动机的原动力分成两路：一路用来驱动车轮，另一路用来驱动 MG1，MG1 可作为发电机和发动机起动机使用。

减速行星齿轮用来为 MG2 降低转速、增加转矩，因此可选用更高转速和功率的电机。

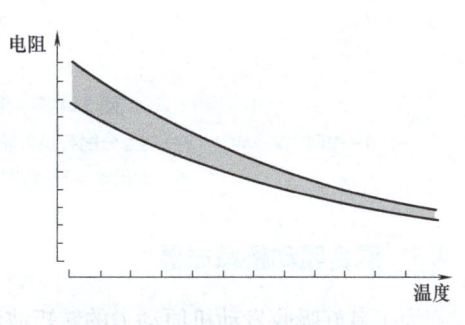

图 2-4-5 电机温度传感器特性

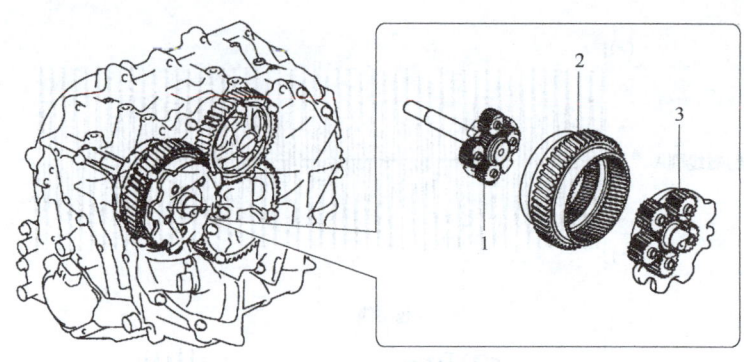

图 2-4-6 复合齿轮装置

1—动力分配行星齿轮机构　2—中间轴主动齿轮（复合齿轮）　3—电机减速行星齿轮机构

复合齿轮装置中的太阳齿轮、齿圈和行星架的连接情况见表 2-4-1 所示：

表 2-4-1　复合齿轮内部连接方式

项　目		连　接
动力分配行星齿轮机构	太阳齿轮	MG1
	齿圈	复合齿轮（至车轮）
	齿轮架	输入轴（自发动机）
电机减速行星齿轮机构	太阳齿轮	MG2
	齿圈	复合齿轮（至车轮）
	齿轮架	固定

混合驱动桥内部具体连接方式如图 2-4-7 所示。

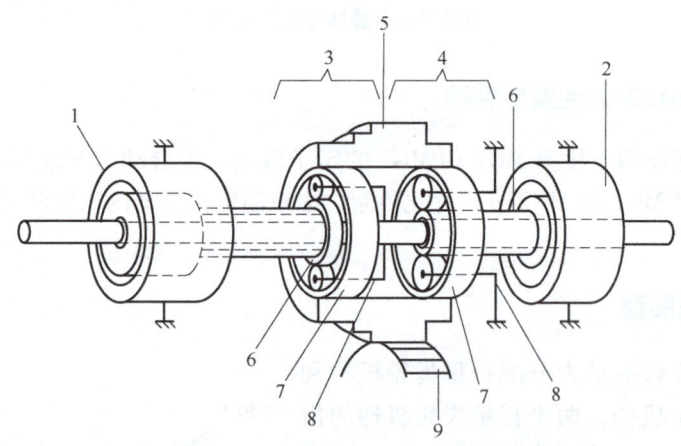

图 2-4-7　混合驱动桥内部连接方式

1—MG1　2—MG2　3—动力分配行星齿轮机构　4—电机减速行星齿轮机构　5—中间轴主动齿轮
6—太阳轮　7—齿圈　8—行星架　9—中间轴从动齿轮

2.4.5　混合驱动桥减振器

为了良好吸收发动机原动力的转矩波动，混合驱动桥采用了变速器输入轴减振器总成。该总成包括具有低扭转特性的螺旋弹簧、干式转矩限制器、单盘摩擦材料等,如图2-4-8所示。

2.4.6 混合驱动桥油泵

油泵包括油泵主动轴、油泵主动转子、油泵从动转子和油泵盖。油泵通过发动机输入轴驱动,用于润滑混合驱动桥内的齿轮,如图2-4-9所示。

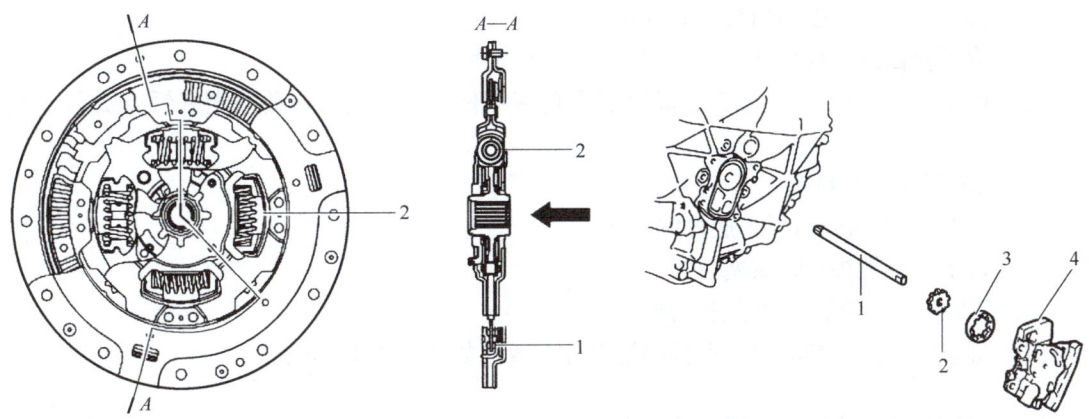

图2-4-8 减振器
1—转矩限制器 2—螺旋弹簧

图2-4-9 油泵
1—油泵主动轴 2—油泵主动转子
3—油泵从动转子 4—油泵盖

2.4.7 甩油式润滑机构

P410混合驱动桥甩油式润滑机构使用集油箱和减速从动齿轮协同工作,由齿轮将润滑油甩入集油箱,减少了驱动力损失,集油箱暂时存储甩起的油,并为齿轮稳定供油。为了向MG1和MG2高效供油,集油箱内制有油孔,如图2-4-10所示。

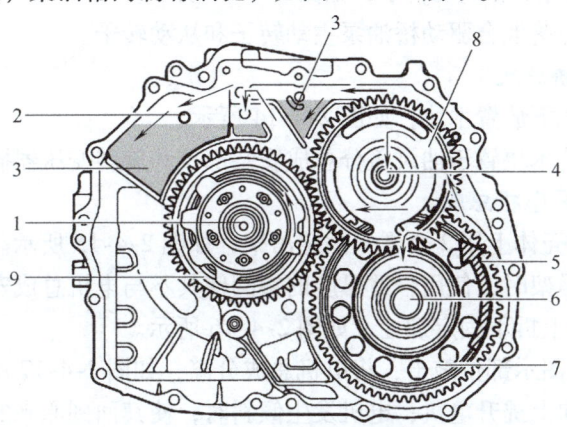

图2-4-10 甩油式润滑机构
1—输入轴 2—油孔 3—集油箱 4—第二轴 5—减速齿轮旋转方向 6—第三轴
7—减速从动齿轮 8—中间轴从动齿轮 9—中间轴主动齿轮

2.4.8 混合驱动桥拆卸

1. 拆卸换档控制执行器总成

1）拆下 3 个换档控制执行器总成螺栓。

2）取下换档控制执行器总成，如图 2-4-11 所示。

注意事项：换档控制执行器总成属于高精密零件，拆卸期间不要用塑料锤或类似工具敲击。

2. 拆卸带头直螺纹塞

1）用 6mm 六角套筒扳手旋松螺纹塞。

2）拆下 2 个带头直螺纹塞。

3. 拆卸混合驱动桥油泵盖分总成

1）拆下 4 个螺栓和混合驱动桥油泵盖分总成，如图 2-4-12 所示。

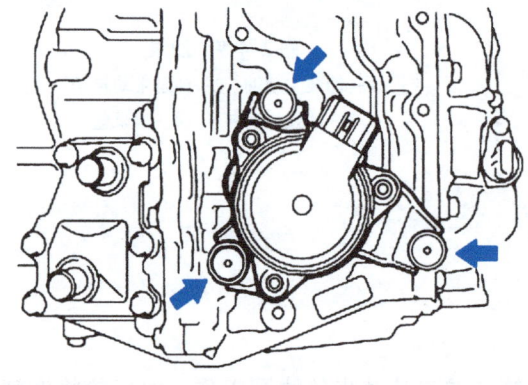

图 2-4-11 换档执行器总成

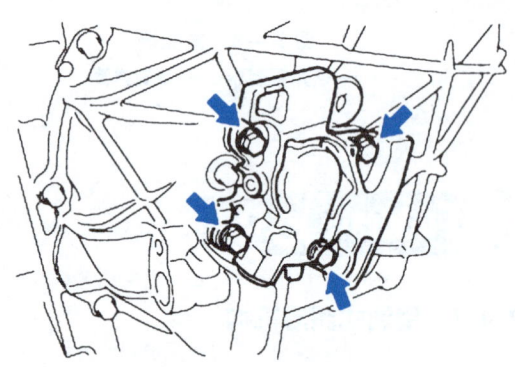

图 2-4-12 油泵盖分总成

2）拆下油泵主动转子和从动转子，如图 2-4-13 所示。

注意事项：不要掉落混合驱动桥油泵主动转子和从动转子。

4. 固定混合驱动桥总成

在混合驱动桥总成下放置木块，如图 2-4-14 所示。

注意事项：不要将木块置于油泵盖分总成安装部位和旋转变压器插接器下。

5. 拆卸混合驱动桥电机总成

1）在混合驱动桥壳体上用 2 个螺栓固定吊架，如图 2-4-15 所示。

注意事项：安装吊架时，使用合适厚度的垫圈使其不与电机总成安装表面相互干扰。

2）从混合驱动桥上拆下固定螺栓，如图 2-4-16 所示。

3）用橡胶皮锤在图示部位敲击，将电机总成分离，如图 2-4-17 所示。

注意事项：垂直向上提升电机；电机发生倾斜时，使其回到原来的位置。

6. 拆卸前桥右半轴油封

使用专用工具和铁锤拆下驱动桥右半轴油封，如图 2-4-18 所示。

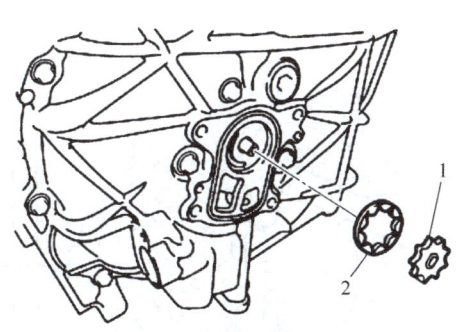

图 2-4-13　油泵转子

1—油泵主动转子　2—油泵从动转子

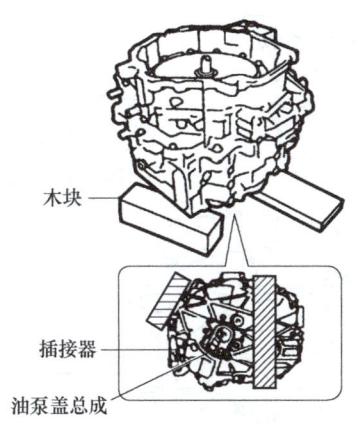

图 2-4-14　放置木块

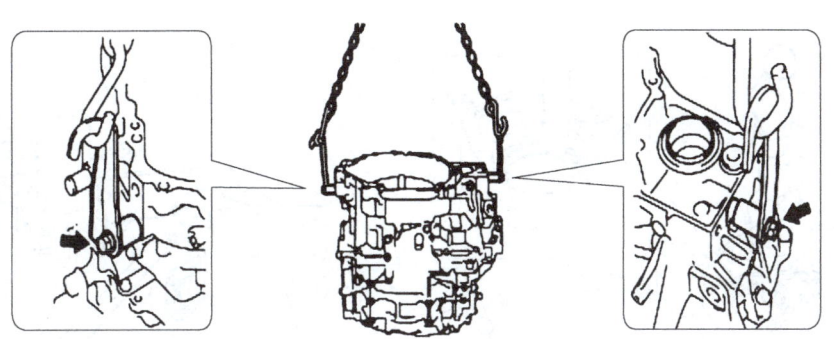

图 2-4-15　安装吊架

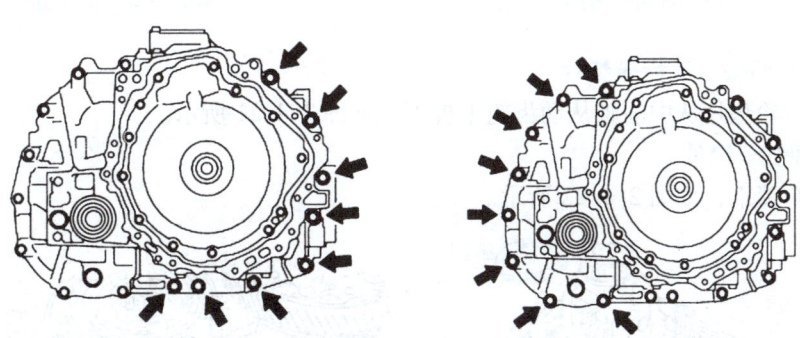

图 2-4-16　各拆下 8 个螺栓

7. 拆卸滚锥轴承（右侧外座圈）

使用铜棒和锤子拆下滚锥轴承差速器壳右侧垫片，如图 2-4-19 所示。

注意事项：小心操作，避免损坏电机总成。

8. 拆卸输入轴 T 型油封

使用 SST 拆下输入轴 T 型油封，如图 2-4-20 所示。

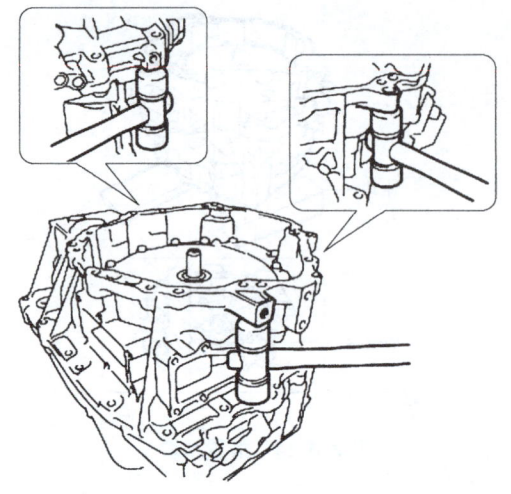

图 2-4-17　敲击部位

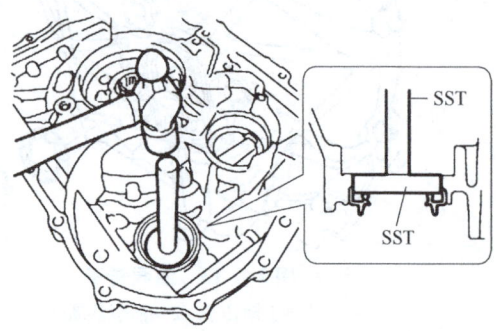

图 2-4-18　右半轴油封

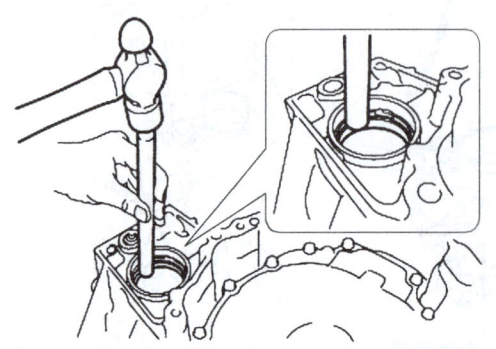

图 2-4-19　右侧外座圈和垫片

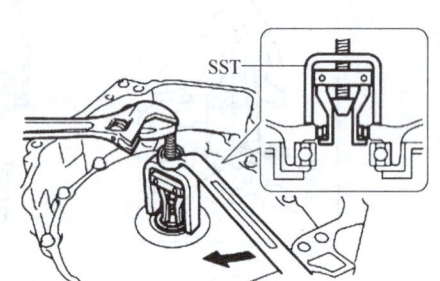

图 2-4-20　T 型油封

9. 拆卸中间轴从动齿轮垫片

将从动齿轮垫片从中间轴从动齿轮上拆下,如图 2-4-21 所示。

10. 拆卸驻车锁爪

拆下驻车锁爪,如图 2-4-22 所示。

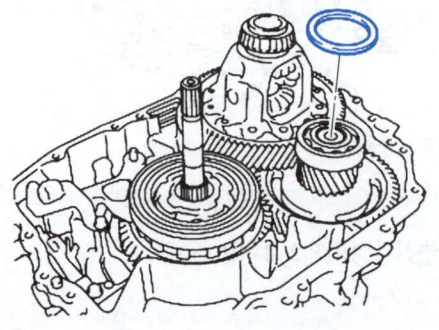

图 2-4-21　从动齿轮垫片

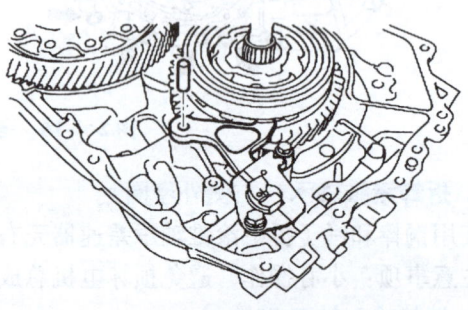

图 2-4-22　锁爪

11. 拆卸锁爪挡片
将 2 个固定螺栓和锁爪挡片从混合驱动桥总成上拆下，如图 2-4-23 所示。
12. 拆卸扭力弹簧
拆下驻车锁爪轴和扭力弹簧，如图 2-4-24 所示。

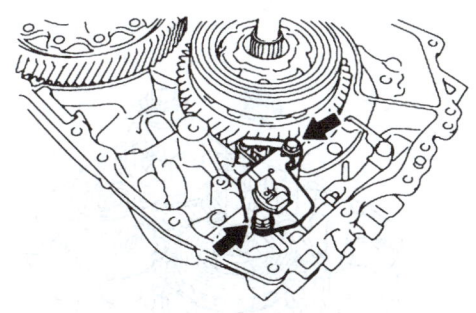

图 2-4-23 螺栓和锁爪挡片

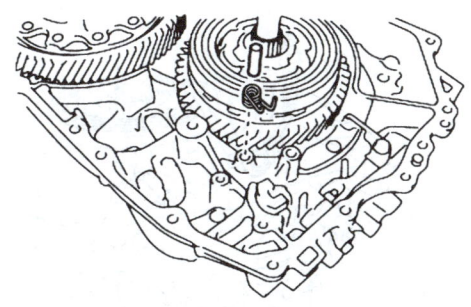

图 2-4-24 锁爪轴和扭力弹簧

13. 拆卸驻车锁套
从混合驱动桥总成上拆下驻车锁套，如图 2-4-25 所示。
14. 拆卸手动锁止弹簧分总成
1）拆下螺栓和手动锁止弹簧分总成，如图 2-4-26 所示。

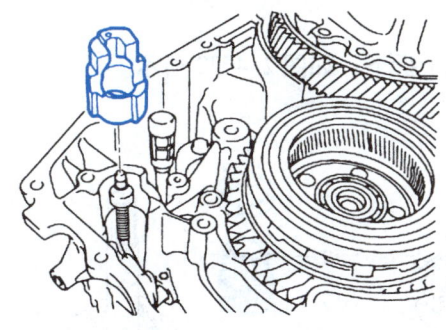

图 2-4-25 驻车锁套

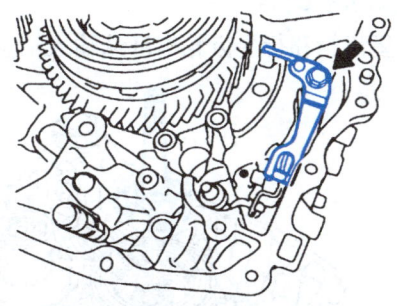

图 2-4-26 手动锁止弹簧

2）使用 5 mm 尖冲头和锤子敲出开横弹簧销，如图 2-4-27 所示。

3）将 1 号驻车锁止轴从混合驱动桥总成上拆下，如图 2-4-28 所示。

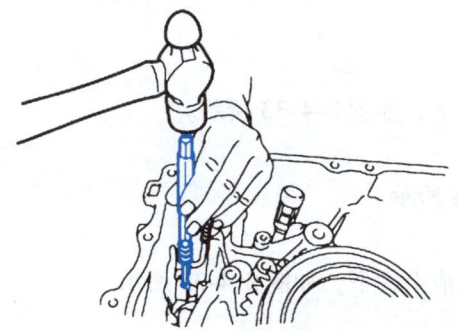

图 2-4-27 开横弹簧销

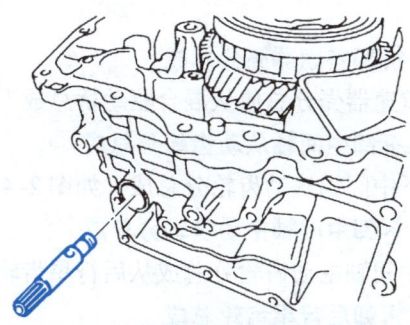

图 2-4-28 1 号驻车锁止轴

15. 拆卸驻车锁杆分总成
将1号锁止杠杆分总成和驻车锁杆分总成拆下,如图2-4-29所示。

16. 拆卸混合驱动桥1号磁铁
从混合驱动桥总成上拆下1号磁铁,如图2-4-30所示。

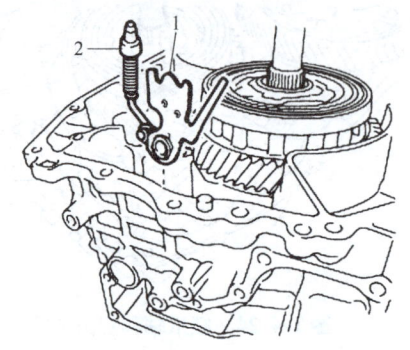

图2-4-29 拆卸驻车锁杆
1—1号驻车锁止杠杆分总成 2—驻车锁杆分总成

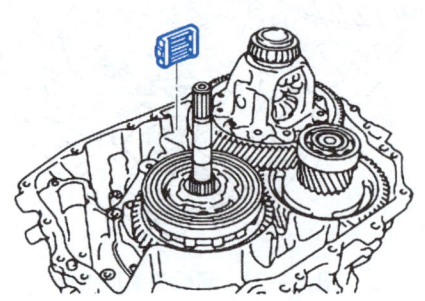

图2-4-30 1号磁铁

17. 拆卸输入轴总成
将输入轴总成从中间轴主动齿轮总成上拆下,如图2-4-31所示。

18. 拆卸行星齿轮
将行星齿轮和行星齿轮卡环从输入轴总成上拆下,如图2-4-32所示。

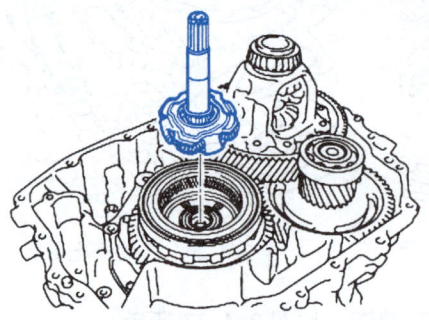

图2-4-31 输入轴总成

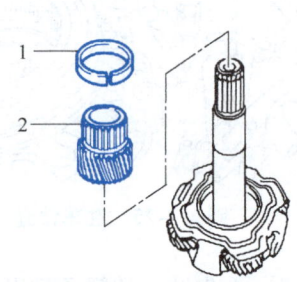

图2-4-32 行星齿轮
1—行星齿轮卡环 2—行星齿轮

19. 拆卸差速器壳分总成
将差速器壳分总成从混合驱动桥总成上拆下,如图2-4-33所示。

20. 拆卸中间轴从动齿轮分总成
拆下中间轴从动齿轮分总成,如图2-4-34所示。

21. 拆卸中间轴主动齿轮分总成
将中间轴主动齿轮分总成从后行星齿轮总成上拆下,如图2-4-35所示。

22. 拆卸后行星齿轮总成
将后行星齿轮总成从后太阳齿轮上拆下,如图2-4-36所示。

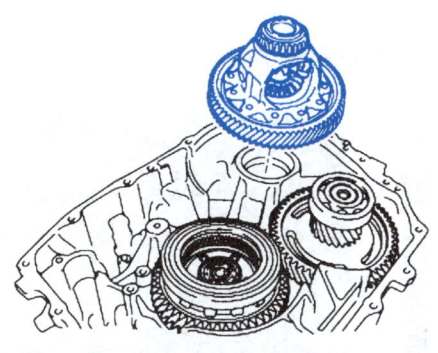
图 2-4-33 差速器壳分总成

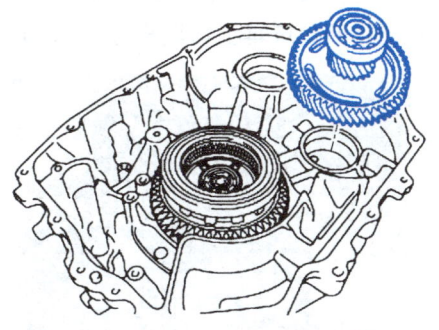
图 2-4-34 从动齿轮分总成

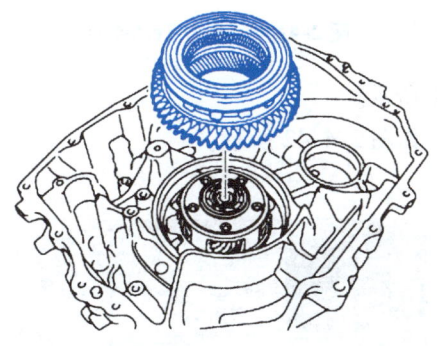
图 2-4-35 中间轴主动齿轮分总成

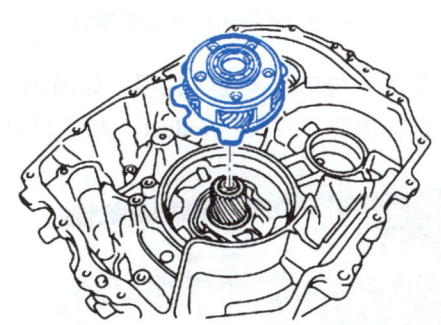
图 2-4-36 后行星齿轮总成

23. 拆卸后太阳齿轮

将后太阳齿轮从混合驱动桥总成上拆下，如图 2-4-37 所示。

24. 拆卸圆柱销

从混合驱动桥总成上拆下 2 个圆柱销，如图 2-4-38 所示。

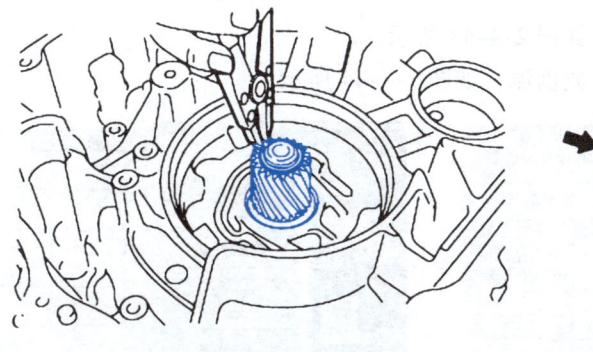
图 2-4-37 后太阳齿轮

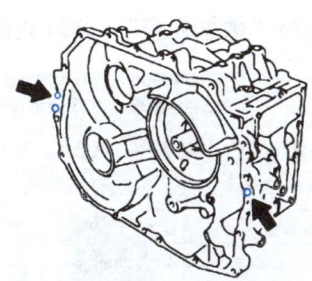
图 2-4-38 2 个圆柱销

说明：按照相反的顺序进行装配，在装配过程中要注意检测项目和紧固力矩要求。

2.4.9 读取电机逆变器温度数据流

1）将丰田专用故障诊断仪诊断线与 DLC3 诊断接口连接，如图 2-4-39 所示。

2）点火开关置于 ON 位，系统上电。
3）单击诊断仪屏幕上诊断程序 Techstream，如图 2-4-40 所示。

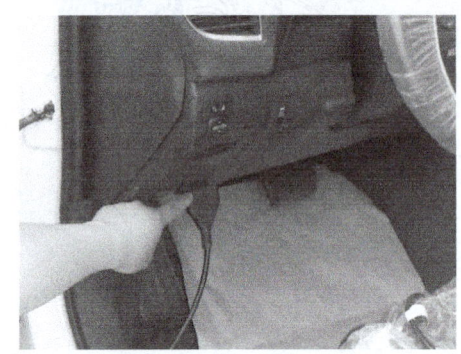
图 2-4-39　连接 DLC3 诊断接口

图 2-4-40　单击 Techstream

4）单击"与车辆连接"选项，如图 2-4-41 所示。
5）选择选项"TFTM Product"和"1704"，如图 2-4-42 所示。

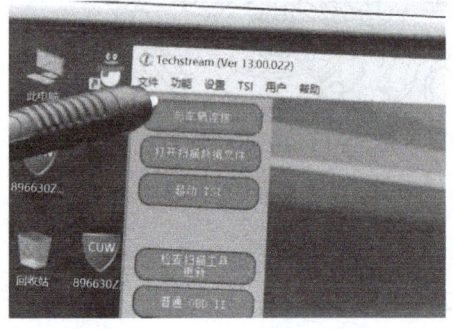
图 2-4-41　单击"与车辆连接"选项

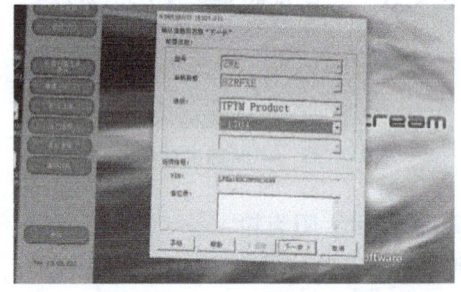
图 2-4-42　选择选项"TFTM Product"和"1704"

6）单击下一步。
7）选择"混合动力控制"，如图 2-4-43 所示。
8）选择"数据列表"，读取数据流，如图 2-4-44 所示。

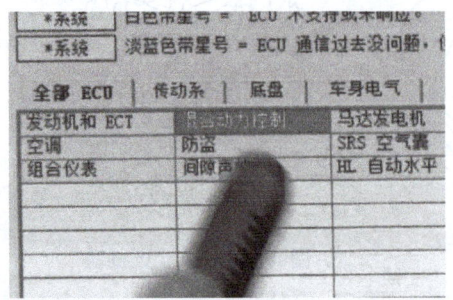
图 2-4-43　选择"混合动力控制"

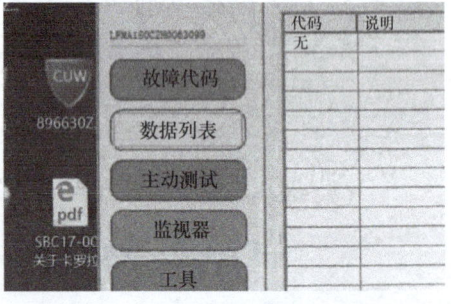
图 2-4-44　选择"数据列表"

9）如图 2-4-45 所示，屏幕显示发电机逆变器温度为 41℃。
10）如图 2-4-46 所示，屏幕显示电动机逆变器温度为 38℃。

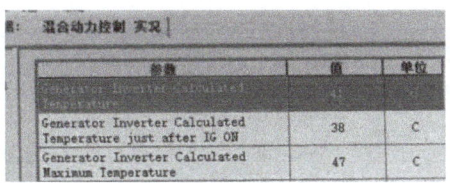

图 2-4-45　屏幕显示发电机逆变器温度　　　图 2-4-46　屏幕显示电动机逆变器温度

11）关闭诊断程序，退出系统。

1．MG1 和 MG2 分别由定子、定子线圈、转子、永久磁铁和旋转变压器组成。

2．通过适当控制旋转磁场与转子磁场角度间的关系，可以有效地使电机产生大转矩和高转速。

3．旋转变压器是可靠性极高且结构紧凑的位置传感器，可精确检测电机转子磁极位置，以确保有效控制 MG1 和 MG2。

4．电机用于发电时，转子旋转产生旋转磁场，在定子线圈内产生电流。

5．MG ECU 持续检测线圈 S 和线圈 C 产生的波形的包络线的幅值，计算转子的绝对位置。

学习单元2.5 带转换器的逆变器总成更换

任务导入

小王在某新能源汽车4S店工作,今天接到一辆混合动力汽车,该车动力蓄电池电压过低,师傅检查后发现动力蓄电池无法充电,告知小王需拆卸带转换器的逆变器总成进一步检查,请按照正确规范流程拆卸带转换器的逆变器总成。

学习目标

1. 能正确进行带转换器的逆变器总成的拆解。
2. 能根据维修手册对带转换器的逆变器总成进行检测。
3. 能正确使用故障诊断仪读取增压转换器的温度数据。
4. 能正确遵守高压安全相关规范进行安全操作。

理论知识

2.5.1 带转换器的逆变器总成概述

卡罗拉混合动力汽车使用的带转换器的逆变器总成结构紧凑,集合了MG ECU、逆变器、增压转换器与DC/DC变换器。逆变器和增压转换器主要由智能动力模块(IPM)、电抗器和电容器组成。IPM是集成动力模块,包括信号处理器、保护功能处理器和绝缘栅双极性晶体管(IGBT)。

带转换器的逆变器总成采用了独立于发动机冷却系统的水冷系统以保证其散热。带转换器的逆变器总成配备了互锁开关作为高压安全防护措施,当拆下逆变器端子盖或插接器盖总成或断开动力蓄电池电源电缆插接器时,混合动力车辆ECU断开系统主继电器。带转换器的逆变器总成如图2-5-1所示。

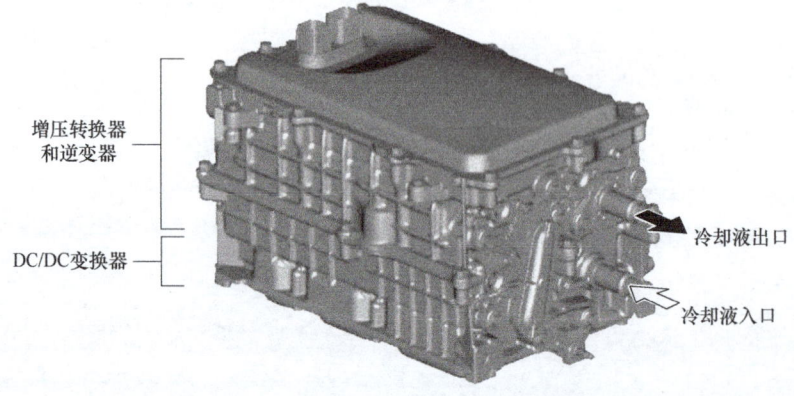

图2-5-1 带转换器的逆变器总成

逆变器采用 IPM 执行切换控制，如图 2-5-2 所示。MG1 和 MG2 的 IPM 各有一个包含六个 IGBT 的桥接电路，每个臂使用一对。增压转换器包括执行切换控制的增压 IPM，起感应器作用的电抗器和积累、存储电量的电容器。

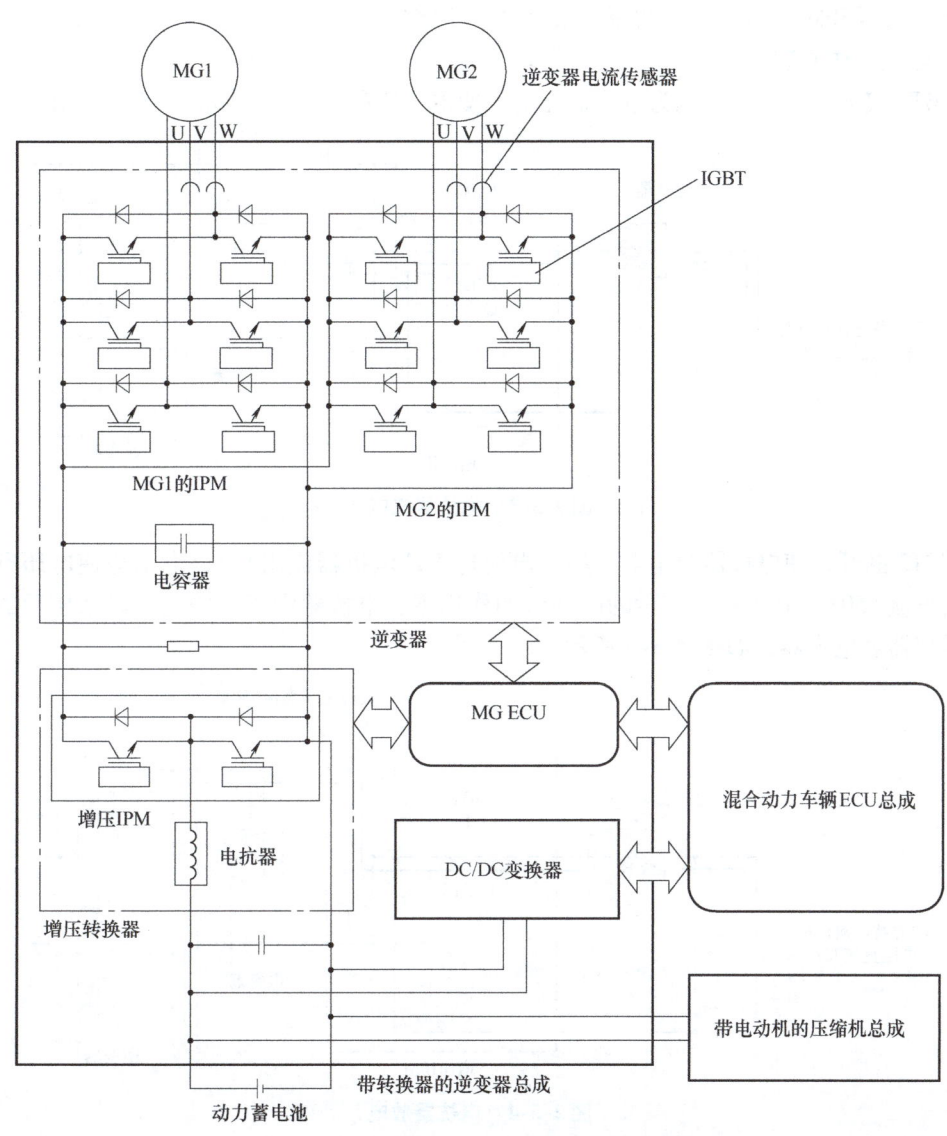

图 2-5-2　带转换器的逆变器总成内部结构

带转换器的逆变器总成内安装有 MG ECU，其根据从混合动力车辆 ECU 总成接收到的信号控制逆变器和增压转换器以驱动 MG1 和 MG2 或使其发电。

MG ECU 将车辆控制所需的大气压力、逆变器温度和故障信息传输至混合动力车辆 ECU 总成，同时接收来自混合动力车辆 ECU 的电机温度及原动力等控制 MG1 和 MG2 所需的信息。

2.5.2　增压转换器

增压转换器内包含内置 IGBT 的增压 IPM、存储电能并产生电动势的电抗器和将增压的高压电进行充电和放电的电容器。根据混合动力车辆 ECU 通过 MG ECU 提供的信号,增压转换器可将动力蓄电池的标称电压直流 201.6V 升至最高电压直流 650V。逆变器将 MG1 或 MG2 产生的交流电转换为直流,增压转换器可将产生的电压从直流 650V 逐步降至约 201.6V。增压 IPM 采用 IGBT2 增压,采用 IGBT1 降压。

1. 增压工作原理

IGBT2 接通,动力蓄电池为电抗器充电,使电抗器存储电能,如图 2-5-3 所示。

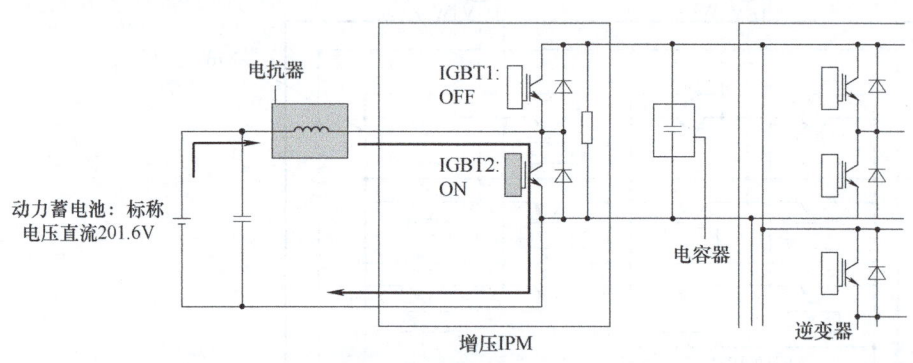

图 2-5-3 电抗器充电

IGBT2 断开,使电抗器产生电动势(电流持续从电抗器流出)。该电动势使电压升至最高电压直流 650V。在电抗器产生的电动势的作用下,电抗器中流出的电流以增压后的电压流入逆变器和电容器,如图 2-5-4 所示。

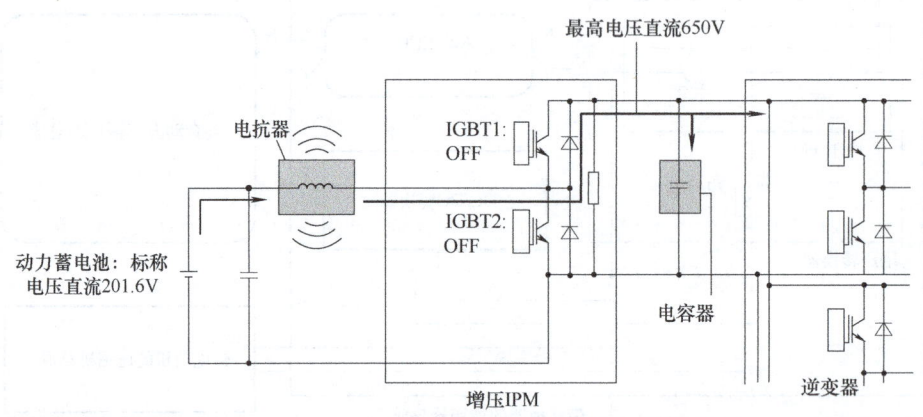

图 2-5-4 电抗器放电

IGBT2 再次接通,使动力蓄电池为电抗器充电,此时通过释放电容器中存储的电能(最高电压直流 650V)继续向逆变器提供电能,如图 2-5-5 所示。

2. 降压工作原理

MG1 和 MG2 产生的用于为动力蓄电池充电的交流电被逆变器转换为直流电(最高电压为直流 650V),需要使用增压转换器将电压逐步降至约直流 201.6V,此时工作原理与增压时类似,MG ECU 通过占空比控制 IGBT1 在 ON 和 OFF 之间切换,间歇性地中断逆变器对电抗器的供电完成,如图 2-5-6 所示。

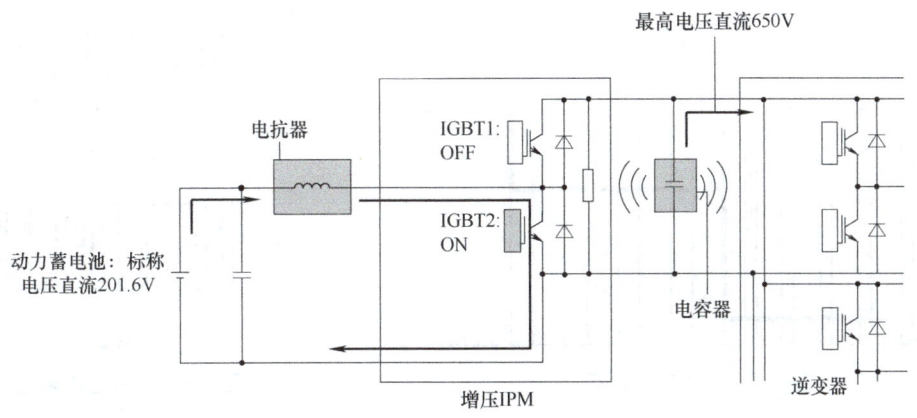

图 2-5-5　电容器放电

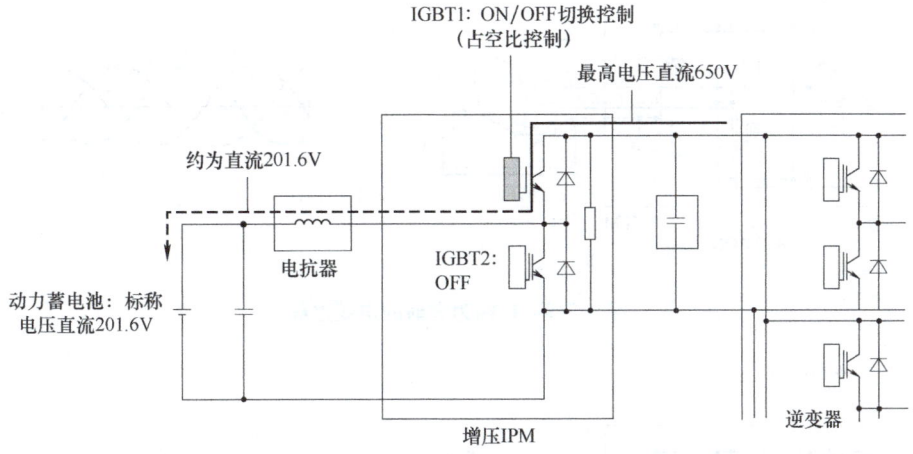

图 2-5-6　降压过程

2.5.3　逆变器

MG ECU 根据接收自混合动力车辆 ECU 总成的信号控制智能动力模块（IPM）内的绝缘栅双极性晶体管（IGBT）。每个电机的六个 IGBT 在 ON 和 OFF 间切换，在 U、V、W 三相中产生所需幅值和频率的三相交流电，控制电机工作。IGBT 能够以极高的频率进行开关控制，通过增大占空比控制输出的平均电压，如图 2-5-7 所示。

IGBT 还可通过改变桥臂导通切换的频率改变输出电压的频率，如图 2-5-8 所示。

1）当进入 W 相的 IGBT 和流出 V 相的 IGBT 以高频的方式开闭，电流从电机的 W 相流入，从 V 相流出，此时 U 相电压为零，W 相为正向，电压较高，V 相为负向，电压较低，如图 2-5-9 所示。

2）当进入 U 相的 IGBT 和流出 W 相的 IGBT 以高频的方式开闭，电流从电机的 U 相流入，从 W 相流出，此时 V 相电压为零，U 相为正向，电压较高，W 相为负向，电压较低，如图 2-5-10 所示。

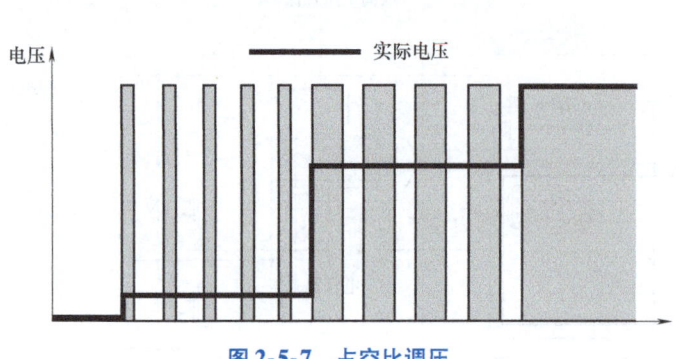
图 2-5-7 占空比调压

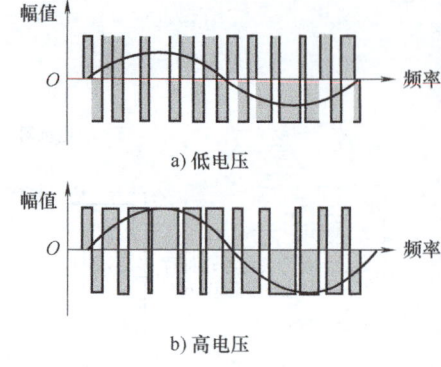
图 2-5-8 占空比调压与调频

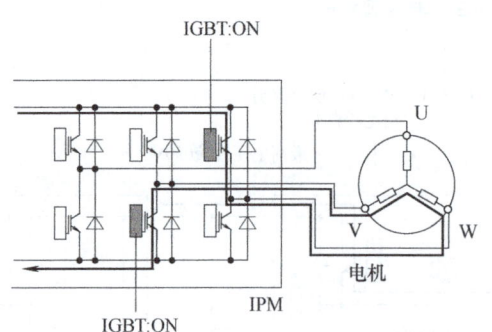
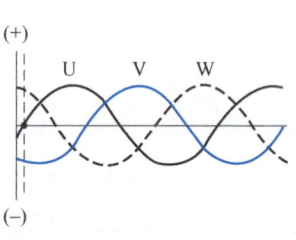
图 2-5-9 U 相为零时的逆变过程

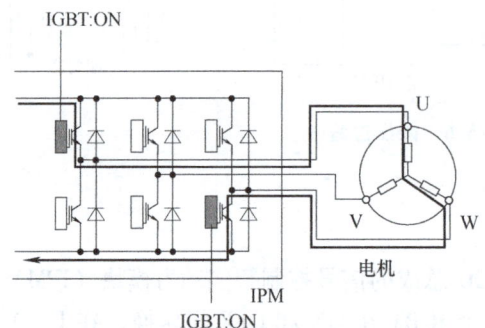
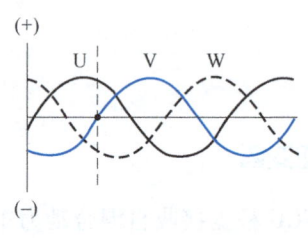
图 2-5-10 V 相为零时的逆变过程

3)当进入 V 相的 IGBT 和流出 U 相的 IGBT 以高频的方式开闭,电流从电机的 V 相流入,从 U 相流出,此时 W 相电压为零,V 相为正向,电压较高,U 相为负向,电压较低,如图 2-5-11 所示。

当电机作为发电机时,车轮驱动电机的三相依次产生电流,用于对动力蓄电池充电或驱动另一个电机。

1)当 W 相为正向,电压较高,V 相为负向,电压较低,U 相为零,电流通过续流二极管从 W 相流出,流入 V 相,经过续流二极管流入增压转换器,降压后的电流流入动力蓄电池,如图 2-5-12 所示。

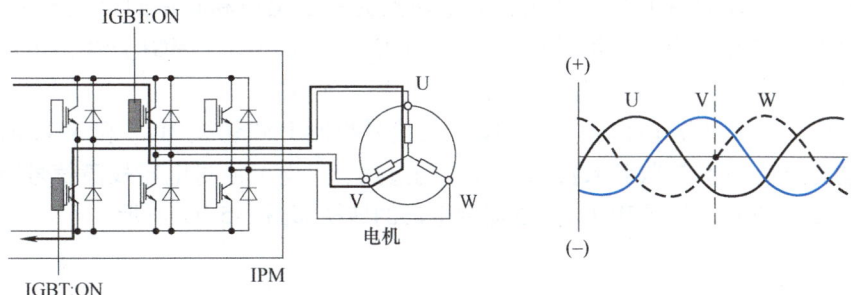

图 2-5-11　W 相为零时的逆变过程

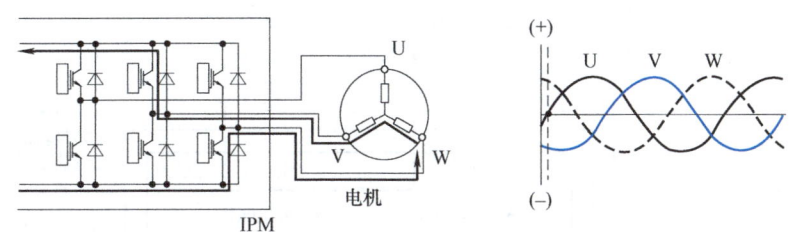

图 2-5-12　U 相为零时的发电过程

2）当 U 相为正向，电压较高，W 相为负向，电压较低，V 相为零，电流通过续流二极管从 U 相流出，流入 W 相，经过续流二极管流入增压转换器，降压后的电流流入动力蓄电池，如图 2-5-13 所示。

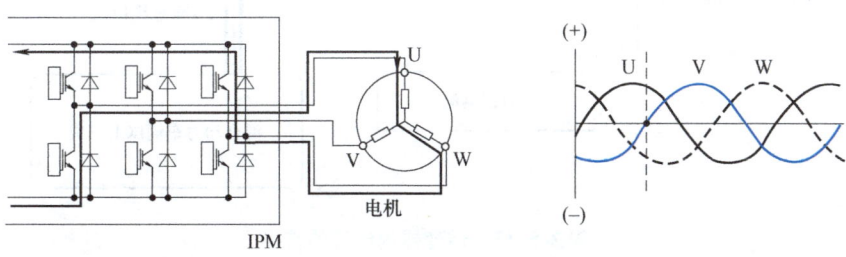

图 2-5-13　V 相为零时的发电过程

3）当 V 相为正向，电压较高，U 相为负向，电压较低，W 相为零，电流通过续流二极管从 V 相流出，流入 U 相，经过续流二极管流入增压转换器，降压后的电流流入动力蓄电池，如图 2-5-14 所示。

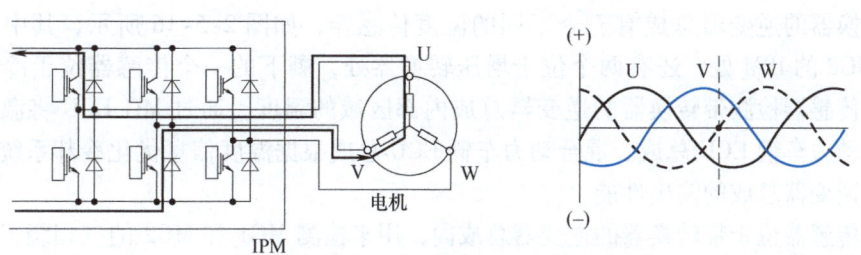

图 2-5-14　W 相为零时的发电过程

逆变器将来自动力蓄电池的高压直流电转换为一定幅值和频率的交流电供给 MG1 和 MG2。因为 MG1 产生的交流电频率不一定适合 MG2 当前的需求，MG1 产生的电流可以在逆变器内转换为直流后，再被逆变器转换为交流供 MG2 使用。

MG ECU 根据接收自混合动力车辆 ECU 的信号控制 IPM 切换 MG1 和 MG2 的三相交流电。混合动力车辆 ECU 接收到来自 MG ECU 的过热、过电流或过电压故障信号时，可切断通向 MG ECU 的信号，断开 IPM。逆变器内电流的转换如图 2-5-15 所示。

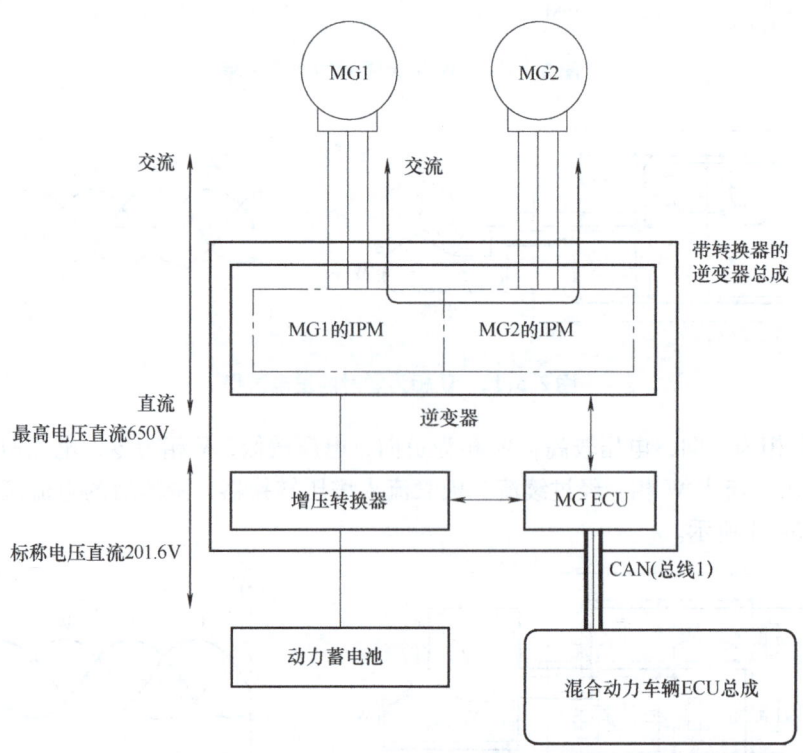

图 2-5-15　逆变器内电流的转换

2.5.4　传感器

MG ECU 板上安装有大气压力传感器，该传感器用来检测大气压力并将信号传输至 MG ECU，以便根据使用环境进行相应的修正。

带转换器的逆变器总成有五个不同的温度传感器，如图 2-5-16 所示，其中两个位于 MG1 和 MG2 的 IPM 处，还有两个位于增压转换器处，剩下的一个传感器位于冷却液通道上。这些传感器检测带转换器的逆变器总成内部区域的温度，通过 MG ECU 将温度信息传输至混合动力车辆 ECU 总成。混合动力车辆 ECU 总成根据温度信息优化冷却系统，保证带转换器的逆变器总成的输出性能。

电流传感器位于带转换器的逆变器总成内，用来检测 MG1 和 MG2 的三相绕组的交流电流，并将实际电流大小反馈给 MG ECU，如图 2-5-17 所示。

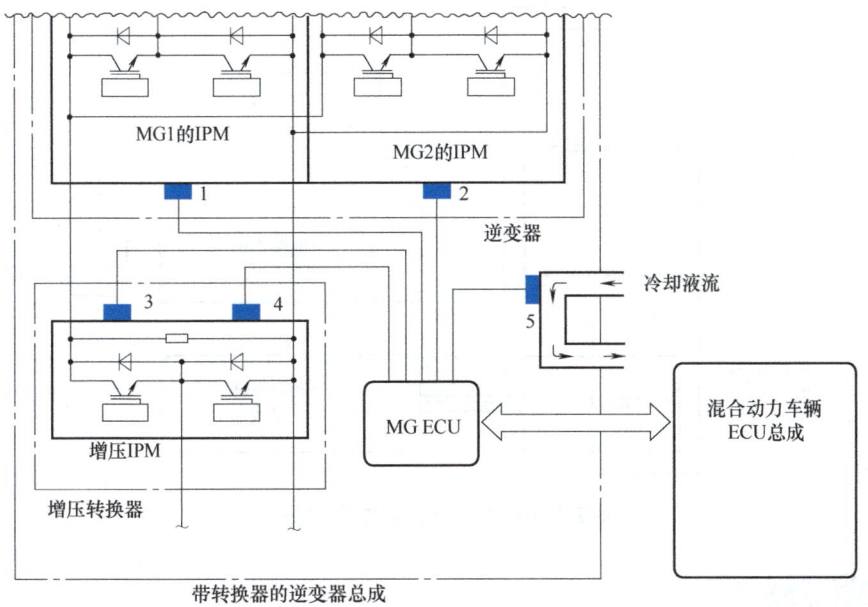

图 2-5-16　逆变器总成的温度传感器

1—MG1 的 IPM 上的温度传感器　2—MG2 的 IPM 上的温度传感器　3—增压 IPM 上的温度传感器（上部）　4—增压 IPM 上的温度传感器（下部）　5—冷却液温度传感器

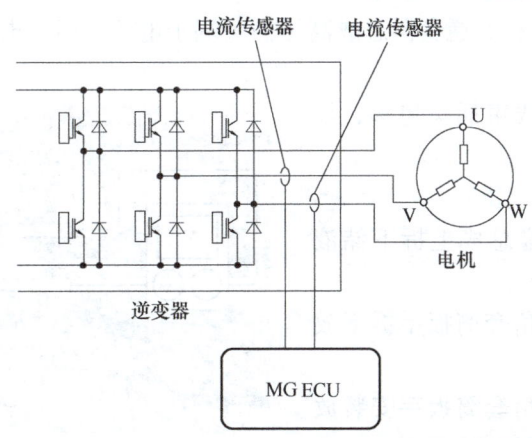

图 2-5-17　逆变器总成的电流传感器

2.5.5　DC/DC 变换器

DC/DC 变换器将动力蓄电池的标称电压从直流 201.6V 降至约直流 14V，为整车低压电气设备供电，并为辅助蓄电池充电。混合动力车辆 ECU 根据辅助蓄电池温度传感器信号将输出电压请求信号传输至 DC/DC 变换器来调节输出电压，如图 2-5-18 所示。

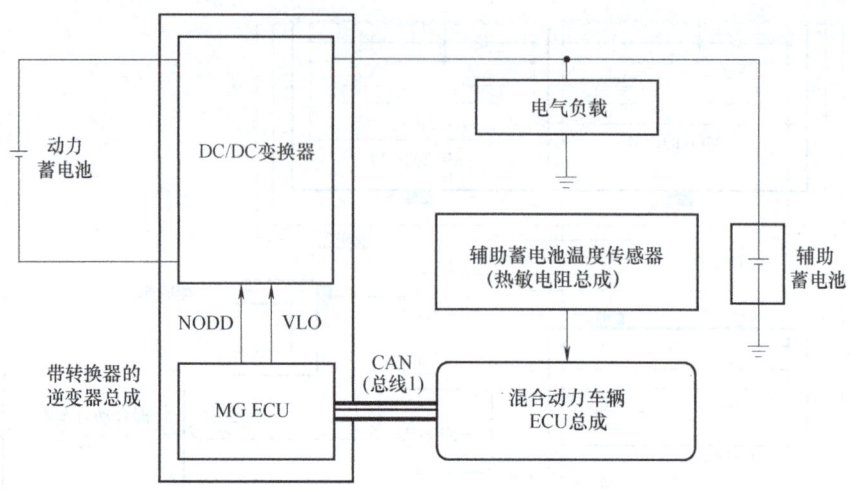

图 2-5-18 DC/DC 变换器工作原理

2.5.6 带转换器的逆变器总成拆卸

1. 按照正确操作规范进行下电操作

1)佩戴绝缘手套,检查逆变器总成高压插头端子电压,标准电压为 0V,如图 2-5-19 所示。

2)用绝缘胶带将线束插头包裹,如图 2-5-20 所示。

2. 排空冷却液(逆变器)

1)从逆变器储液罐总成上拆下储液罐盖。

2)使用 10 mm 六角套筒扳手拆下放水螺塞并排空冷却液。

3)使用 10 mm 六角套筒扳手安装放水螺塞和新衬垫,如图 2-5-21 所示。

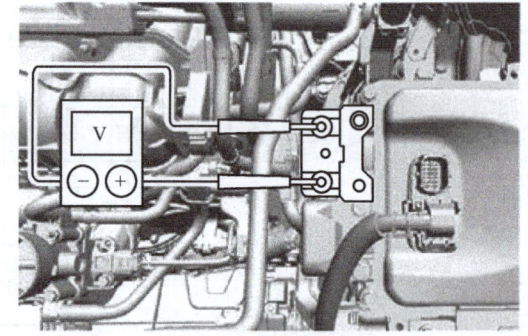

图 2-5-19 测插头端子电压

注意事项:因为排出的冷却液可能含有异物,所以不要重复使用。收集排出的冷却液,并测量冷却液量以建立基准。

3. 拆卸空气滤清器盖分总成

1)断开空气流量传感器分总成插接器,分离 2 个卡夹,如图 2-5-22 所示。

2)松开软管卡夹并从空气滤清器软管总成上拆下空气滤清器盖分总成。

4. 拆卸 1 号空气滤清器进气口

1)拆下 2 个螺栓。

2)分离卡夹,拆下 1 号空气滤清器进气口,如图 2-5-23 所示。

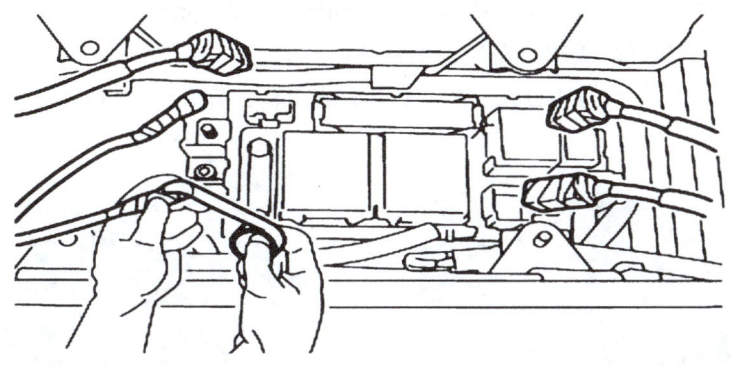

图 2-5-20 包裹线束插头

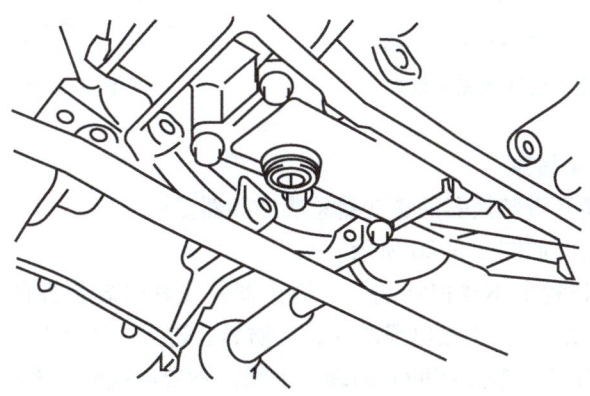

图 2-5-21 放水螺塞

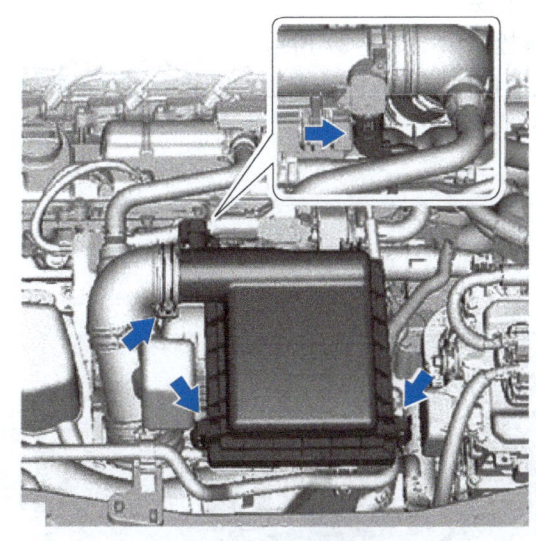

图 2-5-22 空气滤清器盖分总成

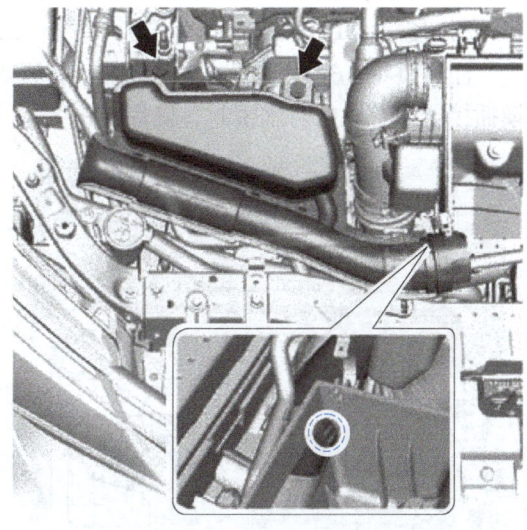

图 2-5-23 1 号空气滤清器进气口

5. 拆卸空气滤清器壳分总成

1) 从空气滤清器壳分总成上拆下空气滤清器滤芯分总成。
2) 分离 3 个卡夹以从空气滤清器壳分总成上分离 4 号水旁通软管。

3）拆下 3 个螺栓和空气滤清器壳分总成，如图 2-5-24 所示。

4）滑动卡夹，从气缸盖罩分总成上断开通风软管。

5）松开卡夹，从节气门体总成上拆下空气滤清器软管总成和 2 号通风软管，如图 2-5-25 所示。

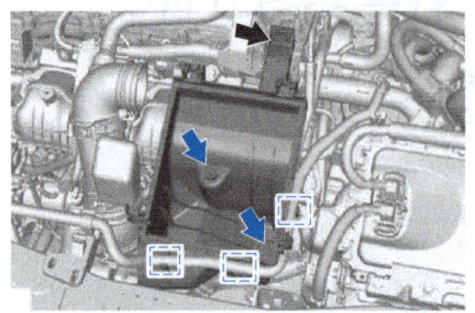

图 2-5-24　拆下空气滤清器壳分总成

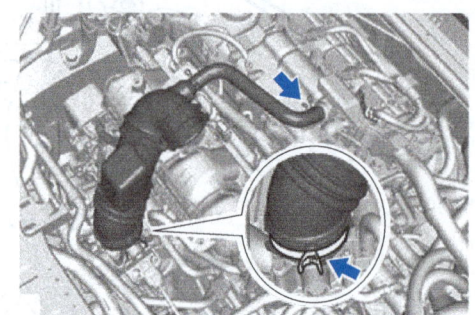

图 2-5-25　拆卸软管

6. 断开发动机室主线束

1）移动锁杆并断开带转换器的逆变器总成插接器。

2）分离 2 个卡夹，如图 2-5-26 所示。

注意事项：断开过程中不要损坏端子、插接器外壳和带转换器的逆变器总成。用胶带（非残留性）或同等物品包住连接电缆的孔，以防异物进入。不要让任何异物或水进入带转换器的逆变器总成。用绝缘胶带将断开的端子绝缘。不要触摸防水密封或插接器端子。

7. 暂时安装插接器盖总成

1）将插接器盖总成暂时安装到 HV 地板底部线束。

2）使用"TORX"梅花套筒扳手 T25 安装螺栓，如图 2-5-27 所示。

注意事项：安装插接器盖总成前，目视确认插接器盖总成的防水密封安装牢固，不要触摸插接器盖总成的防水密封，确保互锁装置完全接合。

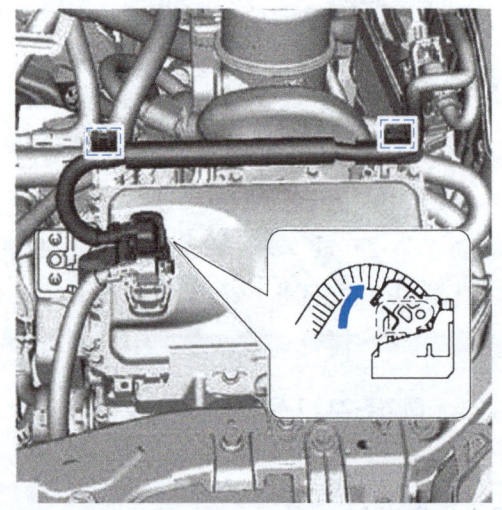

图 2-5-26　发动机室主线束

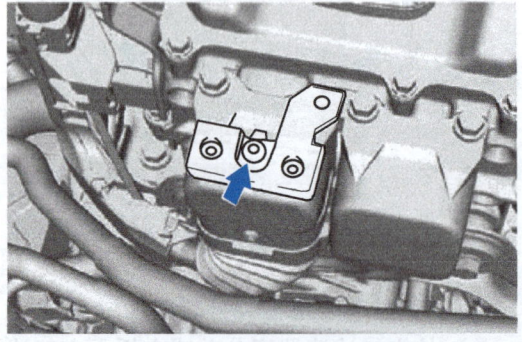

图 2-5-27　安装插接器盖总成

8. 断开发动机线束

1）移动锁杆并断开带转换器的逆变器总成插接器。

2）分离卡夹，如图 2-5-28 所示。

注意事项：断开过程中不要损坏端子、插接器外壳和带转换器的逆变器总成，用胶带（非残留性）或同等物品包住连接电缆。

9. 断开 HV 地板底部线束及空调线束

1）拆下螺栓。

2）从带转换器的逆变器总成上断开 HV 地板底部线束。

3）分离 2 个卡夹，如图 2-5-29 所示。

4）拆下 2 个螺栓。

5）从带转换器的逆变器总成上断开空调线束。

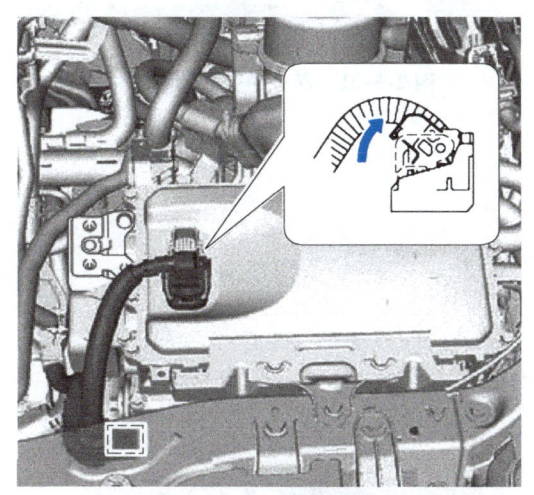

图 2-5-28　断开发动机线束

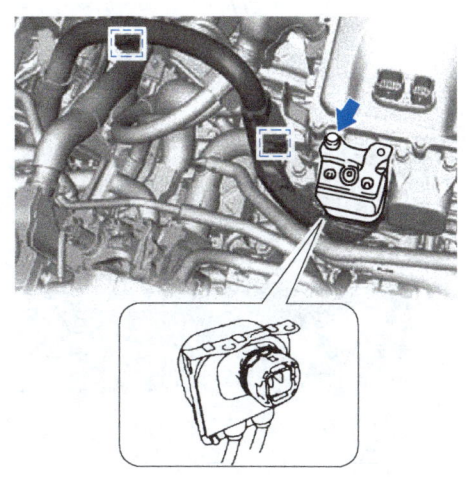

图 2-5-29　HV 地板底部线束

6）分离 2 个卡夹，如图 2-5-30 所示。

注意事项：佩戴绝缘手套，不要让任何异物或水进入带转换器的逆变器总成。

10. 断开逆变器储液罐总成

1）拆下 2 个螺栓。

2）从线束卡夹支架上断开逆变器储液罐总成，如图 2-5-31 所示。

11. 拆卸逆变器盖

从带转换器的逆变器总成上拆下 2 个螺栓和逆变器盖，如图 2-5-32 所示。

注意事项：插接器连接到逆变器盖的内侧时，确保垂直向上拉逆变器；不要触摸逆变器的防水密封；不要让任何异物或水进入带转换器的逆变器总成；拆下逆变器盖时，不要拉动区域 A，否则可能变形。

12. 断开电机电缆

1）使用绝缘工具拆下 6 个螺母，分离卡夹，如图 2-5-33 所示。

2）拆下 4 个螺栓并断开电机电缆，如图 2-5-34 所示。

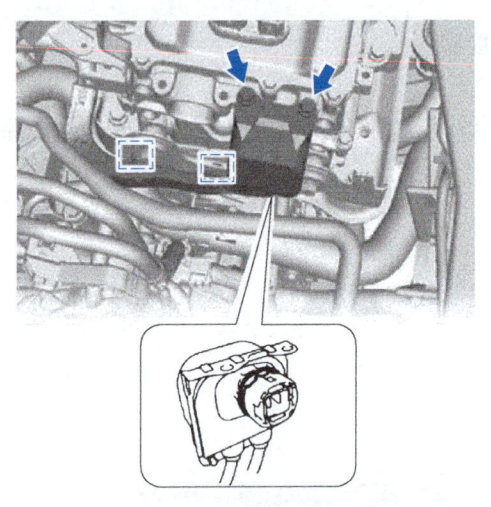

图 2-5-30 空调线束

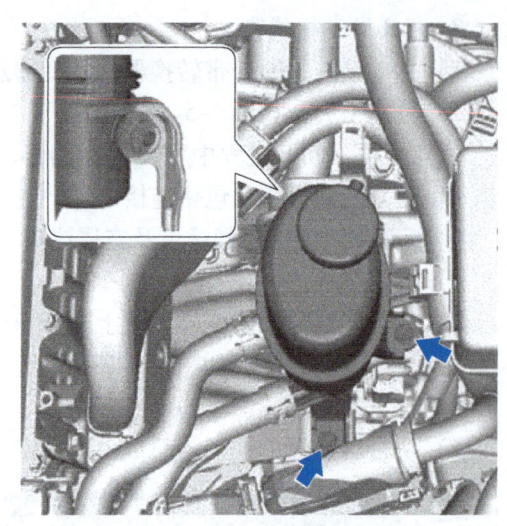

图 2-5-31 断开逆变器储液罐总成

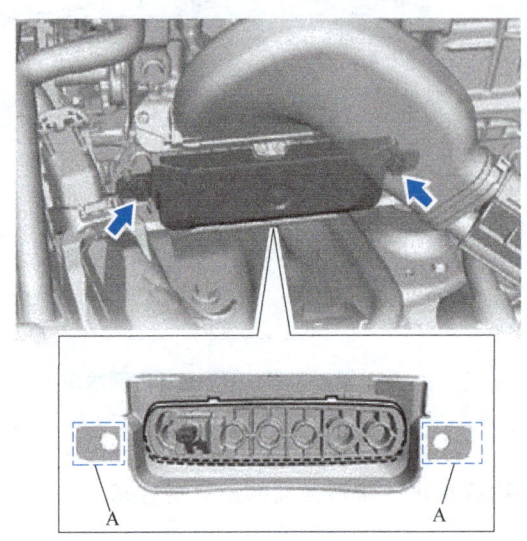

图 2-5-32 拆卸逆变器盖

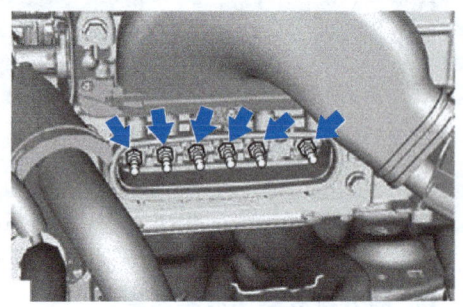

图 2-5-33 拆卸螺母

13. 断开发动机室 2 号线束

1) 拆下继电器盒上盖, 分离 2 个卡夹并从发动机室 1 号继电器盒和 1 号接线盒总成上拆下继电器盒盖, 拆下螺栓, 如图 2-5-35 所示。

2) 分离 2 个卡夹并从发动机室 1 号继电器盒和 1 号接线盒总成上断开发动机室 2 号线束, 如图 2-5-36 所示。

14. 断开 6 号逆变器冷却软管和 1 号逆变器冷却软管

1) 滑动卡夹, 断开 6 号逆变器冷却软管, 如图 2-5-37 所示。

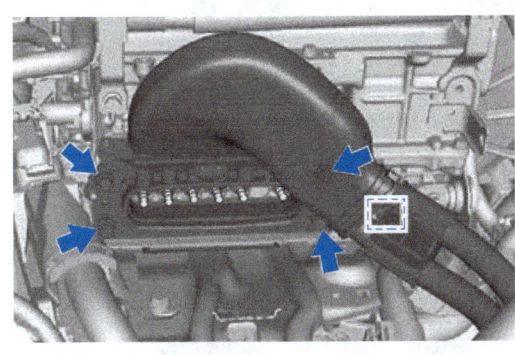

图 2-5-34　电机电缆

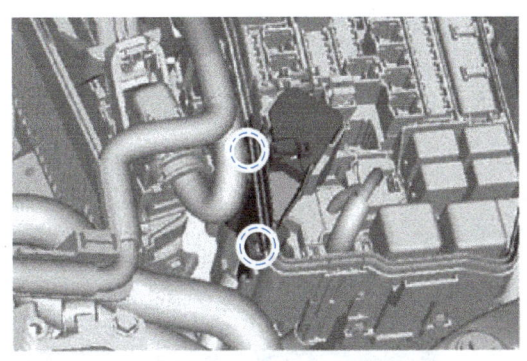

图 2-5-35　拆下继电器盒盖

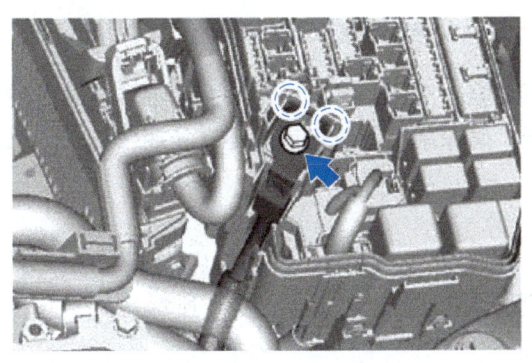

图 2-5-36　发动机室 2 号线束

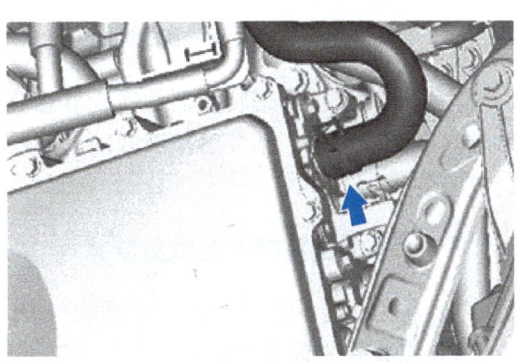

图 2-5-37　6 号逆变器冷却软管

2）滑动卡夹，断开 1 号逆变器冷却软管，分离卡夹，如图 2-5-38 所示。
注意事项：在断开的软管内放布或用塑料袋包住管和软管以防异物进入。

15. 拆卸 4 号逆变器支架

拆下 3 个螺栓和 4 号逆变器支架，如图 2-5-39 所示。

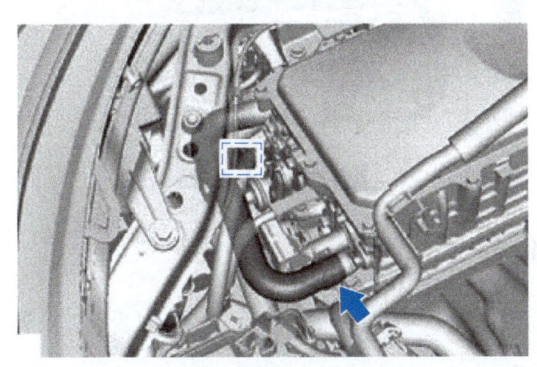

图 2-5-38　1 号逆变器冷却软管

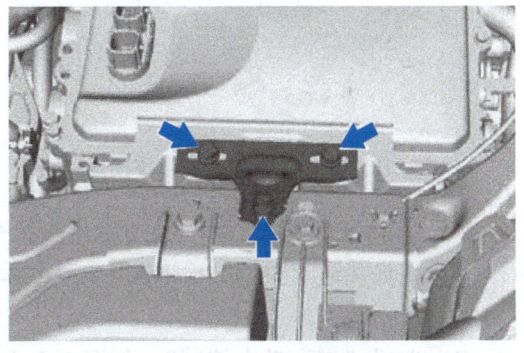

图 2-5-39　4 号逆变器支架

16. 拆卸带转换器的逆变器总成

1）拆下 2 个螺栓、2 个螺母，如图 2-5-40 所示。
2）拆卸带转换器的逆变器总成，如图 2-5-41 所示。

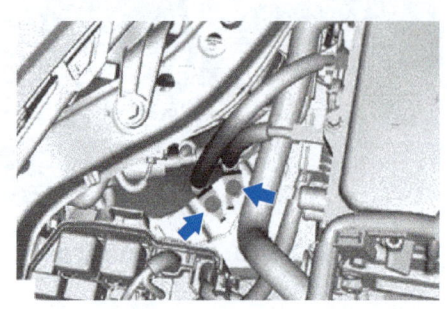
图 2-5-40　拆卸固定螺栓

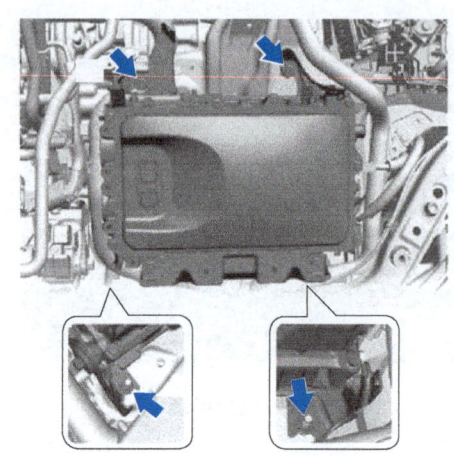
图 2-5-41　逆变器总成

注意事项：拆卸带转换器的逆变器总成时不要损坏周围的零件，不要握住带转换器的逆变器总成的插接器，不要触摸断开的插接器端子，确保用绝缘胶带或同等产品捆住线束，以防其卡住。

2.5.7　读取增压转换器温度数据流

1）将丰田专用故障诊断仪诊断线与 DLC3 诊断接口连接，如图 2-5-42 所示。
2）点火开关置于 ON 位，系统上电。
3）单击诊断仪屏幕上诊断程序 Techstream，如图 2-5-43 所示。

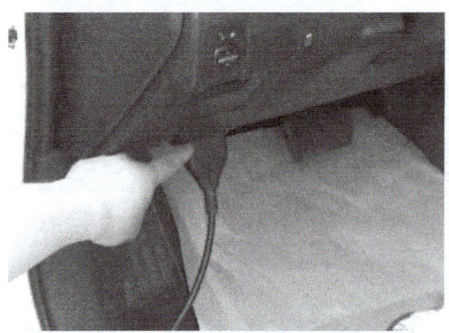
图 2-5-42　连接 DLC3 诊断接口

图 2-5-43　单击诊断程序 Techstream

4）单击"与车辆连接"选项，如图 2-5-44 所示。
5）选择选项"TFTM Product"和"1704"，如图 2-5-45 所示。
6）单击下一步。
7）选择"混合动力控制"，如图 2-5-46 所示。
8）选择"数据列表"，读取数据流，如图 2-5-47 所示。
9）如图 2-5-48 所示，屏幕显示增压转换器温度为 38℃。
10）关闭诊断程序，退出系统。

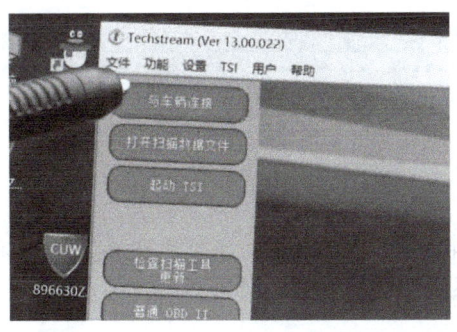

图 2-5-44　单击"与车辆连接"选项

图 2-5-45　选择选项"TFTM Product"和"1704"

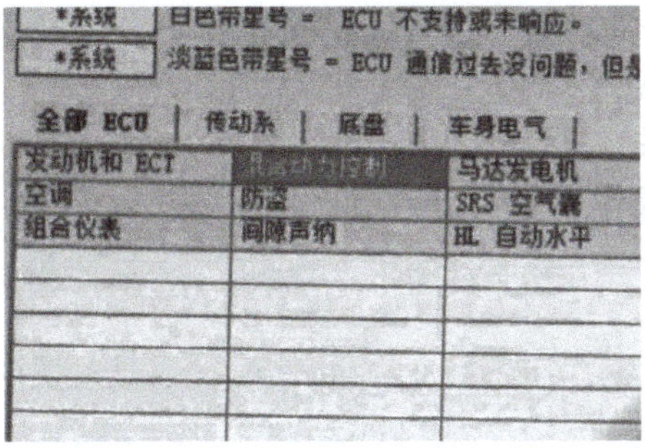

图 2-5-46　选择"混合动力控制"

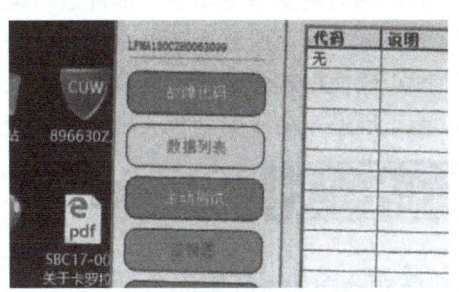

图 2-5-47　选择"数据列表"

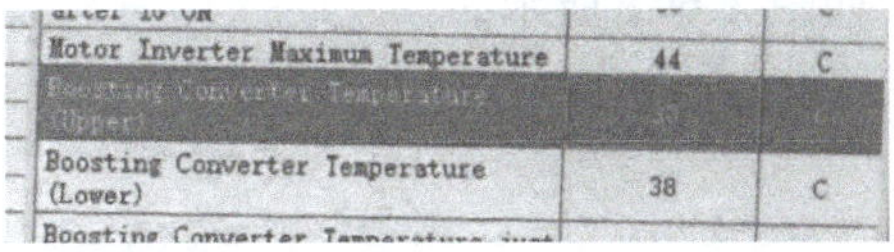

图 2-5-48　屏幕显示升压转换器温度

单元小结

1. 卡罗拉混合动力汽车使用的带转换器的逆变器总成结构紧凑，集合了 MG ECU、逆变器、增压转换器与 DC/DC 变换器。

2. MG1 和 MG2 的 IPM 各采用六个 IGBT，每个臂使用一对。

3. 增压转换器内包含内置 IGBT 的增压 IPM、存储电能并产生电动势的电抗器和将增压的高压电进行充电和放电的电容器。

4. 每个电机的六个 IGBT 在 ON 和 OFF 间切换，在 U、V、W 三相中产生所需幅值和频率的三相交流电，控制电机工作。

5. IGBT 还可通过改变桥臂导通切换的频率改变输出电压的频率。

 学习单元 2.6　逆变器冷却系统检修

小王在某新能源汽车 4S 店工作，今天接到一辆混合动力汽车，该车逆变器冷却系统液位下降较多，请按照正确规范操作对逆变器冷却系统泄漏情况进行检查。

1. 能正确对逆变器冷却系统部件进行检查与更换。
2. 能根据维修手册对逆变器冷却系统进行检测。
3. 能正确使用故障诊断仪读取冷却系统相关数据流。
4. 能正确遵守高压安全相关规范进行安全操作。

2.6.1　逆变器冷却系统概述

卡罗拉混合动力汽车采用独立于发动机冷却系统的单独冷却系统对带转换器的逆变器总成、MG1、MG2 进行冷却，如图 2-6-1 所示。

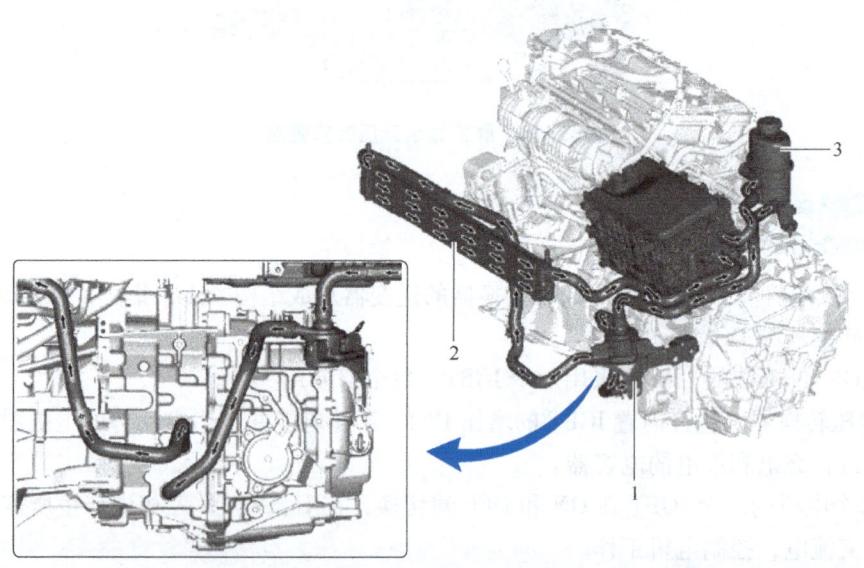

图 2-6-1　逆变器冷却系统
1—逆变器水泵总成　2—散热器总成　3—逆变器储液罐

混合动力车辆 ECU 总成分别接收来自带转换器的逆变器总成的温度传感器、MG1 的温度传感器和 MG2 的温度传感器的信号，然后使用占空比控制以三个级别驱动逆变器水泵总

成，以冷却带转换器的逆变器总成、MG1 和 MG2，如图 2-6-2 所示。

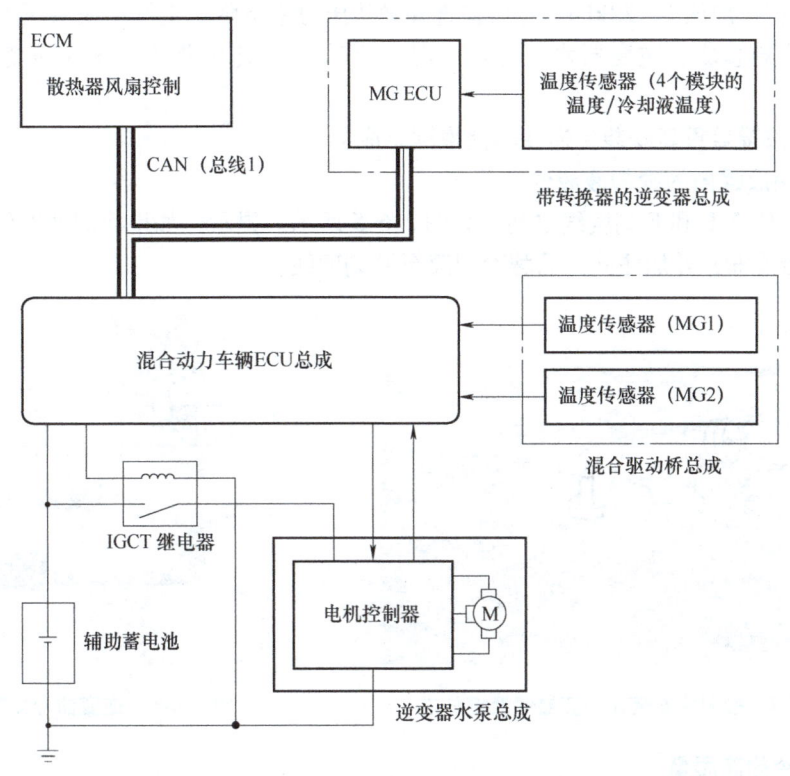

图 2-6-2　逆变器冷却系统控制

冷却液温度超过特定值后，混合动力车辆 ECU 总成将散热器风扇驱动请求信号传输至 ECM。作为对此信号的响应，ECM 驱动散热器风扇以抑制冷却液温度升高，从而确保冷却带转换器的逆变器总成、MG1 和 MG2。

2.6.2　逆变器水泵

卡罗拉混合动力汽车的逆变器水泵为紧凑、高效的电动水泵，采用轴承支撑轴的两端，抑制了噪声和振动。水泵电机为大功率无刷电机，由混合动力车辆 ECU 的占空比信号进行三级控制，冷却液由上侧吸入，右侧泵出，如图 2-6-3 所示。

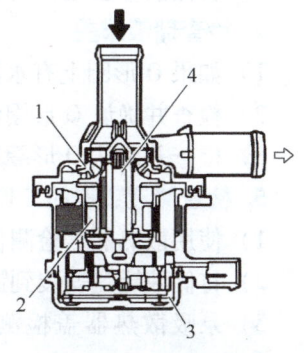

图 2-6-3　逆变器水泵
1—叶轮　2—永磁体
3—电机控制器　4—轴

2.6.3　冷却系统检查

1. 检查冷却液是否泄漏

1）从逆变器储液罐总成上拆下储液罐盖。注意：冷却液（逆变器）仍然很烫时不要拆下储液罐盖，高压高温的冷却液（逆变器）和蒸气可能会释放出来，导致严重烫伤。

2）将散热器盖检测仪安装到逆变器储液罐总成上，如图 2-6-4 所示。

3）将检测仪加压至 122kPa，然后检查并确认压力未下降。提示：如果压力下降，则检查软管、散热器总成、逆变器水泵总成、混合驱动桥总成和带转换器的逆变器总成是否泄漏。

4）将储液罐盖重新安装到逆变器储液罐总成上。

2. 检查储液罐内的冷却液液位

冷却液应位于 L 和 F 刻度线之间，如图 2-6-5 所示。提示：如果冷却液液位过低，则检查冷却液是否泄漏，并加注同一品牌冷却液至 F 刻度线。

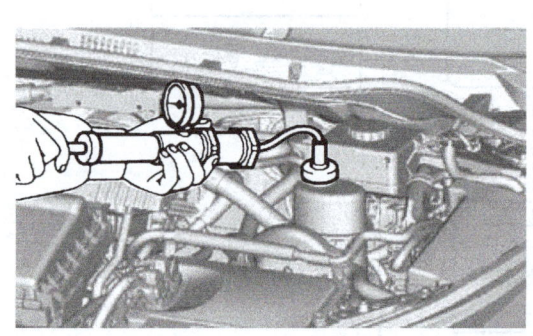
图 2-6-4　检测仪安装在逆变器储液罐总成

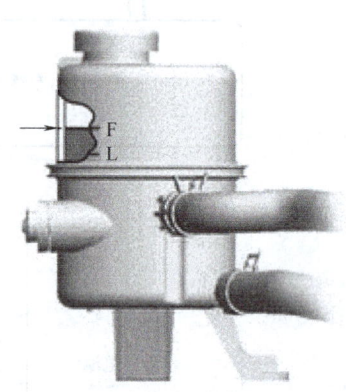
图 2-6-5　逆变器冷却液储液罐

3. 检查冷却液质量

1）从逆变器储液罐总成上拆下储液罐盖。注意：为避免烫伤的危险，冷却液（逆变器）仍然很烫时不要拆下储液罐盖。

2）检查储液罐盖和其开口上及周围是否有积锈或水垢。提示：如果过脏，则更换冷却液（逆变器）。

3）将储液罐盖重新安装到逆变器储液罐总成上。

4. 检查储液罐盖

1）如果 O 形圈上有水渍或异物，则用水和手指刷进行清洁。

2）检查并确认 O 形圈没有变形、破裂或损坏。

3）检查并确认 O 形圈未膨胀。

5. 检查储液罐盖的工作情况

1）使用散热器盖检测仪前，在 O 形圈和橡胶密封件上涂抹冷却液，如图 2-6-6 所示。

2）将储液罐盖安装到散热器盖检测仪上，如图 2-6-7 所示。

3）泵吸散热器盖检测仪数次，并检查最大压力。标准值为 94～122kPa，泵送速度为 1 次/s。

如果最大压力小于最小标准值，则更换储液罐盖。

2.6.4　读取逆变器水泵数据流

1）将丰田专用故障诊断仪诊断线与 DLC3 诊断接口连接，如图 2-6-8 所示。

2）点火开关置于 ON 位，系统上电。

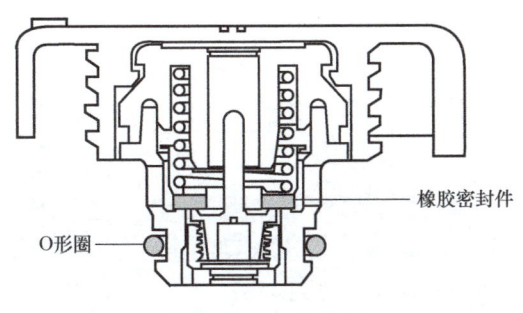
图 2-6-6 储液罐盖

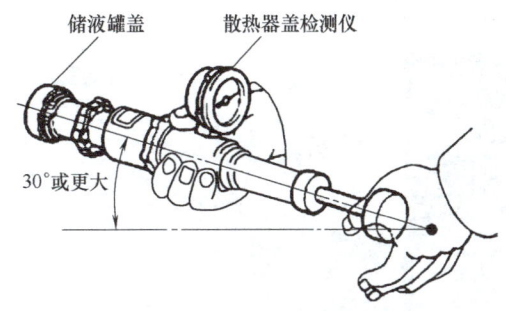
图 2-6-7 检查储液罐盖

3）单击诊断仪屏幕上诊断程序 Techstream，如图 2-6-9 所示。

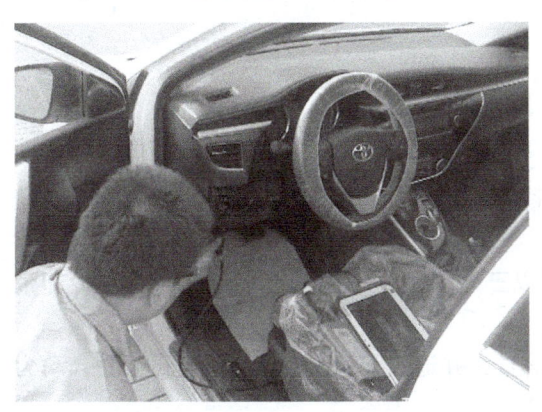
图 2-6-8 连接 DLC3 诊断接口

图 2-6-9 单击诊断程序 Techstream

4）单击"与车辆连接"选项，如图 2-6-10 所示。
5）选择选项"TFTM Product"和"1704"，如图 2-6-11 所示。

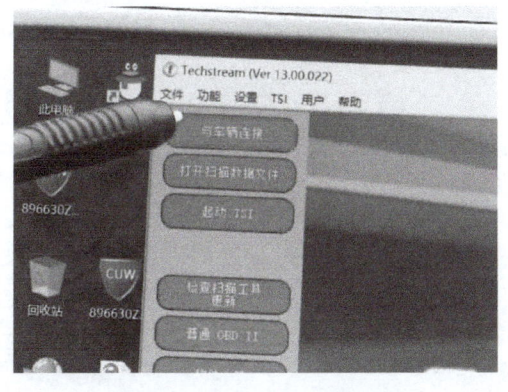
图 2-6-10 单击"与车辆连接"

图 2-6-11 选择选项"TFTM Product"和"1704"

6）单击下一步。
7）选择"混合动力控制"。
8）选择"数据列表"，读取数据流，如图 2-6-12 所示。
9）如图 2-6-13 所示，屏幕显示逆变器水泵占空比为 53%，转速为 3626r/min，此时水泵没有工作。

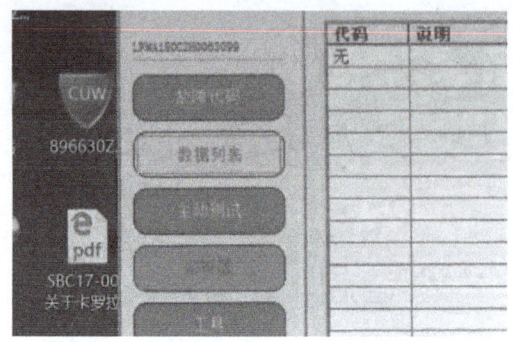

图2-6-12 选择"数据列表"　　　　图2-6-13 显示数据流

10）关闭诊断程序，退出系统。

1. 卡罗拉混合动力汽车采用独立于发动机冷却系统的单独冷却系统对带转换器的逆变器总成、MG1、MG2进行冷却。

2. 混合动力车辆ECU总成使用占空比控制以三个级别驱动逆变器水泵总成，以冷却带转换器的逆变器总成、MG1和MG2。

3. MG ECU将温度传感器信号转换成数字信号，并通过CAN通信将其传输至混合动力车辆ECU总成。

4. 逆变器水泵电机由混合动力车辆ECU的占空比信号进行三级控制，冷却液由上侧吸入，右侧泵出。

学习情境 3

动力蓄电池及管理系统拆装与检测

学习目标

素质目标：
1. 能在工作过程中树立良好的职业道德。
2. 能通过查阅资料培养终身学习的习惯。
3. 能在工作过程中树立求真务实、开拓进取的科学观。

能力目标：
1. 能通过查阅相关维修技术资料等方式获取车辆信息。
2. 能正确选择诊断设备对辅助蓄电池进行拆卸和安装。
3. 能正确进行维修塞更换与检查。
4. 能正确对充电系统、辅助蓄电池温度传感器进行检查。
5. 能正确选择诊断设备对 HV 蓄电池进行电压检测。
6. 能正确进行电压传感器的拆卸和安装。
7. 能正确进行 HV 蓄电池熔丝盒的更换。
8. 能正确使用故障诊断仪读取 HV 蓄电池 BMS 系统数据流。
9. 能正确选择诊断设备对 HV 蓄电池鼓风机进行拆卸和安装。
10. 能正确进行 HV 蓄电池冷却滤清器的检查与更换。
11. 能正确选择诊断设备对 HV 蓄电池进行拆卸和安装。
12. 能正确进行 HV 蓄电池继电器总成检查与更换。
13. 能遵守高压安全相关规范进行安全操作。

知识目标：
1. 了解混合动力汽车 HV 电池的作用、结构和工作模式。
2. 了解混合动力汽车辅助蓄电池充电系统。
3. 了解混合动力汽车 HV 蓄电池电池管理系统的结构。
4. 掌握混合动力汽车 HV 蓄电池 BMS 的作用和工作原理。
5. 掌握混合动力汽车 HV 蓄电池冷却系统的结构和工作原理。
6. 理解混合动力汽车 HV 蓄电池 SMR 的工作过程。

学习单元 3.1　动力蓄电池的认知

任务导入

小王在丰田某 4S 店工作，今天接到一辆卡罗拉混合动力汽车，按下起动开关发现全车没电，经检查发现辅助蓄电池电压不足，师傅要求小王更换该车的辅助蓄电池，你知道如何安全、规范地进行辅助蓄电池的更换吗？

学习目标

1. 能正确对辅助蓄电池进行拆卸和安装。
2. 能正确进行维修开关的更换与检查。
3. 能正确对充电系统、辅助蓄电池温度传感器进行检查。
4. 能正确记录、分析各种检查结果并判断故障原因。
5. 能遵守高压安全相关规范进行安全操作。

理论知识

3.1.1　动力蓄电池的作用

混合动力汽车安装有动力蓄电池，一般位于车身的底部或后部。卡罗拉混合动力汽车的动力蓄电池位于车辆尾部行李箱内，如图 3-1-1 所示。

动力蓄电池的作用主要有：

（1）输出直流电驱动车辆　当车辆起步、动力蓄电池电量较为充足时，动力蓄电池输出直流电，通过逆变器总成将其转变为交流电，驱动 MG2 运转，MG2 输出的动力经电机减速行星组件传递给混合驱动桥总成，驱动车辆行驶。

当车辆需要较大转矩运行时，发动机运转向外输出动力，同时动力蓄电池向外输出直流电，通过逆变器总成转变为交流电后使 MG2 运转以驱动车辆行驶。

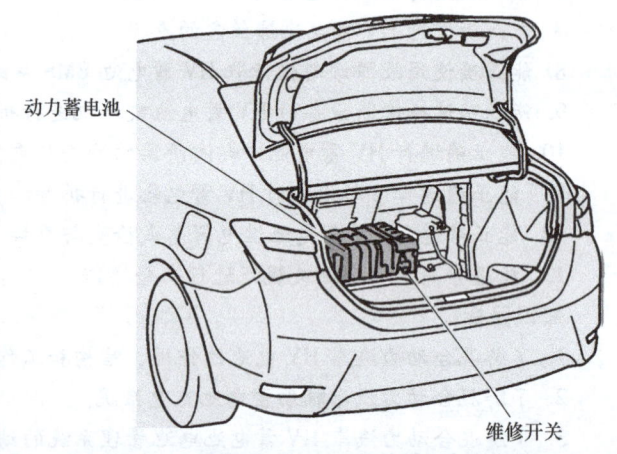

图 3-1-1　卡罗拉混合动力汽车的动力蓄电池

当动力蓄电池电量降到一定程度时，其输出的直流电经逆变器总成转变为交流电后，驱动 MG1 运转使发动机起动。

（2）储存一定的电能　当动力蓄电池电量降低到一定程度时，发动机运行，在驱动车辆行驶的同时使 MG1 发出交流电，逆变器总成将交流电转变为直流电后给动力蓄电池充电。

当车辆制动时，制动能量回收系统会回收制动能量，并将其转变为电能存储在动力蓄电池中。

（3）驱动部分车身附件运转　动力蓄电池还能将电能输出给空调压缩机，驱动压缩机的电机转动使压缩机运转。

（4）给辅助蓄电池充电　动力蓄电池动力输出的电能经 DC/DC 变换器将电压降低到 14V 左右给辅助蓄电池充电，以保证辅助蓄电池有足够的电量。

动力蓄电池使发动机工作在一个相对稳定的工况，改善了其排放性能。

3.1.2　辅助蓄电池充电系统

在卡罗拉混合动力汽车上还安装有一个 12V 低压蓄电池，称为辅助蓄电池，用于给整车的灯光、照明、车辆 ECU 以及总线等供电。由于卡罗拉混合动力汽车上发电机发出的电压一般情况下高于 200V，且为交流电，不能直接给辅助蓄电池充电，因此需要将高压电转换为低压直流电给辅助蓄电池充电，该系统称为辅助蓄电池充电系统，如图 3-1-2 所示。

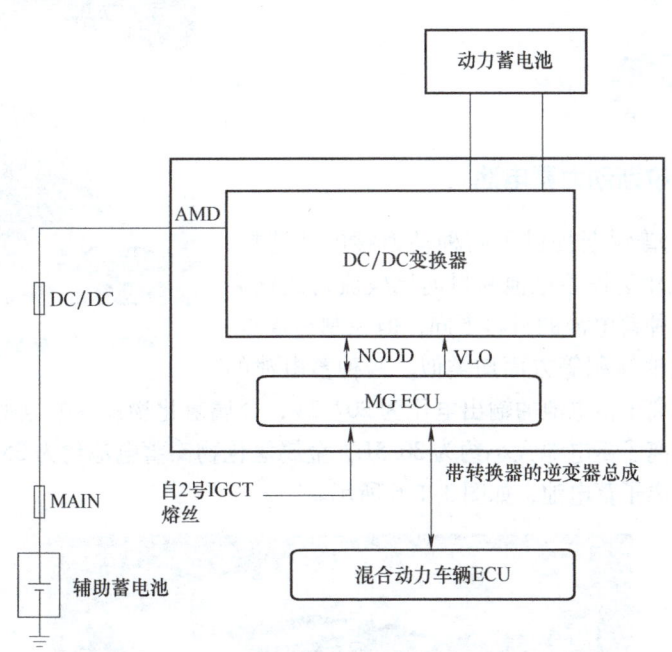

图 3-1-2　辅助蓄电池充电系统

从图 3-1-2 可以看出，DC/DC 变换器把动力蓄电池的高压直流电（201.6V 左右）转变为低压直流电（14V 左右），通过 AMD 端子给辅助蓄电池充电。

辅助蓄电池附近安装有环境温度传感器，如图 3-1-3 所示，用于检测辅助蓄电池工作环境的温度。环境温度传感器是一个负温度系数热敏电阻，当温度升高的时候电阻值降低，如图 3-1-4 所示。

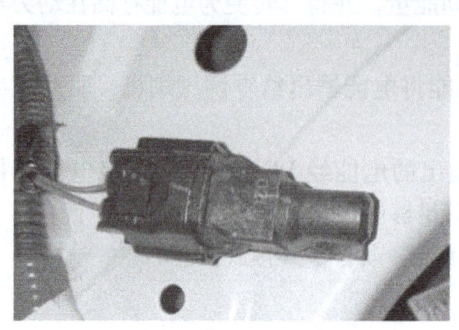
图 3-1-3　环境温度传感器

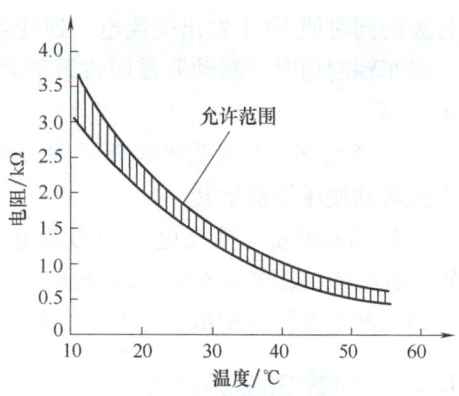
图 3-1-4　环境温度传感器

由于辅助蓄电池有可能存在过充电的情况，如果发生过充电，则会电离辅助蓄电池电解液中的水分而产生氢气。为避免因氢气聚集而产生爆炸的危险，辅助蓄电池上还安装了一个导气管，用于将氢气排出行李箱，如图 3-1-5 所示。

3.1.3　第四代普锐斯动力蓄电池

丰田为第四代普锐斯提供了两种动力蓄电池选择，较为传统的金属氢化物镍蓄电池和目前比较流行的锂离子蓄电池。虽然两种蓄电池的材料不同，但在制造成本、蓄电池性能、蓄电池体积等方面均类似。两种蓄电池的

图 3-1-5　辅助蓄电池导气管

输出电压相近，锂离子蓄电池的输出电压为 207.2V，金属氢化物镍蓄电池则为 201.6V；所占的体积也相似，锂离子蓄电池大小约为 30.5L，金属氢化物镍蓄电池约为 35.5L。第四代普锐斯高配版使用了锂离子蓄电池，如图 3-1-6 所示。

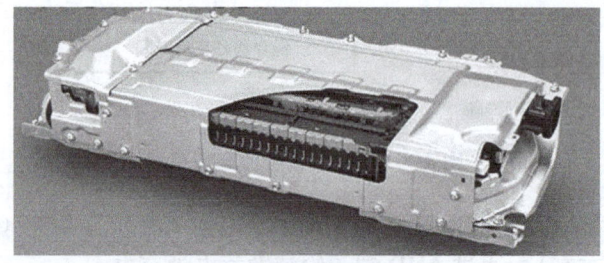
图 3-1-6　第四代普锐斯动力蓄电池

高配版车型使用的锂离子蓄电池由 56 个单体蓄电池组成，能达到与 168 个单体金属氢化物镍蓄电池组成的动力蓄电池类似的性能，而重量却减少了 16kg。

普通车型使用的金属氢化物镍蓄电池在性能上有所改良，相比于上一代动力蓄电池，重量

减少了 2.4%、体积缩小了 10%，充电速度则提升了 28%。动力蓄电池安装在后排乘员座椅下面，这样既增加了乘员舱空间，又可以有效降低车身中心，提升汽车的操控性能。

3.1.4 维修开关的检查与更换

进行维修开关的检查与更换时，一定要注意：将电源开关置于 OFF 位置后，断开辅助蓄电池负极端子电缆前，需要等待一段时间。

1. 维修开关的拆卸

（1）检查 DTC 拆卸或安装动力蓄电池相关模块前，都需要确认未输出 P0AA6（动力蓄电池系统绝缘故障）。如果输出该 DTC，则首先对该 DTC 进行故障排除。为防止电击，检查 DTC 之前不要进行故障排除。将解码器连接到 DLC3，将电源开关置于 ON 位置，打开解码器，进入以下菜单：Power/Hybrid Control/Trouble Codes。检查 DTC 和定格数据，并将其记录下来。

（2）断开辅助蓄电池负极端子电缆 打开行李箱盖，分离 2 个紧固件并取下行李箱前装饰罩，如图 3-1-7 所示。拆卸备胎罩，如图 3-1-8 所示。松开螺母并断开辅助蓄电池负极端子电缆，如图 3-1-9 所示。

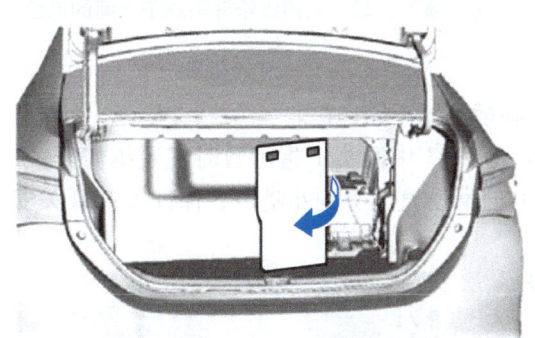
图 3-1-7 取下行李箱前装饰罩

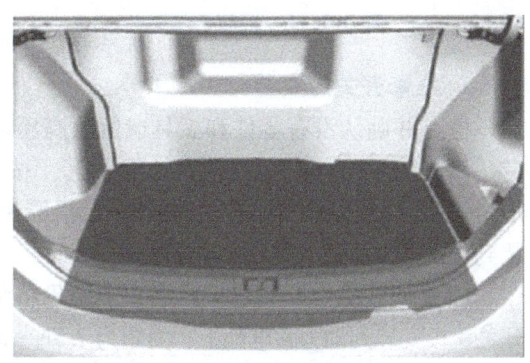
图 3-1-8 拆下备胎罩

（3）拆卸维修开关盖板 从动力蓄电池上拆下 2 个螺母和维修开关盖板，如图 3-1-10 所示。

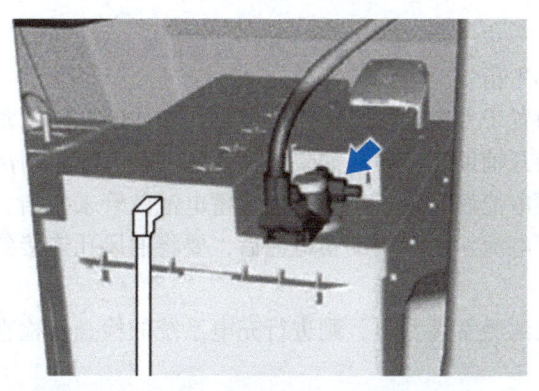
图 3-1-9 断开辅助蓄电池负极端子电缆

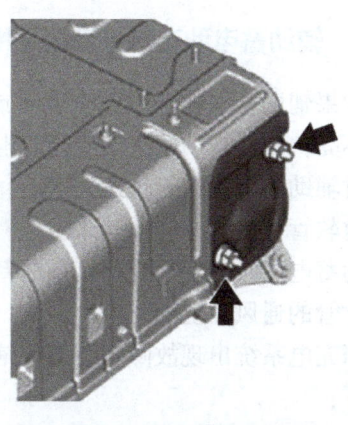
图 3-1-10 拆卸维修开关盖板

(4)拆卸维修开关 佩戴绝缘手套,按照图 3-1-11 中箭头所示顺序转动维修开关的手柄,并拆下维修开关。

将拆下的维修开关放入口袋中,以防止其他技师在维修车辆期间将其意外重新连接;不要触摸维修开关的端子;如果维修开关受到撞击或曾经掉落过,则将其更换。拆下维修开关后,不要把电源开关置于 ON(READY)位置,以防止其他故障出现。

2. 维修开关的检查

使用万用表测量维修开关两端子之间的电阻,如图 3-1-12 所示。两端子之间的电阻值应一直小于 1Ω。如果测量结果不符合规定,则需更换维修开关。

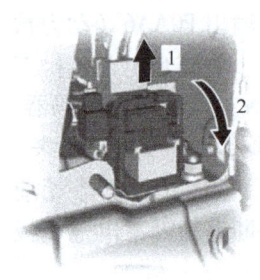  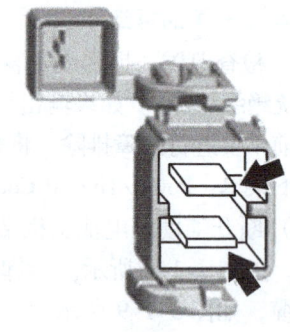

图 3-1-11 拆卸维修开关　　　　　　　　图 3-1-12 测量维修开关端子之间的电阻

3. 维修开关的安装

检查并确认没有零件和工具遗留且高压端子和插接器牢固连接。

(1)安装维修开关 佩戴绝缘手套,按照图 3-1-13 中箭头 1 指示暂时安装维修开关,沿箭头 2 方向转动维修开关手柄 90°,沿箭头 3 方向滑动直至听到咔嗒声,保证维修开关安装到位。

(2)安装维修开关盖板 用 2 个螺母将维修开关盖板安装到动力蓄电池上,力矩为 7.5N·m。

(3)连接辅助蓄电池负极端子电缆 连接辅助蓄电池负极端子电缆,安装备胎罩,安装行李箱前装饰罩。

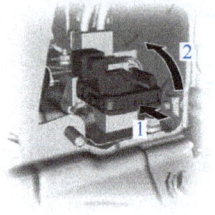 

图 3-1-13 安装维修开关

3.1.5 辅助蓄电池充电系统故障检查

如果辅助蓄电池电量完全耗尽或 READY 指示灯不亮,则对辅助蓄电池进行充电。电源置于 ON(READY)位置时,切勿断开辅助蓄电池。对辅助蓄电池进行快速充电前,切勿断开辅助蓄电池。如果已拆下辅助蓄电池,则清洁蓄电池软管,检查并确认其未阻塞。安装蓄电池软管后,检查并确认蓄电池软管未扭结。更换辅助蓄电池时,使用规格相同的新辅助蓄电池。更换辅助蓄电池后,要将通风孔连接到蓄电池软管的通风孔上。

当充电系统出现故障时,例如辅助蓄电池经常性亏电,则进行充电系统的检查。检查内容如下:

1. 检查辅助蓄电池

1)检查并确认辅助蓄电池电缆连接到正确的端子上,如果连接不正确,则将其正确连接。

2)检查辅助蓄电池是否损坏或变形。如果发现严重损坏、变形或泄漏,则更换辅助蓄电池。

3)检查电解液液位,如果电解液液位低于下线,则更换辅助蓄电池。

检查无故障,则进行下一步检查。

2. 检查辅助蓄电池电压

1)将电源开关置于 OFF 位置并点亮远光灯 30s,去除辅助蓄电池的表面电荷。

2)测量辅助蓄电池正极端子和负极端子之间的电压,电压值在 12.6~12.8V 时,辅助蓄电池正常;若电压在 12.2~12.6V,则需对辅助蓄电池进行充电;若电压低于 12.2V,则需更换辅助蓄电池。

对辅助蓄电池充电时要注意,根据充电器说明对辅助蓄电池进行充电,充电电流小于 5A。

检查无故障,则进行下一步检查。

3. 检查辅助蓄电池端子、熔断器和熔丝

1)检查并确认辅助蓄电池端子未松动或腐蚀。正常情况辅助蓄电池正极端子和负极端子的固定螺栓力矩为 5.0N·m。如果端子松动或腐蚀,则紧固或清洁端子。

2)测量辅助蓄电池充电系统中各熔断器和熔丝的电阻,标准电阻值小于 1Ω。如果测量结果不符合规定,则必要时更换熔断器或熔丝。

4. 检查 AMD 端子

1)拆下维修开关。

2)检查并确认 AMD 端子牢固连接且无接触故障,如果有任何电弧痕迹,则更换受影响的零件。

3)检查并确认 AMD 端子的螺栓和螺母未松动,如图 3-1-14 所示。螺栓规定力矩为 8.5N·m,螺母规定力矩 8.0N·m。如果无电弧痕迹且 AMD 端子连接不当,则紧固 AMD 端子。

4)安装维修开关。

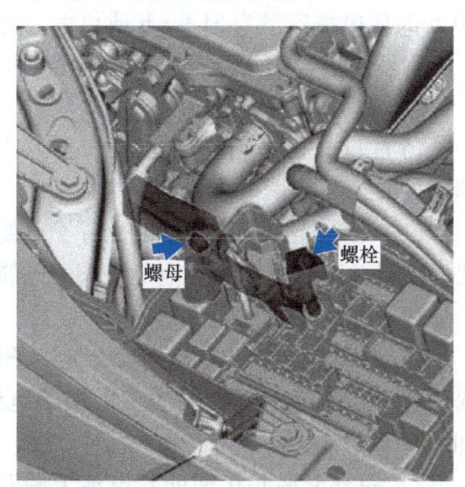

图 3-1-14 检查螺栓和螺母

5. 检查 DC/DC 变换器功能

1)将 AC/DC400A 探针连接到辅助蓄电池正极电缆上,如图 3-1-15 所示。

2)将电源开关置于 ON(READY)位置并静置车辆,直至流入辅助蓄电池的电流变为 10A 或更大。

3)打开远光灯,将鼓风机电动机开关转至 HI 位置并打开后窗除雾器。

4)改变探针方向,如图 3-1-16 所示,测量电流和电压。辅助蓄电池流出的电流应为 0A 或更小,电压应为 13~15V。如果不符合规定,则更换带转换器的逆变器总成。

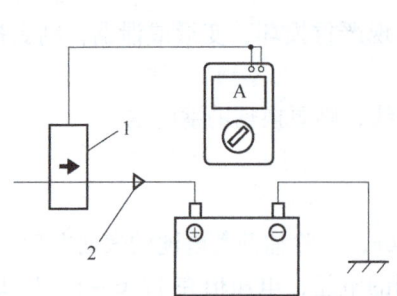
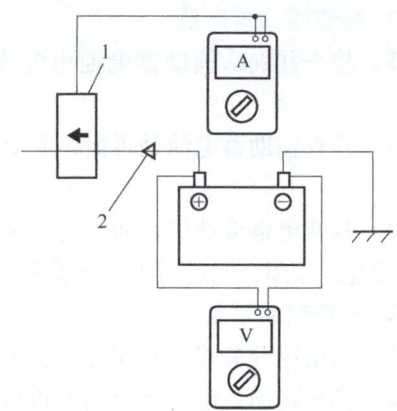

图 3-1-15　将探针连接到辅助蓄电池正极电缆上
1—探针方向　2—流入辅助蓄电池的电流

图 3-1-16　改变探针方向
1—探针方向　2—流入辅助蓄电池的电流

3.1.6　卡罗拉混合动力汽车辅助蓄电池的更换

将电源开关置于 OFF 位置后，断开辅助蓄电池负极端子电缆前，可能需要等待一段时间，确保安全。

更换辅助蓄电池时，使用规格相同的新辅助蓄电池，且一定要配备通风系统，蓄电池 20 小时放电率容量为 51A·h 或更大。更换蓄电池后，一定要连接通风孔塞。

卡罗拉混合动力汽车辅助蓄电池的更换步骤如下：

1. 辅助蓄电池的拆卸

（1）打开行李箱前装饰罩　分离 2 个紧固件并打开行李箱前装饰罩。

（2）断开辅助蓄电池负极端子电缆　松开螺母并断开辅助蓄电池负极端子电缆。

（3）拆卸辅助蓄电池

1）分离 2 个卡夹，打开蓄电池端子盖，松开螺母并断开辅助蓄电池正极端子电缆，如图 3-1-17 所示。

2）脱开卡夹并从辅助蓄电池上断开蓄电池软管，如图 3-1-18 所示。

3）拆下螺栓和蓄电池卡夹架总成，如图 3-1-19 所示。

4）拆下辅助蓄电池。

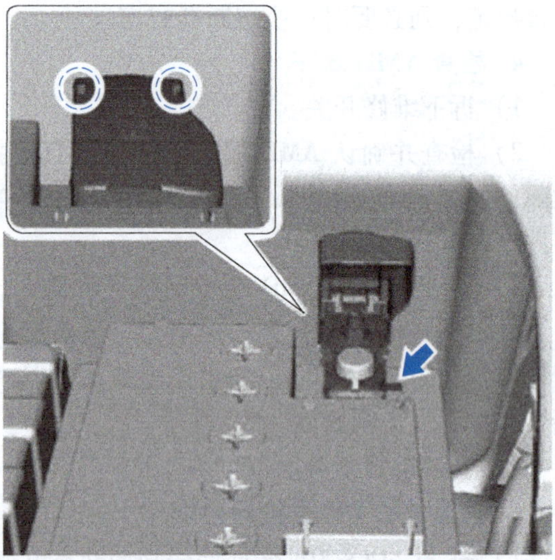

图 3-1-17　拆卸辅助蓄电池

2. 辅助蓄电池的安装

1）将辅助蓄电池放置到位，用螺栓固定蓄电池卡夹架总成，螺栓紧固力矩为 15.1N·m。将蓄电池软管连接到辅助蓄电池上，接合卡夹，直至听到一声咔嗒声。连接辅助蓄电池正极端子电缆并紧固螺母，力矩为 5.0N·m，然后接合 2 个卡夹并关闭蓄电池端子盒。

2）连接辅助蓄电池负极端子电缆并紧固螺母，力矩为 5.0N·m。

3）关闭行李箱前装饰罩，接合 2 个紧固件。

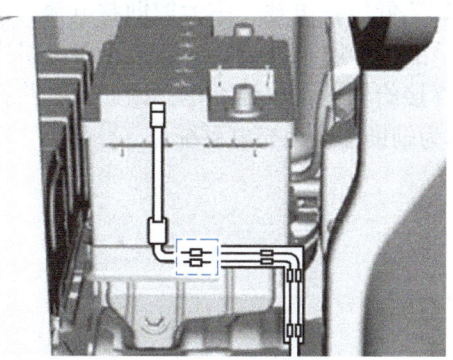

图 3-1-18　断开蓄电池软管

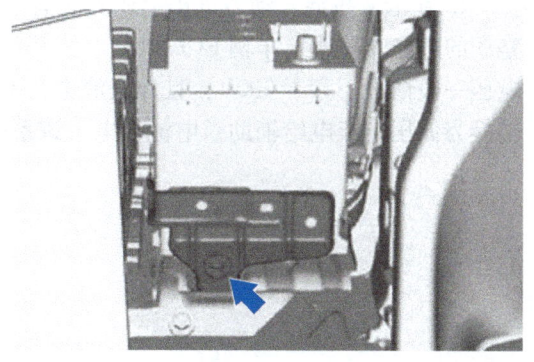

图 3-1-19　拆下螺栓和蓄电池卡夹架总成

3.1.7　环境温度传感器的检查

1）断开热敏电阻总成插接器。

2）根据表 3-1-1 中的值测量电阻。

表 3-1-1　热敏电阻标准值

检 测 触 点	条件温度/℃	规定状态/kΩ
1-2	10	3.00～3.73
1-2	15	2.45～2.88
1-2	20	1.95～2.30
1-2	25	1.60～1.80
1-2	30	1.28～1.47
1-2	35	1.00～1.22
1-2	40	0.80～1.00
1-2	45	0.65～0.85
1-2	50	0.50～0.70
1-2	55	0.44～0.60
1-2	60	0.36～0.50

在测量时要注意：只能通过传感器的插接器来握住传感器，如果用手接触传感器可能会改变电阻值；测量时，传感器温度必须与环境温度相同。

检查后，如果结果不符合规定，则更换热敏电阻总成。

单元小结

1. 混合动力汽车安装有动力蓄电池，一般位于车身的底部或后部。

2. 动力蓄电池的作用主要有：输出直流电驱动车辆、储存一定的电能、驱动部分车身附件运转以及给辅助蓄电池充电。

3. 动力蓄电池使发动机工作在一个相对稳定的工况，改善了其排放性能。

4. 在卡罗拉混合动力汽车上还安装有一个12V低压蓄电池，称为辅助蓄电池，用于给整车的灯光、照明、车辆ECU以及总线等供电。由于卡罗拉混合动力汽车上发电机发出的电压一般情况下高于200V，且为交流电，不能直接给辅助蓄电池充电，因此需要将高压电转换为低压直流电给辅助蓄电池充电，该系统称为辅助蓄电池充电系统。

 **学习单元 3.2　动力蓄电池的检测**

小王在丰田某 4S 店工作，今天接到一辆卡罗拉混合动力汽车，师傅要求小王检测动力蓄电池的电压，你知道如何安全、规范地进行动力蓄电池电压的检测吗？

1. 能根据要求制订正确的计划。
2. 能正确选择诊断设备对动力蓄电池进行电压检测。
3. 能正确记录、分析各种检查结果并做出故障判断。
4. 能正确进行电压传感器的拆卸和安装。
5. 能正确进行动力蓄电池端子盒的更换。
6. 能遵守高压安全相关规范进行安全操作。

一般的动力蓄电池系统由动力蓄电池、维修开关、接线盒总成、冷却系统、蓄电池管理系统以及接口等组成。卡罗拉混合动力汽车的动力蓄电池系统的内部连接如图 3-2-1 所示。

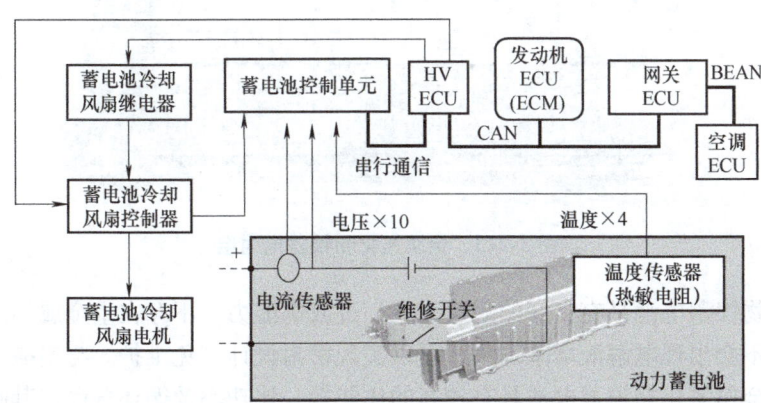

图 3-2-1　动力蓄电池系统的内部连接

卡罗拉混合动力汽车的动力蓄电池由金属氢化物镍蓄电池组、蓄电池箱组成，是动力蓄电池系统的主体部分；维修开关安装于负极母线上，维修时需拔下以保证高压安全；接线盒总成由系统内部三个继电器组成；冷却系统具有冷却风扇继电器、冷却风扇控制器和冷却风扇电机等；蓄电池管理系统具有电压监测、温度检测和电流监测等功能，蓄电池控制单元对信号进行控制和输出，通过总线将信息传递给混合动力车辆 ECU。

卡罗拉混合动力汽车的动力蓄电池系统的外部结构如图 3-2-2 所示。

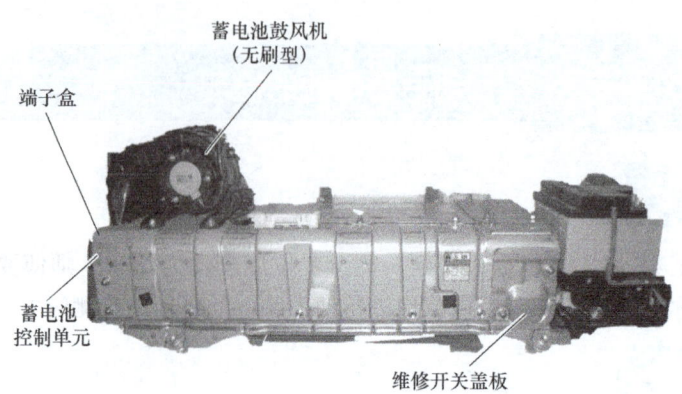

图 3-2-2　动力蓄电池系统的外部结构

3.2.1　动力蓄电池

卡罗拉混合动力汽车的动力蓄电池如图 3-2-3 所示，由 28 个单独的蓄电池组组成，通过 2 个母线模块串联在一起，内部连接如图 3-2-4 所示。每个蓄电池组由 6 个单体蓄电池组成，动力蓄电池总共有 168 个单体蓄电池，每个单体蓄电池电压为 1.2V，因此动力蓄电池的电压为 201.6V。

图 3-2-3　金属氢化物镍蓄电池组

金属氢化物镍蓄电池具有良好的耐过充电、过放电能力，不存在重金属污染问题，而且在工作过程中不会出现电解液增减现象，可以实现密封设计、免维护。与铅酸蓄电池和镍镉蓄电池相比，金属氢化物镍蓄电池具有较高的比能量、比功率及循环寿命。其缺点是随着充放电循环的进行，贮氢合金逐渐失去催化能力，蓄电池内阻会逐渐升高，影响到蓄电池的使用。动力蓄电池不仅要有较高电池容量，还应具有配合节气门的开闭在短时间内释放输出的特性，同时可以耐受反复充放电。考虑到在确保一定比能量的同时，能够瞬时释放输出、质量小、寿命长、耐用及成本低的要求，卡罗拉混合动力汽车依然采用了高功率型金属氢化物镍蓄电池。

3.2.2　维修开关

维修开关的主要作用是在维修车辆时，将其拔出以切断动力蓄电池内部连接，使动力蓄

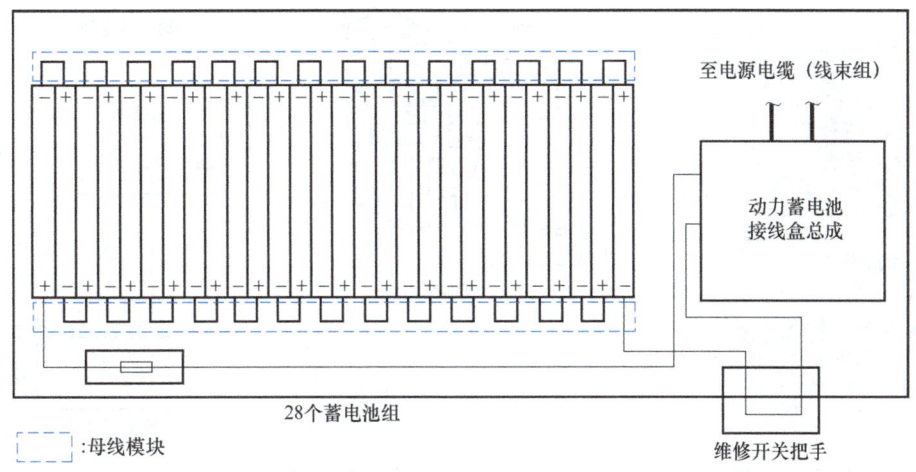

图 3-2-4 蓄电池组内部连接

电池内部断路,不能向外输出电能。

维修开关在维修开关盖板下,将盖板拆下即可看到维修开关,动力蓄电池、维修开关和盖板的相对位置如图 3-2-5 所示。

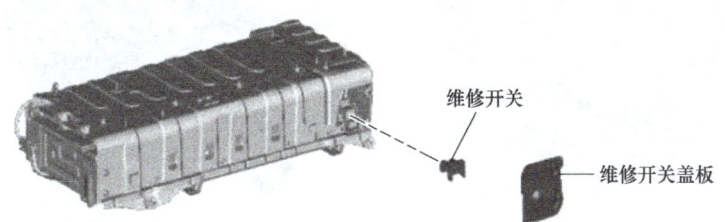

图 3-2-5 动力蓄电池、维修开关和盖板的相对位置

拆卸盖板后的维修开关如图 3-2-6 所示。

拆下的维修开关如图 3-2-7 所示。维修开关有四个端子,两个小端子为互锁开关端子,正常情况下要求两端子之间电阻小于 1Ω,拔下后高压互锁回路断开,车辆 ECU 控制主继电器断开以保证高压安全;两个大端子分别连接动力蓄电池负极和负极继电器,正常情况下要求两端子之间电阻小于 1Ω,拔下后动力蓄电池负极和负极继电器之间断开。维修开关互锁开关如图 3-2-8 所示。

维修开关上有凸起,如图 3-2-9 所示,用来拆卸和安装蓄电池盖锁扣。

图 3-2-6 维修开关

3.2.3 冷却系统

蓄电池鼓风机总成为动力蓄电池的冷却系统,主要包括冷却风扇、冷却风扇继电器、冷却风扇控制器和冷却风扇电机。蓄电池鼓风机如图 3-2-10 所示。

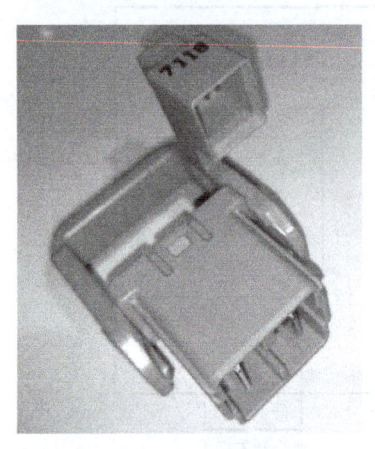
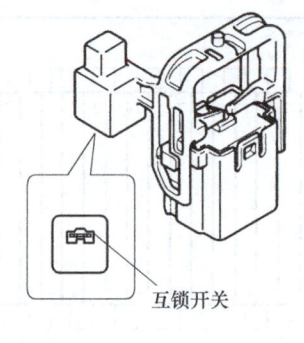
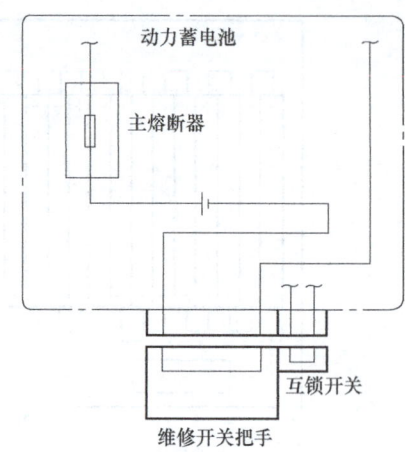

图 3-2-7　拆下的维修开关　　　　　　　图 3-2-8　维修开关互锁开关

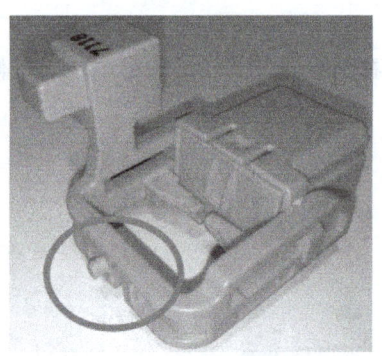

图 3-2-9　维修开关凸起　　　　　　　　图 3-2-10　拆下的鼓风机实物

当动力蓄电池需要冷却时，车辆 ECU 发出指令信号给冷却风扇控制器，同时控制冷却风扇继电器闭合，冷却风扇电机转动，对动力蓄电池进行冷却，冷却空气的流动路径如图 3-2-11 所示。冷却风扇转动后将外界风从驾驶室后排座椅吸入到动力蓄电池内，对动力蓄电池进行冷却后排出。冷却风扇电机为无刷直流电机。

3.2.4　端子盒

动力蓄电池上安装有端子盒，如图 3-2-12 所示。

端子盒内安装有一个 140A 的熔断器，熔断器串联于动力蓄电池正极母线上，当母线电流过大时熔断，保证高压系统安全。

3.2.5　蓄电池控制单元（BCU）

动力蓄电池上安装有监测整个蓄电池组的蓄电池控制单元，动力蓄电池内部有十个电压传感器，它们将监测到的电压输入到 BCU 中，BCU 将电流、温度、绝缘情况等信息传递给车辆 ECU。

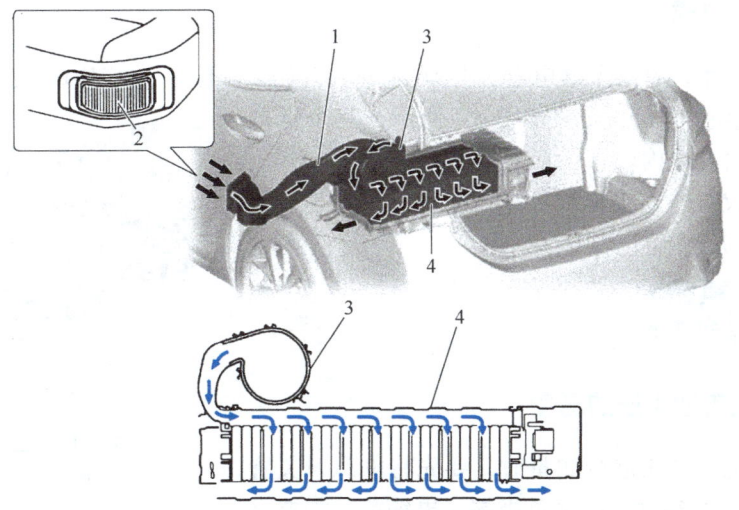

图 3-2-11 动力蓄电池的冷却
1—进气管 2—动力蓄电池 2 号进气滤清器 3—蓄电池鼓风机总成 4—动力蓄电池

图 3-2-12 端子盒

蓄电池控制单元如图 3-2-13 所示,其有两个插头,一个插槽用来将内部监测的电压、电流、温度等信号输入到 BCU 中,另一个插头用来和车辆 ECU 进行串行通信以及监测鼓风机转速。

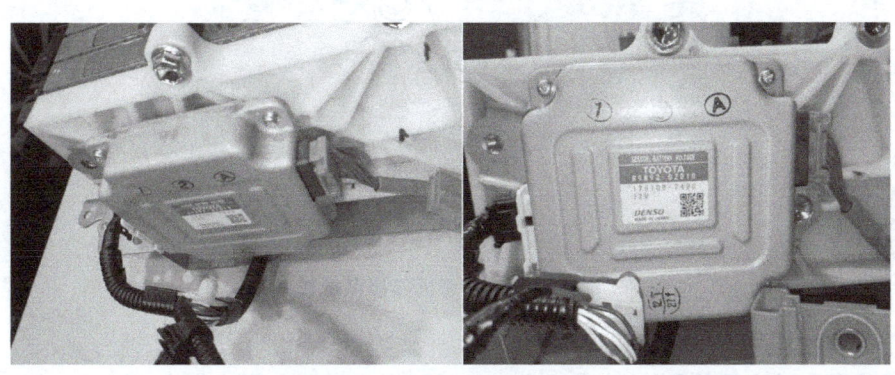

图 3-2-13 蓄电池控制单元

3.2.6 接线盒总成

动力蓄电池系统有三个继电器,分别为 SMRG(负继电器)、SMRB(正继电器)以及 SMRP(预充电继电器),如图 3-2-14 所示,三个继电器安装于接线盒总成内。

接线盒总成对外连接母线等高压线束,对内连接动力蓄电池内部的三个继电器。

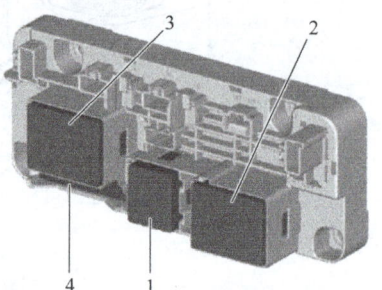

图 3-2-14 三个继电器
1—SMRP　2—SMRB
3—SMRG　4—预充电电阻

3.2.7 动力蓄电池电压的测量

对动力蓄电池电压进行测量时,要先将电源开关置于 OFF 位置,断开辅助蓄电池负极端子电缆前,需要等待一段时间。

动力蓄电池电压测量的步骤如下:

1. 拆卸插接器盖总成

1)电源开关置于 OFF 位置。
2)断开辅助蓄电池负极端子电缆。
3)拆卸维修开关。
4)断开发动机室主线束。移动锁杆并断开带转换器的逆变器总成插接器,分离 2 个卡夹。
5)拆卸插接器盖总成,如图 3-2-15 所示。佩戴绝缘手套,从 HV 地板底部线束上拆下螺栓和插接器盖总成。要注意,插接器连接在插接器盖总成的底部,因此确保垂直向上拉插接器盖总成;不要触摸插接器盖总成防水密封;不要让任何异物或水进入带转换器的逆变器总成。

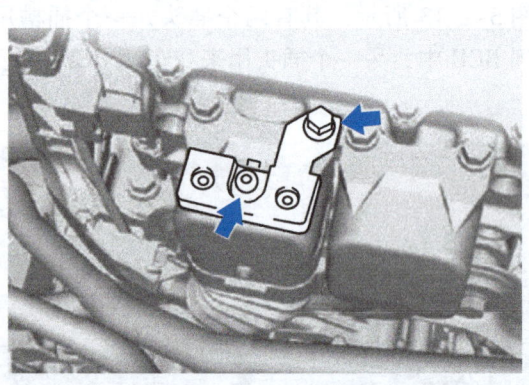

图 3-2-15 拆卸插接器盖总成

6)安装发动机室主线束。

2. 动力蓄电池电压检测

1)按照规定操作步骤进行系统上电操作(安装维修开关,安装辅助蓄电池负极端子电缆，电源开关置于 ON（READY）位）。

2）检测端子电压。佩戴绝缘手套，使用电压表测量插接器 2 个端子之间的电压，如图 3-2-16 所示。

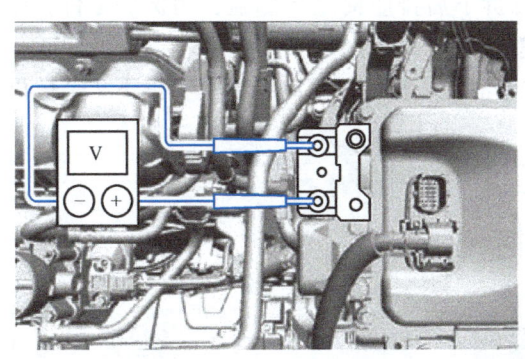

图 3-2-16　检测端子电压

测量的电压为 218.5V，如图 3-2-17 所示，高于标准电压，动力蓄电池电压正常。

3. 安装插接器盖总成

1）按照规定流程进行系统下电操作。

2）断开发动机室主线束。

3）安装插接器盖总成。佩戴绝缘手套，将插接器盖总成安装到 HV 地板底部线束，安装六角头螺栓，螺栓紧固力矩为 8.0N·m。使用梅花套筒扳手 T20 安装内梅花螺栓，紧固力矩为 4.5N·m。

4）安装发动机室主线束。接合 2 个卡夹，将带转换器的逆变器总成插接器连接到带转换器的逆变器总成，移动锁杆。

5）按照规定操作步骤进行系统上电操作，观察仪表盘是否显示 READY，若显示，则系统上电正常。

3.2.8　蓄电池控制单元的更换

更换蓄电池控制单元时，要先将电源开关置于 OFF 位置，断开辅助蓄电池负极端子电缆前，需要等待一段时间。

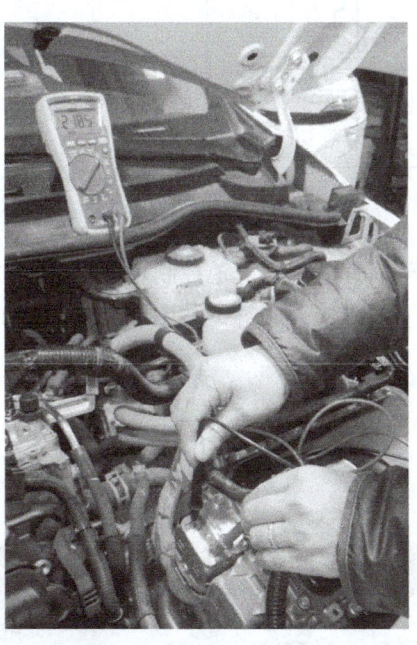

图 3-2-17　动力蓄电池电压的测量

蓄电池控制单元的更换步骤如下：

1. 蓄电池控制单元的拆卸

1）拆卸维修开关。

2）断开发动机室主线束。

3）拆卸插接器盖总成。

4）检查端子电压。

5)安装插接器盖总成。

6)连接发动机室主线束。

7)拆卸后排座椅总成。首先拆卸后排座椅坐垫侧盖,如图 3-2-18 所示。用螺钉旋具分离 2 个卡夹和 2 个导销以拆下后排座椅坐垫侧盖,为保护零件,应在螺钉旋具头部缠上胶带。然后拆卸后排座椅总成。

8)拆卸 3 号动力蓄电池屏蔽板。佩戴绝缘手套,拆下 2 个螺母,如图 3-2-19 所示。

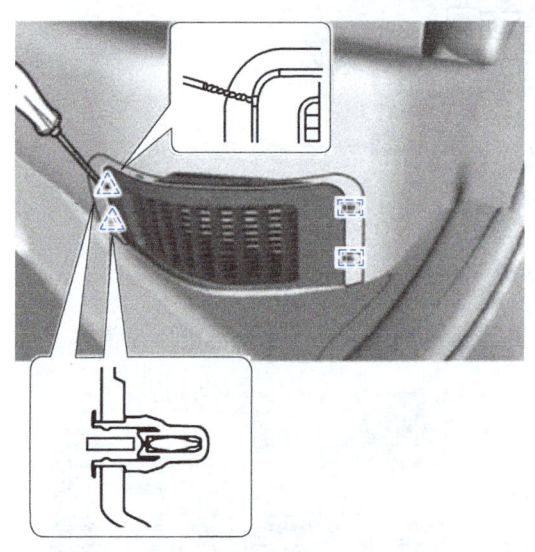

图 3-2-18 拆卸后排座椅坐垫侧盖

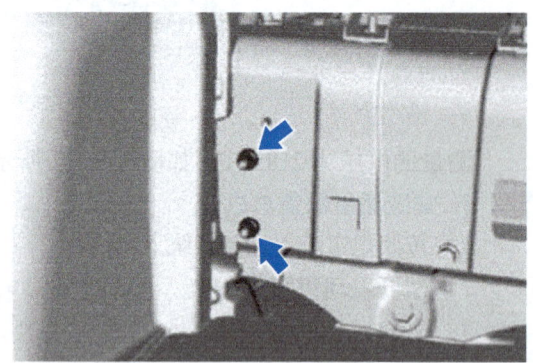

图 3-2-19 拆卸动力蓄电池屏蔽板

断开 2 个蓄电池控制单元插接器并分离 4 个卡夹,如图 3-2-20 所示。

用维修开关拆下蓄电池盖锁扣,如图 3-2-21 所示。

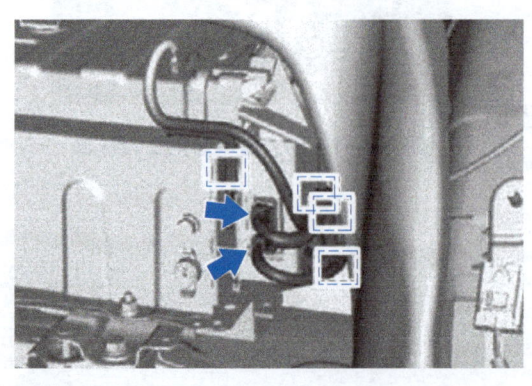

图 3-2-20 分离 4 个卡夹

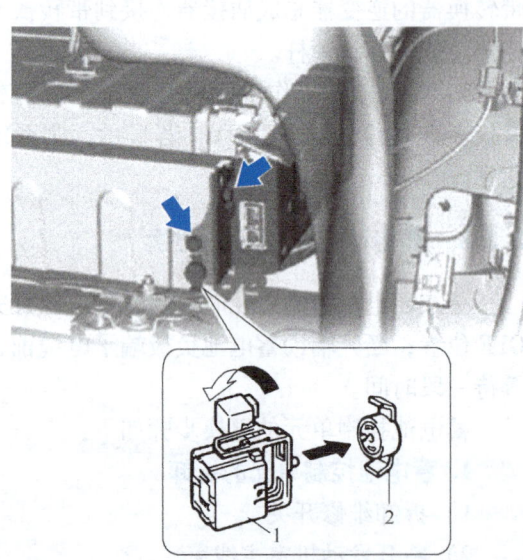

图 3-2-21 拆卸蓄电池盖锁扣

1—维修开关 2—蓄电池盖锁扣

9）拆卸蓄电池控制单元。佩戴绝缘手套，断开蓄电池控制单元插接器，如图 3-2-22 所示。用绝缘胶带将断开的高压插接器绝缘。从动力蓄电池上拆下螺栓和蓄电池控制单元，如图 3-2-23 所示。

2. 安装

安装按照拆卸的相反步骤进行，注意按照规定力矩拧紧相关螺栓。

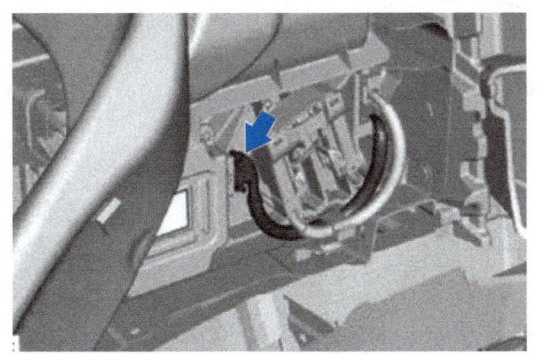

图 3-2-22　断开蓄电池控制单元插接器

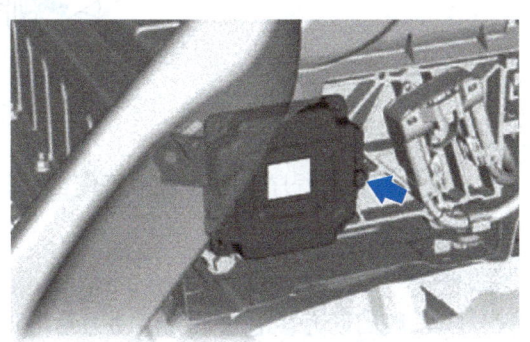

图 3-2-23　拆下螺栓和蓄电池控制单元

3.2.9　动力蓄电池端子盒的更换

端子盒的更换包含拆卸、检查和安装。

1. 端子盒的拆卸

1）拆卸蓄电池控制单元。

2）拆卸端子盒。拆卸时佩戴绝缘手套，拆下螺栓，如图 3-2-24 所示。断开 2 个端子盒插接器，拆下端子盒，如图 3-2-25 所示。

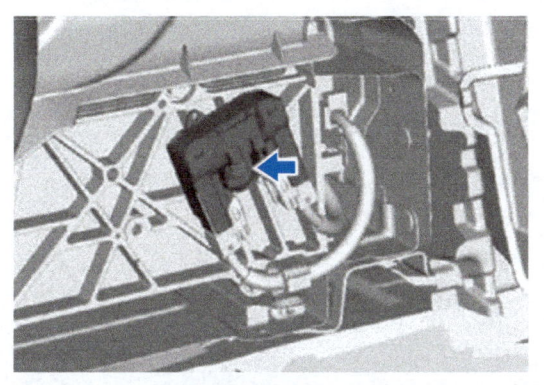

图 3-2-24　拆卸端子盒螺栓

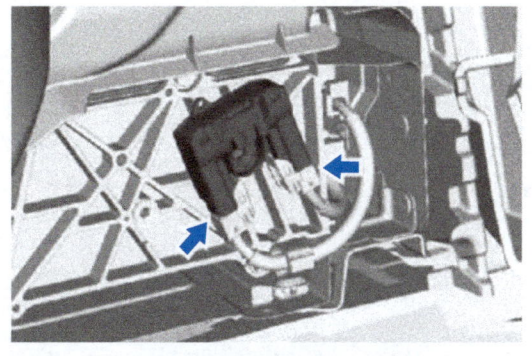

图 3-2-25　拆卸端子盒

2. 端子盒的检查

测量端子盒端子之间的电阻，阻值应小于 1Ω，如图 3-2-26 所示。如果不符合规定，则更换端子盒。

3. 端子盒的安装

1）安装端子盒。佩戴绝缘手套，将 2 个端子盒插接器连接至端子蓄电池。安装螺栓，力矩为 7.5N·m。

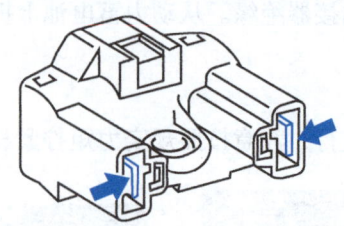

图 3-2-26　检查端子电阻

2）安装蓄电池控制单元。
3）执行实用程序，检查是否工作正常。

单元小结

1. 一般的动力蓄电池系统由动力蓄电池、维修开关、接线盒总成、冷却系统、蓄电池管理系统以及接口等组成。

2. 卡罗拉混合动力汽车的动力蓄电池由金属氢化物镍蓄电池组、蓄电池箱组成。动力蓄电池包括 28 个单独的蓄电池组，每个蓄电池组由 6 个单体蓄电池串联而成。

3. 维修开关的主要作用是在维修车辆时，将其拔出以切断动力蓄电池内部连接，使动力电池内部断路，不能向外输出电能。

4. 动力蓄电池带有冷却系统，冷却系统主要包括冷却风扇继电器、冷却风扇控制器和冷却风扇电机。

 学习单元 3.3　　BMS 的认知

小王在丰田某 4S 店工作，今天接到一辆卡罗拉混合动力汽车，师傅要求小王更换该车的蓄电池鼓风机，你知道如何安全、规范地进行蓄电池鼓风机的更换吗？

1. 能根据要求制订正确的更换计划。
2. 能正确使用故障诊断仪读取 BMS 数据流。
3. 能正确对蓄电池鼓风机进行拆卸和安装。
4. 能正确进行蓄电池冷却滤清器的检查与更换。
5. 能正确记录、分析各种检查结果并做出故障判断。
6. 能遵守高压安全相关规范进行安全操作。

3.3.1　BMS 的作用

蓄电池管理系统（Battery Management System，BMS）是动力蓄电池系统的重要组成部分，通过对蓄电池外特性的在线测量和估算，实时掌握蓄电池的工作状态，在合理使用的情况下，实现蓄电池能量的充分高效的利用，提高运行效率。

BMS 是电动汽车动力蓄电池系统的参数测试及控制装置，它直接监控及管理蓄电池运行的全过程，具有安全示警、剩余电量估算、充电均衡、信息采集与通信等主要功能。

BMS 需要动态监测蓄电池组的工作状态，实时采集每个单体蓄电池的端电压、温度、充放电电流及蓄电池包的总电压，估算出各单体蓄电池的荷电状态（State Of Charge，SOC）、健康状态（State Of Health，SOH）和电化学状态（State Of Electroformation，SOE）。然后，通过控制其他器件，防止蓄电池发生过充电和过放电现象，同时能够及时发现有问题的单体蓄电池，保持蓄电池组运行的可靠性和高效性。此外，BMS 还需要设定面向用户端的显示，将估算的剩余电量换算成可行驶里程；同时，还需要有自动报警和故障诊断功能，方便驾驶人员操作和处理。

BMS 的主要功能包括：

（1）充电均衡　在充电过程中，保证系统内所有单体蓄电池的端电压在各个时刻都有良好的一致性；当充电均衡模块达到调整极限仍然保证不了蓄电池电压一致性时，要通过声光及通信方式将异常的蓄电池编号报告到主控机并通过主控机报告到整车管理系统。

（2）过电流过电压示警　当出现蓄电池的电流或电压超过保护标准时，示警指示；在过电流或过电压消失后，示警指示取消。

（3）电压采样　BMS 能够对电压采样，并将采样数据记录下来，供其自身分析。

（4）充放电电流采样　BMS 能够对电流采样，并将采样数据记录下来，供其自身分析。

（5）自检功能　通过电压、电流、温度等数据，能分析蓄电池是否正常工作，并能自动测试其他的功能是否正常；每隔一定的时间，均要进行自检。

（6）外电路故障保护　当外部电路出现严重故障或失效时，BMS 能进行安全保护，使蓄电池不致过放电、过充电、短路等。

（7）温度检测与保护　BMS 能对蓄电池的温度进行测量与记录，在温度超过规定上限时，切断蓄电池充放电回路并进行声光报警。

（8）通信功能　通信模块与系统主控部分通过总线进行通信，所有单体蓄电池的分析数据均能实时传到主控单元。

3.3.2　BMS 组成

以卡罗拉混合动力汽车为例，其 BMS 按功能分为蓄电池控制单元和数据采集单元，主要包括电压监测、电流监测、温度监测、绝缘电阻检测、冷却风扇、继电器控制以及对外通信等电路。

3.3.3　动力蓄电池信息监测

动力蓄电池相关信息的获取主要通过传感器实现，主要的传感器有电流传感器、电压传感器以及温度传感器等。

1. 电流监测

电流传感器用于监测动力蓄电池充电和放电电流，它安装于直流母线上。卡罗拉混合动力汽车动力蓄电池电流传感器实物如图 3-3-1 所示，电路如图 3-3-2 所示。

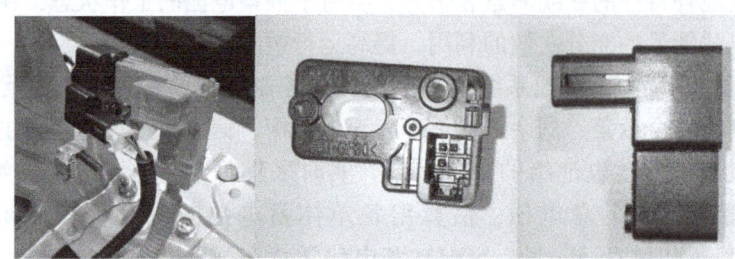

图 3-3-1　电流传感器

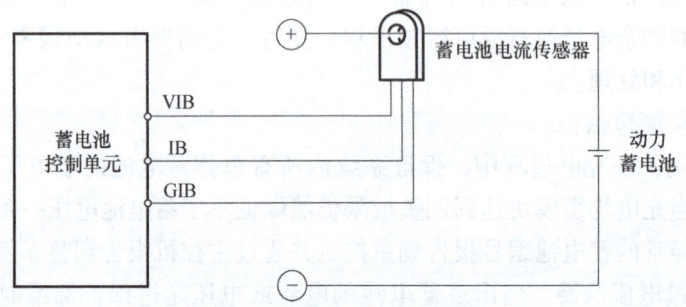

图 3-3-2　电流传感器电路

蓄电池控制单元从端子 IB 获取电流传感器信号电压，该电压与电流大小成比例并在 0 到 5V 之间变化，当电流为 0A 时，输出电压为 2.5V，如图 3-3-3 所示。VIB 为电源端子，GIB 为搭铁端子。

电流传感器的输出电压低于 2.5V 表示动力蓄电池正在放电，电流传感器输出电压高于 2.5V 表示动力蓄电池正在充电。BCU 将信号传输给车辆 ECU，根据信号来确定动力蓄电池的充电和放电电流，并通过电流大小的积分计算动力蓄电池的 SOC。

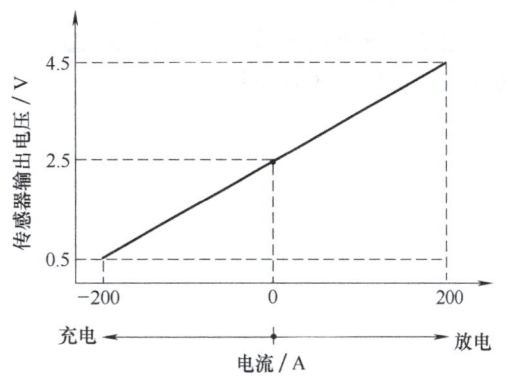

图 3-3-3　电流传感器输出电压

2. 电压监测

电压传感器能在蓄电池组的多个测量点进行电压测量，并且比较蓄电池组不同部分的性能，以确认动力蓄电池内部是否均衡。电压传感器测量单体蓄电池的电压，也测量蓄电池组和蓄电池包的电压，这使 BMS 能够对蓄电池进行分段监测，每一段的电压和电量应该大致相同。BMS 与每个检测点（通常是被测的单体蓄电池或蓄电池组的正负极端子）之间通过电压传感器采样线相连接。

卡罗拉混合动力汽车的 BMS 在十个位置上监视蓄电池组电压，共有九个电压传感器。各蓄电池组电压检测电路如图 3-3-4 所示，实物端子如图 3-3-5 所示。

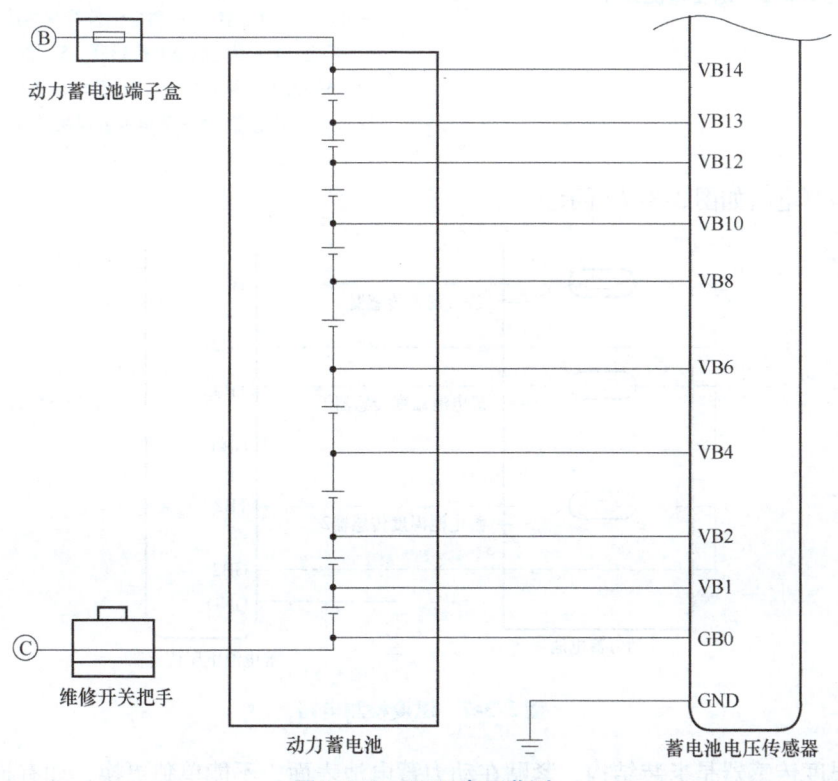

图 3-3-4　BMS 电压监测

3. 温度监测

温度传感器用于监测动力蓄电池温度。卡罗拉混合动力汽车动力蓄电池上面有三个温度传感器，如图 3-3-6 所示。

图 3-3-5　电压检测端子

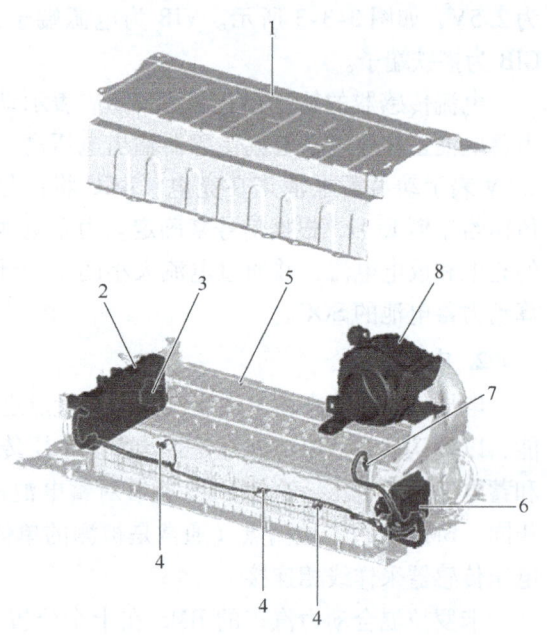

图 3-3-6　温度传感器

1—动力蓄电池上盖　2—蓄电池接线盒总成　3—维修开关　4—蓄电池温度传感器　5—蓄电池组　6—蓄电池控制单元　7—蓄电池进气温度传感器　8—蓄电池鼓风机总成

温度检测电路如图 3-3-7 所示。

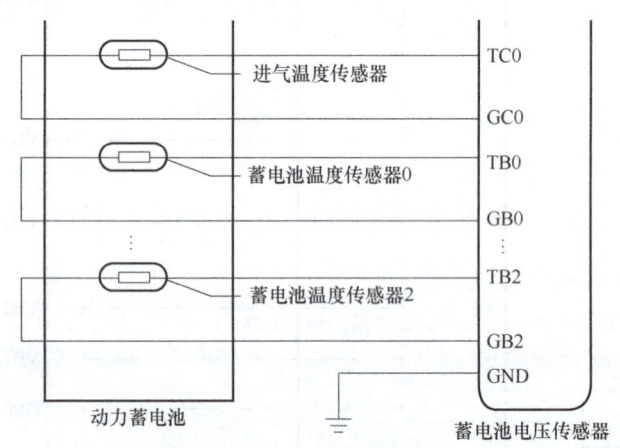

图 3-3-7　温度检测电路

三个温度传感器是卡装结构，紧贴在动力蓄电池表面，不能单独更换，如有损坏只能更换动力蓄电池总成。另外，在冷却进风口还有一个进气温度传感器，如图 3-3-8 所示。

以上温度传感器均采用负温度系数传感器。传感器信号输入到蓄电池控制单元中，然后通过串行通信将信息传递给车辆 ECU，车辆 ECU 对动力蓄电池温度状态做出判断，当动力蓄电池温度过高时，起动冷却系统进行冷却。

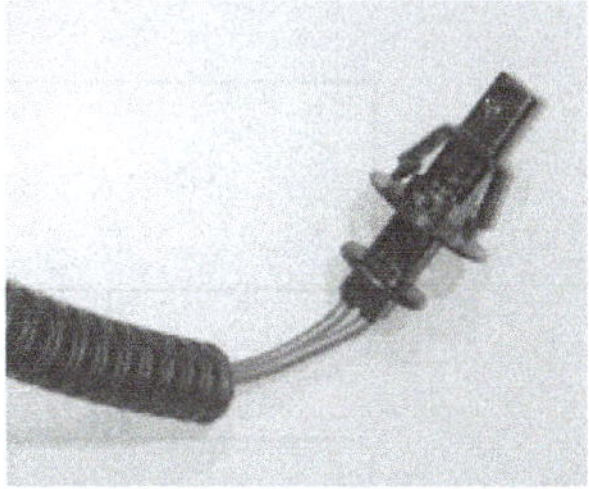

3.3.4 动力蓄电池冷却控制

图 3-3-8 进气温度传感器

蓄电池在不同的温度下会有不同的工作性能，温度的变化会使蓄电池的 SOC、开路电压、内阻和可用能量发生变化，甚至会影响到蓄电池的使用寿命。另外温度的差异也是引起蓄电池均衡问题的原因之一。为了保证动力蓄电池系统的电性能和寿命，必须具有热管理系统。

热管理方面的主要问题是：充放电产生的反应热如何散出；组内部单体蓄电池之间的温度如何均衡；以及在寒冷环境下，如何将蓄电池预热到设定的温度范围等。

蓄电池热管理系统主要有风冷和液冷两种冷却方式。风冷方案设计主要考虑动力蓄电池系统结构的设计，风道、风扇的位置，风扇功率的选择及控制策略等。目前国内普遍采用风冷的并行冷却方式，如图 3-3-9 所示。液冷方案设计主要考虑冷却管道、流场、进出口冷却剂的流量、温度、压降以及水泵和整车空调压缩机的控制策略等。

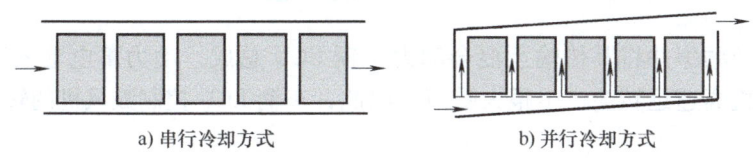

a) 串行冷却方式　　　　b) 并行冷却方式

图 3-3-9 风冷形式

风冷方式的主要优点有：结构简单，重量相对较小；没有发生漏液的可能；有害气体产生时能有效通风；成本较低。其缺点在于：其与蓄电池壁面之间换热系数低，冷却、加热速度慢。

液冷方式的主要优点有：与蓄电池壁面之间换热系数高，冷却、加热速度快；体积较小。主要缺点有：存在漏液的可能；重量相对较大；维修和维护复杂；需要水套、换热器等部件，结构相对复杂。

金属氢化物镍蓄电池的热管理主要是针对高温充电效率问题。金属氢化物镍蓄电池在常温状态下充电，对其容量和特性基本无影响。随着温度升高，金属氢化物镍蓄电池充电过程中的析氧副反应加剧，蓄电池充电接受能力逐渐下降。因此为应用在混合动力汽车的金属氢化物镍蓄电池进行了强制通风冷却系统设计。卡罗拉混合动力汽车的动力蓄电池采用并行风冷方式，冷却控制电路如图 3-3-10 所示。

蓄电池控制单元将动力蓄电池的相关信号（电压、电流和温度）转换为数字信号，并通过串行通信将其传输给混合动力车辆 ECU 总成。混合动力车辆 ECU 总成接收来自蓄电池温度传感器和蓄电池进气温度传感器的信号，通过占空比信号对蓄电池鼓风机总成进行五级驱动控制，以使动力蓄电池的温度保持在规定范围内。然后，蓄电池控制单元

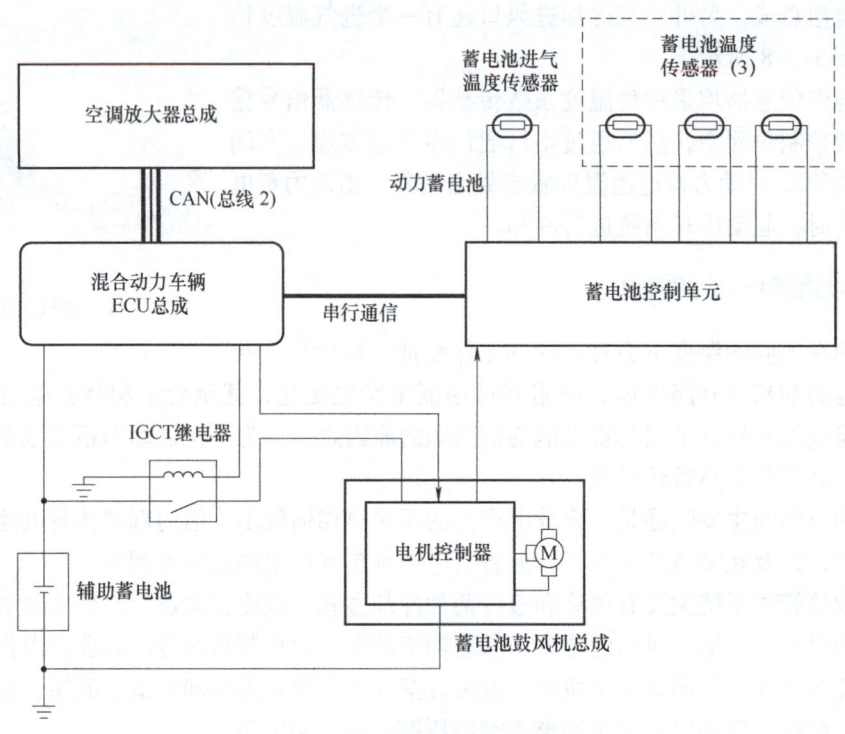

图 3-3-10 冷却控制电路

检测鼓风机转速频率并将其传输至混合动力车辆 ECU 总成。动力蓄电池安装在车内，车辆静止时鼓风机高速运转会产生很大噪声。因此，车辆 ECU 控制鼓风机的转速，将噪声降低至最低级别。

3.3.5 动力蓄电池热管理系统的设计

美国国家可再生能源试验室（NREL）的 Ahmad A. Pesaran 等人提出的蓄电池组热管理系统的设计过程包括以下七个步骤：

1）考虑热管理系统的设计目标和制约因素。
2）测量和估计蓄电池组的生热率以及热容量。
3）热管理系统首轮评估（包括设计加热或散热系统等）。
4）预测蓄电池包的热场分布。
5）初步设计热管理系统。
6）设计热管理系统并进行试验。
7）热管理系统的优化。

蓄电池热管理系统设计流程如图 3-3-11 所示。可以看出，需将单体蓄电池特性（尺寸、空间、电化学）、工作条件（功率需求、使用环境条件）、蓄电池组冷却策略（主动或被动、空气或液体冷却、流动速率和温度循环）等条件都作为蓄电池热管理系统设计的考虑条件。

该模型使用这些输入条件去分析和预测热管理系统设计。通过改变设计参数可以评价和优化系统设计的各项因素，如成本、体积、质量以及系统维护问题。

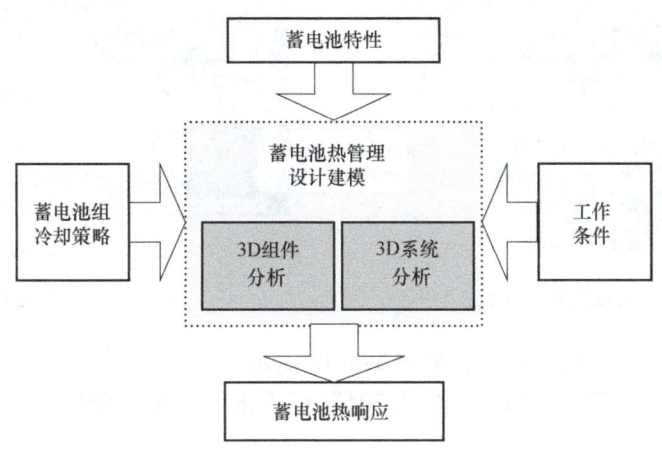

图 3-3-11　蓄电池热管理系统设计流程

在设计蓄电池热管理系统时，希望选择的鼓风机种类与功率、温度传感器的数量与测温点位置都恰到好处。以风冷散热方式为例，设计热管理系统时，在保证一定散热效果的情况下，应该尽量减小流动阻力，降低鼓风机噪声和功率消耗，提高整个系统的效率。可以用实验、理论计算和流体力学的方法，通过估计压降、流量来估计鼓风机的功率消耗。当流动阻力小时，可以考虑选用轴向流动风扇；当流动阻力大时，离心式风扇比较适合。当然也要考虑到鼓风机占用空间的大小和成本的高低。寻找最优的冷却控制策略也是热管理系统的功能之一。

蓄电池箱内蓄电池组的温度分布一般是不均匀的，因此需要知道不同条件下蓄电池组的热场分布以确定危险的温度点。温度传感器数量多，有测温全面的优点，但会增加系统成本。考虑到温度传感器有可能失效，整个系统中温度传感器的数量又不能太少，至少为两个。根据不同的实际工程背景，理论上利用有限元分析、试验中利用红外热成像或者实时多点温度监控的方法可以分析和测量蓄电池组和单体蓄电池的热场分布，决定测温点的个数，找到不同区域合适的测温点。一般的设计应该保证温度传感器不被冷却风吹到，以提高温度测量的准确性和稳定性。在设计蓄电池时，要考虑到预留温度传感器空间，比如可以在适当位置设计合适的孔穴。

3.3.6　利用故障诊断仪读取卡罗拉混合动力汽车动力蓄电池信息

1）打开车门，铺设驾驶室三件套，铺设副驾驶室两件套，将丰田专用故障诊断仪诊断线与 DLC3 诊断接口连接，如图 3-3-12 所示。

2）点火开关置于 ON 位，系统上电，单击诊断仪屏幕上诊断程序 Techstream，如图 3-3-13 所示。

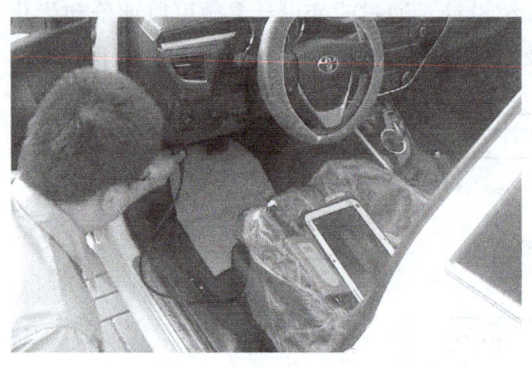
图 3-3-12　连接故障诊断仪

图 3-3-13　单击诊断程序

3）单击"与车辆连接"选项，如图 3-3-14 所示。

4）选择选项"TFTM Product"和"1704"后单击下一步，选择"混合动力控制"，如图 3-3-15 所示。

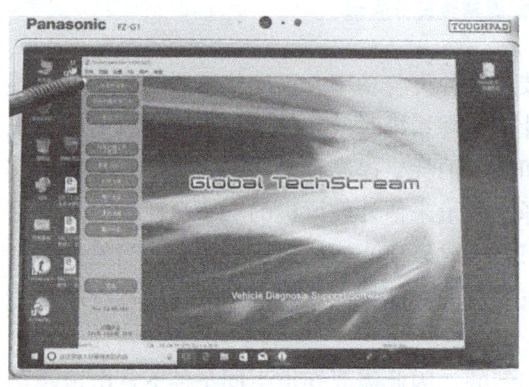
图 3-3-14　单击"与车辆连接"

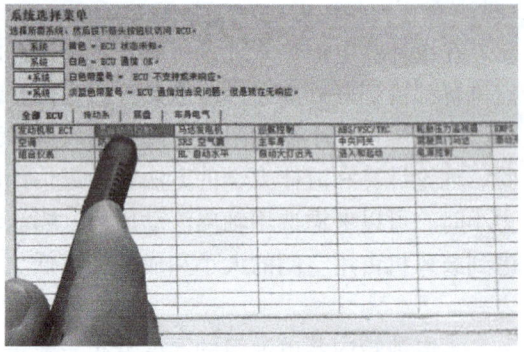
图 3-3-15　选择"混合动力控制"

5）单击下一步后，单击"数据列表"选项，读取数据流。动力蓄电池剩余电量、动力蓄电池最大剩余电量、动力蓄电池最小剩余电量、动力蓄电池总电压、动力蓄电池输出电流如图 3-3-16 所示。

6）数据流分别显示九个蓄电池组电压，如图 3-3-17 所示。

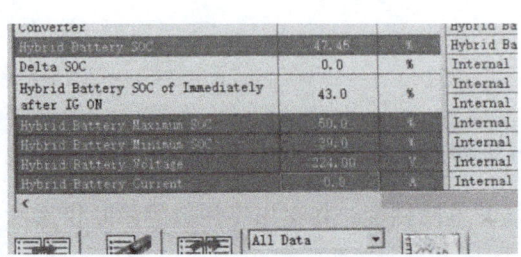
图 3-3-16　显示动力蓄电池部分信息

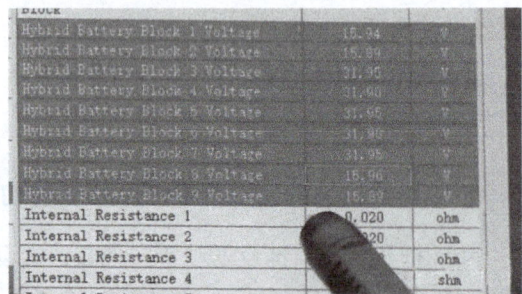
图 3-3-17　蓄电池组电压

7)数据流分别显示蓄电池组内阻,如图 3-3-18 所示。

8)数据流分别显示三个温度传感器温度、冷却风扇状态等,如图 3-3-19 所示。

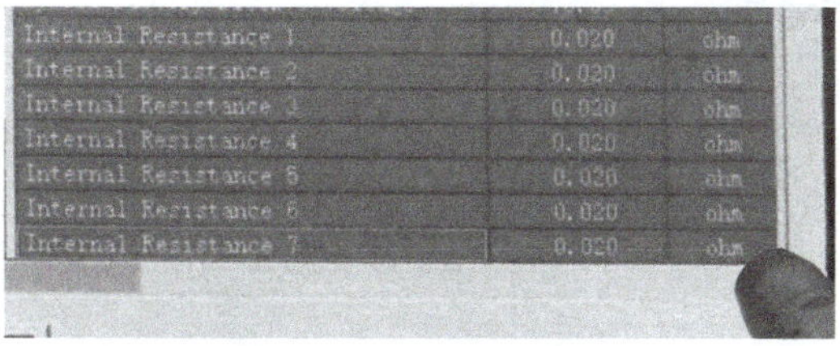

图 3-3-18　蓄电池组内阻

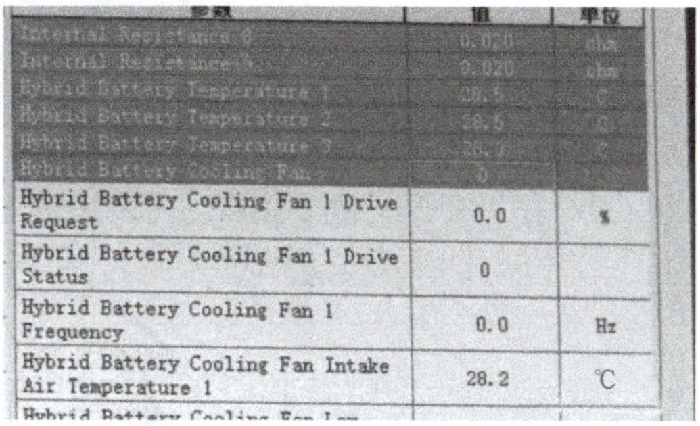

图 3-3-19　温度传感器温度、冷却风扇状态

9)退出诊断程序,关闭系统,关闭点火开关,拆下诊断连接线,拆下副驾驶室两件套,拆下驾驶室三件套,关闭车门。

3.3.7　蓄电池鼓风机的更换

1. 蓄电池鼓风机的拆卸

(1)拆卸备胎罩　打开行李箱盖,拆下备胎罩。

(2)拆卸行李箱前装饰罩　分离 2 个紧固件并拆下行李箱前装饰罩。

(3)拆卸后排座椅总成　按照要求,拆卸后排座椅总成。

(4)拆卸车内 3 号电子钥匙天线总成　分离 2 个卡夹,如图 3-3-20 所示。断开插接器以拆卸车内 3 号电子钥匙天线总成,如图 3-3-21 所示,拆卸过程中注意不要掉落,如掉落则需更换新的总成。

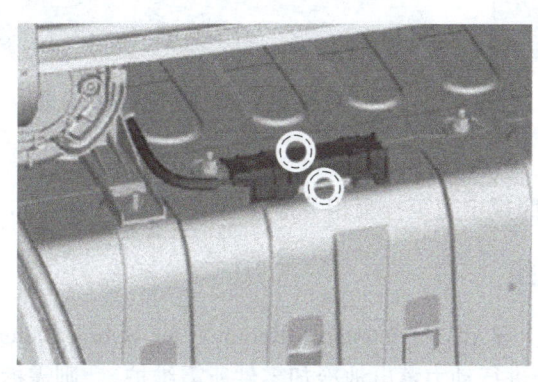

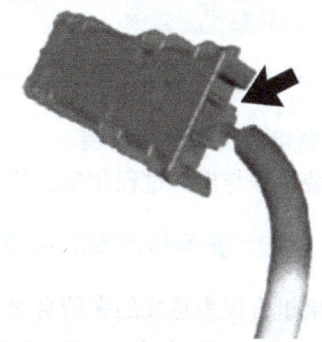

图 3-3-20　车内 3 号电子钥匙天线总成

图 3-3-21　断开插接器

(5)拆卸动力蓄电池 1 号进气管　拆下卡夹,逆时针扭动动力蓄电池 1 号进气管,分离 2 个卡夹,拆下 1 号进气管,如图 3-3-22 所示。

(6)拆卸蓄电池鼓风机总成　断开蓄电池鼓风机总成插接器,分离 2 个卡夹,如图 3-3-23 所示。拆卸 3 个螺母,分离 2 个卡夹,从动力蓄电池上拆下蓄电池鼓风机总成,如图 3-3-24 所示。

125

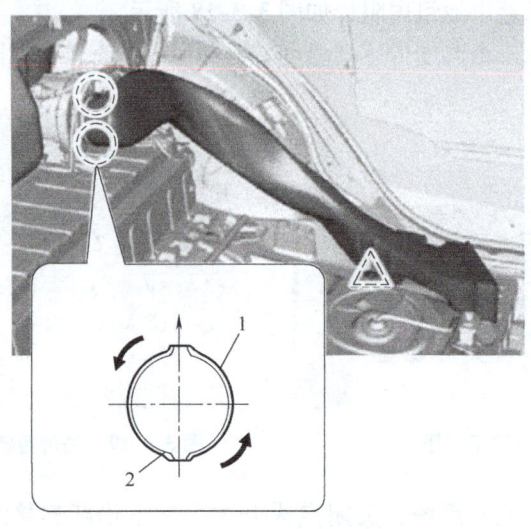

图 3-3-22　拆卸动力蓄电池 1 号进气管
1—动力蓄电池 1 号进气管　2—蓄电池鼓风机总成

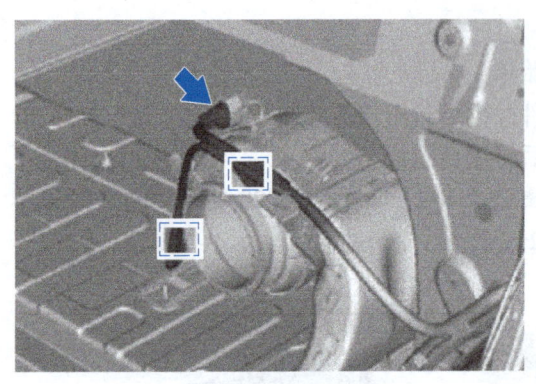

图 3-3-23　蓄电池鼓风机总成

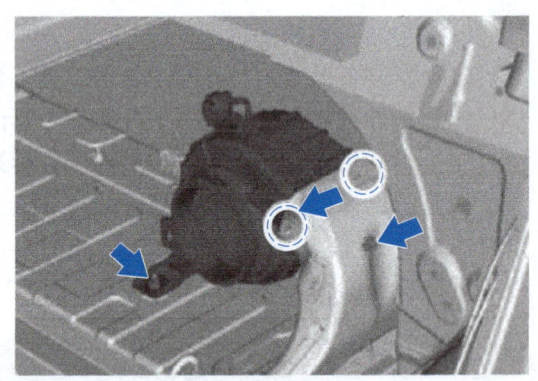

图 3-3-24　拆下鼓风机总成

2. 蓄电池鼓风机的安装

安装过程与拆卸过程相反，注意按照规定力矩拧紧相关螺栓。

3.3.8　蓄电池鼓风机滤网的检查与更换

如果组合仪表总成的多信息显示屏上显示"Maintenance Required for Hybrid Battery Cooling Parts at Your Dealer"（请在经销商处进行动力蓄电池冷却零件所需维护），则需拆下蓄电池鼓风机滤网并进行检查。

1. 蓄电池鼓风机滤网的拆卸

（1）拆卸后排座椅坐垫侧盖　如图 3-3-25 所示，用螺钉旋具分离 2 个卡夹和 2 个导销，以拆下后排座椅坐垫侧盖。使用螺钉旋具之前，请在螺钉旋具头部缠上胶带。

（2）拆卸蓄电池鼓风机滤网　首先分离 2 个卡夹，如图 3-3-26 所示，然后拆下动力蓄电池 1 号进气滤清器，如图 3-3-27 所示。从动力蓄电池 1 号进气滤清器上拆下蓄电池鼓风机滤网，如图 3-3-28 所示。

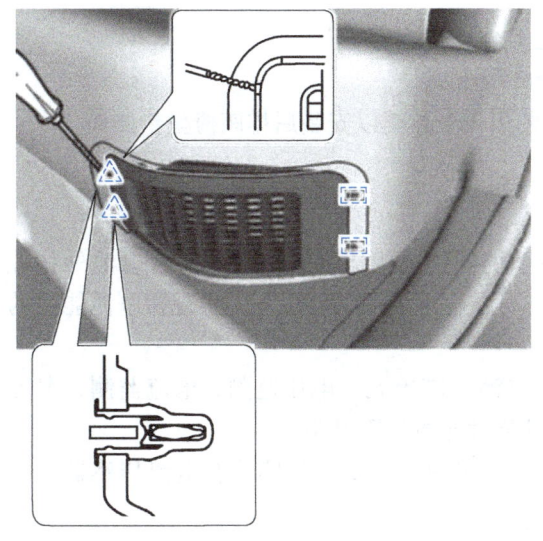

图 3-3-25　拆下后排座椅坐垫侧盖

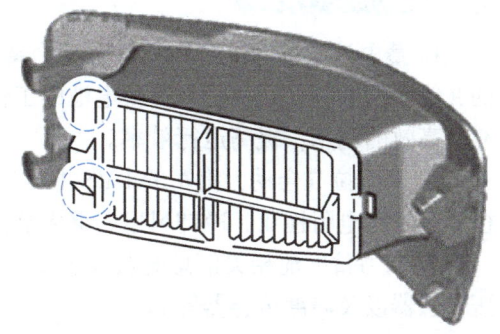

图 3-3-26　分离 2 个卡夹

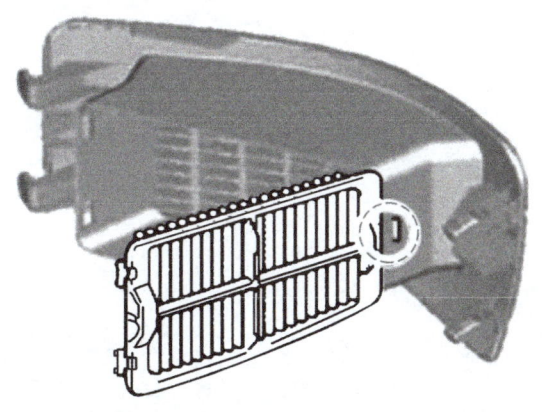

图 3-3-27　拆下进气滤清器

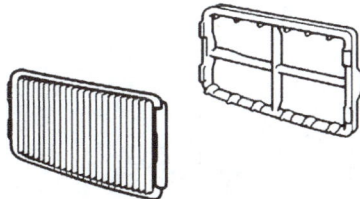

图 3-3-28　拆下滤网

2. 蓄电池鼓风机滤网的检查

如果在交通拥挤或尘土过多的区域驾驶车辆，或后排座椅使用频繁，则蓄电池鼓风机滤网可能阻塞，必要时清洁或更换蓄电池鼓风机滤网。

（1）检查蓄电池鼓风机滤网　目视检查蓄电池鼓风机滤网，要求无阻塞或损坏，如果不符合要求，则更换蓄电池鼓风机滤网。

（2）清洁蓄电池鼓风机滤网　清洁滤网时不要使用水或其他液体，仅能使用压缩空气；为防止滤网损坏，不要使用钢丝球或者刮板；不要在滤网安装在车辆上时进行清洁；使用压缩空气时，喷气口距离滤网至少 30mm，如图 3-3-29 所示。

图 3-3-29　清洁鼓风机滤网

3. 蓄电池鼓风机滤网的安装

（1）安装蓄电池鼓风机滤网

1）将蓄电池鼓风机滤网安装到动力蓄电池 1 号进气滤清器上。

2）安装动力蓄电池 1 号进气滤清器，接合 2 个卡夹。

（2）安装后排座椅坐垫侧盖　接合 2 个卡夹和 2 个导销以安装后排座椅坐垫侧盖。

单元小结

1. 蓄电池管理系统（BMS）是动力蓄电池系统的重要组成部分，通过对蓄电池外特性的在线测量和估算，实时掌握蓄电池的工作状态，在合理使用的情况下，实现蓄电池能量的充分高效的利用，提高运行效率。

2. 卡罗拉混合动力汽车的 BMS 主要包括蓄电池控制单元、电压监测、电流监测、温度检测、绝缘电阻检测、冷却风扇、继电器控制以及对外通信等电路。

3. 动力蓄电池相关信息的获取主要通过传感器实现，主要的传感器有电流传感器、电压传感器以及温度传感器等。

4. 卡罗拉混合动力汽车动力蓄电池的冷却系统包括进气通道、鼓风机、排气通道等，采用并行风冷方式。

学习单元 3.4　动力蓄电池的更换

任务导入

小王在丰田某 4S 店工作，今天接到一辆卡罗拉混合动力汽车，师傅要求小王更换该车的动力蓄电池，你知道如何安全、规范地进行动力蓄电池的更换吗？

学习目标

1. 能根据要求制订正确的更换计划。
2. 能正确对动力蓄电池进行拆卸和安装。
3. 能正确进行动力蓄电池继电器的检查与更换。
4. 能正确记录、分析各种检查结果并做出故障判断。
5. 能遵守高压安全相关规范进行安全操作。

理论知识

3.4.1　动力蓄电池系统继电器工作过程

卡罗拉混合动力汽车动力蓄电池充放电时都需要动力蓄电池内部继电器闭合。

1. 系统主继电器（SMR）

SMR 安装于动力蓄电池内部，用于控制动力蓄电池与外部是否接通，动力蓄电池系统有三个 SMR，即正继电器（SMRB）、负继电器（SMRG）和预充电继电器（SMRP）。SMR 根据车辆 ECU 的信号接通或断开高压电路。继电器的实物如图 3-4-1 所示。

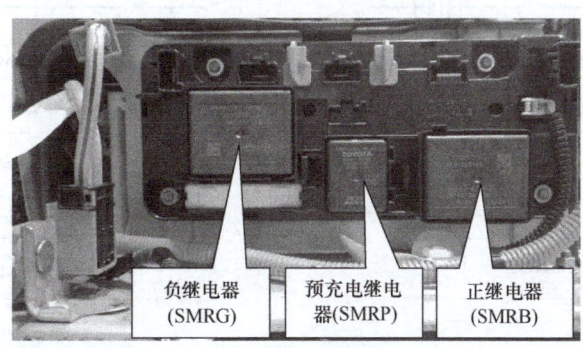

图 3-4-1　三个继电器

2. READY/ON 状态

动力蓄电池系统主继电器控制电路如图 3-4-2 所示。

当车辆从停车状态切换到 READY/ON 状态时，混合动力车辆 ECU 总成依次接通 SMRB 和 SMRP，此时动力蓄电池向外放电，电流从蓄电池正极出发，经 SMRB 后向外部供电，经

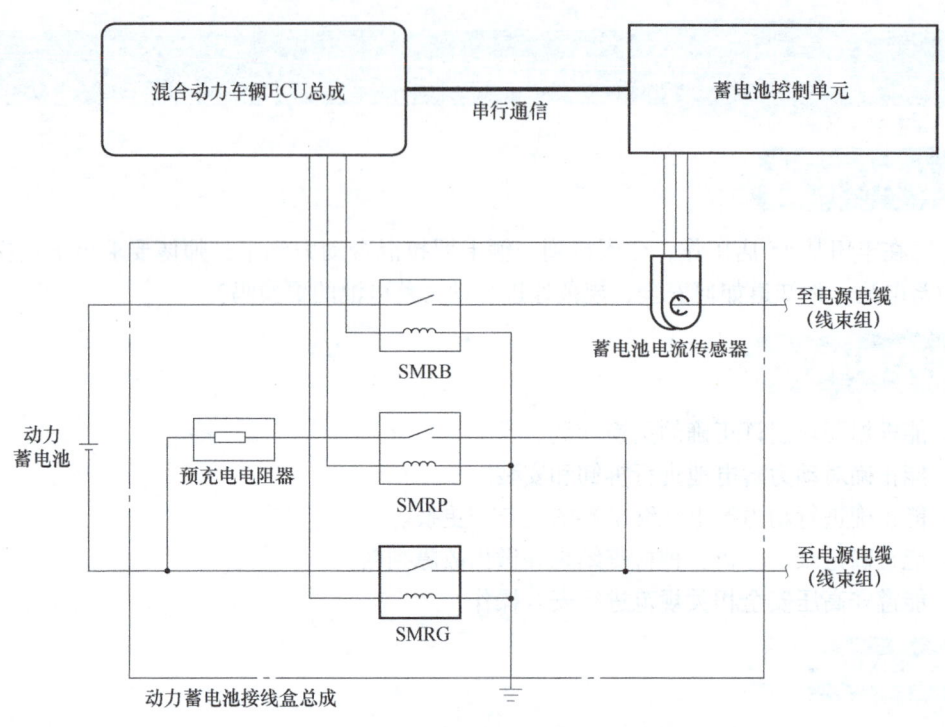

图 3-4-2　动力蓄电池系统主继电器控制电路

用电设备后流经预充电电阻和 SMRP 返回负极，如图 3-4-3 所示。此时给电机控制器中的大电容进行充电，由于预充电电阻的限流作用，可以减少主继电器接触时产生的火花拉弧，降低冲击，增加安全性。

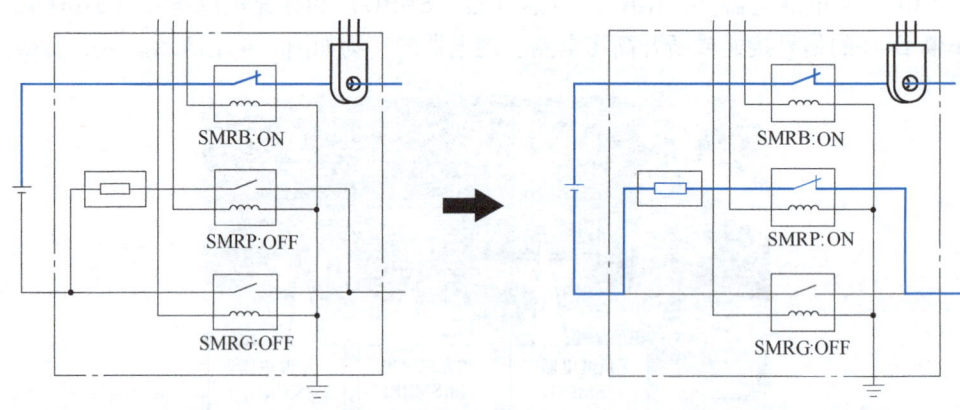

图 3-4-3　接通 SMRB 和 SMRP

随后 SMRG 闭合，此时预充电电阻被短接，电流从蓄电池正极出发，经 SMRB 后向外部供电，经用电设备后流经 SMRG 返回负极，如图 3-4-4 所示。

3. 系统关闭

当系统切换至 READY/ON 之外的状态时，混合动力车辆 ECU 总成首先断开 SMRG，确

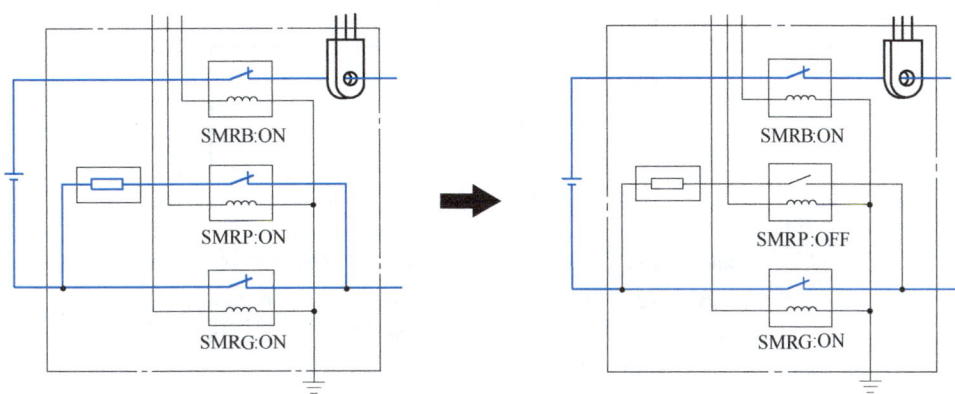

图 3-4-4　接通 SMRG

定 SMRG 是否正常工作后，断开 SMRB，如图 3-4-5 所示。

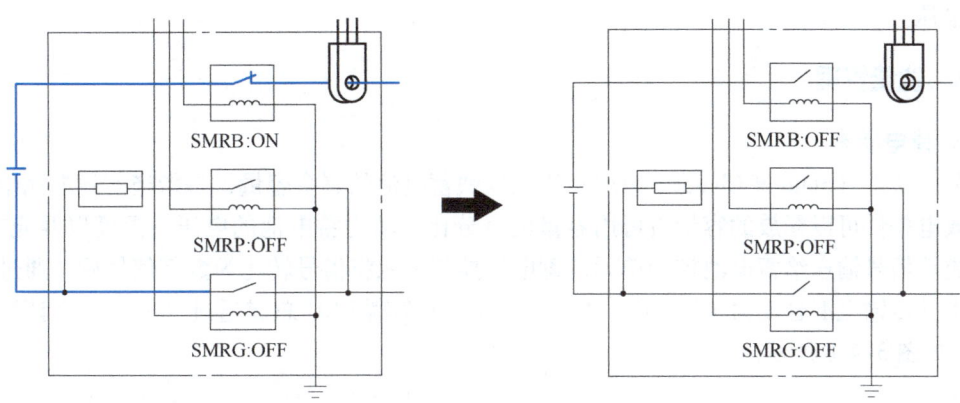

图 3-4-5　断开 SMRG 和 SMRB

在确定 SMRB 是否正常工作后，接通 SMRP，然后断开，如图 3-4-6 所示。

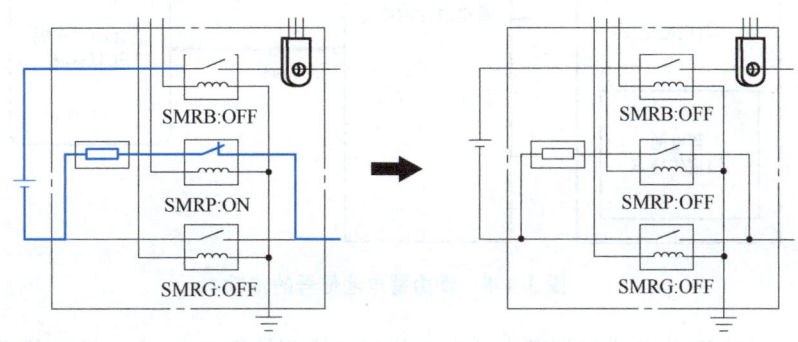

图 3-4-6　接通与断开 SMRP

这样，混合动力车辆 ECU 总成便可确认相关继电器已正确断开。
在整个过程中，高压系统的电压如图 3-4-7 所示。

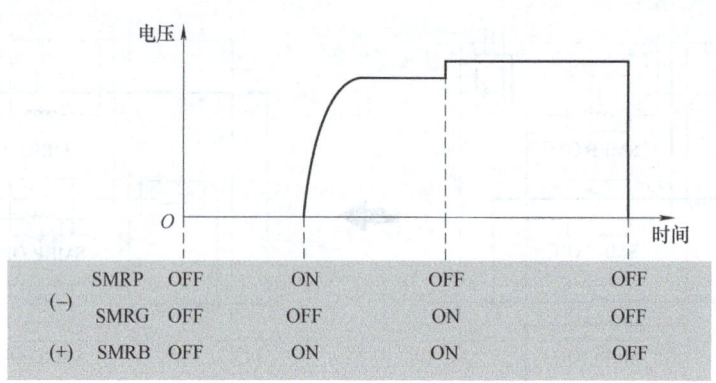

图 3-4-7 系统电压

可以看出，车辆停车时动力蓄电池输出电压为零，当 SMRB 和 SMRP 闭合后，由于预充电电阻的存在，高压系统电压低于正常电压，当 SMRG 闭合后，高压系统电压升高到正常电压。

3.4.2 能量管理

1. 荷电状态

荷电状态（State of Charge，SOC）用来反映蓄电池的剩余容量，是指当前蓄电池中按照规定放电条件可以释放的容量占可用容量的百分比。动力蓄电池的电压、温度以及充电/放电电流等信号输送给蓄电池控制单元，蓄电池控制单元将信号转化为数字信号后，通过串行通信将其传输至混合动力车辆 ECU 总成，混合动力车辆 ECU 总成通过这些信号来计算确定 SOC，如图 3-4-8 所示。

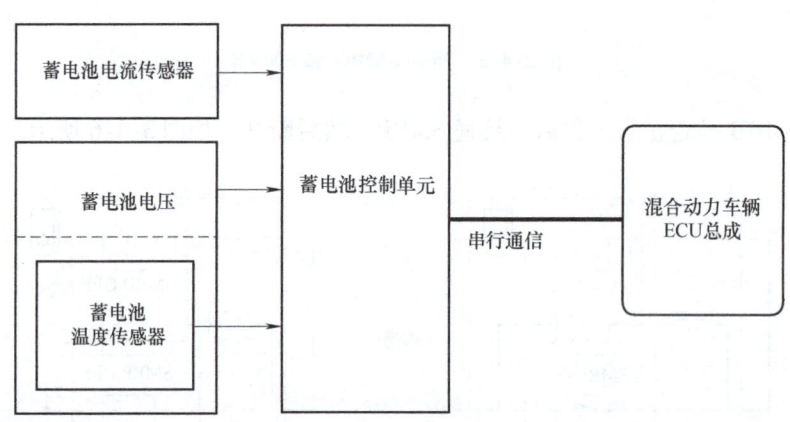

图 3-4-8 动力蓄电池信号的传输

混合动力车辆 ECU 总成根据蓄电池电流传感器检测的充电/放电电流计算动力蓄电池的 SOC，根据计算出的 SOC 持续执行充电/放电控制，以将 SOC 保持在目标范围内，如图 3-4-9 所示。动力蓄电池温度和动力蓄电池电压信号作为计算过程中的修正信号来修正计算，如图 3-4-10 所示。

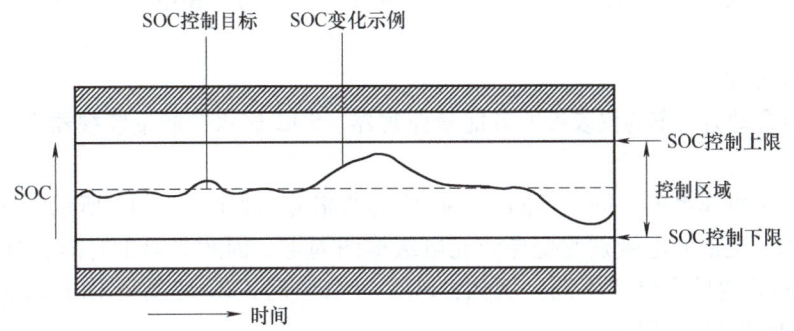

图 3-4-9　荷电状态

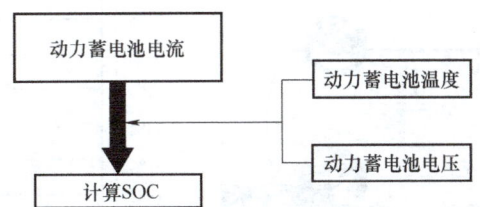

图 3-4-10　SOC 的计算

车辆行驶过程中，动力蓄电池会经过反复的充电、放电循环，车辆加速过程中动力蓄电池放电，减速过程中由再生制动充电；SOC 过低时，混合动力车辆 ECU 总成提高发动机输出功率，通过 MG1 发电对动力蓄电池进行充电。

SOC 的控制目标值约为 60%，最大值约为 80%（通常控制上限约为 75%），最小值约为 20%（通常控制下限约为 30%）。超过上限即为充电过度，低于下限即为放电过度。

2. 荷电状态和电流、电压、温度的关系

荷电状态是基于电流监测进行计算的，当输出电流较大时，电压下降也较快；同理，充电电流较大时，电压上升也较快。荷电状态和电压的关系如图 3-4-11 所示。随着充电的进行，电压逐渐升高，但是升高的速率越来越慢，直至到达规定电压。

荷电状态下降量相同时，电压下降量会因温度不同而不同。以相同电流向外输出，不同温度下蓄电池的电压降如图 3-4-12 所示，温度越低，电压下降越严重。当温度为 0℃ 时，

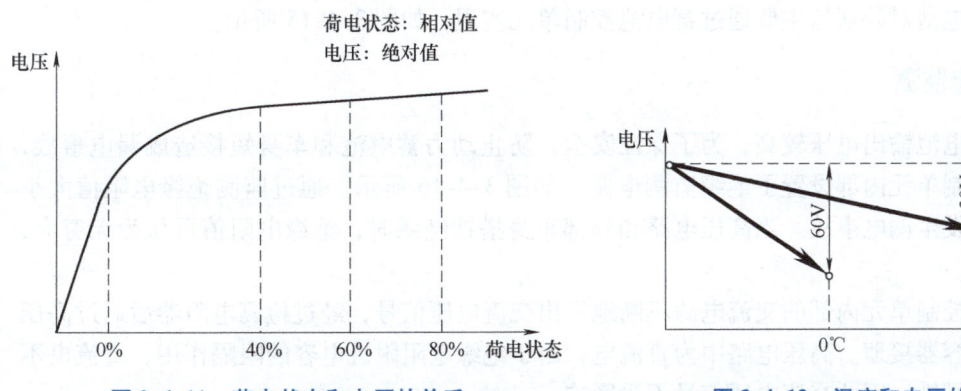

图 3-4-11　荷电状态和电压的关系　　　　图 3-4-12　温度和电压的关系

蓄电池电压下降较快，下降幅度为60V；而当温度为30℃时，蓄电池电压下降较慢，下降幅度为30V。

3. 能量监视器

卡罗拉混合动力汽车的仪表板上有能量监视器，SOC 显示在能量监视器上，如图 3-4-13 所示。

SOC 显示根据车型的不同而不同。SOC 值的八格显示如图 3-4-14 所示。SOC 显示使用时滞以防止因蓄电池充电级别改变导致充电级棒图闪烁。因此，由于时滞影响，SOC 在 IG 切换至 OFF 前后的显示可能不同。例如：SOC 为 56% 时，IG 切换至 OFF 前显示六格，IG 再次切换至 ON 后显示五格。

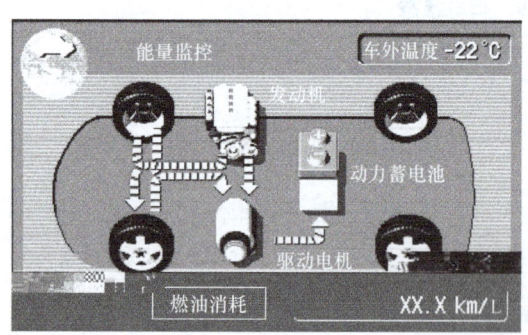

图 3-4-13　能量监视器　　　　　　图 3-4-14　SOC 显示

4. 能量的输出

动力蓄电池输出的功率由温度控制而不是根据荷电状态。输出能量要满足以下条件：
1）温度正常。
2）荷电状态正常，不能低于或高于规定值。
3）蓄电池电压正常，不能低于下限。

当满足以上三个条件时，动力蓄电池向外输出能量。

当动力蓄电池系统发生故障时，动力蓄电池输出功率下降的部分由发动机输出的代替，这样对驾驶性能没有影响。

3.4.3　动力蓄电池对外通信

动力蓄电池对外通信主要通过蓄电池控制单元实现，如图 3-4-15 所示。

3.4.4　绝缘监测

动力蓄电池输出电压较高，为了保证安全，防止动力蓄电池和车身短接造成漏电事故，在蓄电池控制单元内部设置了绝缘监测电路，如图 3-4-16 所示。通过监测绝缘电阻值大小来判定是否发生漏电事故。当高压电路和外部车身搭铁绝缘时，绝缘电阻值可认为无穷大，为断路状态。

蓄电池控制单元内部的交流电源不断地发出交流电压信号，经过检测电阻器后通过高压电路中的电容器接地。高压电路中为直流电，由于绝缘电阻附近电容的阻隔作用，直流电不能通过电容搭铁，因此交流电压信号不受影响。

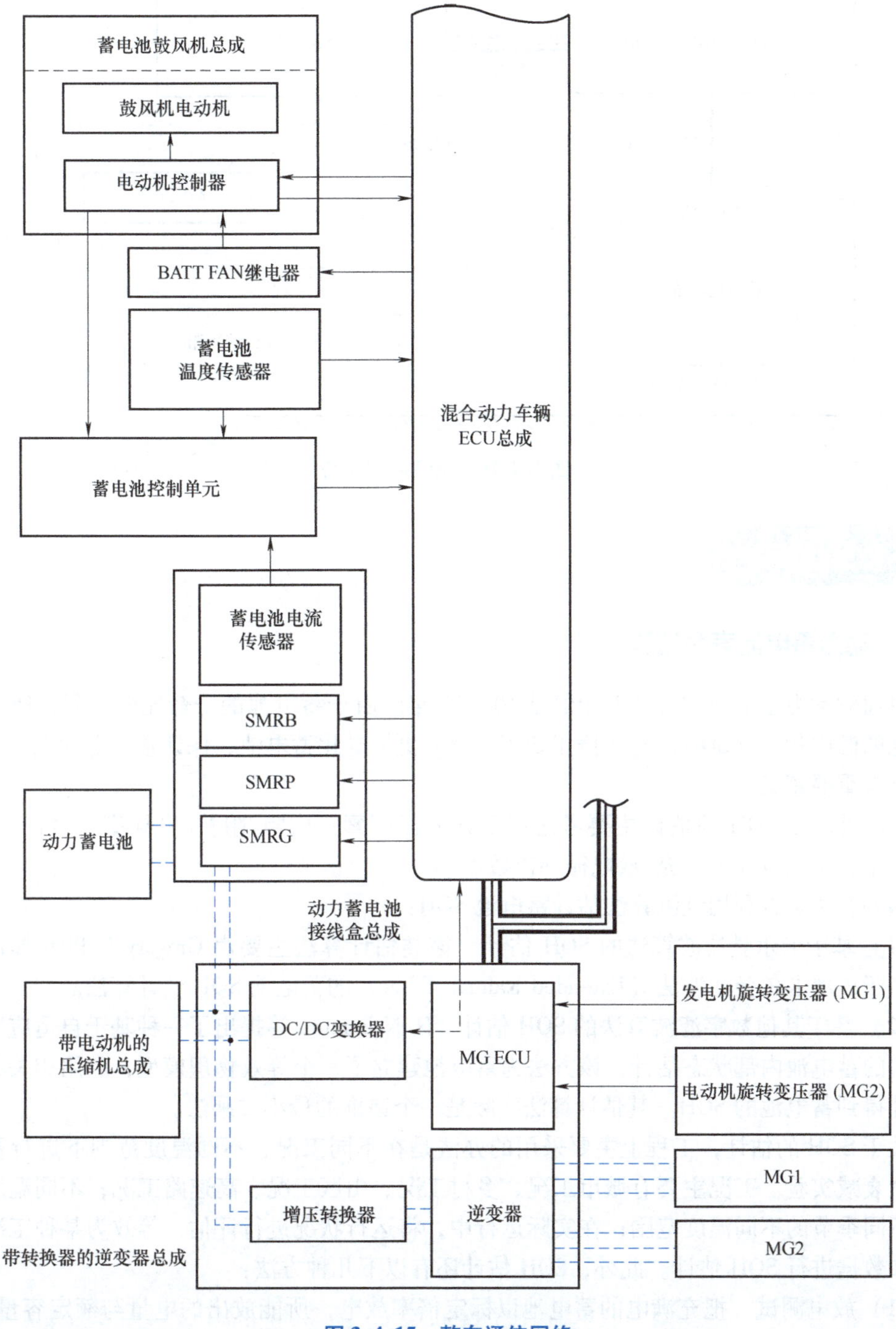

图 3-4-15　整车通信网络

当发生绝缘故障后，绝缘电阻值变小，此时检测电阻器和绝缘电阻串联，绝缘电阻的分压作用使检测电阻器上电压降低，蓄电池控制单元检测的电压降低。该电压越低，绝缘电阻值越小，即漏电情况越严重。

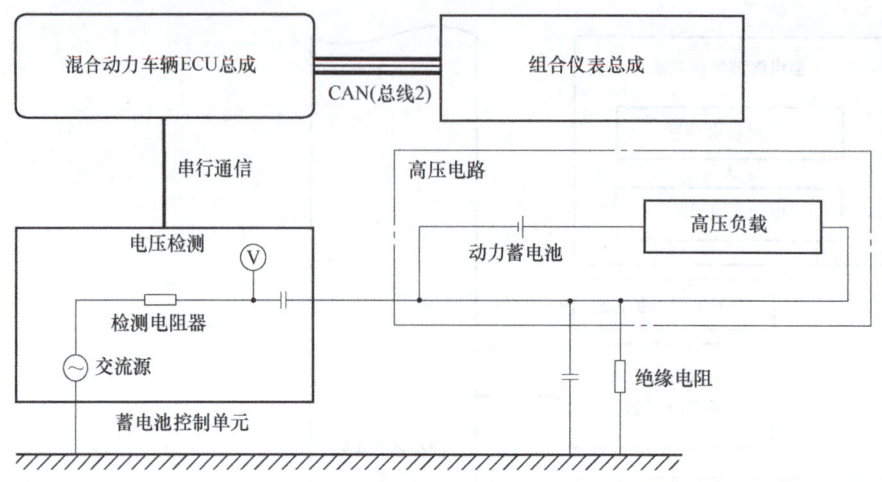

图 3-4-16 绝缘监测电路

3.4.5 动力蓄电池寿命估算

目前对动力蓄电池的寿命期望值是 10～15 年。由于蓄电池的寿命比较有限，所以估计蓄电池的健康状态（SOH）对于修正 SOC、及时更换老化蓄电池、保证整个电动汽车的运行性能具有重要意义。

国内外对于 SOH 的估计主要考虑以下几方面因素：内阻/阻抗/电导率、容量、电压、自放电率、可充电能力、充/放电循环次数。

国外有关学者利用预测算法估计蓄电池 SOH：

（1）基于卡尔曼滤波算法的 SOH 估计 该类估计算法主要由 Gregory L. Plett 提出，是一种基于扩展卡尔曼滤波法（Extended Kalman Filter）的蓄电池 SOH 估计算法。

（2）基于其他数字滤波算法的 SOH 估计 H. Nakamura 等提出了一种基于自适应数字滤波算法的蓄电池内部状态估计，该方法为蓄电池建立了一个等效物理模型，利用相关参数进行估计得到蓄电池的 SOH。其估计算法实际是一个递推的最小二乘法。

关于 SOH 的估计，工程上主要采用的办法是在不同工况、不同温度范围下进行蓄电池的寿命衰减实验。工况主要有城市工况、乡村工况、山区工况、高速路工况；不同温度主要是指不同季节的不同温度范围；在实际运行中，将运行状况进行评估，等效为某种工况，利用已知数据进行 SOH 估计。此外，SOH 估计还有以下几种方法：

（1）放电测试 把充满电的蓄电池以标定倍率放电，所能放出的电量与额定容量比较，得出蓄电池的 SOH 值。这种方法会中断 BMS 的工作而且浪费蓄电池的能量，所以在 HEV 中不适合采用。

（2）电化学测试 测量蓄电池的电极腐蚀程度和电解液密度来估计 SOH 值。

（3）欧姆测试 对蓄电池的电阻值、电导值或阻抗值进行测试，结合模糊逻辑算法来估计 SOH 值。

（4）部分放电法 采用部分放电法得到蓄电池的各项参数，再将这些参数与性能完好的蓄电池参数相比较，估计得到 SOH 值。

 实践技能

3.4.6 动力蓄电池接线盒总成的检查与更换

1. 接线盒总成的拆卸

1）关闭电源开关。
2）断开辅助蓄电池负极端子电缆。
3）拆卸维修开关。
4）断开发动机室主线束。
5）拆下插接器盖总成。
6）检查端子电压，确认为 0V。
7）安装插接器盖总成。
8）连接发动机室主线束。
9）拆卸后排座椅总成。
10）拆卸动力蓄电池右侧盖分总成。
① 佩戴绝缘手套，用维修开关拆下蓄电池盖锁扣，如图 3-4-17 所示。
② 从动力蓄电池上拆下 5 个螺母和动力蓄电池右侧盖分总成。
11）拆卸动力蓄电池接线盒总成。
① 佩戴绝缘手套，断开 2 个接线盒总成插接器，如图 3-4-18 所示。断开后用绝缘胶带将断开的插接器绝缘。

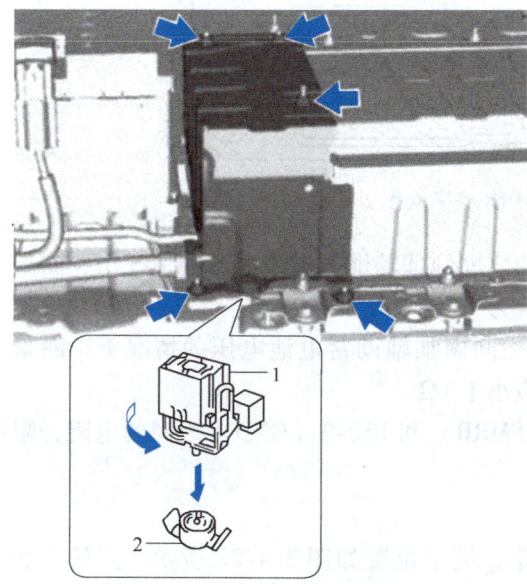

图 3-4-17 拆下蓄电池盖锁扣
1—维修开关 2—蓄电池盖锁扣

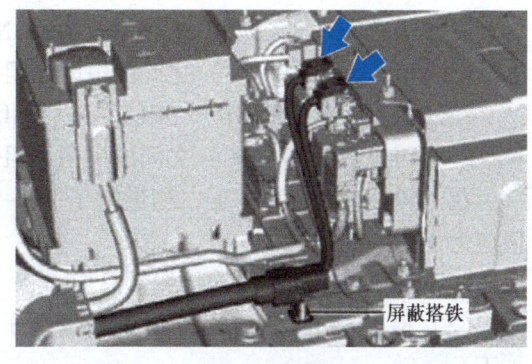

图 3-4-18 断开 2 个接线盒总成插接器

② 从动力蓄电池上断开屏蔽搭铁。
③ 断开 4 个接线盒总成插接器，如图 3-4-19 所示。
④ 从动力蓄电池上拆下 4 个螺母和接线盒总成，如图 3-4-20 所示。

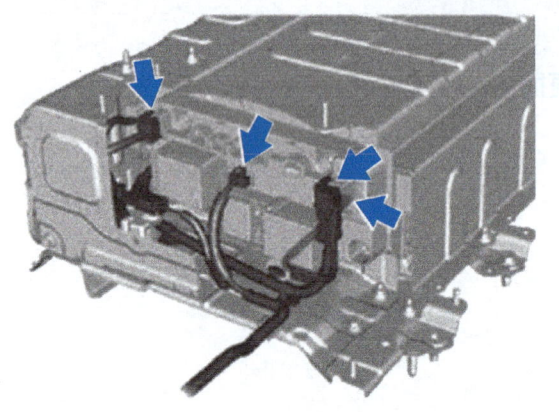

图 3-4-19　断开 4 个接线盒总成插接器

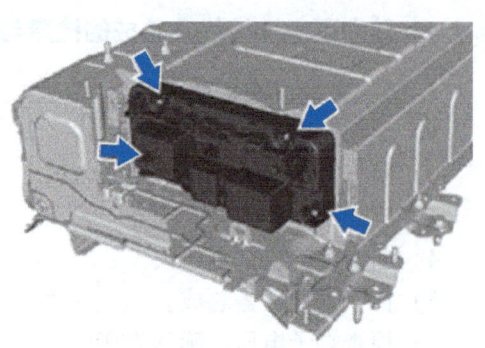

图 3-4-20　拆下接线盒总成

2. 接线盒总成的检查

（1）检查 SMRB　使用万用表测量端子电阻，端子位置如图 3-4-21 所示，测量方法如下。

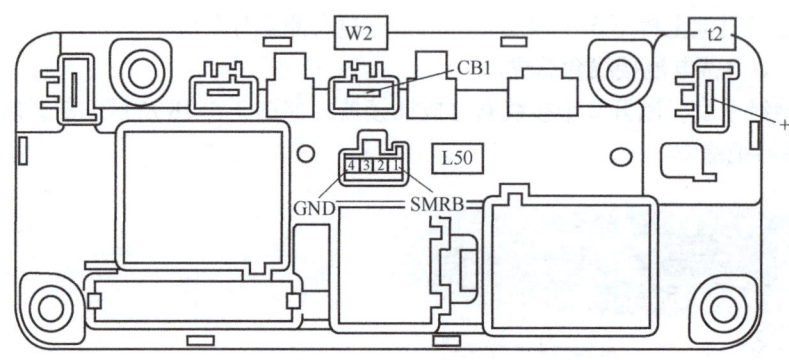

图 3-4-21　检查 SMRB 端子位置

未在端子 L50-1（SMRB）和 L50-3（GND）之间施加辅助蓄电池电压的情况下，测量 W2-1（CB1）和 t2-1（+）之间的电阻，阻值应为 10kΩ 或更大。

在端子 L50-1（SMRB）和 L50-3（GND）之间施加辅助蓄电池电压的情况下，测量 W2-1（CB1）和 t2-1（+）之间的电阻，阻值应小于 1Ω。

在 -40~80℃ 的温度下，测量端子 L50-1（SMRB）和 L50-3（GND）之间的电阻，阻值应为 20.6~40.8Ω。

如不符合规定，则更换接线盒总成。

（2）检查 SMRG　使用万用表测量端子电阻，端子位置如图 3-4-22 所示，测量方法如下。

未在端子 L50-4（SMRG）和 L50-3（GND）之间施加辅助蓄电池电压的情况下，测量

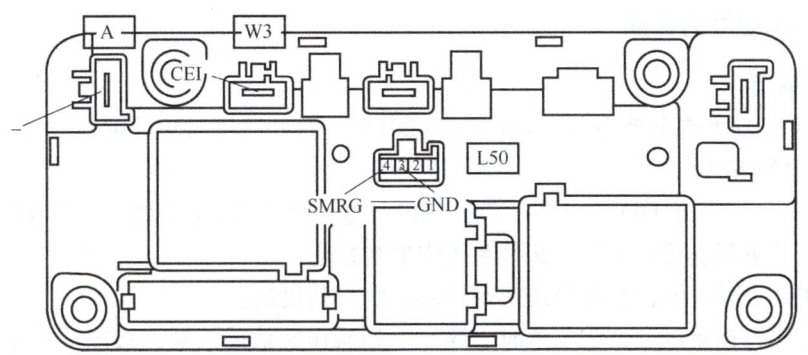

图 3-4-22　检查 SMRG 端子位置

W3-1（CEI）和 A（-）之间的电阻，阻值应为 10kΩ 或更大。

在端子 L50-4（SMRG）和 L50-3（GND）之间施加辅助蓄电池电压的情况下，测量 W3-1（CEI）和 A（-）之间的电阻，阻值应小于 1Ω。

在 -40~80℃ 的温度下，测量端子 L50-4（SMRG）和 L50-3（GND）之间的电阻，阻值应为 20.6~40.8Ω。

如不符合规定，则更换接线盒总成。

(3) 检查 SMRP　使用万用表测量端子电阻，端子位置如图 3-4-23 所示，测量方法如下。

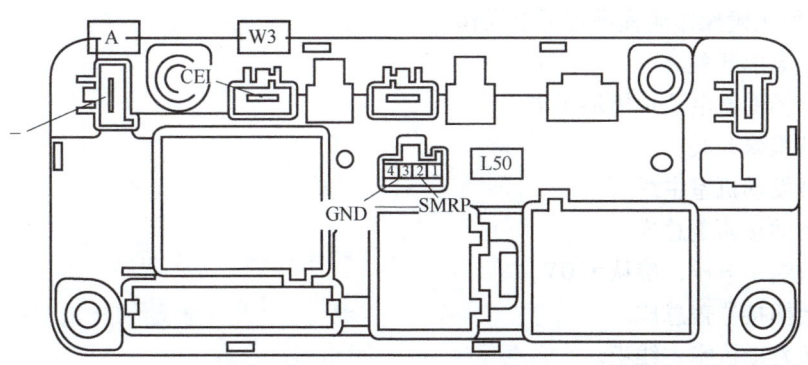

图 3-4-23　检查 SMRP 端子位置

未在端子 L50-2（SMRP）和 L50-3（GND）之间施加辅助蓄电池电压的情况下，测量 W3-1（CEI）和 A（-）之间的电阻，阻值应为 10kΩ 或更大。

在端子 L50-2（SMRP）和 L50-3（GND）之间施加辅助蓄电池电压的情况下，测量 W3-1（CEI）和 A（-）之间的电阻，阻值应为 24.3~29.7Ω（预充电电阻值）。

在 -40~80℃ 的温度下，测量端子 L50-2（SMRP）和 L50-3（GND）之间的电阻，阻值应为 140~290Ω。

如不符合规定，则更换接线盒总成。

3. 接线盒总成的安装

接线盒总成的安装步骤与拆卸步骤相反，注意按照标准力矩拧紧相关螺栓。

3.4.7 动力蓄电池的更换

1. 安全事项

卡罗拉混合动力汽车动力蓄电池电压为 201V 左右，在进行更换时，要注意高压安全。具体注意事项如下：

1）将电源开关置于 OFF 位置后，断开辅助蓄电池负极端子电缆前，需要等待一段时间。
2）断开并重新连接电缆后，某些系统需要初始化。
3）如果动力蓄电池曾受过敲击或曾掉落，则将其更换。
4）将插接器连接至动力蓄电池时，通过下列操作确认插接器连接牢固：推动插接器直至听到一声咔嗒声；通过拉动目视检查并确认插接器连接牢固。
5）在动力蓄电池周围进行维修时，不要让金属屑进入动力蓄电池。
6）不要徒手触摸任何高压线束、插接器或零件。
7）不要让异物，如油脂或机油，黏附到动力蓄电池的螺栓或螺母上。
8）不要将手放入动力蓄电池的开口内。
9）不要爬到动力蓄电池顶部或站在动力蓄电池上。
10）不要让任何异物或水进入动力蓄电池。
11）如果任何螺栓、螺母或卡夹掉入动力蓄电池内，确保将其取出。

2. 动力蓄电池的拆卸

在拆卸动力蓄电池之前，为确保安全，要拔出动力蓄电池的维修开关。

（1）按照正确操作流程进行下电操作

1）关闭电源开关。
2）断开辅助蓄电池负极端子电缆。
3）拆卸维修开关。
4）断开发动机室主线束。
5）拆下插接器盖总成
6）检查端子电压，确认为 0V。
7）安装插接器盖总成。
8）连接发动机室主线束。

（2）拆卸动力蓄电池

1）拆卸动力蓄电池端子盒。佩戴绝缘手套，拆下螺栓，断开 2 个动力蓄电池端子盒插接器，从动力蓄电池上拆下端子盒。

2）拆卸动力蓄电池右侧盖分总成。佩戴绝缘手套，将维修开关的凸出部分插入蓄电池盖锁扣相应的位置，逆时针转动蓄电池盖锁扣的按钮，拆下锁扣。从动力蓄电池上拆下 5 个螺母和右侧盖分总成。

3）拆卸动力蓄电池接线盒总成。佩戴绝缘手套，断开 2 个动力蓄电池接线盒总成插接器，从动力蓄电池上断开屏蔽搭铁，断开 4 个动力蓄电池接线盒总成插接器。从动力蓄电池上拆下 4 个螺母和接线盒总成。拆卸过程中，不要造成动力蓄电池接线盒总成卡滞或掉落，如卡滞或掉落则需更换新的总成。

4）拆卸车内 3 号电子钥匙天线总成。

5）拆卸动力蓄电池 1 号进气管。

6）拆卸蓄电池鼓风机总成。

7）拆卸动力蓄电池 2 号进气管。分离 2 个卡夹，从动力蓄电池上拆下 2 号进气管，如图 3-4-24 所示。

8）拆卸动力蓄电池。佩戴绝缘手套，断开互锁插接器并分离卡夹，如图 3-4-25 所示。从车辆上拆下 4 个螺栓 A、2 个螺栓 B 和动力蓄电池，如图 3-4-26 所示。

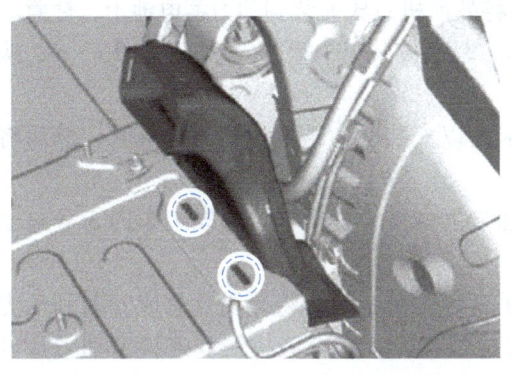

图 3-4-24　拆卸动力蓄电池 2 号进气管　　　　图 3-4-25　拆卸动力蓄电池

拆卸时要注意：不要让异物黏附到动力蓄电池的螺栓上，确保用绝缘胶带或同等产品捆住线束，以防其卡住；使用硬纸板或其他类似材料保护动力蓄电池和车身，以防损坏。拆卸时，要握住图 3-4-27 中所示部位，并提起动力蓄电池。因其较重，需要 2 人拆卸，拆卸时，

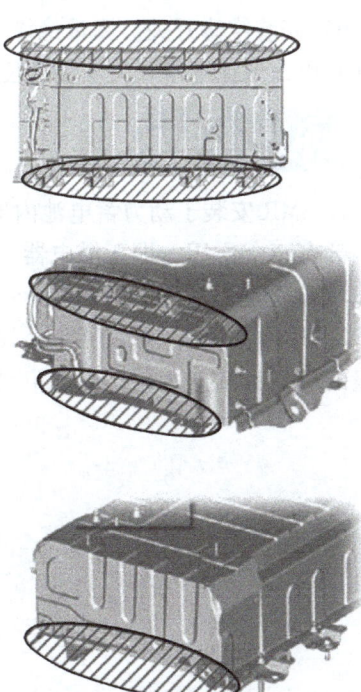

图 3-4-26　拆下螺栓　　　　图 3-4-27　拆卸动力蓄电池握住的位置

a—螺栓 A（螺栓长度 25mm）　b—螺栓 B（螺栓长度 24mm）

小心不要损坏其周围零件，不要使其接触到车辆。拆卸、安装或移动动力蓄电池时，确保其倾斜角度不要超过 80°。拆卸后，要用绝缘胶带将断开的端子或插接器绝缘。

3. 动力蓄电池的安装

1）安装动力蓄电池。将动力蓄电池安放到位后，安装 4 个螺栓 A 和 2 个螺栓 B，力矩为 19N·m，注意按照对角安装的原则。连接互锁插接器，并卡到位。

2）安装动力蓄电池 2 号进气管。接合 2 个卡夹以将 2 号进气管安装到动力蓄电池上。

3）安装蓄电池鼓风机总成。接合 2 个卡夹以将鼓风机总成安装到动力蓄电池上，注意不要触摸冷却风扇部位，不要用线束提升鼓风机总成。然后安装 3 个螺母，力矩为 7.5N·m，接合 2 个卡夹，连接鼓风机总成插接器。

4）安装动力蓄电池 1 号进气管。接合 2 个卡夹以安装动力蓄电池 1 号进气管，然后将卡夹安装到位。

5）安装车内 3 号电子钥匙天线总成。连接插接器，接合 2 个卡夹以安装车内 3 号电子钥匙天线总成。

6）安装动力蓄电池接线盒总成。佩戴绝缘手套，用 4 个螺母将接线盒总成安装到动力蓄电池上，力矩为 7.5N·m。连接 4 个接线盒总成插接器，将屏蔽搭铁线连接至动力蓄电池，连接 2 个接线盒总成插接器，确保连接到位。

7）安装动力蓄电池右侧盖分总成。佩戴绝缘手套，用 5 个螺母将右侧盖分总成安装到动力蓄电池上，力矩为 7.5N·m。然后安装蓄电池盖锁扣，按下锁扣以将其锁止。

8）安装动力蓄电池端子盒。佩戴绝缘手套，安装端子盒并将 2 个端子盒插接器连接至动力蓄电池，确保对准端子盒的孔和销。安装螺栓，力矩为 7.5N·m。

9）安装维修开关。佩戴绝缘手套，朝动力蓄电池转动维修开关手柄 90°，滑动直至听到咔嗒声，保证维修开关安装到位。

单元小结

1. SMR 安装于动力蓄电池内部，用于控制动力蓄电池与外部是否接通，动力蓄电池系统内部有三个 SMR，即正继电器（SMRB）、负继电器（SMRG）和预充电继电器（SMRP）。SMR 受混合动力车辆 ECU 控制。

2. SOC 有控制上限和控制下限。一般上限在蓄电池理论总容量的 80%，下限在理论总容量的 20%。超过上限即为充电过度，低于下限即为放电过度。

学习情境 4

整车控制系统检修

> **学习目标**

素质目标：
1. 能在工作过程中树立良好的职业道德。
2. 能在工作过程中贯彻并执行 8S 管理制度。
3. 能在工作实践中树立精益求精的工匠精神。

能力目标：
1. 能通过查阅相关维修技术资料等方式获取车辆信息。
2. 能制订车载网络系统的故障诊断流程。
3. 能根据制订的故障诊断流程诊断和修复车载网络系统故障。
4. 能正确使用检测仪器进行车载网络系统检测。
5. 能在实车上识别丰田 THS-Ⅱ 系统的关键零部件并叙述其功能。
6. 能正确叙述 THS-Ⅱ 系统的主要控制功能。
7. 能按照正确操作规范进行混合动力车辆控制 ECU 的更换。
8. 能通过试乘试驾的方式检验混合动力汽车各种工作模式。
9. 能正确规范地进行换档操作。

知识目标：
1. 了解 CAN 总线系统的基本概念。
2. 了解混动卡罗拉 CAN 总线系统的组成。
3. 掌握混动卡罗拉 CAN 总线系统的工作原理。
4. 理解混动卡罗拉 LIN 总线系统的工作原理。
5. 了解丰田混合动力系统 THS-Ⅱ 的组成。
6. 掌握丰田混合动力系统 THS-Ⅱ 的工作原理。
7. 掌握丰田混合动力系统 THS-Ⅱ 的控制功能。
8. 了解丰田混合动力系统 THS-Ⅱ 的工作模式。
9. 理解丰田混合动力系统 THS-Ⅱ 各行驶工况的动力传递路线。
10. 了解电子换档杆系统的组成和工作原理。

学习单元 4.1　车载网络系统检修

小王在丰田某 4S 店工作,今天接到一辆卡罗拉混合动力汽车,师傅要求小王对中央网关进行检查。如果你是小王,你知道如何正确规范地进行相关检查吗?

1. 能制定车载网络系统的故障诊断流程。
2. 能根据制定的故障诊断流程诊断和修复车载网络系统故障。
3. 能正确使用检测仪器进行车载网络系统的检测。
4. 能正确进行故障车辆竣工检测和试验。

4.1.1　CAN 总线系统基本概念

CAN 总线系统是一个用于实时应用的串行数据通信系统,也是一个车辆多路通信系统,该系统通信速度高且能够检测故障。它将 CANH 和 CANL 总线作为一对,利用电压差进行 CAN 通信。许多安装在车辆上的 ECU 或传感器通过信息共享和相互通信进行工作。CAN 总线系统由主总线、支线、终端电阻、控制器及网关等组成,如图 4-1-1 所示。

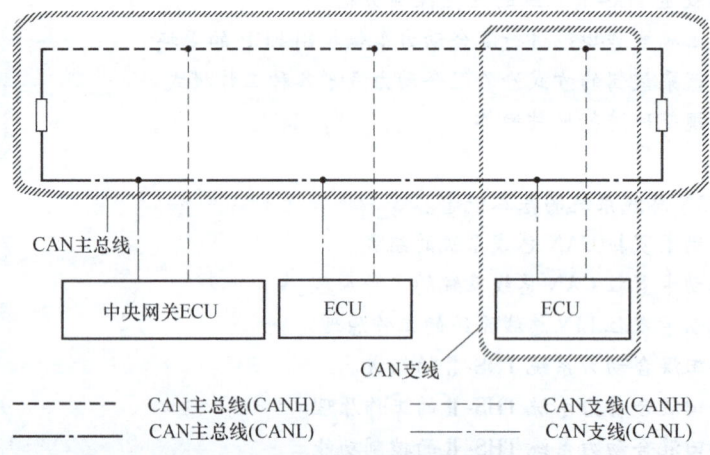

图 4-1-1　CAN 总线系统结构

1)主总线。主总线是总线上两个终端电阻之间的线束,这是 CAN 通信系统的主通道。
2)支线。支线是连接主总线和 ECU 或传感器的线束。
3)终端电阻。一般为了避免信号的反射和回波,需要在接入终端匹配两个 120Ω 的电阻,并联在 CAN 主总线的两端,称为终端电阻。终端电阻可精确判定 CAN 总线之间的电压差的变化。由于两个电阻并联安装，因此测量值约为60Ω。

4）网关。网关又称网间连接器、协议转换器。网关在网络层以上实现网络互联，是复杂的网络互联设备，仅用于两个高层协议不同的网络互联。网关使用在不同的通信协议、数据格式或语言，甚至体系结构完全不同的两种系统之间，网关是一个翻译器。网关对收到的信息要重新打包，以适应目的系统的需求。

4.1.2 卡罗拉混合动力汽车CAN总线系统组成

卡罗拉整车CAN总线系统包括四条总线：总线1、总线2、总线3和V总线，网络拓扑结构如图4-1-2所示。

整车车载网络系统中的部件在车上的布置如图4-1-3和图4-1-4所示。

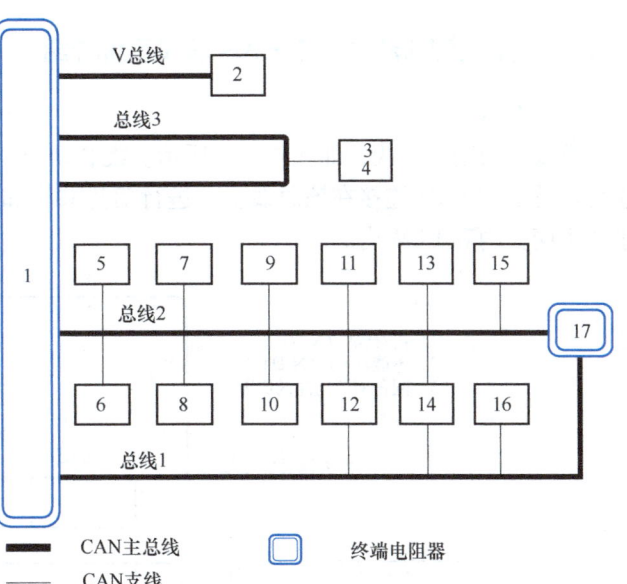

图 4-1-2　整车车载网络系统

1—中央网关　2—DLC3　3—导航接收器总成　4—收音机和显示屏接收器总成　5—认证ECU（智能钥匙ECU总成）　6—带电动机的助力转向总成　7—间隙警告ECU总成（带驻车辅助传感器系统）　8—主车身ECU　9—空气囊ECU总成　10—空调放大器总成　11—转向角传感器　12—混合动力车辆ECU　13—室内后视镜总成（带自动远光系统）　14—带主缸的制动助力器总成（防滑控制ECU）　15—组合仪表总成　16—带转换器的逆变器总成　17—ECM

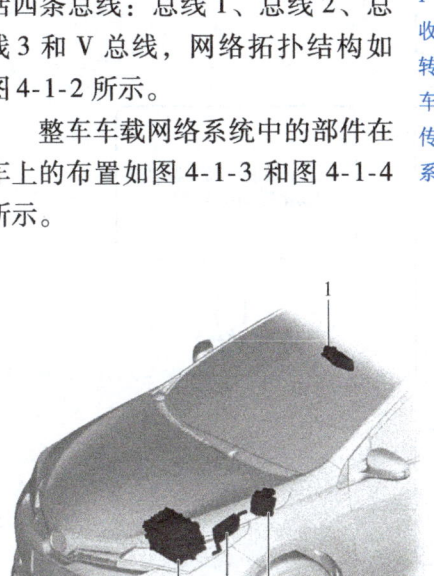

图 4-1-3　车载网络系统部件分布

1—室内后视镜总成（带自动远光系统）　2—带主缸的制动助力器总成（防滑控制ECU）　3—ECM　4—带转换器的逆变器总成

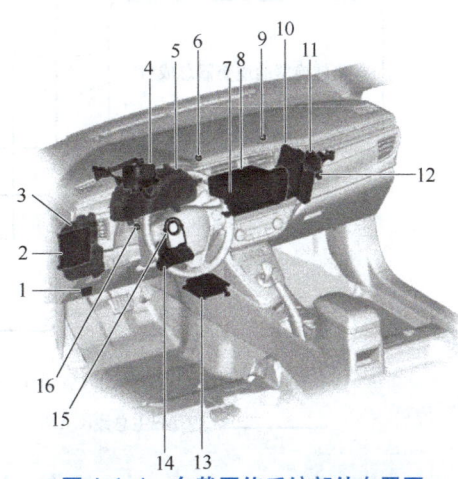

图 4-1-4　车载网络系统部件布置图

1—DLC3　2—主车身ECU　3—驾驶人侧接线盒总成　4—带电动助力的动力转向ECU总成　5—组合仪表总成　6—3号CAN接线插接器　7—导航接收器总成　8—收音机和显示屏接收器总成　9—2号CAN接线插接器　10—混合动力车辆ECU　11—中央网关ECU　12—间隙警告ECU总成　13—空气囊ECU总成　14—空调放大器总成　15—转向角传感器　16—1号CAN接线插接器

4.1.3 卡罗拉混合动力汽车 CAN 总线系统介绍

1. 总线 1

总线 1 为动力总线，如图 4-1-5 所示。混合动力车辆 ECU、防滑控制 ECU、带转换器的逆变器总成和 ECM 连接在该总线上并进行信息共享和传递。总线 1 的两个终端电阻分别位于中央网关内和 ECM 内。

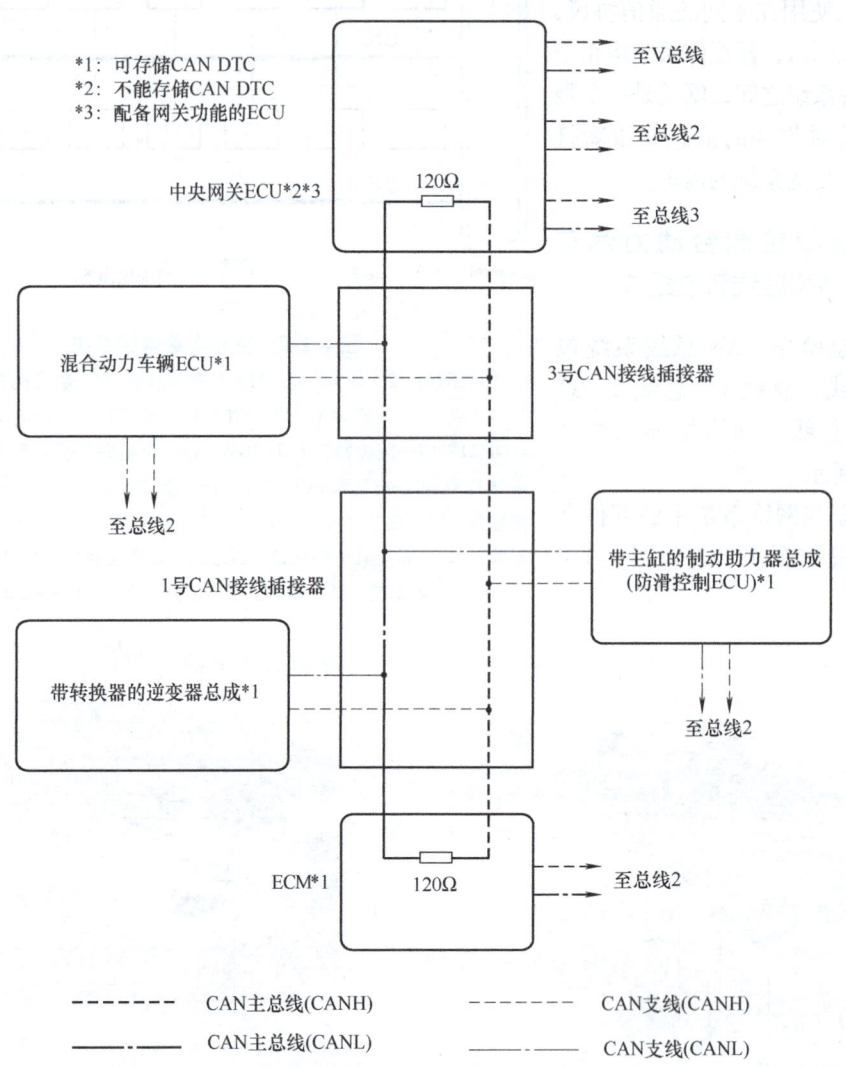

图 4-1-5　总线 1

2. 总线 2

总线 2 为车身总线，如图 4-1-6 和图 4-1-7 所示。与车身控制系统相关的 ECU 或传感器连接在该总线上并进行信息共享和传递，如认证 ECU（智能钥匙 ECU 总成）、带电动机的助力转向总成、间隙警告 ECU 总成、主车身 ECU、空气囊 ECU 总成、空调放大器总成、转向角传感器、室内后视镜总成、组合仪表总成。另外，混合动力车辆 ECU、防滑控制

ECU 和 ECM 也连接在该总线上。总线 2 的两个终端电阻分别位于中央网关内和 ECM 内。

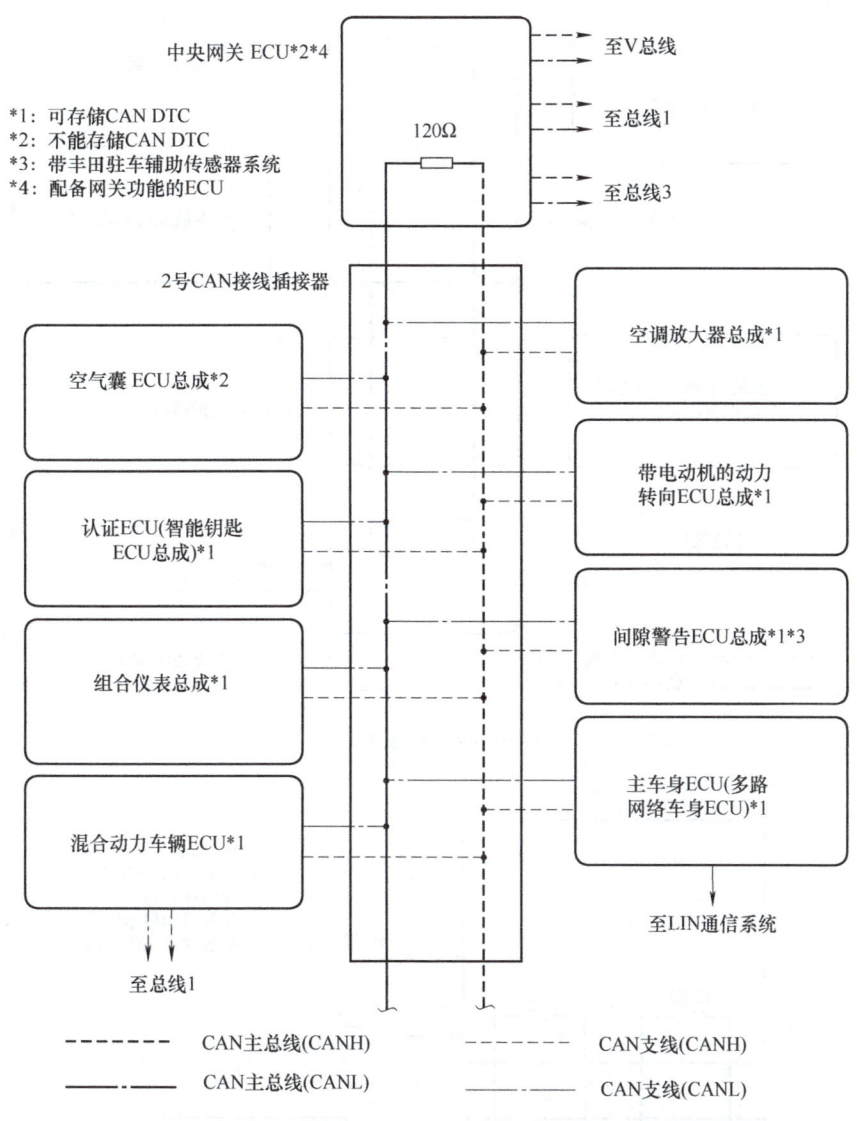

图 4-1-6　总线 2（1）

3. 总线 3

总线 3 为信息娱乐总线，如图 4-1-8 所示。导航接收器总成、收音机和显示屏接收器总成连接在该总线上。总线 3 的两个终端电阻均位于中央网关内部。

4. V 总线

V 总线为诊断总线，如图 4-1-9 所示。故障诊断仪通过该总线与中央网关连接，其他三条总线也都连接在中央网关上。故障诊断仪可以通过中央网关与其他三条总线上的 ECU 进行通信，完成读取故障码、清除故障码、读取数据流等系列诊断功能。V 总线只有一个 60Ω 的终端电阻，位于中央网关内部。

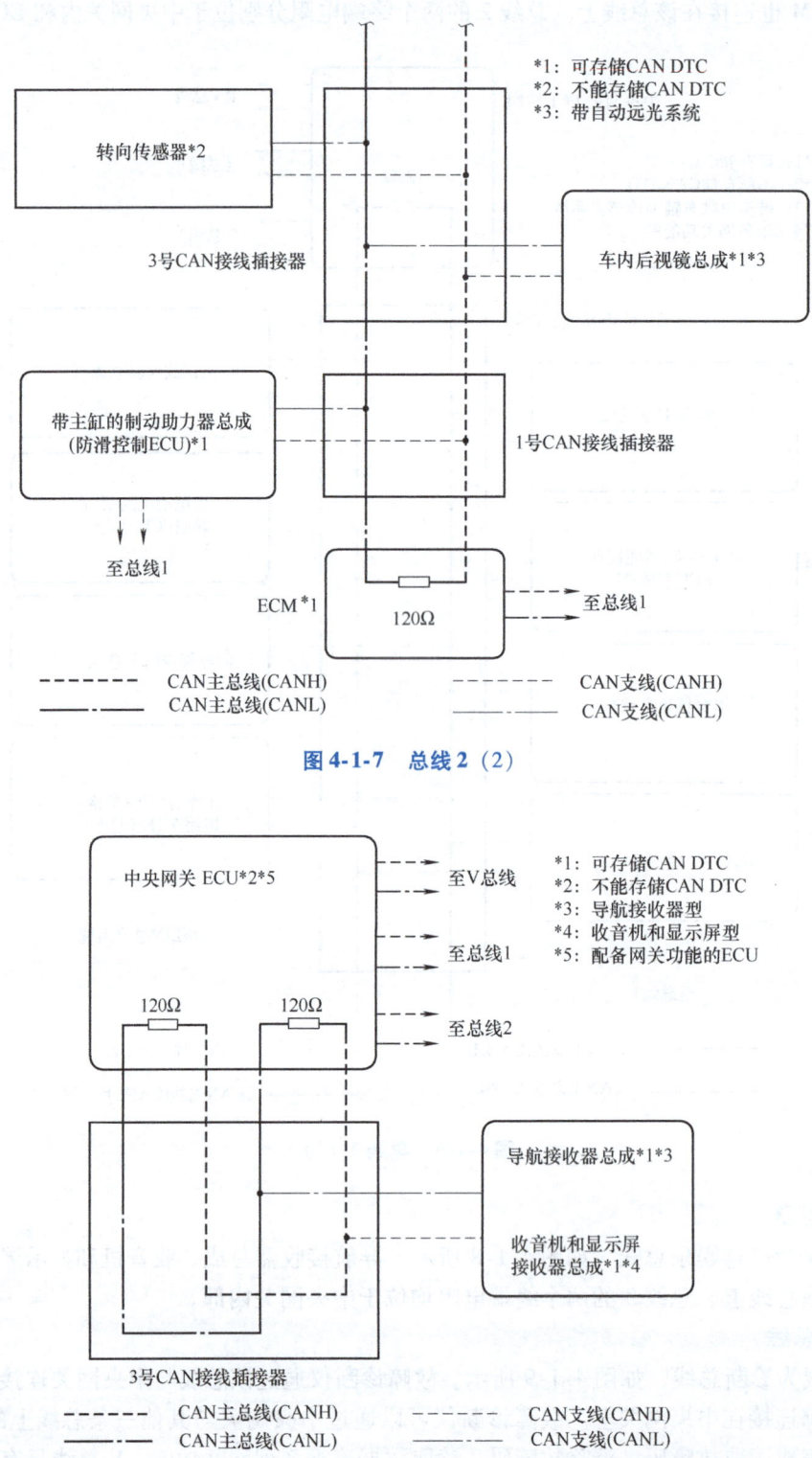

图 4-1-7　总线 2（2）

图 4-1-8　总线 3

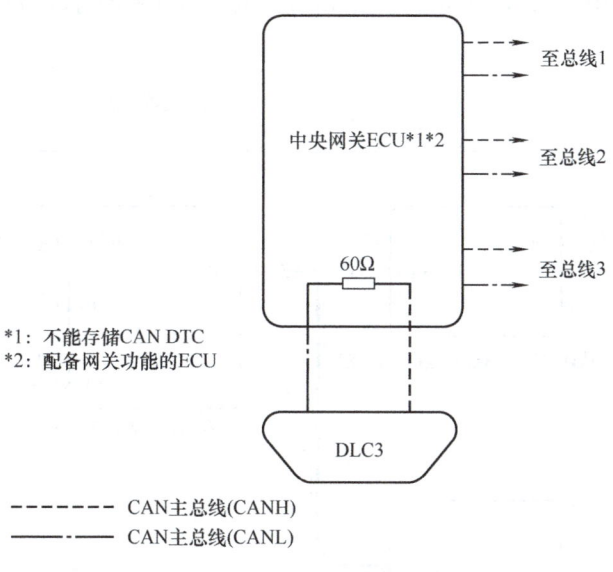

图 4-1-9 V 总线

4.1.4 卡罗拉混合动力汽车 LIN 总线系统

局域互联网（LIN）由多个相关车身电气系统组成，用于 ECU 或开关之间的通信。

卡罗拉车门 LIN 总线如图 4-1-10 所示，滑动天窗 ECU、电动车窗升降器电动机总成（驾驶人侧车门）、主车身 ECU 连接在车门 LIN 总线上。

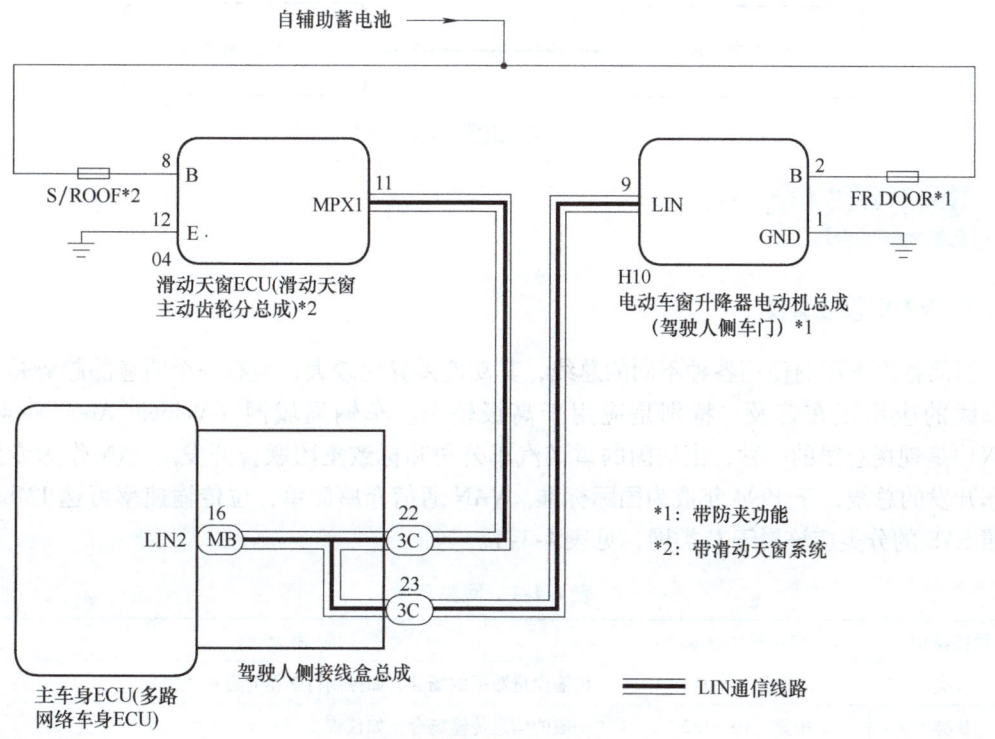

图 4-1-10 车门 LIN 总线

认证 LIN 总线如图 4-1-11 所示，认证 ECU、识别码盒和混合动力车辆 ECU 连接在认证 LIN 总线上。

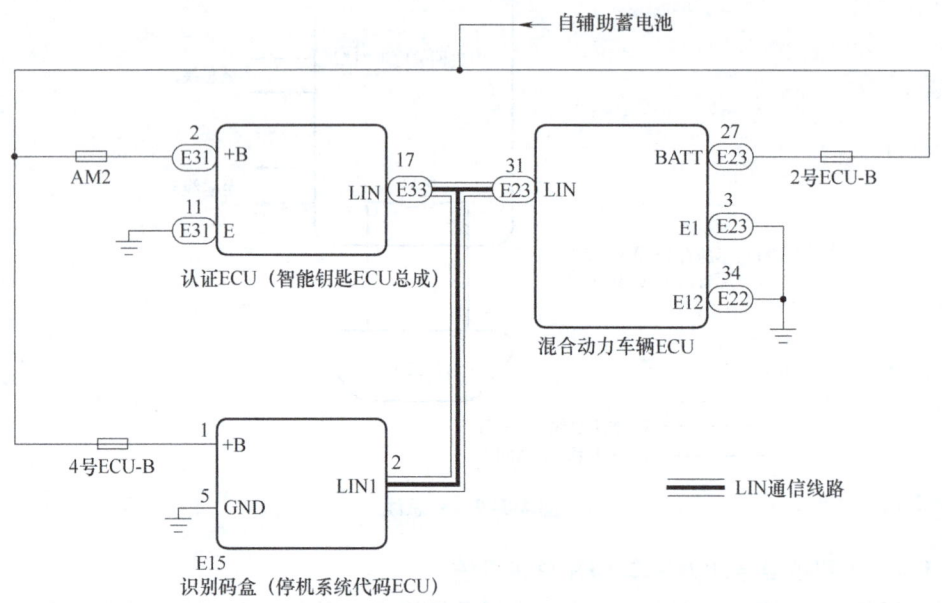

图 4-1-11　认证 LIN 总线

空调 LIN 总线如图 4-1-12 所示。

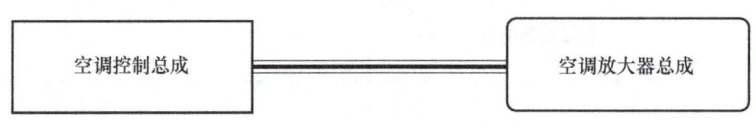

图 4-1-12　空调 LIN 总线

4.1.5　VAN 总线介绍

当前各汽车厂商使用各种不同的总线，其功能差异比较大，但有一个明显的趋势是，现场总线的应用正在普及，特别是应用于高级轿车。车辆局域网（Vehicle Area Network，VAN）是现场总线的一种，由法国的雷诺汽车公司和标致集团联合开发。VAN 作为专门为汽车开发的总线，于 1994 年成为国际标准。VAN 通信介质简单，位传输速率可达 1Mbit/s，按照 SAE 的分类应该属于 C 类网，见表 4-1-1。

表 4-1-1　网络分类

网络类别	位传输率/(kbit/s)	应用场合
A 类	低速，<10	传输少量数据的场合，如控制行李箱开启和关闭
B 类	中速，10~125	一般的信息传输场合，如仪表
C 类	高速，125~1000	实时控制场合，如动力系统

VAN 支持分布式实时控制的通信网络，可广泛应用于汽车门锁、电动车窗、空调、自动报警以及娱乐控制等系统。VAN 总线作为串行通信网络，与一般总线相比，其数据通信具有突出的可靠性、实时性和灵活性。VAN 标准特别考虑了严峻的环境温度、电磁干扰和振动因素，尤其适用于需要现场总线的实时控制系统。现在 VAN 在世界汽车生产中得到广泛的应用。

4.1.6 维修 CAN 总线注意事项

1）对总线进行焊接维修后，用绝缘胶带缠绕维修部位。

注意：CANH 总线和 CANL 总线必须始终安装在一起；安装时，确保将 CAN 总线扭绞在一起，否则其容易受到电磁干扰；插接器周围的绞合线束要留出 80mm 的松弛部分；维修 CAN 总线时，不要改变总线的长度。

2）不要在插接器之间使用旁通线束。如果使用旁通线束，则绞合总线将丧失抗干扰能力。

3）使用别的车辆上具有网关功能的 ECU 时，需要用故障诊断仪对其进行初始化操作。

4）CAN 主总线和 CAN 支线故障、利用 CAN 通信的系统 ECU 或传感器的内部故障以及电源故障时，均输出 CAN 通信 DTC，可以根据相应 DTC 进行诊断。

5）使用故障诊断仪（GTS）进行 CAN 总线检查，可以检查到连接至 CAN 主总线的 ECU 或传感器的支线断路。

6）如存在通信故障，则可通过输出的通信 DTC（以 U 开头的 DTC）组合确定通信可能终止的 ECU 或传感器。

7）检测到断路时，断开相关插接器进行检查前，检查并确认插接器未松动或断开。

8）断开插接器时，检查并确认端子和插接器体没有破损、变形或腐蚀。

4.1.7 CAN 总线故障诊断流程

1. 车辆送入维修车间

检查辅助蓄电池电压；检查仪表盘显示是否正常；读取故障码。

2. 客户故障分析

与客户交流发生故障的时间、频率、条件、现象等信息，有助于缩小故障范围和提高诊断效率。

3. 读取故障码（中央网关）

将 GTS 连接到 DLC3，读取中央网关故障码。若 GTS 与系统不能通信，再在其他车辆上进行同样操作，依然不能通信，检查 GTS 是否故障；若在其他车辆可以通信，检查 V 总线及 DLC3 端子电源是否正常。

若输出中央网关 DTC B1003，则更换中央网关 ECU。如果 CAN 总线主总线断路、CAN 总线 CANH 和 CANL 之间短路或 CAN 总线对 +B 或搭铁短路，则可能输出 CAN 总线上几乎所有 ECU 和传感器 DTC，在此情况下，首先检查 CAN 总线电阻。

4. 进行通信故障检查

从 GTS 屏幕上选择"Communication Malfunction Check",记录 ECU 和传感器存储的所有故障码。

5. 进行 CAN 总线检查

从 GTS 屏幕上选择"CAN BUS CHECK",观察屏幕 2min 以上,检查屏幕上显示的 ECU 和传感器。

6. 检查总线 2 主总线电阻

关闭电源开关,在不操作钥匙、任何开关、车门的情况下,使车辆静置 1min 或更长时间;断开辅助蓄电池负极电缆,用万用表检测中央网关 ECU 的 E43-18 和 E43-17 端子间电阻值,应为 54~69Ω,如图 4-1-13 所示。若电阻过高,说明总线 2 主总线存在断路或虚接故障;若电阻过小,说明总线 2 主总线或支线之间存在短路故障。

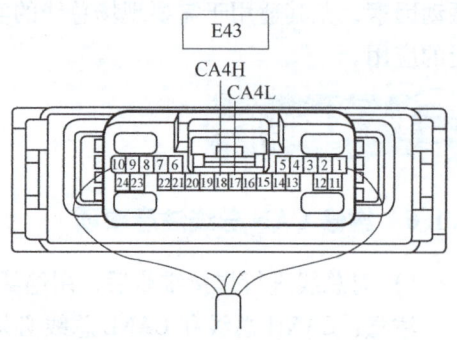

图 4-1-13 检查总线 2 主总线电阻

若电阻过高,总线 2 主总线存在的可能断路或虚接故障点如图 4-1-14 所示,可使用万用表进行逐段排除。

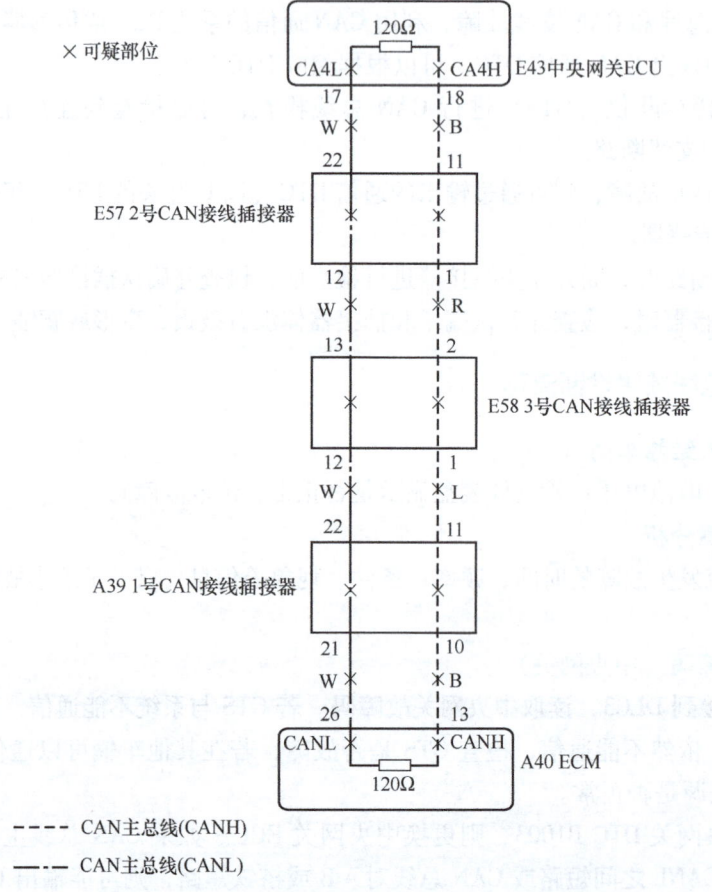

图 4-1-14 总线 2 主总线可能断路或虚接故障点

若电阻过小，总线 2 主总线或支线之间存在的可能短路故障点如图 4-1-15 所示。

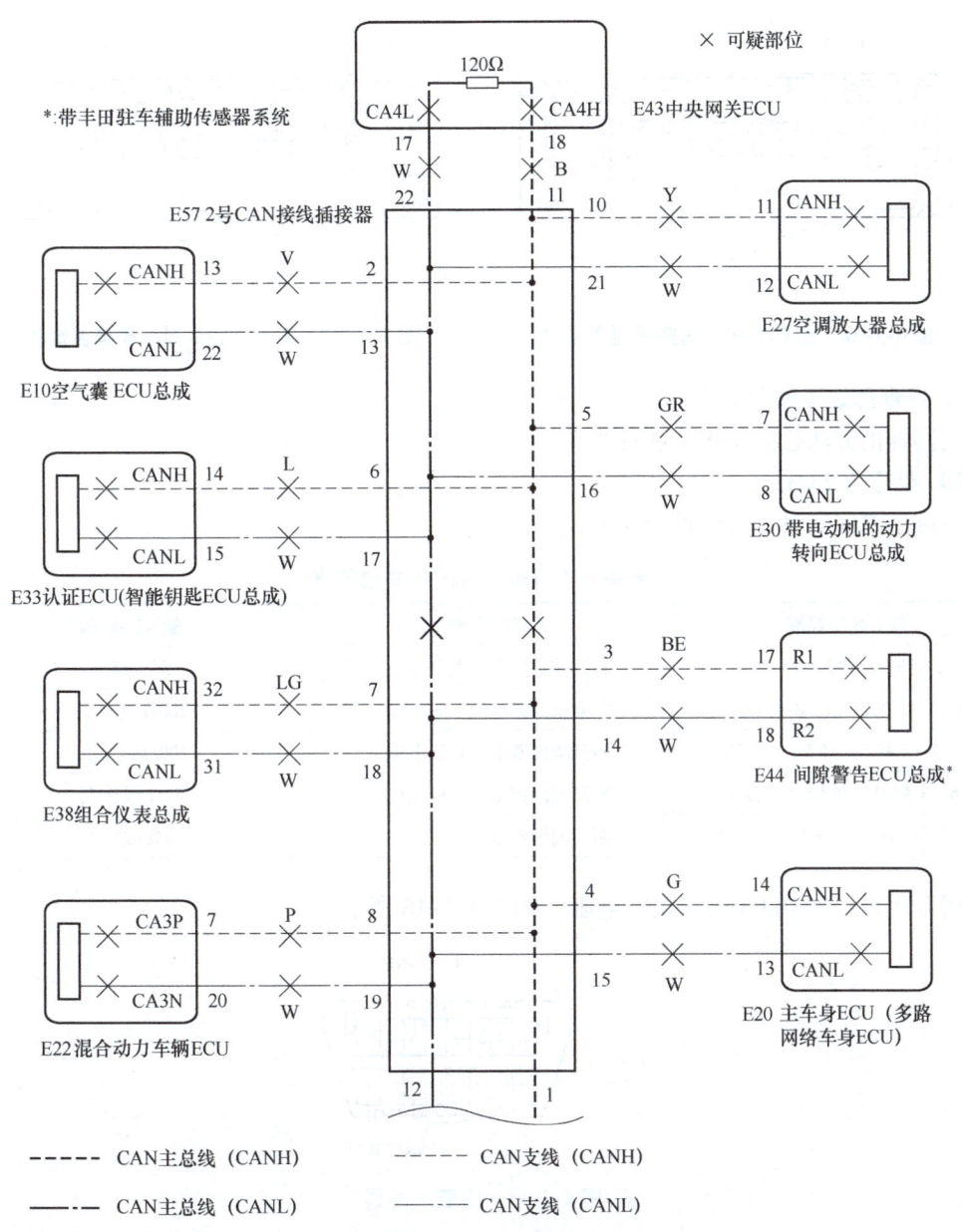

图 4-1-15　总线 2 主总线或支线间可能短路故障点

7. 检查总线 2 对搭铁是否短路

用万用表分别检测中央网关 ECU 的 E43-18 和 E43-17 端子与搭铁之间电阻值，应为 200Ω 或更大，如图 4-1-16 所示。否则，总线 2 对搭铁短路。

8. 检查总线 2 对 +B 是否短路

用万用表分别检测中央网关 ECU 的 E43-18 和 E43-17 端子与 +B 之间电阻值，应为 6kΩ 或更大，如图 4-1-17 所示。否则，总线 2 对 +B 短路。

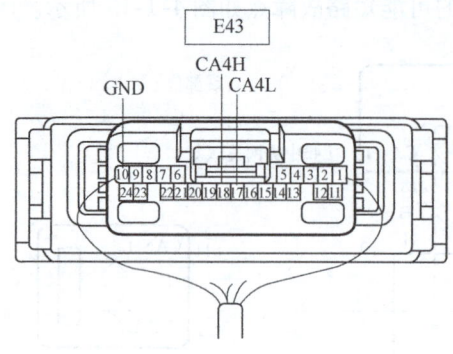
图 4-1-16　检查总线 2 对搭铁是否短路

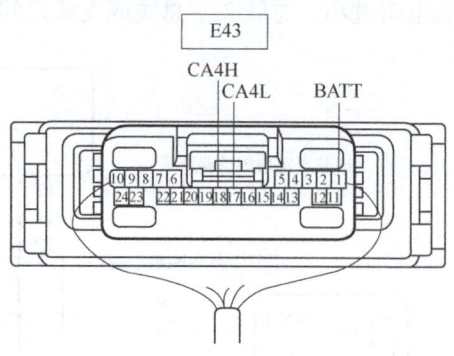
图 4-1-17　检查总线 2 对 +B 是否短路

9. 检查总线 1 和总线 3

用同样的方法检查总线 1 和总线 3。

10. 检查 V 总线

各端子之间测量正常值见表 4-1-2。

表 4-1-2　DLC3 端子正常电阻值

检测仪器连接	检测条件	规定状态
E8-6（CANH）和 E8-14（CANL）	断开辅助蓄电池负极电缆	54～66Ω
E8-6（CANH）和 E8-4（CG）	断开辅助蓄电池负极电缆	200Ω 或更大
E8-14（CANL）和 E8-4（CG）	断开辅助蓄电池负极电缆	200Ω 或更大
E8-6（CANH）和 E8-16（BAT）	断开辅助蓄电池负极电缆	6kΩ 或更大
E8-14（CANL）和 E8-16（BAT）	断开辅助蓄电池负极电缆	6kΩ 或更大

用万用表检查 DLC3 端子之间电阻，如图 4-1-18 所示。

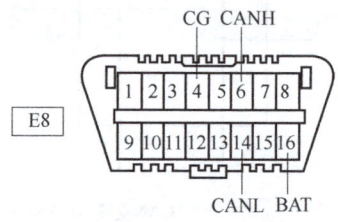
图 4-1-18　检查 V 总线

单元小结

1. CAN 总线系统是一个用于实时应用的串行数据通信系统，也是一个车辆多路通信系统，该系统通信速度高且能够检测故障。CAN 总线系统由主总线、支线、终端电阻、控制器及网关等组成。

2. 网关又称网间连接器、协议转换器。网关在网络层以上实现网络互联，是复杂的网络互联设备，仅用于两个高层协议不同的网络互联。

3. 混合动力车辆 ECU、防滑控制 ECU、带转换器的逆变器总成和 ECM 连接在总线 1 上并进行信息共享和传递。

4. 与车身控制系统相关的 ECU 或传感器连接在总线 2 上并进行信息共享和传递，如认证 ECU（智能钥匙 ECU 总成）、带电动机的助力转向总成、间隙警告 ECU 总成、主车身 ECU 等。

5. 总线 3 为信息娱乐总线，导航接收器总成、收音机和显示屏接收器总成连接在该总线上。

 **学习单元 4.2　混合动力车辆 ECU 更换**

小王在丰田某 4S 店工作，今天接到一辆卡罗拉混合动力汽车，师傅检查后确诊混合动力车辆 ECU 出现故障，要求小王对 ECU 进行更换。如果你是小王，你知道如何正确规范地进行混合动力车辆 ECU 的更换吗？

1. 能正确识别车辆混合动力系统的类型。
2. 能在实车上识别 THS-Ⅱ 的关键零部件并叙述其功能。
3. 能正确叙述 THS-Ⅱ 的主要控制功能。
4. 能按照正确操作规范进行混合动力车辆 ECU 的更换。
5. 能按照正确操作规范进行竣工质量检验。

4.2.1　丰田第二代混合动力系统（THS-Ⅱ）介绍

1. 概述

卡罗拉混合动力汽车采用丰田第二代混合动力系统（THS-Ⅱ），该系统为混联式，体现了"混合动力协同驱动"的理念。混合动力协同驱动有四个重要优势：燃油经济性、低排放、平稳加速和静谧性。

混合动力汽车使用两种动力源（发动机和动力蓄电池）的组合，以利用各动力源的优势并弥补各自的劣势，从而实现高效运行。与现有的纯电动汽车不同，混合动力汽车无须使用外部设备对其动力蓄电池充电，因此不需要专门的基础设施。

2. THS-Ⅱ 特征

急速停止：自动停止发动机的急速运转以减少能量损失。

高效行驶控制：发动机效率低时，可以仅由电机驱动车辆；发动机效率高时，可使电机发电，这样可以使车辆的总效率达到最高。

EV 模式：如果驾驶人操作 EV 模式开关且满足工作条件，车辆即可仅依靠电机行驶。

电机辅助：加速时电机补充发动机动力。

再生制动：减速期间和踩下制动踏板时，收集以热量形式损失的部分能量并作为电能重新使用，如用作电机动力。

3. THS-Ⅱ 组成

THS-Ⅱ 主要由相关传感器、混合动力车辆 ECU、发动机、动力蓄电池、带转换器的逆变器总成、混合驱动桥总成组成，如图 4-2-1 所示。

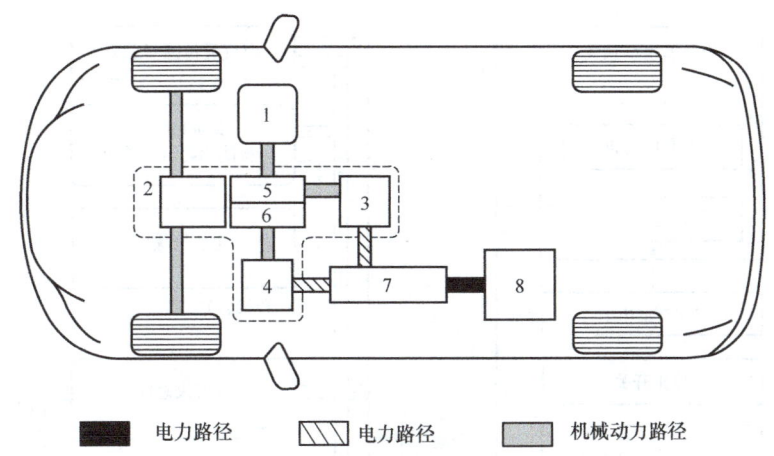

图 4-2-1　THS-Ⅱ组成

1—发动机　2—混合驱动桥总成　3—1 号电机（MG1）　4—2 号电机（MG2）
5—动力分配行星齿轮机构（复合齿轮装置）　6—电机减速行星齿轮机构（复合齿轮装置）
7—带转换器的逆变器总成　8—动力蓄电池

该系统对 8ZR-FXE 发动机、P410 混合驱动桥总成内的 MG1 和 MG2 执行最佳的协同控制。

4.2.2　丰田第二代混合动力系统（THS-Ⅱ）工作原理

THS-Ⅱ控制原理如图 4-2-2 和图 4-2-3 所示，其中，混合动力车辆 ECU 是核心部件。

4.2.3　丰田第二代混合动力系统（THS-Ⅱ）控制功能

1. 整车控制

混合动力车辆 ECU 总成利用来自加速踏板传感器总成的信号检测加速踏板踩下角度，并检测变速杆位置传感器的变速杆位置信号，通过 MG ECU 接收来自 MG1 和 MG2 旋转变压器的转速信号，根据这些信息确定车辆行驶状态，并对 MG1、MG2 和发动机的原动力进行优化控制，如图 4-2-4 所示。此外混合动力车辆 ECU 总成对 MG1、MG2 和发动机的输出功率与转矩进行最佳控制，以实现更低的燃油消耗和更清洁的废气排放。

混合动力车辆 ECU 总成根据计算的目标原动力并结合动力蓄电池的 SOC 和温度来计算发动机原动力。从目标原动力中减去发动机原动力所得的值即为 MG2 原动力。

2. SOC 控制

混合动力车辆 ECU 总成通过估算动力蓄电池的充电和放电电流计算 SOC，根据计算出的 SOC 持续执行充电/放电控制，以将 SOC 控制在目标范围内。

车辆行驶过程中，动力蓄电池会经过反复的充电、放电循环，因为其在加速过程中由 MG2 放电，在减速过程中由再生制动充电。SOC 过低时，混合动力车辆 ECU 总成提高发动机的输出功率来控制 MG1 以对动力蓄电池充电。

蓄电池控制单元将动力蓄电池的相关信号（电压、电流和温度）转换为数字信号，并通过串行通信将其传输至混合动力车辆 ECU 总成，混合动力车辆 ECU 总成通过这些信号计

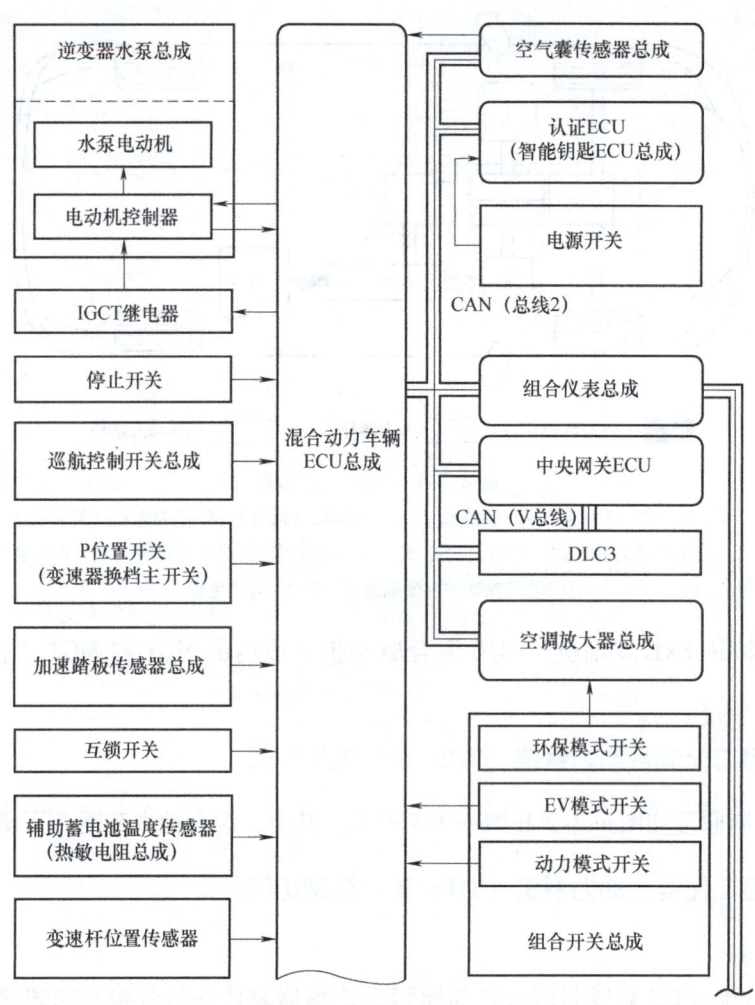

图 4-2-2　THS-Ⅱ原理图（1）

算确定 SOC。

3. 发动机控制

ECM 接收混合动力车辆 ECU 总成发出的目标发动机转速和所需要的发动机原动力，控制 ETCS-i、燃油喷射量、点火正时、VVT-i 和 EGR，如图 4-2-5 所示。

ECM 将发动机工作状态传输至混合动力车辆 ECU 总成。接收到混合动力车辆 ECU 总成发出的发动机停止信号后，ECM 使发动机停止。

4. MG1 和 MG2 主控制

由发动机驱动的 MG1 产生高压电，以驱动 MG2 并为动力蓄电池充电，同时，它还可作为起动机以起动发动机。

MG2 由 MG1 和动力蓄电池的电能驱动，产生驱动轮原动力。制动期间（再生制动协同控制）或未踩下加速踏板时（能量再生），MG2 产生高压电为动力蓄电池充电。

选择空档（N）时，MG1 和 MG2 基本关闭，为停止提供原动力，需要停止驱动 MG1 和

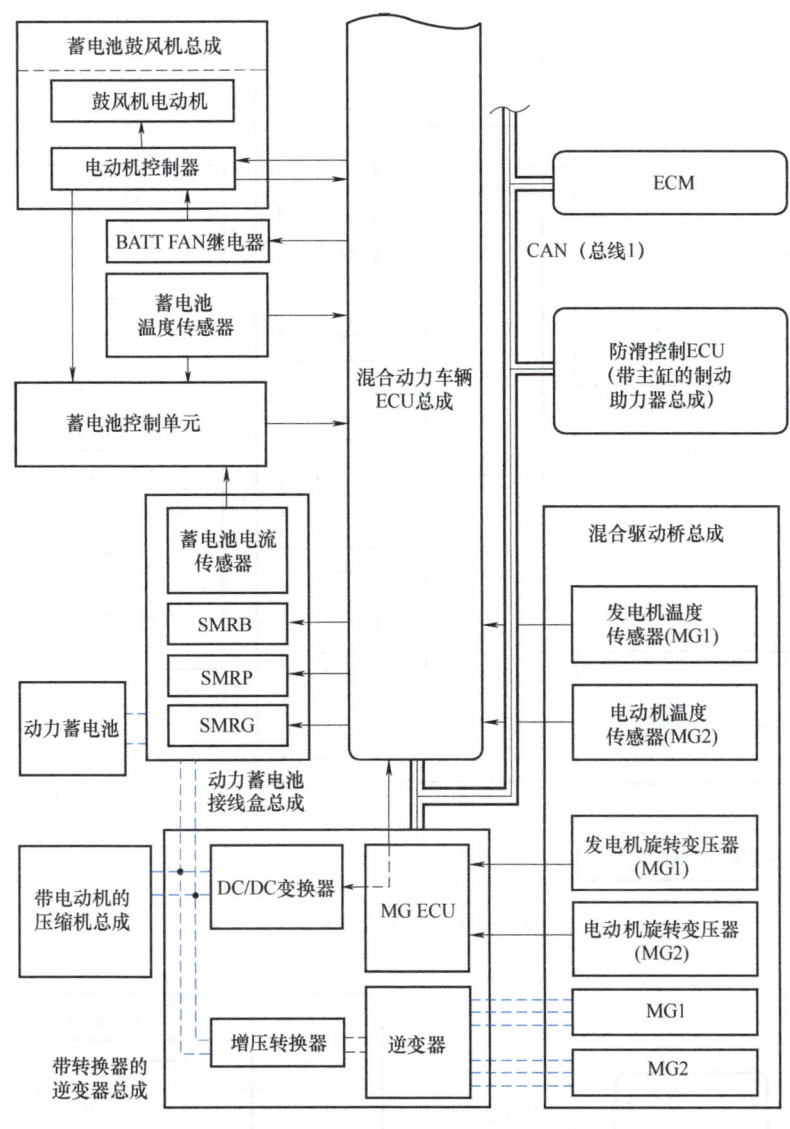

图 4-2-3 THS-Ⅱ原理图（2）

MG2，因为 MG1 和 MG2 与驱动轮是机械连接的。

5. 逆变器控制

MG ECU 根据来自混合动力车辆 ECU 的原动力信号，控制逆变器将动力蓄电池的直流电转换为用于 MG1 和 MG2 的交流电，反之亦然。此外，逆交器用于将电能从 MG1 传送至 MG2。

如果通过 MG ECU 接收到来自逆变器的过热、过电流或过电压异常信号，混合动力车辆 ECU 总成会切断逆变器。

6. 增压转换器控制

MG ECU 根据来自混合动力车辆 ECU 的控制信号，控制增压转换器将动力蓄电池的标称电压直流 201.6V 升至最高电压直流 650V，反之亦然。

159

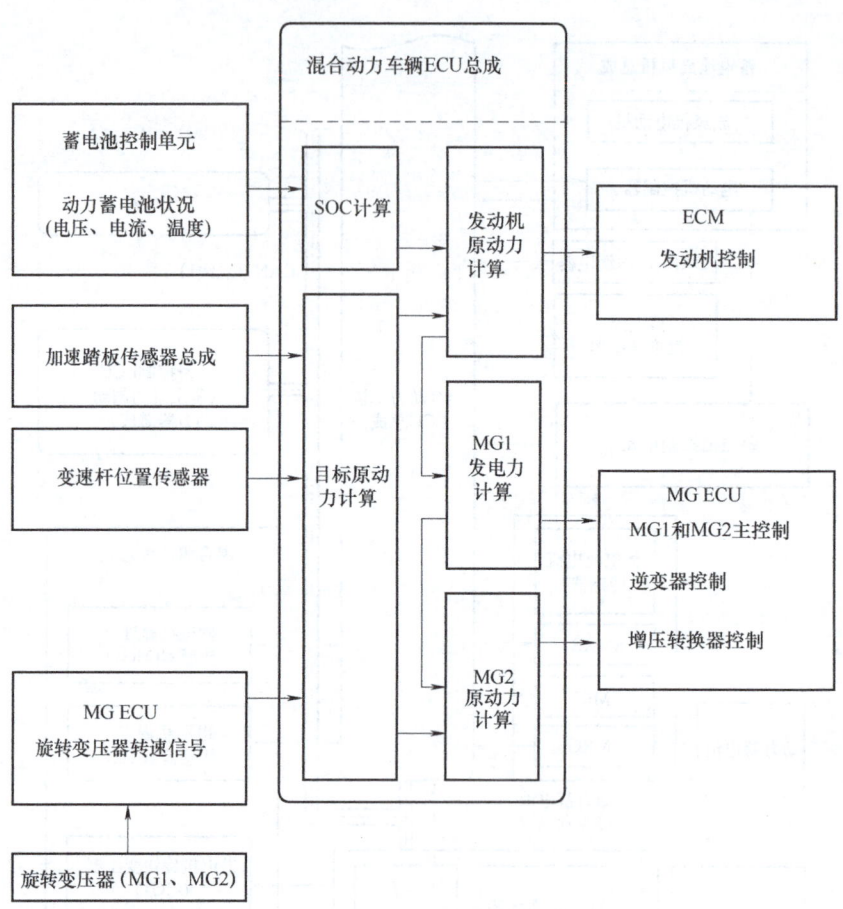

图 4-2-4 原动力计算流程

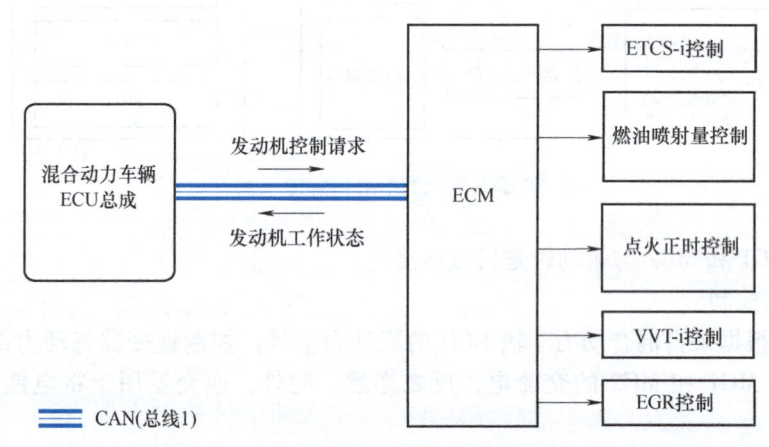

图 4-2-5 发动机控制

7. DC/DC 变换器控制

DC/DC 变换器将动力蓄电池的标称电压直流 201.6V 降至约直流 14V，以向电气部件供电，并为辅助蓄电池充电。

8. 系统主继电器控制

为确保能够可靠地连接和断开高压电路，混合动力车辆 ECU 控制三个系统主继电器连接和断开动力蓄电池的高压电路，此外还利用三个系统主继电器的工作监视继电器触点工作情况。

9. 带转换器的逆变器总成的冷却系统控制

为了冷却带转换器的逆变器总成、MG1 和 MG2，混合动力车辆 ECU 总成根据来自带转换器的逆变器总成的温度传感器、MG1 温度传感器和 MG2 温度传感器的信号控制逆变器水泵总成。

10. 动力蓄电池冷却系统控制

防了使动力蓄电池的温度保持在最佳水平，混合动力车辆 ECU 总成根据来自动力蓄电池温度传感器和动力蓄电池进气温度传感器的信号控制蓄电池鼓风机总成。

11. 再生制动协同控制

驾驶人踩下制动踏板时，防滑控制 ECU 根据制动调节器压力和制动踏板行程计算所需总制动力，然后将再生制动力请求发送至混合动力车辆 ECU，混合动力车辆 ECU 回复实际再生制动力（再生制动控制值），如图 4-2-6 所示。

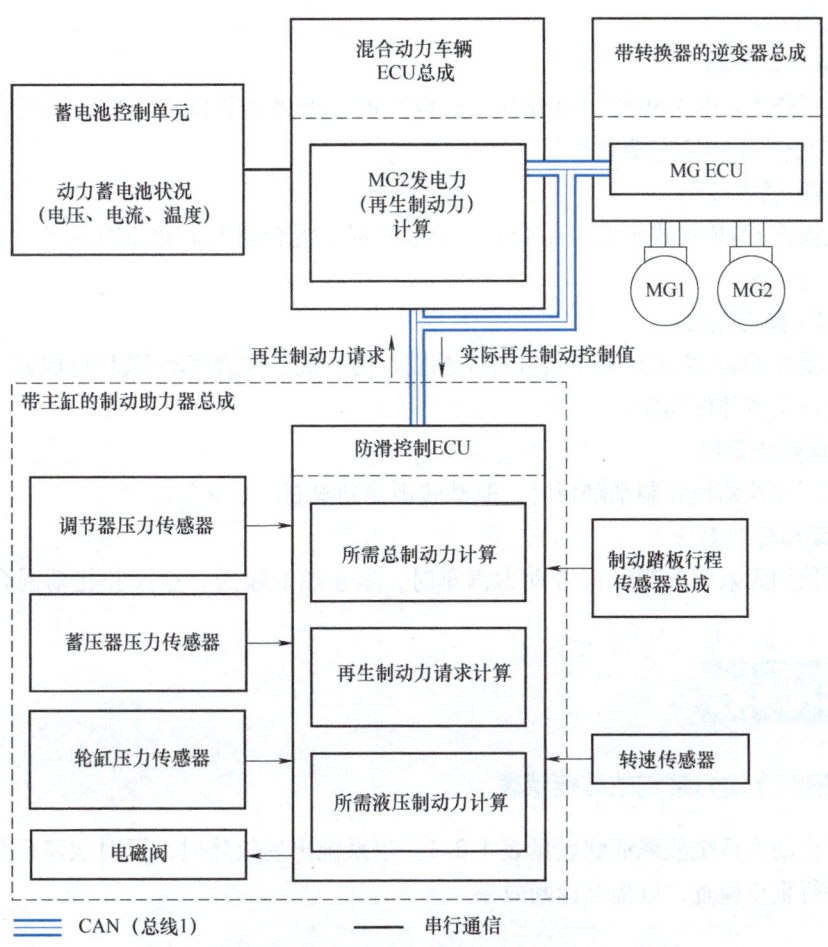

图 4-2-6　再生制动协同控制

混合动力车辆 ECU 总成使 MG2 产生负转矩（减速力），从而执行再生制动。防滑控制 ECU 控制制动执行器电磁阀并产生轮缸压力。产生的压力是从所需总制动力中减去实际再生制动控制值后剩余的值。

12. TRC/VSC 协同控制

TRC 或 VSC 工作时，防滑控制 ECU 将请求传输至混合动力车辆 ECU 以限制原动力，混合动力车辆 ECU 根据当前行驶状态控制发动机和 MG2。

13. 碰撞时控制

碰撞期间，如果混合动力车辆 ECU 总成接收到来自空气囊传感器总成的空气囊展开信号，将断开系统主继电器以切断动力蓄电池的高压。

14. 巡航控制系统运行控制

混合动力车辆 ECU 总成接收到巡航控制开关信号时，将发动机和 MG2 的原动力控制为最佳组合以获得驾驶人所需的目标车速。

15. 换档控制

混合动力车辆 ECU 总成根据变速杆位置传感器和 P 位置开关提供的信号检测驾驶人所需档位（P、R、N、D 或 S），根据这些输入信息和车辆工作状态控制 MG1、MG2 和发动机以符合所选档位。

16. EV 模式控制

驾驶人操作 EV 模式开关（组合开关总成）时，如果满足操作条件，则混合动力车辆 ECU 总成将仅使用 MG2 来驱动车辆。

17. PWR 模式控制

驾驶人操作 PWR 模式开关（组合开关总成）时，混合动力车辆 ECU 调节加速踏板操作的响应以优化加速。

18. ECO 模式控制

驾驶人操作 ECO 模式开关（组合开关总成）时，混合动力车辆 ECU 总成调节加速踏板操作的响应以支持环保驾驶。

19. 制动优先系统

同时踩下加速踏板和制动踏板时，驱动转矩受到限制。

20. 发动机停机系统

在试图使用无效钥匙起动混合动力汽车时，禁止燃油输送、点火和起动混合动力控制系统。

4.2.4 丰田混合动力系统故障症状表

丰田混合动力系统故障症状表见表 4-2-1。当系统出现故障时，可对故障现象所对应的可疑部位进行重点检查，以提高诊断效率。

表 4-2-1　丰田混合动力系统故障症状表

症　状	可 疑 部 位
无法进入 EV 模式	CAN 通信系统
	EV 模式开关（组合开关总成）
	模式选择开关 EV 模式电路
	组合仪表总成
EV 模式指示灯不亮	组合仪表总成
	EV 模式开关（组合开关总成）
	模式选择开关 EV 模式电路
EV 模式指示灯不熄灭	组合仪表总成
	EV 模式开关（组合开关总成）
	模式选择开关 EV 模式电路
无法进入动力模式	CAN 通信系统
	动力模式开关（组合开关总成）
	模式选择开关动力模式电路
	组合仪表总成
动力模式指示灯不亮	动力模式开关（组合开关总成）
	模式选择开关动力模式电路
	组合仪表总成
动力模式指示灯不熄灭	动力模式开关（组合开关总成）
	模式选择开关动力模式电路
	组合仪表总成
无法进入环保模式	CAN 通信系统
	环保模式开关（组合开关总成）
	模式选择开关环保模式电路
	组合仪表总成
环保模式指示灯不亮	环保模式开关（组合开关总成）
	模式选择开关环保模式电路
	组合仪表总成
环保模式指示灯不熄灭	环保模式开关（组合开关总成）
	模式选择开关环保模式电路
	组合仪表总成
喘振或加速不良	制动优先系统
通过换至"＋"或"－"无法切换换档范围内的位置	换档拨板装置电路

(续)

症 状	可 疑 部 位
无法将电源开关置于 ON（READY）位置	蓄电池电压传感器（故障总成确认）
	智能上车和起动系统（起动功能）
	ECU 电源电路
	混合动力车辆 ECU 总成
	ECM
混合驱动桥发出大的"咔咔"声	齿轮机构
	输入减振器总成
	混合驱动桥总成
	发动机缺火
多信息显示屏上显示"MAINTENANCE REQUIRED FOR HYBRID COOLING PARTS AT YOUR DEALER"（请在经销商处进行动力蓄电池冷却零件所需维护）	动力蓄电池冷却系统进气口
	风管连接部位
	动力蓄电池 1 号进气滤清器
后排座椅坐垫侧盖的通风孔内发出异常噪声	动力蓄电池冷却系统进气口
	风管连接部位
	动力蓄电池 1 号进气滤清器

 实践技能

4.2.5 混合动力车辆 ECU 更换

如果混合动力车辆 ECU 出现故障需要更换，按照以下步骤进行。

1）打开车门。

2）安装驾驶室三件套。

3）安装副驾驶室两件套。

4）打开行李箱。

5）分离两个紧固件，拆下行李箱前装饰罩。

6）松开螺母，拆下辅助蓄电池负极电缆。

7）拆下杂物箱盖总成。分离卡夹，以断开杂物箱盖挡块分总成，如图 4-2-7 所示。按图中箭头所示方向，轻推挡块 A 和 B，并向下拉杂物箱盖总成直到挡块分离。将杂物箱盖总成从闭合位置打开约 53°，如图 4-2-8 所示，按图中箭头所示方向，水平将其拉出以分离两条铰链并拆下杂物箱盖总成。注意：向上拉出杂物箱盖总成会导致铰链变形，务必水平拉出。

8）按下混合动力车辆 ECU 三个插头上的锁扣，拔下车辆 ECU 上三个插头，如图 4-2-9 所示。

9）拔下主车身 ECU 上三个插头。

10）拆下固定支架上两个固定螺栓，如图 4-2-10 所示。

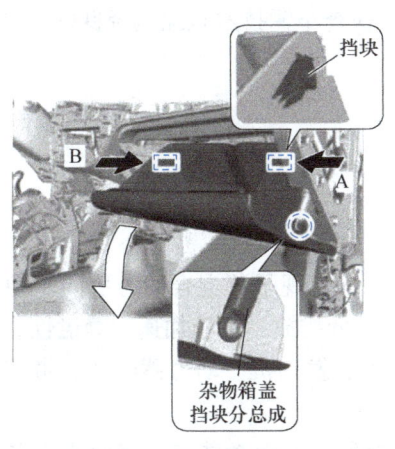

图 4-2-7　断开杂物箱盖挡块分总成

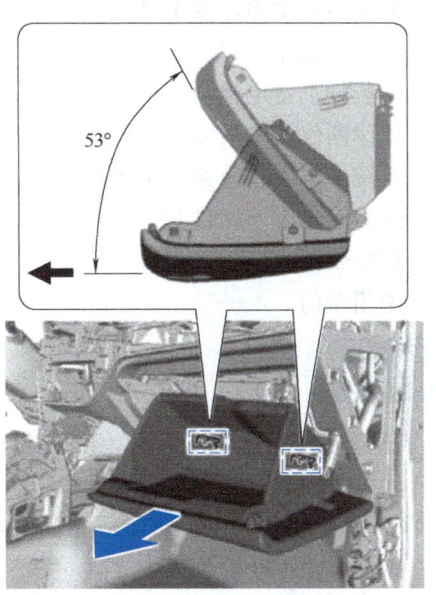

图 4-2-8　水平拉出杂物箱盖总成

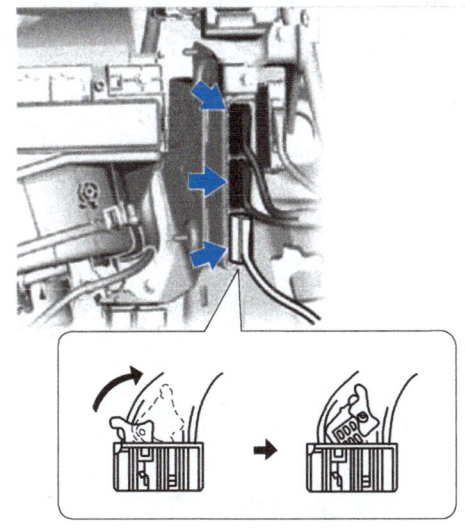

图 4-2-9　拔下混合动力车辆 ECU 上三个插头

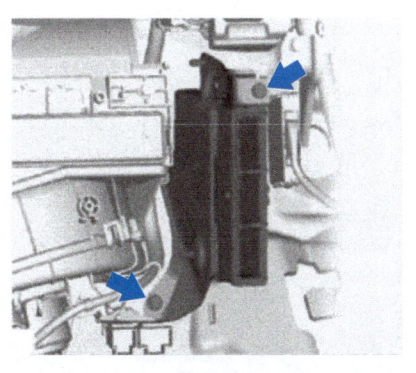

图 4-2-10　拆下固定支架上两个固定螺栓

11）拆下固定支架上线束卡夹。
12）取出混合动力车辆 ECU 和主车身 ECU 部件。
13）拆下混合动力车辆 ECU。
14）将新的混合动力车辆 ECU 安装在支架上。
15）将 ECU 部件放置在杂物箱相应部位。
16）安装固定支架上线束卡夹。
17）按照规定力矩 8N·m 固定支架螺栓。
18）插上主车身 ECU 上三个插头。

19）插上混合动力车辆 ECU 上三个插头。
20）安装杂物箱盖总成。
21）安装辅助蓄电池负极电缆。
22）用诊断仪读取故障码，检查系统有无故障码。
23）系统上电，检查系统上电是否正常；试车，检查车辆技术状况是否良好。
24）拆除副驾驶室两件套。
25）拆除驾驶室三件套。
26）关闭车门。

单元小结

1. 丰田第二代混合动力系统（THS-Ⅱ）为混联式，体现了"混合动力协同驱动"的理念。混合动力协同驱动有四个重要优势：燃油经济性、低排放、平稳加速和静谧性。

2. THS-Ⅱ主要由相关传感器、混合动力车辆 ECU、发动机、动力蓄电池、带转换器的逆变器总成、混合驱动桥总成组成。

3. 混合动力车辆 ECU 对混合动力系统进行综合控制，主要功能有：接收来自各种传感器和 ECU（如 ECM、MG ECU、蓄电池控制单元、防滑控制 ECU 等）的信息，并据此计算所需转矩及输出功率；将计算结果传输至 ECM、MG ECU 和防滑控制 ECU；另外还监视动力蓄电池的 SOC、控制 DC/DC 变换器、控制逆变器水泵总成及控制蓄电池鼓风机总成等。

学习单元 4.3　整车工作模式测试

任务导入

小王是丰田某 4S 店的销售顾问,一位客户来店后对卡罗拉混合动力汽车比较感兴趣,要求进行车辆试驾,希望能体验混合动力汽车的各种工作模式。如果你是小王,你知道如何正确规范地进行混合动力汽车试驾并演示车辆不同的工作模式吗?

学习目标

1. 能通过查阅维修资料的方式了解卡罗拉混合动力汽车的工作模式。
2. 能通过试乘试驾的方式检验 EV 工作模式。
3. 能通过试乘试驾的方式检验 ECO 工作模式。
4. 能通过试乘试驾的方式检验 PWR 工作模式。
5. 能通过试乘试驾的方式检验制动能量回收工作模式。

理论知识

4.3.1　丰田第二代混合动力系统(THS-Ⅱ)工作模式

1. 混合动力系统起动(READY-on 状态)

1)踩下制动踏板时,通过按下电源开关起动混合动力系统。此时,READY 指示灯一直闪烁直至完成系统检查。READY 指示灯点亮时,混合动力系统起动且车辆可以行驶。

2)即使驾驶人将电源开关置于 ON(READY)位置,混合动力车辆 ECU 有时也无法起动发动机。发动机仅在发动机冷却液温度、SOC、动力蓄电池温度和电气负载需要起动发动机等条件下起动。

3)行驶后,驾驶人停止车辆并打开 P 位置开关时,混合动力车辆 ECU 使发动机继续运转。发动机将在 SOC、动力蓄电池温度和电气负载状态达到规定值后停止。

4)驾驶过程中不得不停止混合动力系统时,按住电源开关约 2s 或更长时间或连续按下电源开关三次或更多次可强行停止该系统。此时,电源切换至 ON(ACC)。

2. EV 模式

满足下面所有条件时,可使用 EV 模式。

1)混合动力系统温度不高(外界空气温度高时或车辆上坡行驶或以高速行驶后,混合动力系统温度将会比较高)。

2)混合动力系统温度不低(外界空气温度低时或车辆停止运行很长时间后,混合动力系统温度将会比较低)。

3)发动机冷却液温度约为 0℃ 或更高。

4)SOC 约为 50% 或更高。

5）车速约为 30km/h 或更低（发动机冷机条件）。

6）车速约为 45km/h 或更低（发动机暖机条件）。

7）加速踏板踩下量为特定值或更低。

8）除雾器关闭。

9）巡航控制系统未工作。

EV 模式期间的可连续行驶里程根据动力蓄电池的 SOC 和行驶条件（如路面和山坡）的不同而不同，通常在数百米和 2km 之间。

EV 模式可降低车辆噪声，同时减少产生的废气。驾驶人操作 EV 模式开关时，如果满足操作条件，则混合动力车辆 ECU 将仅使用 MG2 来驱动车辆。

满足所有工作条件时，按下 EV 模式开关可使车辆进入 EV 模式，EV 模式指示灯将点亮。如果未满足任一工作条件而按下 EV 模式开关，EV 模式指示灯闪烁三次且蜂鸣器鸣响以告知驾驶人 EV 模式开关操作被拒绝，无法进入 EV 模式。

车辆在 EV 模式下行驶时，如果不再满足工作条件，EV 模式指示灯将闪烁三次且蜂鸣器鸣响以告知驾驶人 EV 模式即将取消。

3. PWR 模式和 ECO 模式

在 PWR 模式期间，混合动力车辆 ECU 总成通过在加速踏板操作的初始阶段快速提高动力输出来优化加速感。在 ECO 模式期间，混合动力车辆 ECU 总成通过缓慢产生原动力（与加速踏板操作相对应）来优化燃油经济性和行驶性能，如图 4-3-1 所示。同时，通过优化空调性能来支持环保驾驶。

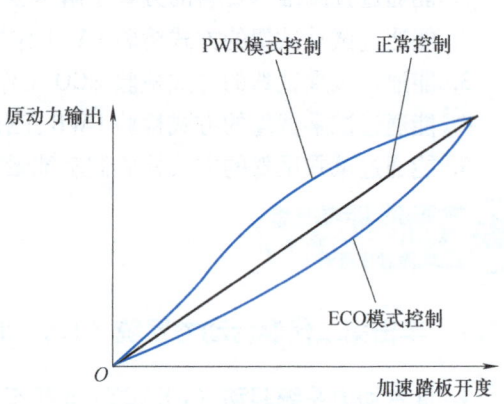

图 4-3-1 动力模式和环保模式

4.3.2 丰田第二代混合动力系统（THS-Ⅱ）各行驶工况动力传递路线

混合动力系统使用发动机和 MG2 提供的原动力，并将 MG1 用作发电机。混合动力系统根据下列行驶状态对发动机、MG1 和 MG2 的运转进行优化组合，驱动车辆，如图 4-3-2 所示。

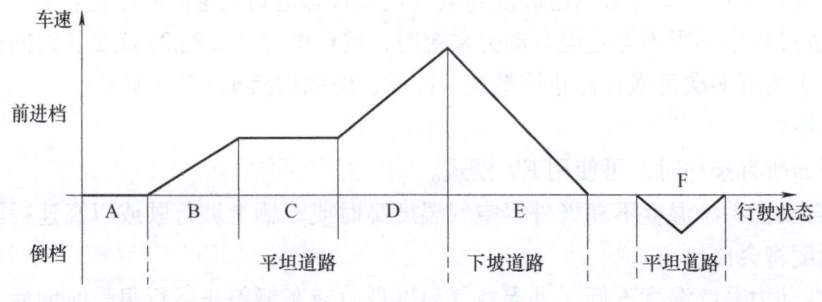

图 4-3-2 典型车辆行驶工况

A—电源开关置于 ON（READY）位置　B—起步　C—定速巡航　D—节气门全开加速
E—减速　F—倒车

对于混合动力系统，了解电机旋转方向和转矩间的关系有助于理解电机的作用。表 4-3-1 表明了正转矩或负转矩和正向旋转或反向旋转进行不同组合时驱动和发电的关系。

表 4-3-1 电机旋转方向和转矩间的关系

旋转方向	转矩状态	零部件的作用
正向（＋）旋转	正转矩	驱动
	负转矩	发电
反向（－）旋转	正转矩	发电
	负转矩	驱动

1. 起步

车辆起步时，由 MG2 为车辆提供动力，如图 4-3-3 所示。仅由 MG2 驱动运行时，如果所需的驱动转矩增加，则激活 MG1 以起动发动机。

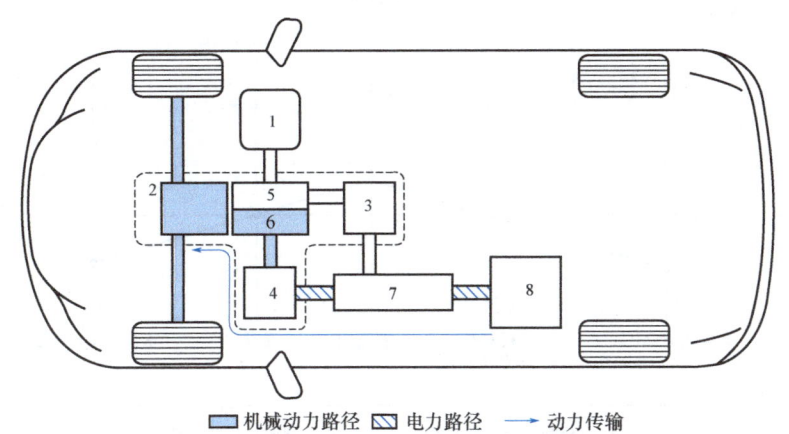

图 4-3-3 起步

1—发动机（停止） 2—混合驱动桥总成 3—MG1（自由旋转） 4—MG2（主动） 5—动力分配行星齿轮机构 6—电机减速行星齿轮机构 7—带转换器的逆变器总成 8—动力蓄电池

发动机、MG1、MG2、动力分配行星齿轮机构、减速行星齿轮机构之间的连接关系如图 4-3-4 所示。发动机的动力输出轴与前排行星架连接，MG1 转子与前排太阳轮连接，MG2 转子与后排太阳轮连接，后排行星架固定，前、后排齿圈通过外部齿轮与其外部的齿套结合。

车辆在正常情况下起步时，动力传递路线如图 4-3-4 所示。此时使用 MG2 的原动力行驶，MG2 带动后排太阳轮逆时针（－）转动，由于后排行星架固定，后排齿圈顺时针转动，带动齿套顺时针（＋）转动，通过两级减速机构及差速器驱动车辆行驶。在此状态下行驶时，前排齿圈顺时针转动，由于发动机停止，前排行星架的转速为 0r/min，前排太阳轮逆时针转动并带动 MG1 转子逆时针转动。

2. 定速巡航

车辆在低负载和定速巡航状态下行驶时，发动机和 MG2 均工作。动力分配行星齿轮机构传输发动机原动力，其中一部分原动力直接输出，剩余的原动力则通过 MG1 发电，利用逆变器的电力路径，该电能被传输至 MG2，作为 MG2 的原动力输出，如图 4-3-5 所示。如

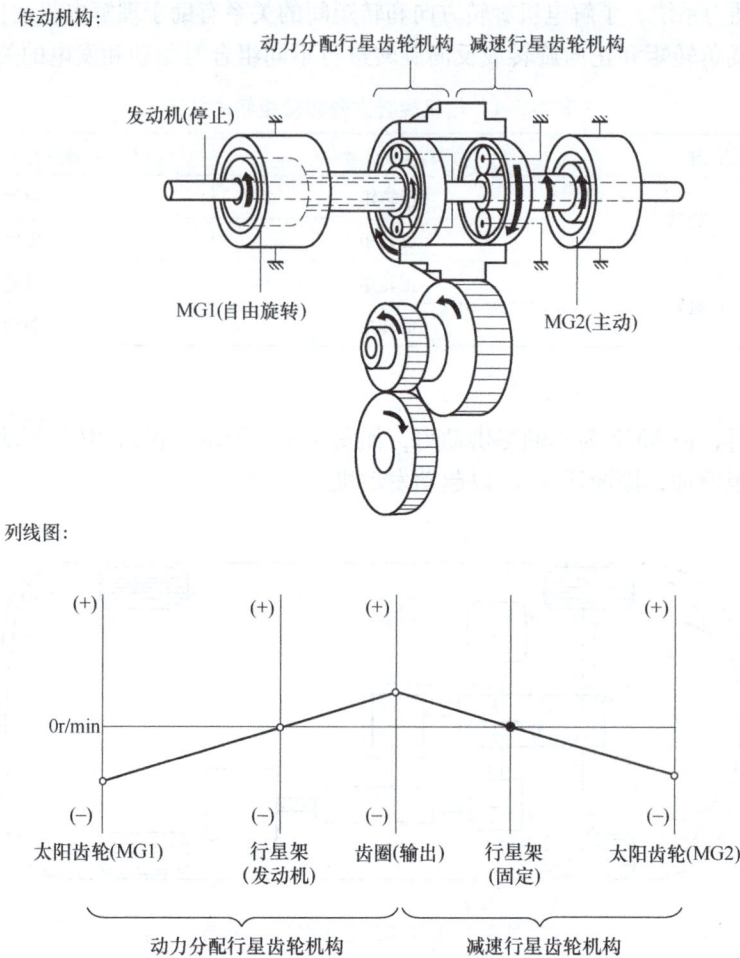

图 4-3-4 起步时动力传动路线

果动力蓄电池的 SOC 水平低，则由发动机驱动 MG1 进行充电。

动力传递路线如图 4-3-6 所示。MG2 带动后排太阳轮逆时针转动，由于后排行星架固定，后排齿圈顺时针转动，带动齿套顺时针转动，通过两级减速机构及差速器驱动车辆行驶；发动机转矩以顺时针方向作用于前排行星架，因前排齿圈随齿套顺时针转动，于是前排太阳齿轮也顺时针方向转动并带动 MG1 转子顺时针转动，MG1 发电。

3. 节气门全开加速

车辆行驶状态从低负载巡航变为节气门全开加速时，系统用来自动力蓄电池的电能为 MG2 补充原动力，如图 4-3-7 所示。

需要更多发动机动力时，相关齿轮的转速发生如下所述改变以提高发动机转速，如图 4-3-8 所示。发动机转矩以顺时针方向作用于前排行星架，因前排齿圈随齿套顺时针转动，于是前排太阳齿轮也顺时针方向转动并带动 MG1 转子顺时针转动，MG1 发电。

4. 减速

选择 D 位的情况下使车辆减速时，发动机关闭且原动力变为零。此时，车轮驱动 MG2，使 MG2 作为发电机运行，从而为动力蓄电池充电，如图 4-3-9 所示。如果车辆从较高车速

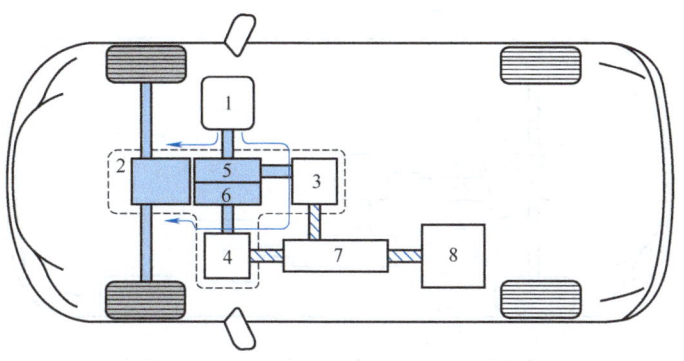

图 4-3-5 定速巡航
1—发动机（主动） 2—混合驱动桥总成 3—MG1（发电） 4—MG2（主动） 5—动力分配
行星齿轮机构 6—电机减速行星齿轮机构 7—带转换器的逆变器总成 8—动力蓄电池

传动机构：

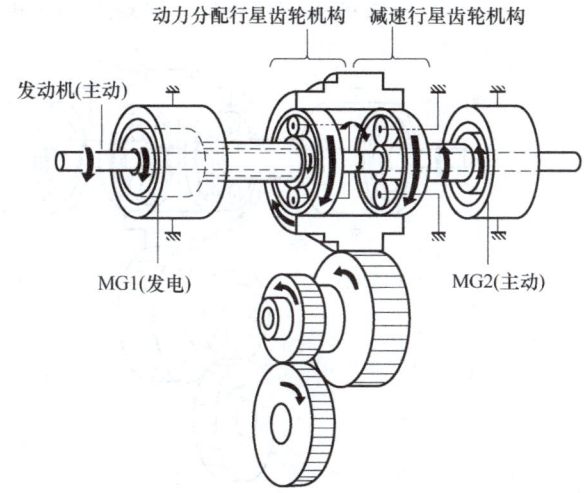

列线图：

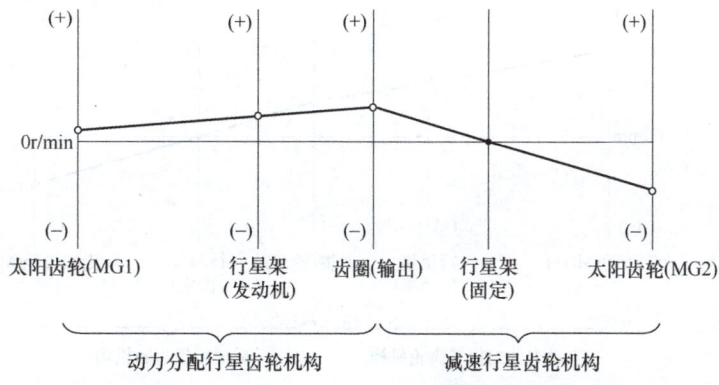

图 4-3-6 定速巡航时动力传递路线

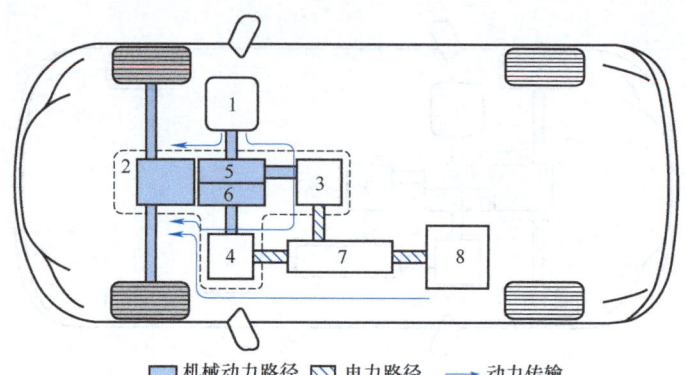

■ 机械动力路径　▨ 电力路径　→ 动力传输

图 4-3-7　节气门全开加速

1—发动机（主动）　2—混合驱动桥总成　3—MG1（发电）　4—MG2（主动）
5—动力分配行星齿轮机构　6—电机减速行星齿轮机构　7—带转换器的逆变器总成　8—动力蓄电池

传动机构：

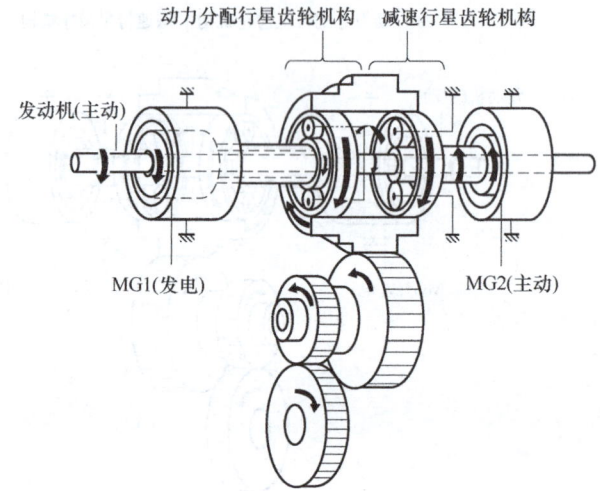

列线图：

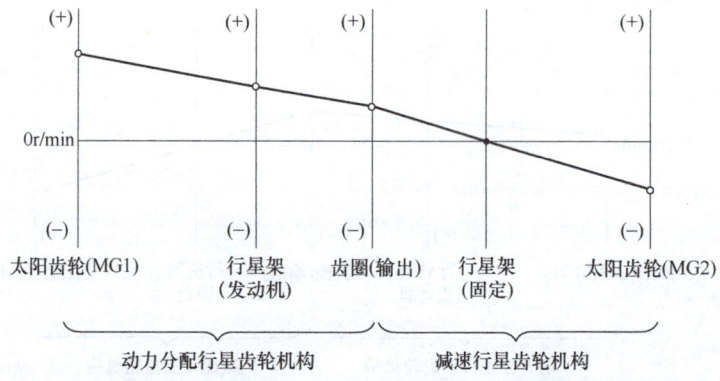

图 4-3-8　节气门全开加速时动力传动路线

减速，发动机将保持预定转速而非停止，以保护行星齿轮机构。

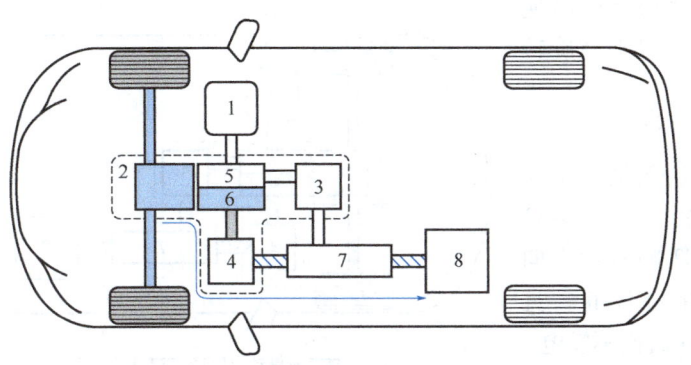

图 4-3-9　减速

1—发动机（停止）　2—混合驱动桥总成　3—MG1（自由旋转）　4—MG2（发电）　5—动力分配行星齿轮机构　6—电机减速行星齿轮机构　7—带转换器的逆变器总成　8—动力蓄电池

减速期间，齿圈由车轮驱动旋转，如图 4-3-10 所示。在此情况下，由于发动机停止，

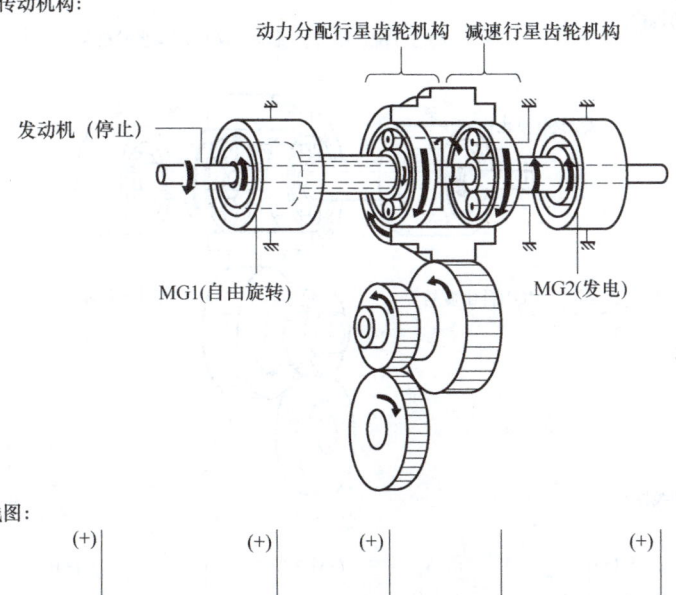

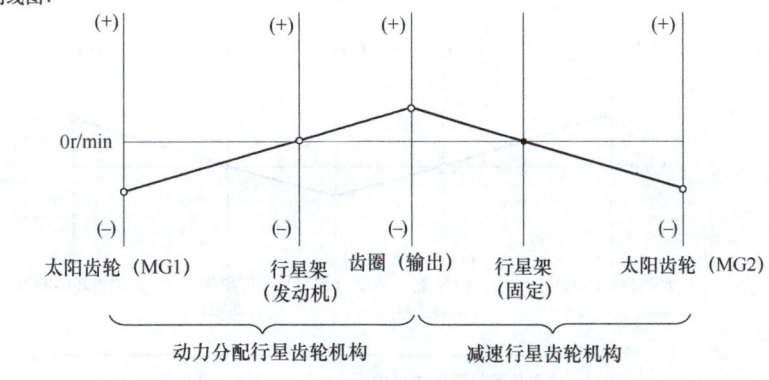

图 4-3-10　减速时动力传递路线

前排行星架的转速为 0r/min。此外，由于 MG1 未产生任何转矩，因此没有转矩作用于前排太阳齿轮，前排太阳齿轮沿逆时针方向自由旋转以平衡旋转的前齿圈。

5. 倒车

车辆以倒档行驶时，所需动力由 MG2 提供，如图 4-3-11 所示。此时，MG2 顺时针方向旋转，发动机保持停止，且 MG1 沿正常方向旋转而不发电。

行星齿轮机构的状态与"起步"中描述的相反，如图 4-3-12 所示。由于发动机停止，前排行星架的转速为 0r/min，前排太阳齿轮沿顺时针方向自由旋转以平衡旋转的齿圈。

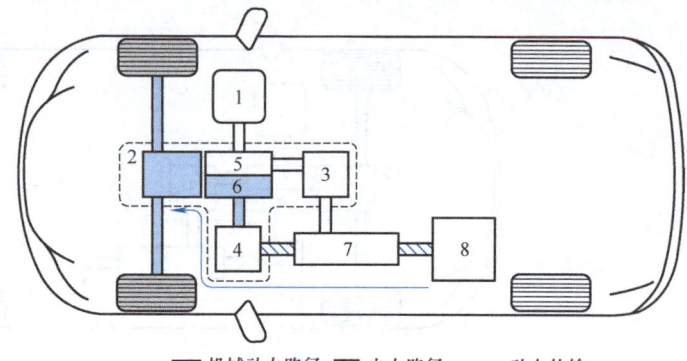

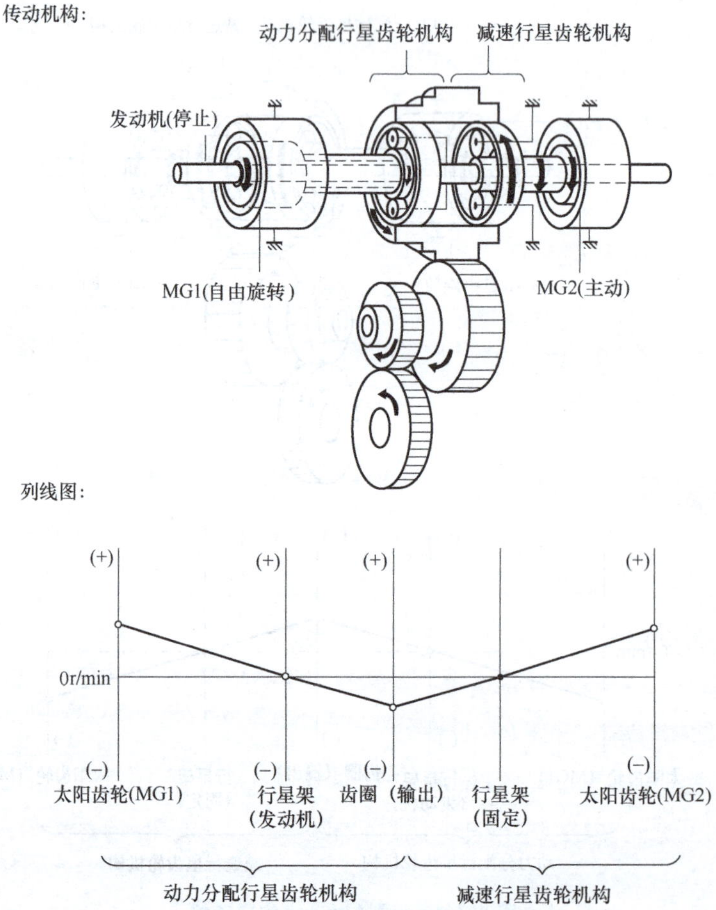

图 4-3-11　倒车
1—发动机（停止）　2—混合驱动桥总成　3—MG1（自由旋转）
4—MG2（主动）　5—动力分配行星齿轮机构　6—电机减速行星
齿轮机构　7—带转换器的逆变器总成　8—动力蓄电池

传动机构：

列线图：

图 4-3-12　倒车时动力传动路线

4.3.3　卡罗拉混合动力汽车整车工作模式测试

通过实车实验观察卡罗拉混合动力汽车工作模式。

1）打开车门。
2）系好安全带。
3）踩下制动踏板。
4）按下电源开关。
5）车辆上电，仪表盘显示"READY"，上电正常。
6）按下方向盘上信息选择按钮，调节出能量监视器界面，如图 4-3-13 所示。
7）将电子变速杆拨至 D 位。
8）松开驻车制动。
9）松开制动踏板。
10）踩下加速踏板。
11）车辆行驶。
12）按下 EV 模式按钮。
13）观察仪表盘能量监视器，此时动力蓄电池提供能量，驱动汽车行驶。如果动力蓄电池剩余电量不足，则不能进入 EV 模式，如图 4-3-14 所示。

图 4-3-13　能量监视界面

图 4-3-14　不能进入 EV 模式

14）按下 ECO 模式按钮。
15）加速行驶。
16）观察仪表盘能量监视器，此时由动力蓄电池单独驱动汽车行驶（如图 4-3-15 所示），或者动力蓄电池和发动机共同提供能量，驱动汽车行驶。
17）按下 PWR 模式按钮。
18）加速行驶。
19）观察仪表盘能量监视器，此时动力蓄电池和发动机共同提供能量，驱动汽车行驶，如图 4-3-16 所示。
20）松开加速踏板。

图 4-3-15　动力蓄电池单独驱动汽车行驶　　　图 4-3-16　动力蓄电池和发动机共同驱动汽车行驶

21）踩下制动踏板。
22）观察仪表盘能量监视器，显示能量回收，如图 4-3-17 所示。

图 4-3-17　制动能量回收

23）同时观察仪表盘左侧混合动力系统指示仪，指针在 CHARGE 区域。
24）制动车辆直至停车。
25）拉起驻车制动。
26）关闭电源开关。
27）关闭车门。

单元小结

1. READY 指示灯点亮时，混合动力系统起动且车辆可以行驶。
2. EV 模式期间的可连续行驶里程根据动力蓄电池的 SOC 和行驶条件（如路面和山坡）的不同而不同，通常在数百米和 2km 之间。
3. 在 PWR 模式期间，混合动力车辆 ECU 总成通过在加速踏板操作的初始阶段快速提高动力输出来优化加速感。
4. 混合动力系统使用发动机和 MG2 提供的原动力，并将 MG1 用作发电机，根据各种行驶状态对发动机、MG1、MG2 的运转进行优化组合。
5. 车辆以倒档行驶时，所需动力由 MG2 提供。

 **学习单元 4.4　电子换档装置更换**

小王在丰田某 4S 店工作，今天接到一辆卡罗拉混合动力汽车，师傅检查后确诊变速杆位置传感器出现故障，要求小王进行更换。如果你是小王，你知道如何正确规范地进行变速杆位置传感器的更换吗？

1. 能通过查阅维修资料的方式了解电子换档装置的安装位置和工作原理。
2. 能在车辆上识别电子换档系统的主要零部件。
3. 能正确规范地进行换档操作。
4. 能按照正确规范更换变速杆位置传感器。
5. 能按照正确规范进行竣工车辆检测和实验。

4.4.1　电子换档系统组成和工作原理

1. 电子换档系统结构组成

电子换档系统使用线控技术，根据各种传感器、开关和 ECU 提供的信息判断车辆状态，并根据驾驶人对变速器地板式换档总成和 P 位置开关（变速器换档主开关）的操作激活适当的换档控制，如图 4-4-1 所示。

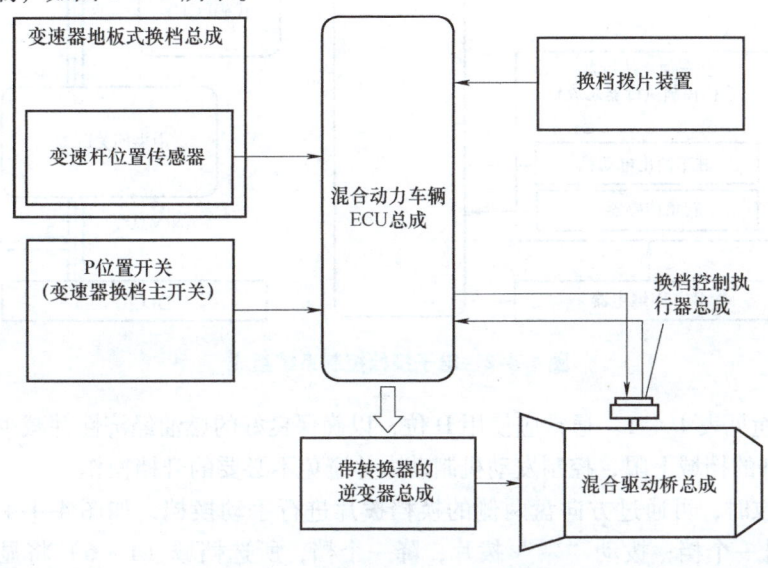

图 4-4-1　电子换档系统结构组成

结构紧凑的变速器地板式换档总成为瞬时换档型，换档后驾驶人的手松开变速杆时，变速杆会返回原始位置。驾驶人用指尖就可以换档，符合人体工程学，使换档操作非常方便。变速器地板式换档总成中的变速杆位置传感器检测变速杆位置（R、N、D 或 S）并发送信号至混合动力车辆 ECU。混合动力车辆 ECU 控制发动机、MG1、MG2 的运转，以产生最佳传动比。换档拨片装置位于方向盘两侧，可以手动换档。

2. 电子换档控制系统工作原理

电子换档控制系统如图 4-4-2 所示，混合动力车辆 ECU 根据来自变速杆位置传感器的信号选择档位。使用此系统，驾驶人按下 P 位置开关时，混合驱动桥总成内的换档执行器总成机械锁止驻车档齿轮，实现驻车功能。电源开关位于 ON（READY）位置且选择空档的情况下踩下制动踏板时，蜂鸣器鸣响，以告知驾驶人。通过仪表盘内部的变速杆位置指示灯可以查看当前选择的档位，如图 4-4-3 所示。

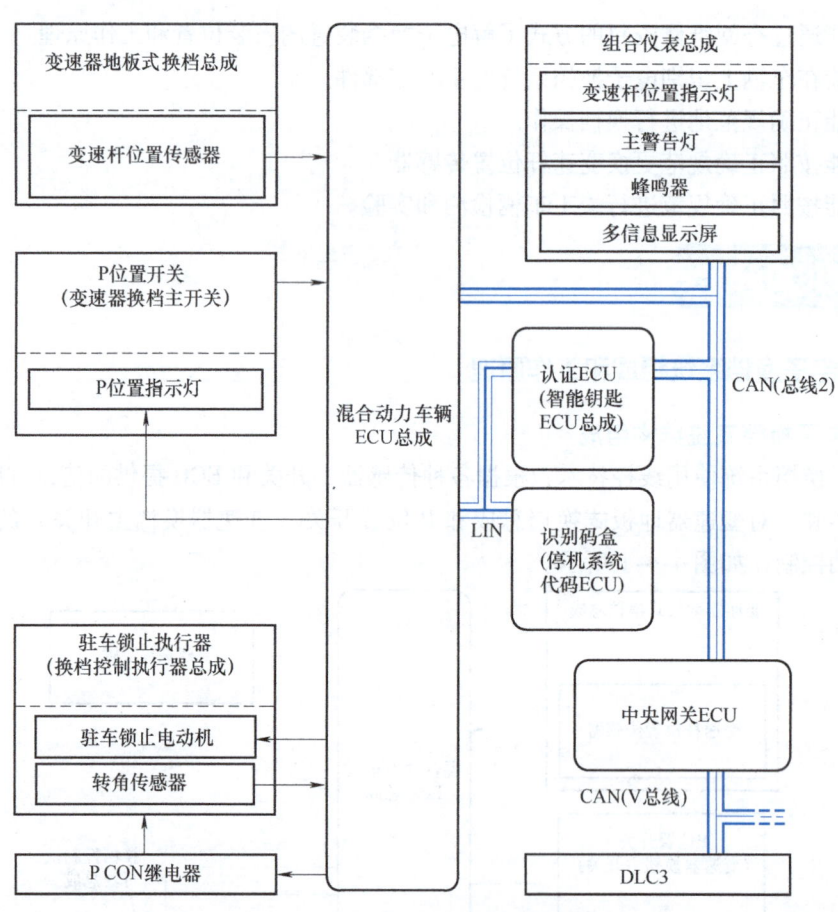

图 4-4-2　电子换档控制系统组成

各档位用途见表 4-4-1。通常应使用 D 位，以确保良好的燃油经济性并减少噪声。选择 S 位可限制允许的档域上限，控制发动机制动力并避免不必要的升档操作。

当选择 S 位时，可通过方向盘两侧的换档拨片进行手动换档，如图 4-4-4 所示。拨动"＋"拨片，升一个档；拨动"－"拨片，降一个档，所选档域（1~6）将显示在档域指

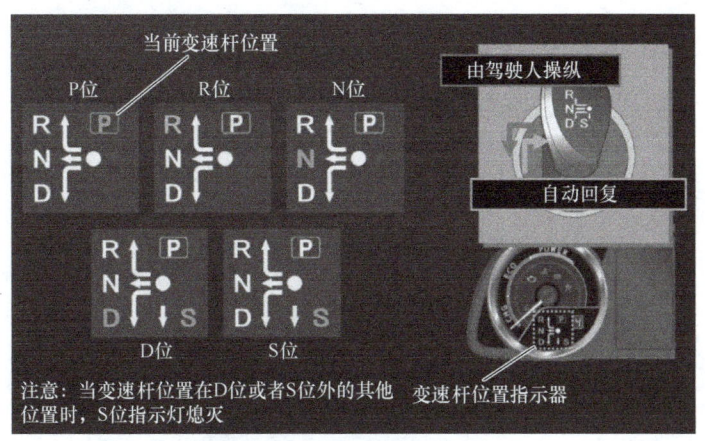

图 4-4-3 仪表盘档位指示灯

示灯上。如果拉住"+"换档拨片,将增至最大可选档域。

表 4-4-1 档位用途

档 位	功 能
P	驻车或起动混合动力系统
R	倒车
N	空档
D	正常行驶
S	顺序换档模式行驶

图 4-4-4 手动换档拨片

3. 电子换档系统主要零部件

电子换档系统主要零部件安装位置如图 4-4-5 所示。

(1) 变速杆 如图 4-4-6 所示,变速器地板式换档总成为瞬时换档型,进行换档操作后,驾驶人松开变速杆把手时,内部弹簧的反作用力使变速杆返回原始位置。变速器地板式换档总成内置有变速杆位置传感器,用于检测变速杆位置(R、N、D 或 S)。

(2) 变速杆位置传感器 采用霍尔式集成电路检测位置,结构如图 4-4-7 所示。

(3) P 位置开关 此开关打开时,检测驾驶人进行驻车锁止的意图,并将信号发送至混

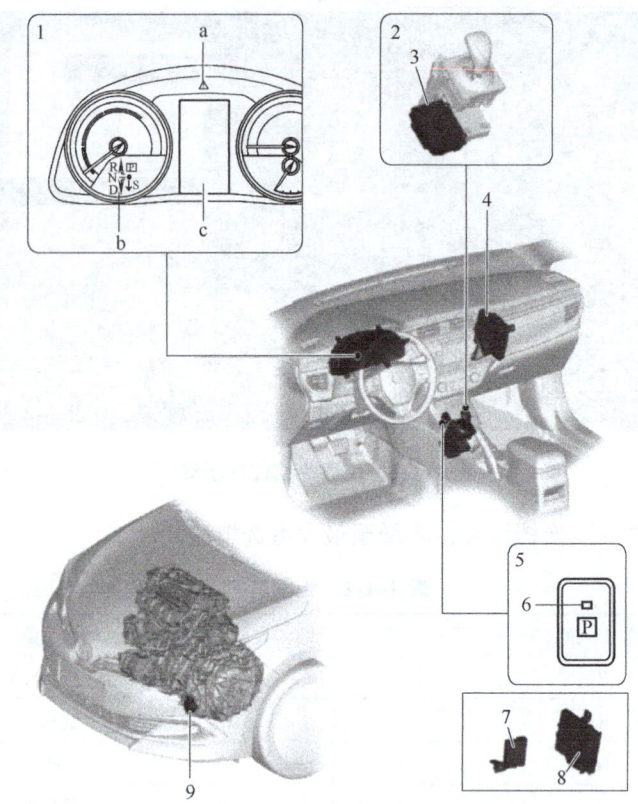

图 4-4-5　电子换档系统零部件布置图

1—组合仪表总成　2—变速器地板式换档总成　3—变速杆位置传感器　4—混合动力车辆 ECU
5—P 位置开关（变速器换档主开关）　6—P 位置指示灯　7—识别码盒（停机系统代码 ECU）
8—认证 ECU（智能钥匙 ECU 总成）　9—驻车锁止执行器（换档控制执行器总成）
a—主警告灯　b—变速杆位置指示灯　c—多信息显示屏

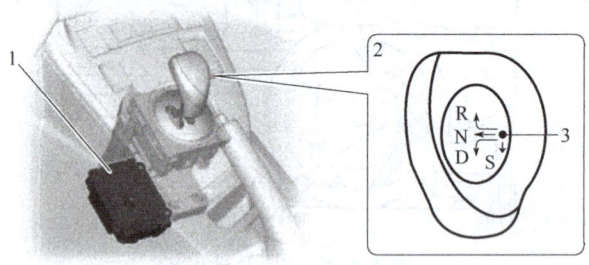

图 4-4-6　变速杆

1—变速杆位置传感器　2—变速杆把手　3—原始位置

合动力车辆 ECU。

（4）P 位置指示灯　驻车锁止接合时，此灯点亮；驻车锁止解除时，此灯熄灭。

（5）驻车锁止执行器（换档控制执行器总成）　驻车锁止执行器总成安装在混合驱动桥总成侧部，如图 4-4-8 所示。驻车锁止执行器总成包括一个开关磁阻电动机和一个摆线减速机构。

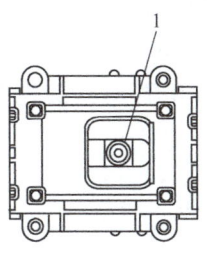 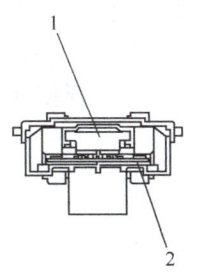   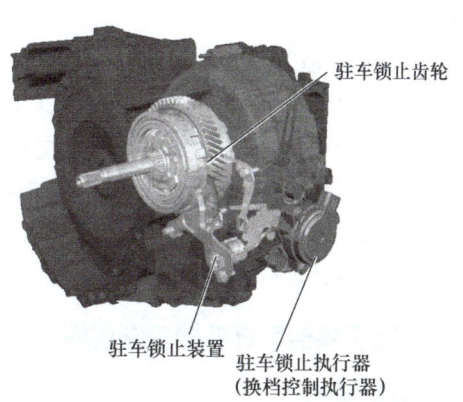

图 4-4-7　霍尔式变速杆位置传感器　　　　图 4-4-8　驻车锁止执行器与驻车锁止装置
1—变速杆位置磁铁　2—霍尔集成电路

接收到来自混合动力车辆 ECU 的执行信号后，电动机旋转以接合或解除驻车锁止装置，从而机械锁止或解锁混合驱动桥。开关磁阻电动机主要包括线圈、定子、转子和转角传感器，如图 4-4-9 所示。转角传感器包括两个霍尔集成电路（一个用于相位 A，一个用于相位 B），用于检测电动机的转角。

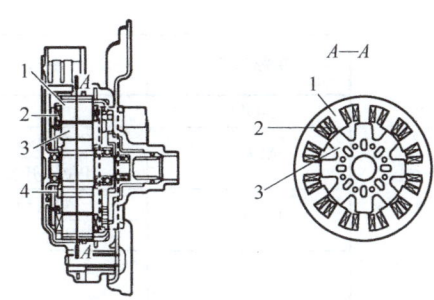

图 4-4-9　开关磁阻电动机
1—定子　2—线圈　3—转子　4—转角传感器

摆线减速机构如图 4-4-10 所示。由于摆线减速机构增大了电动机的输出转矩，因此车辆停在倾斜道路上（需要较大转矩解除驻车锁止）时，可完成驻车锁止解除操作。此结构包括一个偏心盘（安装在电动机输出轴上）、一个内齿轮（61 齿，固定在外壳上）、一个外齿轮（60 齿）和一个输出轴（与外齿轮一起旋转）。随着偏心盘的旋转（与电动机输出轴一起旋转），内齿轮一边啮合，一边推动外齿轮，偏心盘每转一周，外齿轮（比内齿轮少一个齿）少旋转一个齿。输出轴以减速比 61∶1 输出电动机的旋转运动。

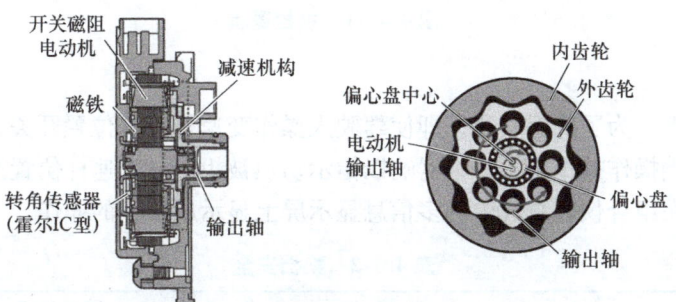

图 4-4-10　摆线减速机构

（6）混合动力车辆 ECU 总成　根据来自变速杆位置传感器、P 位置开关和各种 ECU 的信号控制 MG1、MG2 和发动机；接收来自识别码盒（停机系统代码 ECU）的换档控制锁止/解锁信号，并激活/解除换档控制锁止；激活驻车锁止执行器以接合或解除混合驱动桥的驻车锁止装置。

(7) 认证 ECU（智能钥匙 ECU 总成） 识别钥匙输出的识别码。

(8) 识别码盒（停机系统代码 ECU） 对比识别码。

(9) 组合仪表总成 变速杆位置指示灯（根据来自混合动力车辆 ECU 的档位信号点亮驾驶人选择的相应指示灯）；蜂鸣器（拒绝功能激活时，通过鸣响提醒驾驶人）；主警告灯（根据多信息显示屏上显示的信息点亮）；多信息显示屏（根据混合动力车辆 ECU 提供的信号显示警告信息，以提醒驾驶人）。

4.4.2 电子换档系统换档控制逻辑

1. 换档逻辑

车辆在正常条件下行驶时，只要未触发拒绝功能，可以选择任何档位。车辆停止且将电源开关置于 OFF 位置时，档位自动切换至 P 位。根据电源状态，换档逻辑如图 4-4-11 所示。

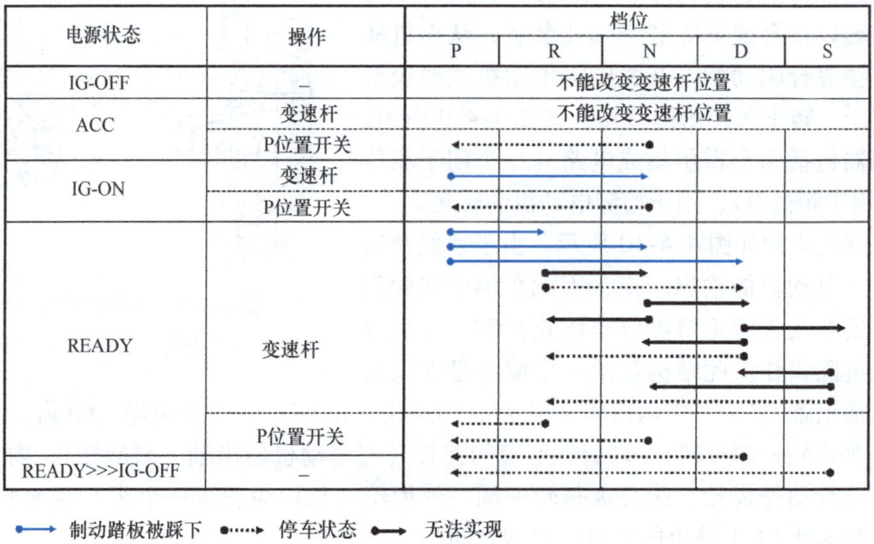

电源状态	操作	档位				
		P	R	N	D	S
IG-OFF	—	不能改变变速杆位置				
ACC	变速杆	不能改变变速杆位置				
	P位置开关					
IG-ON	变速杆					
	P位置开关					
READY	变速杆					
	P位置开关					
READY>>>IG-OFF	—					

→ 制动踏板被踩下　┅▶ 停车状态　↔ 无法实现

图 4-4-11 换档逻辑

2. 换档安全

在某些条件下，为了确保安全，即使驾驶人操作变速杆或 P 位置开关，系统也可能不改变档位。如果换档操作被拒绝，蜂鸣器响以指示切换被拒绝，变速杆位置按表 4-4-2 所示切换或保持，并且在组合仪表总成中的多信息显示屏上显示所推荐的操作。

表 4-4-2 换档安全

序号	导致拒绝功能运行的换档操作	拒绝后的档位
1	未踩下制动踏板并选择 P 位的情况下，驾驶人移动变速杆选择另一档位	保持在 P 位
2	驾驶时，驾驶人按下 P 位置开关	切换至 N 位
3	驾驶时，驾驶人将变速杆由之前选择的 D 位移至 R 位，或由之前选择的 R 位移至 D 位	切换至 N 位

(续)

序号	导致拒绝功能运行的换档操作	拒绝后的档位
4	驾驶人将变速杆由之前选择的 P 位移至 S 位	保持在 P 位
5	驾驶人将变速杆由之前选择的 R 位移至 S 位	切换至 N 位
6	驾驶人将变速杆由之前选择的 N 位移至 S 位	保持在 N 位
7	驾驶人将变速杆移至 N 位，但不会保持足够长的时间	保持在当前档位

3. 电子换档系统注意事项

1）电源开关置于 OFF 位置时，混合动力车辆 ECU 不会立即切断。因此，失效保护功能工作时，如果在短时间内反复操作电源开关，失效保护功能将不会取消。电源开关置于 OFF 位置后，连接 GTS、打开/关闭车门或操作踏板前等待约 1min 或更长时间以完全切断混合动力车辆 ECU。

2）短时间内不要在 P 位和其他档位之间反复切换，否则在一段时间内将无法换出 P 位以保护系统。如果系统保护功能工作，试图切换档位前等待约 20s。

3）如果无法换出 P 位，则辅助蓄电池电压可能低。

4）如果由于漫水等原因导致电子换档系统损坏，则档位将无法换至或换出 P 位。无法从 P 位换至其他档位时，驻车锁止装置将接合，因此，将无法使用拉索或链条牵引车辆。应在前轮离地的情况下牵引车辆，或使用平板卡车牵引车辆。

5）如果电子换档系统损坏，则试图将电源开关切换至 OFF 位置时可能会切换至 ON（ACC）位置。在这种情况下，施加驻车制动可能将电源开关置于 OFF 位置。

6）在四个车轮全部着地的情况下牵引车辆时，不要将电源开关置于 OFF 位置。将电源开关置于 OFF 位置可能会接合驻车锁止装置，从而导致危险或意外事故。

7）如果失效保护功能因故障或辅助蓄电池电压较低而工作，则即使已维修故障或给辅助蓄电池充电，多信息显示屏上也会持续显示警告信息，直至换出 P 位。

拓展阅读

4.4.3 电子变速杆的分类

电子换档系统的广泛使用不仅提高了汽车驾驶的舒适性，更是大大地提升了换档的安全性和准确性。电子变速杆目前有四种不同形式。

1. 怀档式

与传统的变速杆相比，怀档式变速杆的位置不在常见的中控台下方，而是在方向盘下方，如图 4-4-12 所示，驾驶人换档时可双手不离开方向盘太远，操作简单且安全。怀档式电子变速杆结构比较简便，有效地节约了车内空间，改善了传统的操作模式，提高了切换行驶模式的效率。

2. 拨杆式

如图 4-4-13 所示，拨杆式变速杆和传统的变速杆基本相同，都由变速杆和变速杆传感器控制单元组成。不同的是在拨杆式变速杆上会有提示当前档位的信号，同时档位信息也在仪表盘显示。该系统可以显示一些不正确操作，从而更好地保护变速器和驾驶人员的安全。

图 4-4-12　怀档式电子变速杆

图 4-4-13　拨杆式电子变速杆

3. 按键式

如图 4-4-14 所示，按键换档是指通过按键将换档指令变为电子信号，再传输给变速器，实现换档的一种电子换档方式。与传统变速杆相比，按键换档与变速器没有机械连接。按键式换档系统由于少了变速杆，中控可以节省大量空间，且外观设计更加灵活。

4. 旋钮式

如图 4-4-15 所示，旋钮式变速杆和传统变速杆的位置一样，都在中控台上；不同的是旋钮式变速杆有一个升降的过程，在它没有升起时中控台就是一个平面，在车辆起动的同时旋钮会自动升起，车辆关闭时旋钮会自动降下。其换档原理与其他电子变速杆的原理相同，现在有很多新能源汽车企业应用这种形式的变速杆。

图 4-4-14　按键式电子变速杆

图 4-4-15　旋钮式电子变速杆

4.4.4　更换变速杆位置传感器

当变速杆位置传感器出现故障时，应按照正确操作规范进行更换。

1) 打开车门。
2) 安装驾驶室三件套。

3）打开行李箱。
4）拆下行李箱前装饰罩。
5）断开辅助蓄电池负极端子电缆。
6）拆下地板控制台杯架，如图4-4-16所示。
7）拆下地板控制台上面板，如图4-4-17所示。

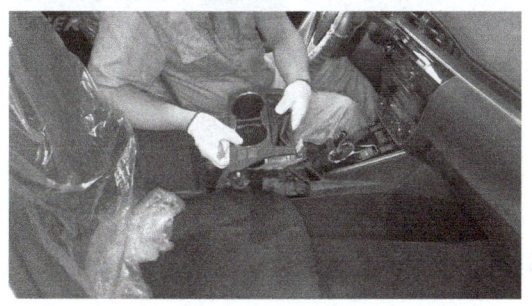

图4-4-16　拆下地板控制台杯架

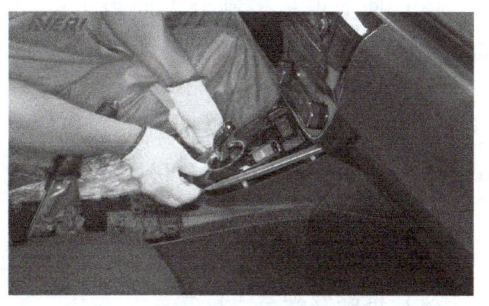

图4-4-17　拆下地板控制台上面板

8）拔下地板控制台上面板上的三个插头，如图4-4-18所示。
9）拆下地板控制台下盖，如图4-4-19所示。

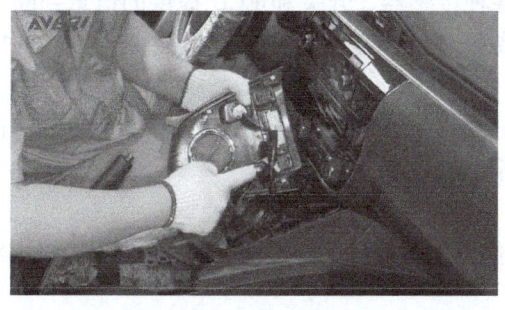

图4-4-18　拔下地板控制台上面板上的三个插头

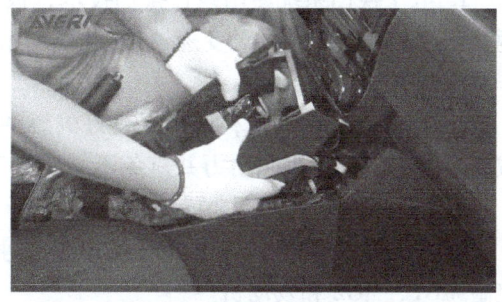

图4-4-19　拆下地板控制台下盖

10）拔下变速杆总成上的插头。
11）拆下变速杆总成的三个固定螺栓，如图4-4-20所示。
12）取下变速杆总成。
13）拆下变速杆位置传感器的三个固定螺栓，如图4-4-21所示。

图4-4-20　拆下变速杆总成的三个固定螺栓

图4-4-21　拆下变速杆位置传感器的三个固定螺栓

14）安装新的变速杆位置传感器，如图4-4-22所示。

15）将变速杆总成放置在车辆相应位置，安装三个固定螺栓，固定力矩为12N·m。

16）插上变速杆总成上的插头。

17）安装地板控制台下盖。

18）插上地板控制台上面板上的三个插头。

19）安装地板控制台上面板。

20）安装地板控制台杯架。

21）安装辅助蓄电池负极端子电缆。

22）系统上电，确认上电正常。

23）试车，进行换档测试，确认换档正常。

24）拆除驾驶室三件套。

25）关闭车门。

图4-4-22　安装新的变速杆位置传感器

单元小结

1. 电子换档系统使用线控换挡技术，根据各种传感器、开关和ECU提供的信息判断车辆状态，并根据驾驶人对变速器地板式换挡总成和P位置开关（变速器换档主开关）的操作激活适当的换档控制。

2. 通常应使用D位，以确保良好的燃油经济性并减少噪声。选择S位可限制允许的档域上限，控制发动机制动力并避免不必要的升档操作。

3. 开关磁阻电动机主要包括线圈、定子、转子和转角传感器。

4. 混合动力车辆ECU总成根据来自变速杆位置传感器、P位置开关和各种ECU的信号控制MG1、MG2和发动机。

5. 在某些条件下，为了确保安全，即使驾驶人操作变速杆或P位置开关，系统也可能不改变档位。

学习情境 5

辅助系统拆装与检测

学习目标

素质目标：
1. 能在工作过程中树立良好的职业道德。
2. 能在制订检修流程的过程中锻炼逻辑思维能力。
3. 能在工作过程中树立求真务实、开拓进取的科学观。

能力目标：
1. 能通过查阅相关维修技术资料等方式获取车辆信息。
2. 能够更换鼓风机电机总成。
3. 能够正确更换空调放大器总成。
4. 能够使用 GTS 对空调系统进行主动测试。
5. 能够正确制订 ABS 警告灯常亮的检修流程。
6. 能够正确更换带主缸的制动助力器总成。
7. 能遵守高压安全相关规范进行安全操作。

知识目标：
1. 了解混合动力汽车空调系统各组成的结构。
2. 了解混合动力汽车空调系统的控制策略。
3. 了解混合动力汽车空调暖风系统。
4. 掌握混合动力汽车电控制动系统的结构。
5. 掌握混合动力汽车空调系统的组成与位置。
6. 理解涡旋式压缩机的工作原理。
7. 理解空调系统的电路连接及控制原理。
8. 理解再生协同制动的工作原理。

 学习单元 5.1　空调系统认知

 任务导入

小王在丰田某 4S 店工作，今天接到一辆卡罗拉混合动力汽车，经检查，该车鼓风机电动机总成损坏，师傅要求小王进行更换。如果你是小王，你知道如何正确规范地进行鼓风机电动机总成的更换吗？

 学习目标

1. 能够正确更换电动压缩机。
2. 能够正确更换鼓风机电动机总成。
3. 能够正确更换空调放大器总成。
4. 能够使用 GTS 对空调系统进行主动测试。
5. 能遵守高压安全相关规范进行安全操作。

 理论知识

5.1.1　卡罗拉混合动力汽车空调系统概述

卡罗拉混合动力汽车空调系统的制冷系统主要由压缩机、冷凝器、蒸发器、储液干燥器、膨胀阀等组成，暖风系统主要由 PTC 加热器、加热器散热器等组成，控制系统主要由空调放大器、空调压力传感器、车内温度传感器、环境温度传感器、蒸发器温度传感器、冷却液温度传感器和各风门电机等组成，操作系统主要由空调控制面板、环保模式开关和离子发生器开关等组成。

空调系统在发动机室的主要零部件及其位置如图 5-1-1 所示，包括 ECM、膨胀阀、空调压力传感器、冷凝器总成（带调节、干燥、过滤制冷剂功能）、压缩机总成、PTC 加热器继电器、除雾器继电器和带转换器的逆变器总成以及空调管路等。

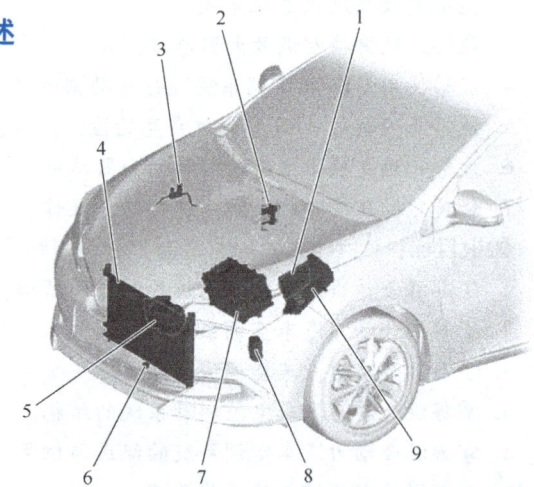

图 5-1-1　空调系统在发动机室的主要零部件及其位置
1—ECM　2—膨胀阀　3—空调压力传感器
4—冷凝器总成（带储液干燥器）　5—压缩机总成
6—环境温度传感器　7—带转换器的逆变器总成
8—发动机室 2 号继电器盒和接线盒总成（PTC 加热器继电器）
9—发动机室继电器盒和接线盒总成（除雾器继电器）

驾驶室内部的零部件如图 5-1-2 所示，主要有空调控制面板、空调放大器总成、车内温度传感器、组合仪表总成、组合开关总成、离子发生器开关、离子发生器总成、光照强度传感器和主车身 ECU 等。

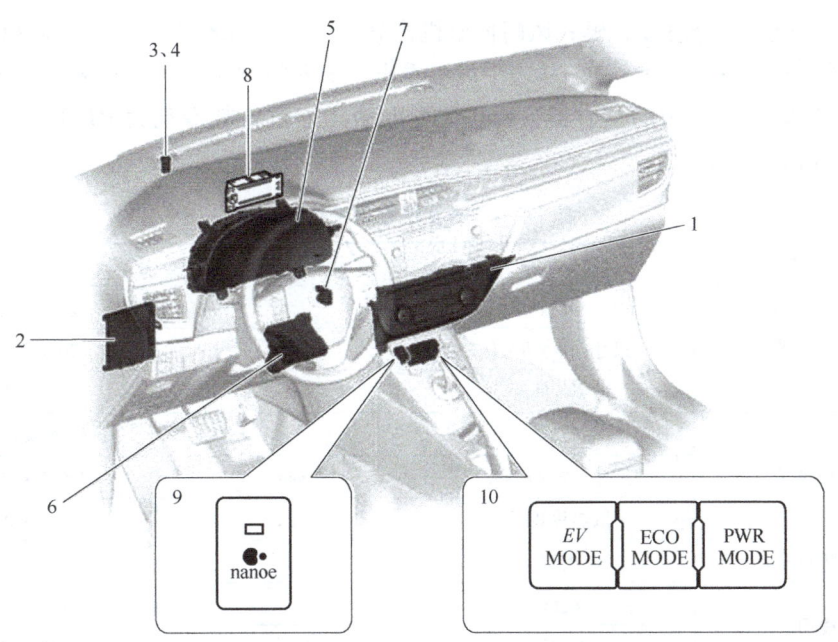

图 5-1-2 空调系统在驾驶室的零部件及其位置

1—空调控制面板 2—主车身 ECU（多路网络车身 ECU） 3—自动灯光控制传感器 4—蒸发器热敏电阻（光照强度传感器） 5—组合仪表总成 6—空调放大器总成 7—蒸发器热敏电阻（车内温度传感器） 8—离子发生器总成 9—离子发生器开关 10—组合开关总成

空调总成的结构及零部件如图 5-1-3 所示，主要有蒸发器总成、带风扇的鼓风机电动机总成、PTC 加热器总成、加热器散热装置分总成、蒸发器温度传感器、空气净化滤清器、空

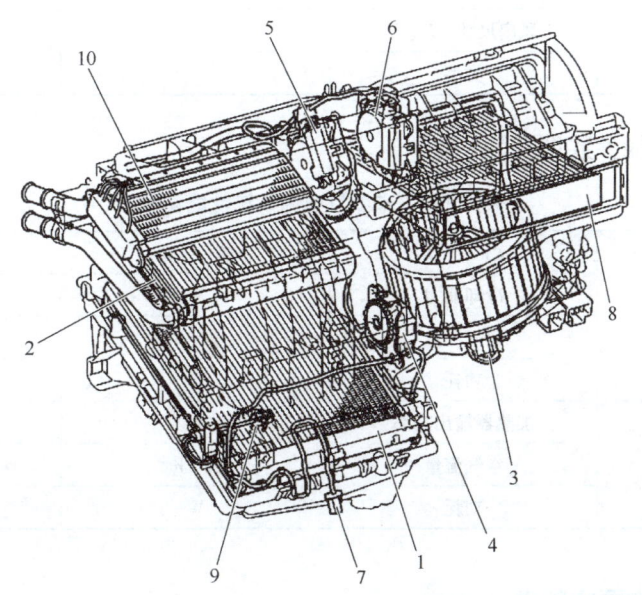

图 5-1-3 空调总成内部零部件

1—蒸发器总成 2—加热器散热装置分总成 3—带风扇的鼓风机电动机总成 4—空气混合风门伺服机构分总成（前排乘员侧） 5—模式风门伺服机构分总成（出风口） 6—再循环风门伺服机构分总成（进风口） 7—空调线束总成 8—空气净化滤清器（空气细滤器滤芯） 9—蒸发器温度传感器 10—PTC 加热器总成（快速加热器总成）

气混合风门伺服机构分总成、模式风门伺服机构分总成和再循环风门伺服机构分总成等。

空调系统的规格见表 5-1-1。从表中可以看出，卡罗拉空调制冷系统采用了多元平行流式冷凝器、螺旋超薄结构的蒸发器，ESB20 型电动压缩机；制冷剂为 R134a，冷冻机油为（多羟基化合物）ND11 型。

表 5-1-1 卡罗拉空调系统规格

名 称	项 目	单 位	规 格
冷凝器总成	类型		多流式（MF）
	尺寸：$W \times H \times L$	mm	$636 \times 293.4 \times 22$
	散热片间距	mm	2.7
蒸发器总成	类型		旋转超薄结构（RS）
	尺寸：$W \times H \times L$	mm	$226.1 \times 241 \times 38$
	散热片间距	mm	3.0
压缩机总成	类型		ESB20
制冷剂	类型		HFC-R134a
	加注量	g	400~500
冷冻机油	类型		ND11
加热器散热装置分总成	类型		直吹铝制（SFA）
	尺寸：$W \times H \times L$	mm	$201.5 \times 150 \times 27$
	散热片间距	mm	1.8
带风扇的鼓风机电动机分总成	电动机类型		K70-10.5T
	风扇类型		半冷却
	风扇尺寸：$D \times H$	mm	155×65
空调滤芯	类型		去除花粉型

空调系统的性能参数见表 5-1-2。

表 5-1-2 卡罗拉空调系统性能参数

名 称	项 目	单 位	规 格
制冷系统	冷却能力	W	4650
	空气流量	m^3/h	475
	功耗	W	240
暖风系统	加热器输出功率	W	5100
	空气流量	m^3/h	320
	功耗	W	195

5.1.2 空调系统主要零部件

1. 电动压缩机

卡罗拉混合动力汽车的电动涡旋式压缩机如图 5-1-4 所示，由动力蓄电池通过空调逆变器提供244.8V的三相交流电驱动。电动压缩机总成由固定卷轴、旋转卷轴、无刷电动机、机油分离器、电动机轴和空调逆变器等组成。固定卷轴与外壳集成于一体；冷冻机油分离器可分离与制冷剂相溶的冷冻机油，减少了冷冻机油的循环率；空调逆变器与压缩机集成于一体，空调制冷系统不依赖发动机的运行即可运转。

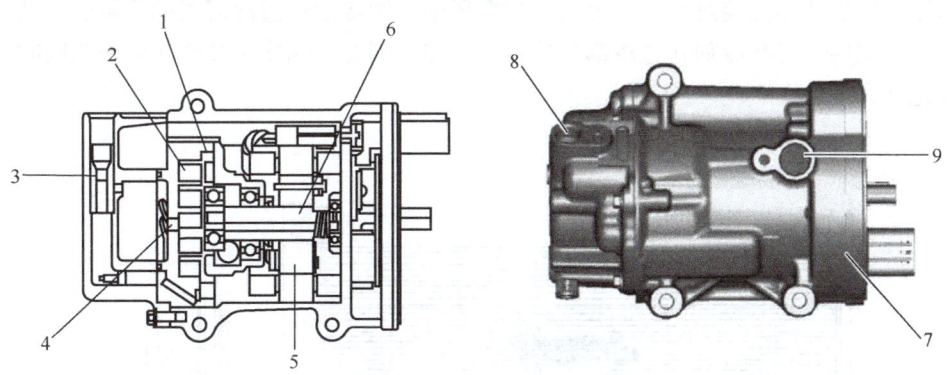

图 5-1-4　电动压缩机总成
1—旋转卷轴　2—固定卷轴　3—冷冻机油分离器　4—排放端口
5—无刷电动机　6—电动机轴　7—空调逆变器　8—排放管端口　9—吸入管端口

压缩机的工作原理如图 5-1-5 所示。由旋转卷轴和固定卷轴产生的压缩室容积随旋转卷轴的旋转而增大，从而将制冷剂从进气口吸入。当固定卷轴与旋转卷轴的外圈相切时，吸气过程结束，此时压缩室的容积随旋转卷轴的旋转而逐渐减小，对制冷剂进行压缩，制冷剂压力上升。随着制冷剂的压缩，制冷剂气体逐渐被挤向固定卷轴中央，旋转卷轴旋转约两周时，压缩完成。当制冷剂的压力上升到推开排放阀时，排气过程开始，此时高压制

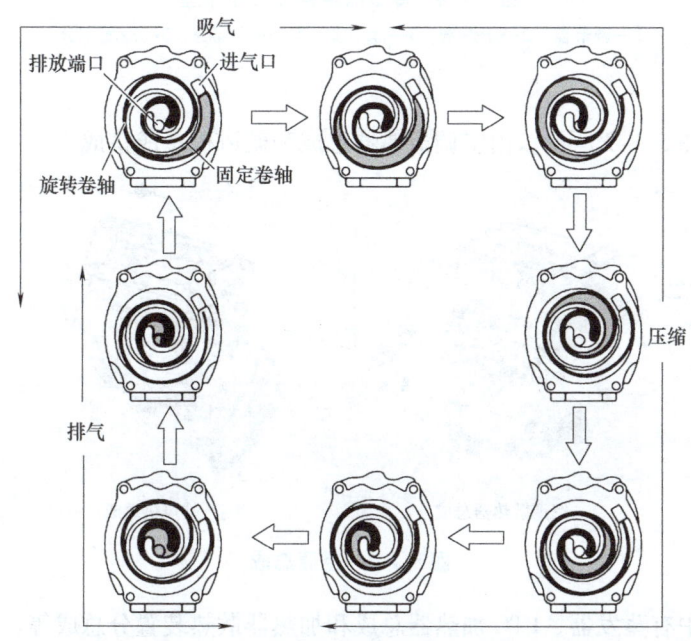

图 5-1-5　涡旋式压缩机的工作原理

冷剂气体从固定卷轴中央的排放端口排出。需要注意的是，吸气、压缩和排气过程是同时存在的。

2. 冷凝器

冷凝器由冷凝部分、过冷部分和调节器三部分组成，如图 5-1-6 所示。此冷凝器采用辅助冷却循环以提高热交换效率。在辅助冷却循环中，制冷剂经过冷凝器的冷凝后，液态制冷剂和未能液化的气态制冷剂在过冷部分被再次冷却。因此，制冷剂在输送到膨胀阀时几乎完全呈液化状态。

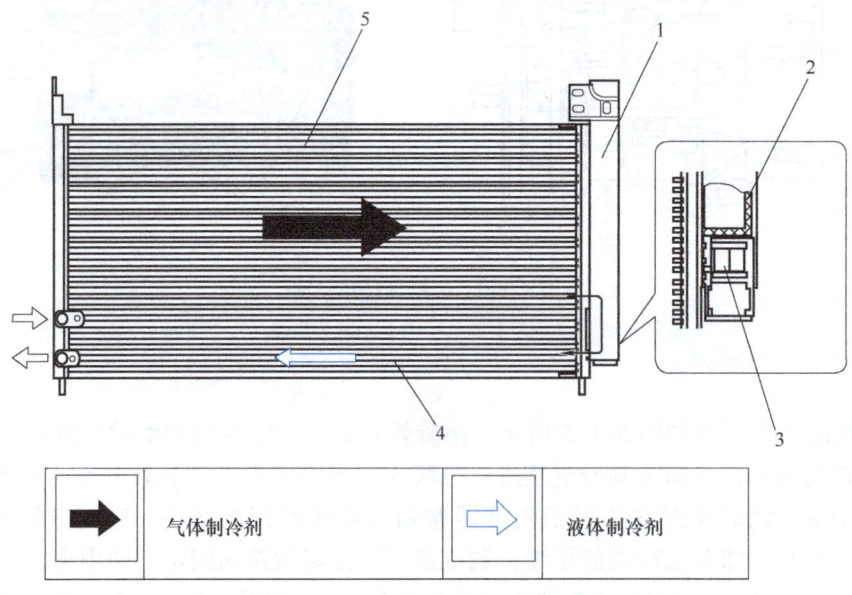

图 5-1-6　冷凝器结构及工作原理
1—调节器　2—干燥剂　3—滤清器　4—过冷部分　5—冷凝部分

3. 空调总成

空调总成如图 5-1-7 所示，由空调散热器总成和鼓风机总成集成。

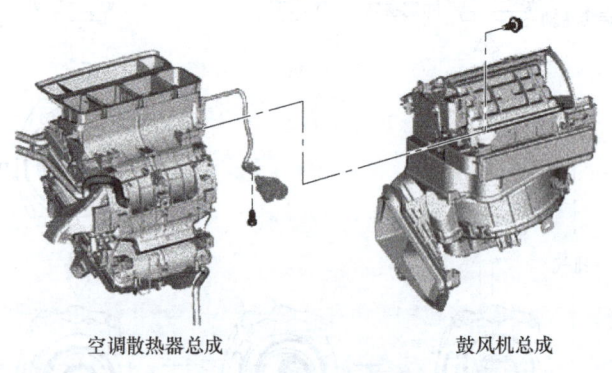

图 5-1-7　空调总成

散热器总成中有蒸发器、PTC 加热器总成和加热器散热装置分总成等。鼓风机总成中有带风扇的鼓风机电动机分总成、各风门伺服机构分总成以及空调滤芯等。

（1）蒸发器　蒸发器为螺旋超薄结构的管带式蒸发器，如图 5-1-8 所示，在确保换热效率的前提下缩小了蒸发器的尺寸。

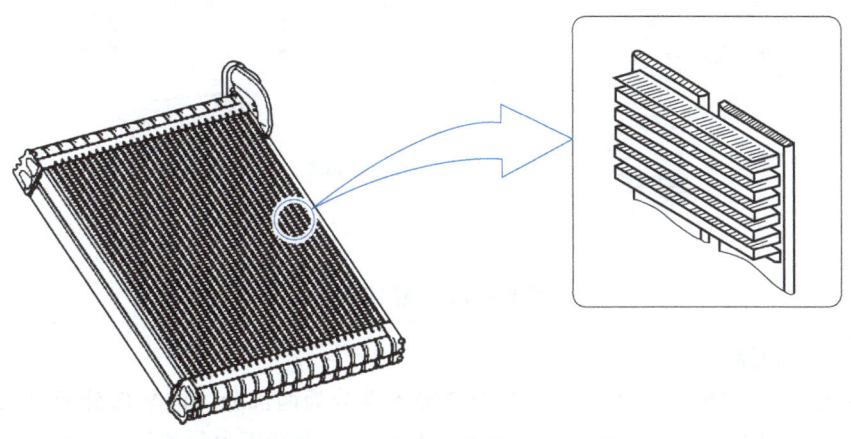

图 5-1-8　蒸发器外观及结构

在蒸发器上安装有蒸发器温度传感器，其作用是检测通过蒸发器的冷气温度，并将其输送至空调放大器总成。

（2）PTC 加热器总成及加热器散热装置分总成　PTC 加热器总成也称为快速加热器总成，位于加热器散热装置分总成上方，由正温度系数（PTC）元件、铝制散热片和铜板组成，如图 5-1-9 所示。PTC 加热器由辅助蓄电池供电，由空调放大器控制功率。

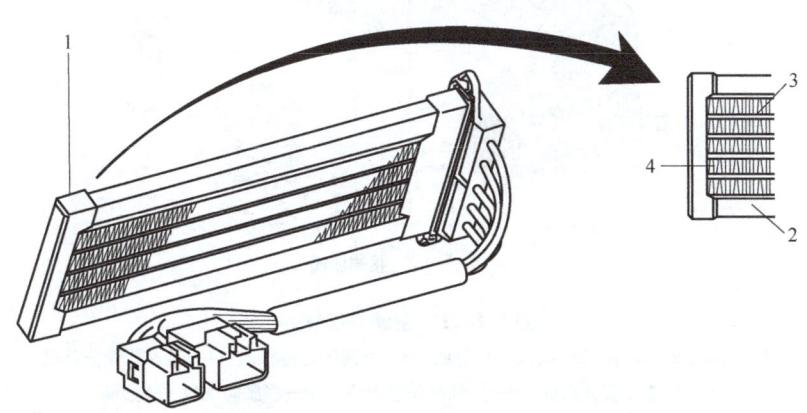

图 5-1-9　PTC 加热器总成
1—PTC 加热器　2—黄铜板　3—PTC 元件　4—铝制散热片

加热器散热装置的作用是将发动机冷却液的热量传递给周围空气。

（3）鼓风机总成及空调滤芯　鼓风机总成如图 5-1-10 所示。鼓风机为离心式鼓风机，电动机采用永磁直流电动机，实现总成的紧凑性和轻量化。

空调滤芯可以滤除空气中的微小颗粒物、花粉、细菌、工业废气和灰尘，防止这些物质进入空调系统，为车内人员提供良好的空气环境，保护车内人员的身体健康。

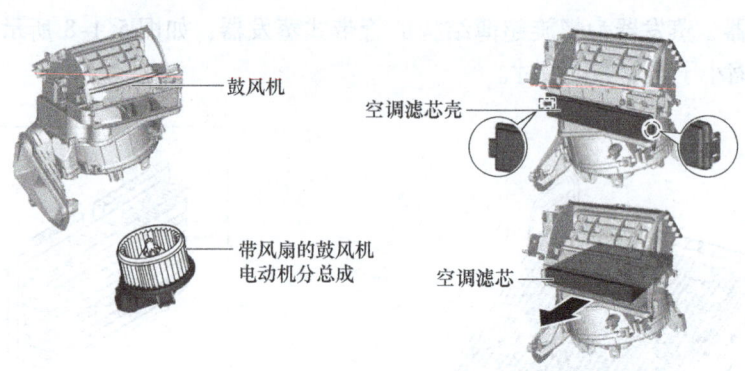

图 5-1-10　鼓风机总成

4. 制冷管路及膨胀阀

空调系统管路如图 5-1-11 所示，制冷剂吸入管分为两部分，前半部分通过膨胀阀与蒸发器相连，后半部分与压缩机相连。空调高压软管上有空调压力传感器，空调压力传感器检测制冷剂压力，并将其以电压变化的形式输出至空调放大器总成。

卡罗拉空调制冷系统采用的是 H 型膨胀阀。

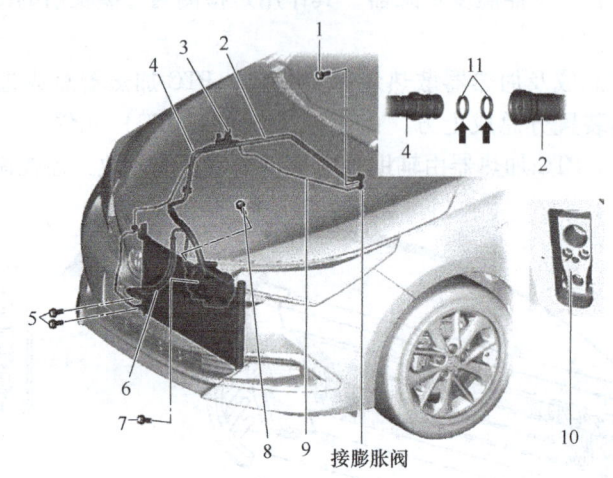

图 5-1-11　空调系统管路

1、5、7、8—螺栓　2—吸入管分总成　3—空调压力传感器　4—吸入软管分总成
6—排放软管分总成　9—空调高压管总成　10—膨胀阀　11—O 形圈

5.1.3　空调模式位置和风门操作

空气混合风门伺服机构分总成通过空调放大器总成接收温度设定信号，操作电动机调节空气混合风门的开度，从而调节通过加热器散热装置的空气量，进而调节出风温度。再循环风门伺服机构分总成通过空调放大器总成接收新鲜空气/再循环选择操作信息，操作电动机打开或关闭新鲜空气/再循环风门。模式风门伺服机构分总成通过空调放大器总成接收选择

工作模式信号，操作电动机打开和关闭模式风门。

卡罗拉空调各风门位置如图 5-1-12 所示，空调控制面板工作位置与风门位置及对应的操作见表 5-1-3。

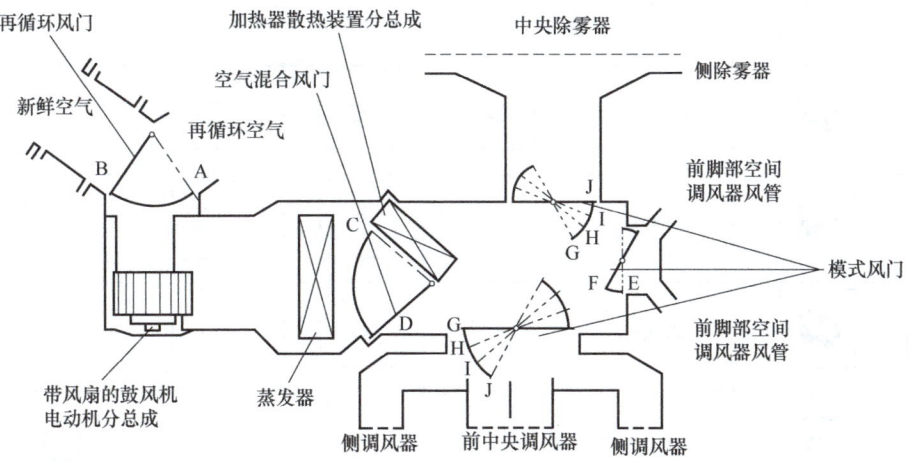

图 5-1-12　各风门位置

表 5-1-3　空调控制面板工作位置与风门位置及对应操作

控制风门	工作位置	风门位置	操　作
再循环风门	FRESH	A	吸入新鲜空气
	RECIRCULATION	B	再循环内部空气
空气混合风门	MAX COLD 至 MAX HOT	C 至 D	改变冷空气和热空气的混合比例，以在 HOT 至 COLD 间不断调节温度
模式风门	FACE	E、J	中央调风器和侧调风器出风
	BI-LEVEL	F、J	中央调风器、侧调风器和脚部空间调风器出风
	FOOT	F、I	侧调风器和脚部空间调风器出风，也有少量空气从中央除雾器和侧除雾器吹出
	FOOT/DEF	F、H	脚部空间调风器出风，同时通过中央除雾器、侧除雾器和侧调风器为风窗玻璃除霜
	DEF	E、G	通过中央除雾器、侧除雾器和侧调风器为风窗玻璃除霜

模式选择与各出风口风量如图 5-1-13 所示，图中圆圈的大小表示出风的比例。

指示	模式	A 中央	B 侧	C 脚部	D 除雾器
	FACE	◯	◯	—	—
	BI-LEVEL	○	○	○	—
	FOOT	—	○	○	○
	FOOT/DEF	—	○	○	○
	DEF	—	○	—	◯

图 5-1-13　不同模式下各出风口的出风情况

 实践技能

5.1.4　更换压缩机

压缩机为高压部件，拆卸之前要进行下电操作。将电源开关置于 OFF 位置，等待一段时间（120s）后断开辅助蓄电池负极端子，之后拆下维修开关，并进行验电检查。如果系统中有制冷剂，则先要进行制冷剂回收作业。

1. 拆卸压缩机

（1）断开制冷剂软管

1）拆下发动机 1 号底罩 2 个螺钉和 13 个卡夹，取下发动机 1 号底罩。

2）拆下带电动机的压缩机总成上排放软管分总成固定螺栓（图5-1-14），拆下排放软管，然后取下 O 形圈。用乙烯绝缘胶带密封排放软管的开口处，防止湿气和异物进入。

3）拆下带电动机的压缩机总成上吸入软管分总成固定螺栓（图5-1-14），拆下吸入软管，然后取下 O 形圈。用乙烯绝缘胶带密封吸入软管的开口处，防止湿气和异物进入。

（2）拆卸带电动机的压缩机总成

1）分离 2 个卡夹，卡夹位置如图 5-1-15 所示。

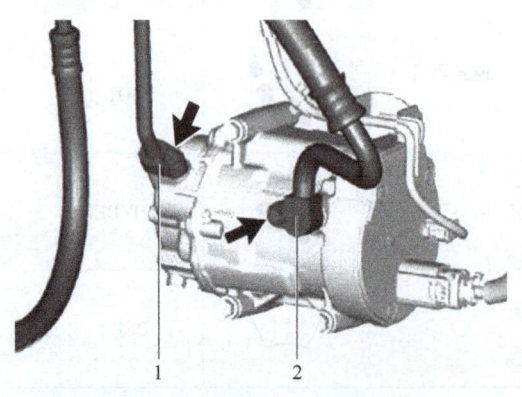

图 5-1-14　压缩机进、排气口位置
1—压缩机排放软管接口　2—压缩机吸入软管接口

2）使用螺钉旋具滑动高压线束插接器 A 的绿色锁扣以将其松开，然后断开高压插接器，高压插接器位置如图 5-1-16 中 A 所示。

3）断开低压插接器，低压插接器位置如图 5-1-16 中 B 所示。

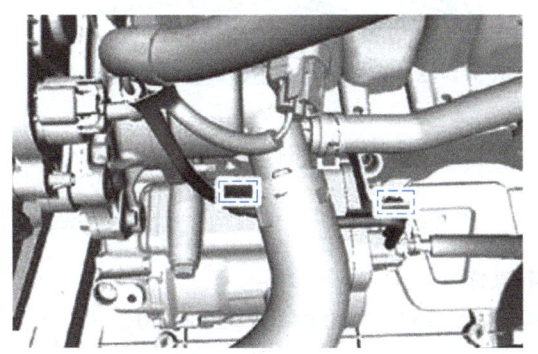

图 5-1-15　卡夹的位置

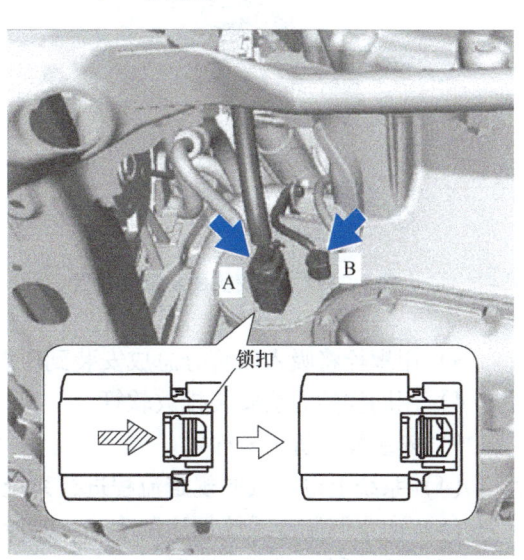

图 5-1-16　高低压插接器位置及高压插接器锁扣

A—高压线束插接器　B—低压线束插接器

（3）拆下压缩机　拆下 3 个压缩机固定螺栓，然后取下带电动机的压缩机总成，如图 5-1-17 所示。

取下压缩机总成后将其中的冷冻机油倒入有刻度的容器中并记录。如果倒出的冷冻机油量过少，则检查空调系统是否有泄漏。

2. 安装压缩机

（1）检查压缩机机油　更换新的带电动机的压缩机总成时，首先要逐渐排放维修阀中的惰性气体，然后要从新的压缩机总成中排出适量的冷冻机油。排出量遵循以下公式：从新压缩机中排出的油量＝新压缩机总成中的油量-拆下的压缩机总成中的残余油量。ESB20 型新压缩机中的油量一般在 110～125mL。

如果安装新的压缩机总成时没有排出部分冷冻机油，可能会导致空调系统中冷冻机油过多。系统内存在过多机油会阻碍制冷剂的热交换，从而导致制冷不足。

（2）安装压缩机总成

1）安装压缩机总成并按规定顺序紧固 3 个固定螺栓，紧固顺序如图 5-1-18 所示。

2）安装低压线束插接器。

3）安装高压线束插接器，并确保绿色锁扣将其牢固锁止。

4）接合 2 个卡夹。

（3）连接制冷剂软管

1）从吸入软管分总成上拆下乙烯绝缘胶带。

2）在新的 O 形圈和压缩机总成的装配面上充分涂抹压缩机冷冻机油，并将 O 形圈安到吸入软管分总成上。涂抹的冷冻机油型号为 ND11 或同等产品。

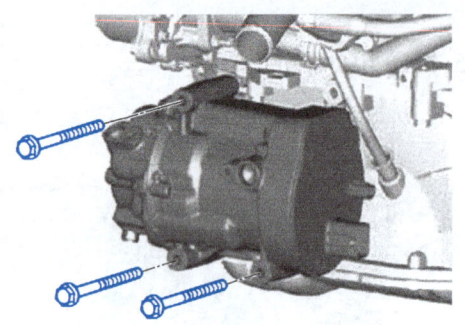
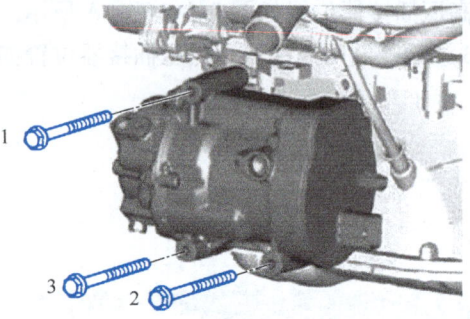

图 5-1-17　压缩机固定螺栓位置　　　　图 5-1-18　压缩机总成固定螺栓紧固顺序

3）用螺栓将吸入软管分总成安装到压缩机总成上，固定螺栓的拧紧力矩为 9.8N·m。
4）用同样的方法安装排放软管。
5）安装发动机 1 号底罩。
（4）系统上电　按照规定流程进行系统上电操作。
（5）向空调制冷系统加注制冷剂　制冷剂类型为 R134a，加注量为 420～520g。
（6）检查制冷剂是否泄漏
1）打开空调开关至少 2min，以使压缩机暖机。
2）检查制冷剂是否泄漏。

5.1.5　更换鼓风机电动机

1. 拆卸仪表盘 2 号底罩分总成

分离 3 个卡夹和导销以拆下仪表盘 2 号底罩分总成，卡夹和导销的位置如图 5-1-19 所示。

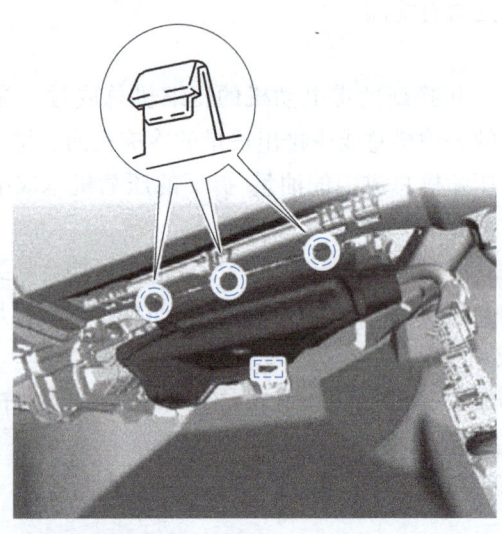

图 5-1-19　仪表盘 2 号底罩分总成位置及固定方式

2. 拆卸带风扇的鼓风机电动机分总成

1）拆下螺钉，然后推开线束。螺钉及线束位置如图 5-1-20 所示。

2)断开鼓风机电动机线束插接器,如图 5-1-21 中黑色箭头所示。

3)拆下 3 个螺钉(图 5-1-21 中蓝色箭头),取下带风扇的鼓风机电动机分总成。

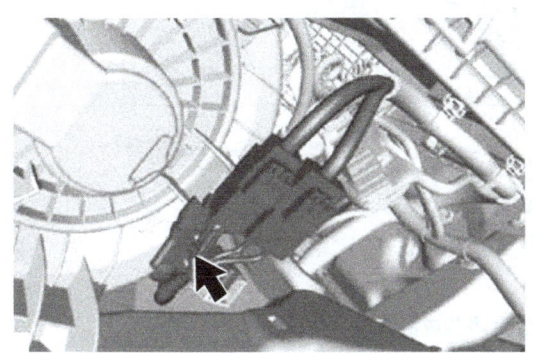

图 5-1-20 螺钉及线束位置

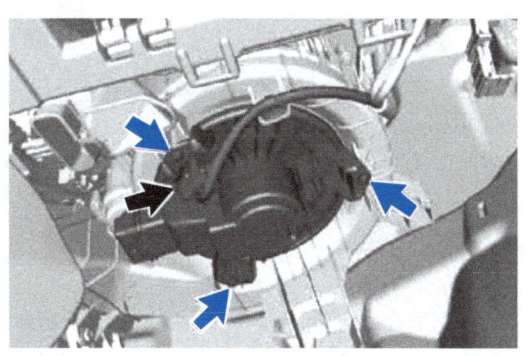

图 5-1-21 电动机线束插接器及固定螺钉位置

3. 安装新的鼓风机电动机分总成

安装新的带风扇的鼓风机电动机分总成,安装顺序与拆卸顺序相反。

5.1.6 更换空调放大器总成

1. 拆卸地板控制台嵌入件

1)按图 5-1-22 中箭头 1 所示方向拉动地板控制台嵌入件,分离卡夹和导销 A。

2)按图 5-1-22 中箭头 2 所示方向拉动地板控制台嵌入件,分离导销 B 并拆下地板控制台嵌入件。

2. 拆卸空调放大器总成

1)翻起前地板地毯总成。

2)断开 2 个线束插接器,并拆下螺钉,位置如图 5-1-23 所示。

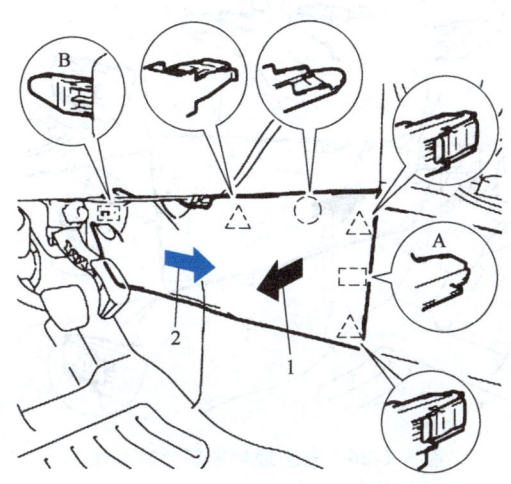

图 5-1-22 地板控制台嵌入件拆卸方法

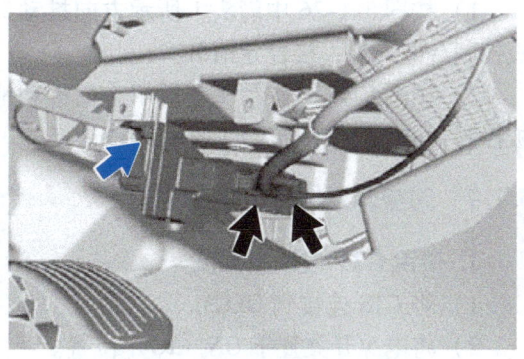

图 5-1-23 空调放大器线束插接器和固定螺钉的位置

3) 拆下空调放大器总成，如图 5-1-24 所示。

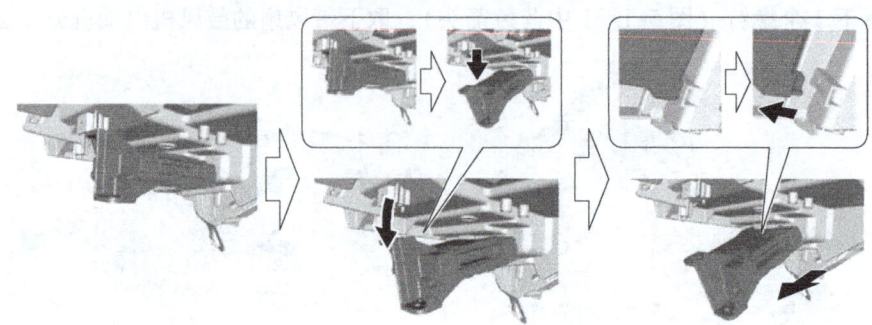

图 5-1-24　拆卸空调放大器总成的方法

3. 安装空调放大器总成

1) 安装空调放大器总成，安装方法如图 5-1-25 所示。

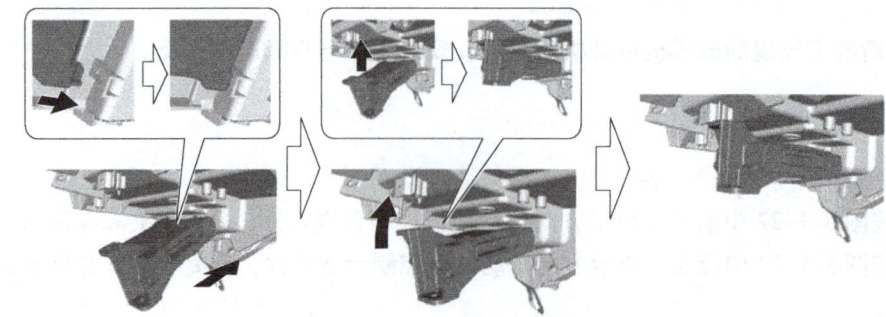

图 5-1-25　安装空调放大器总成

2) 用螺钉固定空调放大器总成，连接 2 个线束插接器。

3) 将前地板地毯总成安装到初始位置。

4. 安装地板控制台嵌入件

1) 按图 5-1-26 中箭头 1 所示方向推动地板控制台嵌入件，接合导销 B。

2) 按图 5-1-26 中箭头 2 所示方向推动地板控制台嵌入件，以接合卡夹和导销 A。

5.1.7　对空调系统进行主动测试

1. 使用 GTS 读取数据流

1) 将 GTS 连接到 DLC3。

2) 将电源开关置于 ON（IG）位置。

3) 打开 GTS。

4) 进入以下菜单：空调/数据列表。

5) 根据 GTS 上的显示，读取数据流。空调系统能读取的数据及其读数范围见表 5-1-4。

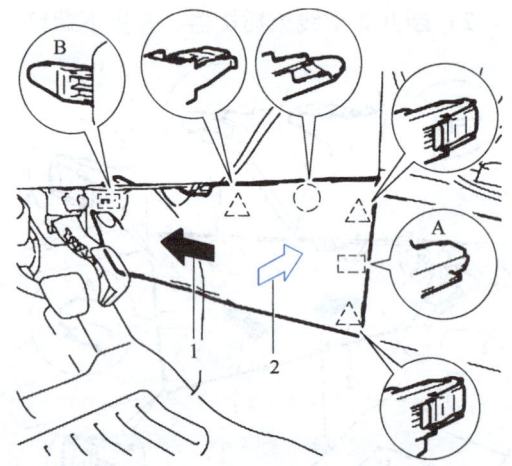

图 5-1-26　安装地板控制台嵌入件

表 5-1-4　空调系统能读取的数据及读数范围

检测仪显示	测量项目	范　围	正常状态
Room Temperature Sensor	车内温度传感器	最低：−6.5℃ 最高：57.25℃	显示实际车厢温度
Ambient Temp Sensor	环境温度传感器	最低：−23.3℃ 最高：65.95℃	显示实际环境温度
Adjusted Ambient Temp	调节的环境温度	最低：−30.8℃ 最高：50.80℃	—
Evaporator Fin Thermistor	蒸发器温度传感器	最低：−29.7℃ 最高：59.55℃	实际蒸发器温度
Evaporator Target Temp	蒸发器目标温度	最低：−327.68℃ 最高：327.67℃	显示蒸发器目标温度
Solar Sensor（D Side）	光照强度传感器	最少：0 最大：255	显示值随光照强度的增加而增加
Engine Coolant Temp	发动机冷却液温度传感器	最低：1.30℃ 最高：90.55℃	显示实际冷却液温度
Set Temperature（D Side）	设定温度	最低：MAX COLD 最高：MAX HOT	显示设定温度
Blower Motor Speed Level	鼓风机电动机速度等级	最少：0 最多：31	显示的速度等级随鼓风机电动机速度的变化而变化
Regulator Pressure Sensor	空调压力传感器	最低：−455.6kPa 最高：3294.3kPa	显示实际制冷剂压力
Air Mix Servo Targ Pulse	空气混合风门伺服机构目标脉冲	最少：0 最多：255	MAX COLD：6 MAX HOT：93
Air Outlet Servo Pulse	模式风门伺服机构目标脉冲	最少：0 最多：255	FACE：47 B/L：37 FOOT：17
Air Outlet Servo Actu Pulse	模式风门伺服机构实际脉冲	最少：0 最多：255	FOOT/DEF：9 DEF：5
Air Inlet Damper Targ Pulse	再循环风门伺服机构目标脉冲	最少：0 最多：255	Recirculation：19 Fresh：7
Air Inlet Damper Actual Pulse	再循环风门伺服机构实际脉冲	最少：0 最多：255	Recirculation：19 Fresh：7
Compressor Speed	压缩机转速	最低：0r/min 最高：65535r/min	显示实际压缩机转速
Compressor Target Speed	压缩机目标转速	最低：0r/min 最高：65535r/min	显示目标压缩机转速

（续）

检测仪显示	测量项目	范围	正常状态
Shift Set Temperature	改变设定温度	−℃、−1℃、Normal、+1℃、+2℃	显示设定值
Air Inlet Mode	进气模式	Auto 或 Manual	显示设定值
Compressor Mode	压缩机模式	Auto 或 Manual	显示设定值
Noise and Vibration Reduction	噪声和振动减少	Auto 或 Manual	显示设定值
ECO MODE Cancel	环保模式取消	OFF 或 ON	显示设定值
ECO Switch	环保模式开关	OFF 或 ON	—
Refrigerant Shortage Check	制冷剂不足检查	ON 或 OFF	显示设定值
Fan Speed Increment Control	风扇转速增量控制	Low、Normal、Fast	显示设定值
Foot/DEF Auto Mode	脚部/除雾器自动模式	ON 或 OFF	显示设定值
Foot/DEF Auto Blow up	脚部/除雾器自动鼓风机转速增加	ON 或 OFF	显示设定值
Compressor Drive Check	压缩机驱动检查	OK 或 NG	NG：压缩机未驱动 OK：压缩机驱动
Refrigerant Gas Type	制冷剂气体类型	R134a 或 1234yf	显示制冷剂类型
Number of Trouble Codes	DTC 数量	最少：0 最多：255	显示 DTC 的数量

2. 进行主动测试（执行元件测试）

1）进入以下菜单：空调/主动测试。能进行主动测试的项目及控制范围见表 5-1-5。

表 5-1-5　空调主动测试项目及测试范围

检测仪显示	测量项目	控制范围	诊断备注
Blower Motor	鼓风机电动机速度等级	最少：0 最多：31	
Compressor Target Speed	压缩机目标转速	最低：0r/min 最高：7500r/min	
Defogger Relay	除雾器继电器	OFF 或 ON	
Heater Active Level	加热器加热等级	最少：0 最多：3	
Air Mix Servo Targ Pulse	空气混合风门伺服电动机脉冲	最少：0 最多：255	在 6~93 工作
Air Outlet Servo Pulse	模式风门伺服电动机脉冲	最少：0 最多：255	在 5~47 工作
Air Inlet Damper Targ Pulse	再循环风门伺服电动机脉冲	最少：0 最多：255	在 7~19 工作
Ion Generator	离子发生器分总成	OFF 或 ON	

2）根据 GTS 上的显示，进行主动测试。

以压缩机目标转速为例进行主动测试。选择"Compressor Target Speed",单击"OK",如图 5-1-27 所示。

调整目标转速,并查看数据列表显示数值,如图 5-1-28 所示。

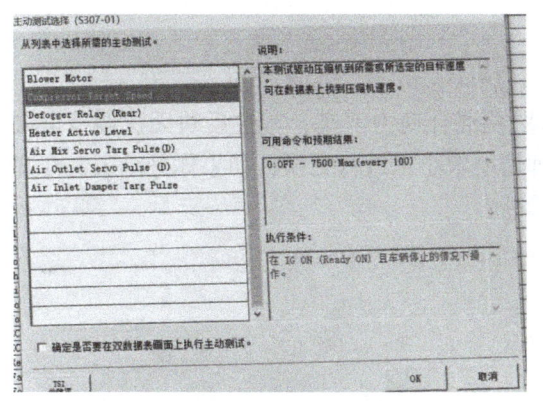

图 5-1-27　选择压缩机目标转速

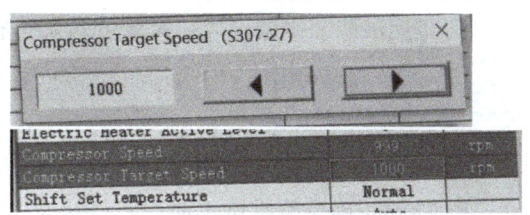

图 5-1-28　测试目标转速与数据列表显示的数值

单元小结

1. 卡罗拉混合动力汽车空调系统的制冷系统主要由压缩机、冷凝器、蒸发器、储液干燥器、膨胀阀等组成,暖风系统主要由 PTC 加热器、加热器散热器等组成,控制系统主要由空调放大器、空调压力传感器、车内温度传感器、环境温度传感器、蒸发器温度传感器、冷却液温度传感器和各风门电机等组成,操作系统主要由空调控制面板、环保模式开关和离子发生器开关等组成。

2. 卡罗拉混合动力汽车的电动涡旋式压缩机总成由固定卷轴、旋转卷轴、无刷电动机、机油分离器、电动机轴和空调逆变器等组成。

3. PTC 加热器总成也称为快速加热器总成,位于加热器散热装置分总成上方,由正温度系数(PTC)元件、铝制散热片和铜板组成。PTC 加热器由辅助蓄电池供电,由空调放大器控制功率。

 学习单元5.2　空调系统故障诊断与修复

小王在丰田某4S店工作，今天接到一辆卡罗拉混合动力汽车，车主反映无法调节空调出风口风量，经检查是空调放大器总成损坏。师傅要求小王进行更换，如果你是小王，你知道如何对无法调节空调出风口风量的故障进行诊断？

1. 能够根据故障现象制订检修流程。
2. 能够正确查阅维修手册。
3. 能够根据主动测试结果做出正确判断。
4. 能够正确检查空调放大器供电/搭铁电路。
5. 能够正确检查鼓风机电动机供电/搭铁电路。
6. 能遵守高压安全相关规范进行安全操作。

5.2.1　卡罗拉混合动力汽车空调控制系统

卡罗拉混合动力汽车空调控制系统图如图5-2-1所示，可以实现制冷、取暖、通风和空气净化功能。

驾驶人或乘员可以通过空调控制面板调节空调系统。空调放大器接收来自空调控制面板等的指令，根据各个传感器信号对空调系统进行相应控制，包括：出风温度控制、鼓风机控制、进出风口控制、制冷剂量检测控制、PTC加热器控制和环保模式控制等。

出风温度控制、鼓风机控制和进出风口控制在控制策略上采用了神经网络控制技术，通过人工模拟生物神经系统的信息处理方法进行复杂控制，以建立类似人脑的复杂输入、输出关系。

1. 神经网络控制

在不带神经网络控制的自动空调系统中，空调放大器根据来自传感器的信息由公式计算判定所需的出风温度和出风速度。然而，由于人感官的复杂性及所处环境的不同，对同一给定温度的感觉也不同。例如，一定量的太阳辐射在寒冷气候中会让人感到相当暖和，但在炎热气候中却感到非常不舒服。因此，本车自动空调系统采用神经网络技术（图5-2-2），将不同环境条件下收集的数据存储到空调放大器总成中，然后进行控制，以增强空调舒适性。

空调系统的神经网络控制由输入层、中间层和输出层组成。输入层对各开关信号、环境温度、日照量和车内温度等输入数据进行处理，并将其输出到中间层。基于该数据，中间层

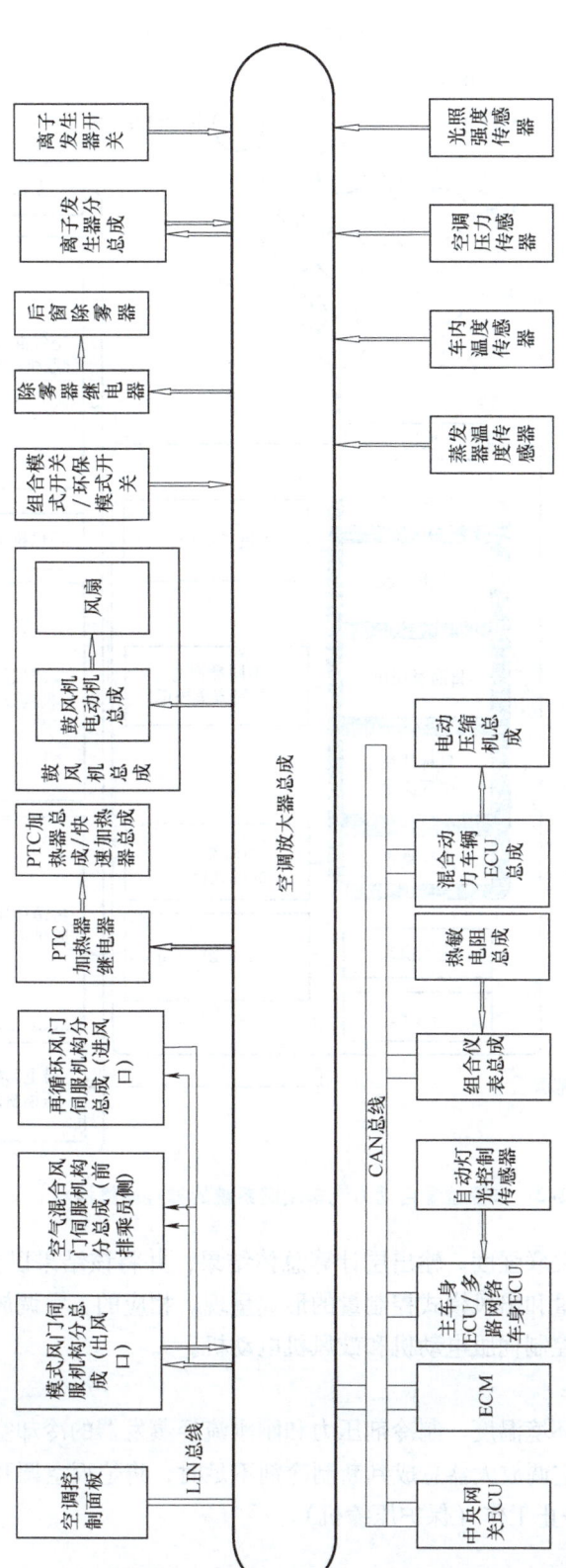

图 5-2-1 空调控制系统图

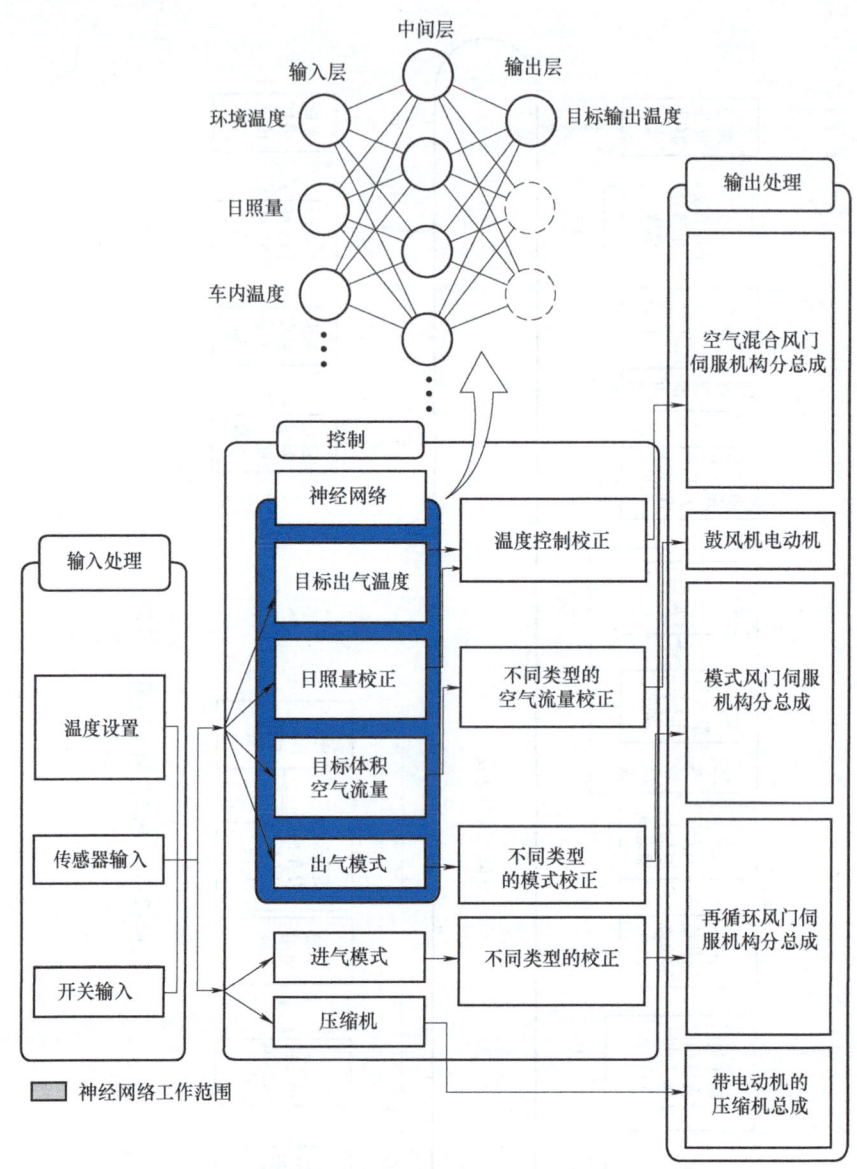

图 5-2-2　卡罗拉混合动力汽车空调系统的神经网络控制

调节输入、输出量之间的关联强度。输出层计算总体结果,并将该结果以要求的出风温度、光照修正量、目标空气流量和出风模式控制量的形式呈现。相应的,空调放大器总成根据神经网络控制计算的控制量控制伺服电动机和鼓风机电动机。

2. 制冷剂量检测控制

空调放大器总成根据环境温度、制冷剂压力和刚刚流经蒸发器的冷却空气温度判断制冷剂量,如图 5-2-3 所示。空调放大器总成判断制冷剂不足时,将熄灭空调开关指示灯(提醒用户),同时控制压缩机停止工作(保护压缩机)。

3. PTC 加热器控制

空调放大器总成根据发动机冷却液温度、发动机转速、空气混合风门设定和电气负

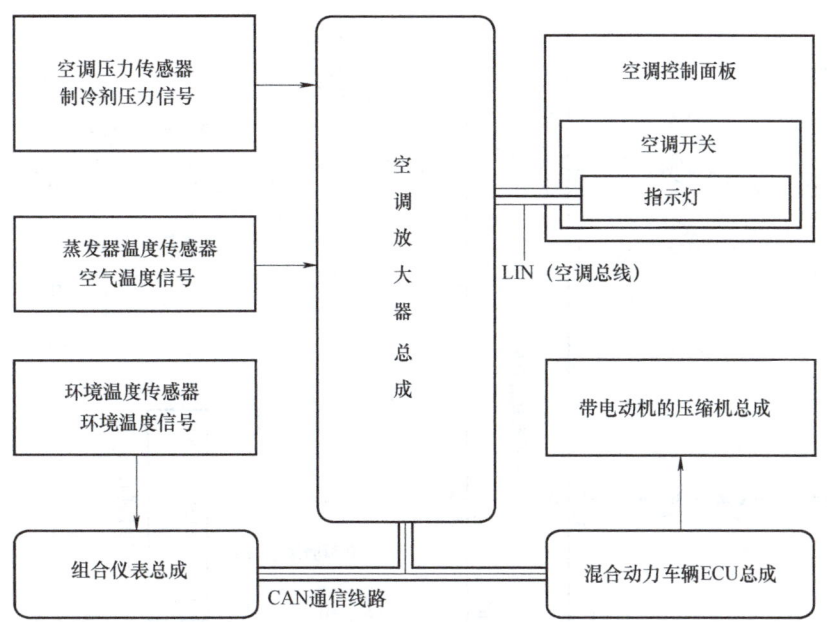

图 5-2-3　制冷剂量检测控制原理

载（DC/DC 功率比）来控制 PTC 加热器总成的输出功率，如图 5-2-4 所示。PTC 加热器输出功率有 150W、450W 和 600W 三个档位。

4. 环保模式控制

环保模式控制期间，空调放大器总成将空调系统性能限制在规定状态，从而提高燃油经济性。

按下环保模式开关时，环保模式控制激活，其控制内容见表 5-2-1。

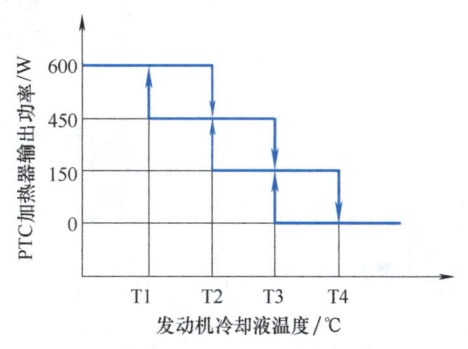

图 5-2-4　发动机冷却液温度与
PTC 加热器输出功率之间的关系

表 5-2-1　环保模式控制内容

控　　制	概　　要
车内/车外空气开关控制	车外空气温度等于或高于预定温度时，进气口自动切换至再循环模式以降低功耗
鼓风机速度等级控制	将 AUTO 模式下的鼓风机速度等级设定为低于正常情况，并抑制功耗
PTC 加热器控制	抑制功耗
加热限制控制	加热期间，进入环保模式可改变出气温度，并且在行驶模式处于环保模式时可延长发动机关闭时间，从而提高燃油经济性
压缩机转速限制控制	限制制冷过程中压缩机的最高转速并降低功耗

5.2.2　空调系统的电路连接及控制原理

1. 电动压缩机电路

电动压缩机电路如图 5-2-5 所示。电动压缩机电动机由动力蓄电池通过空调逆变器提供

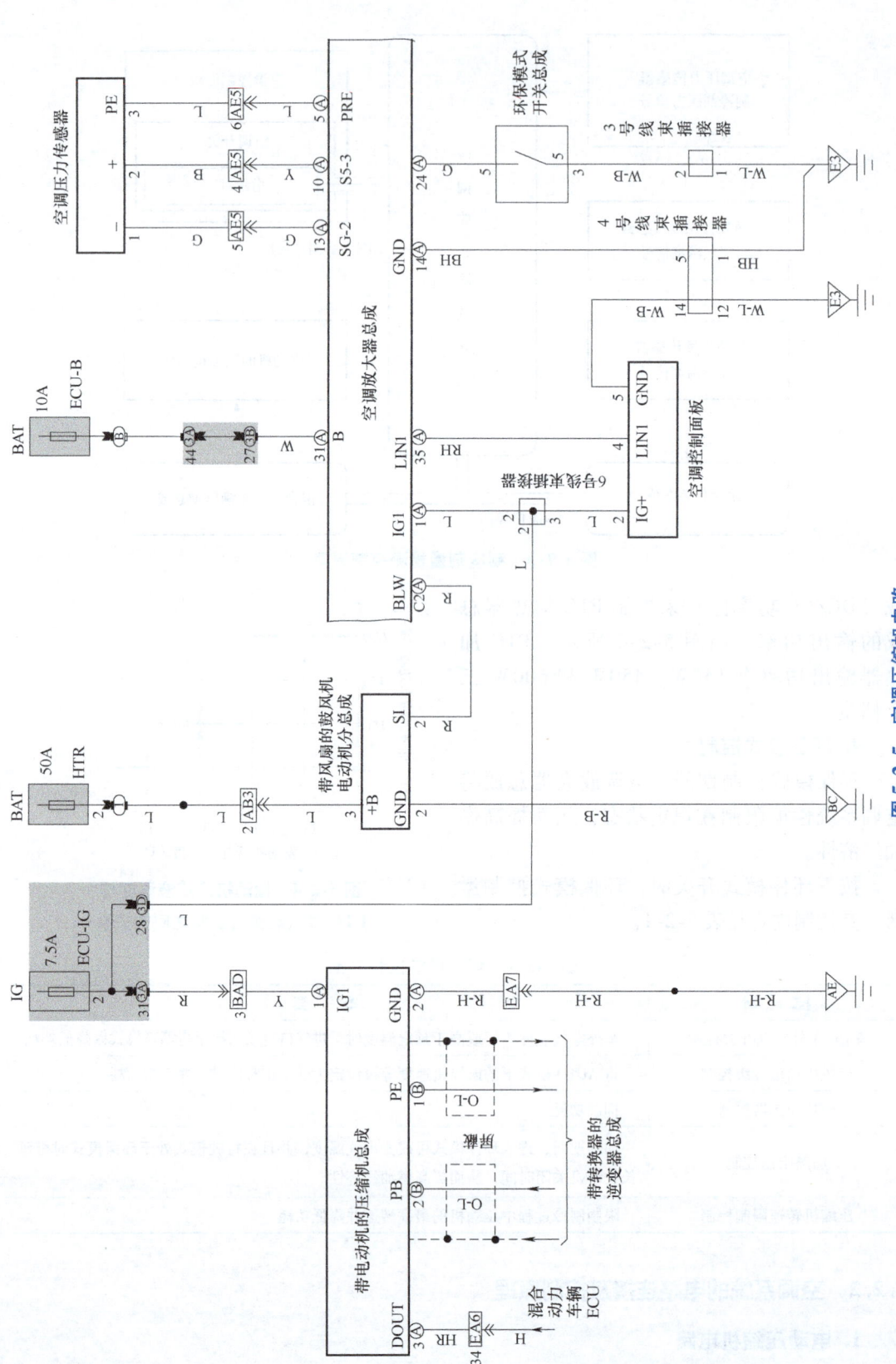

图 5-2-5 空调压缩机电路

244.8V 的三相交流电驱动，空调制冷系统不依赖发动机的运行即可运转。空调放大器总成根据目标蒸发器温度（通过温度控制开关、车内温度传感器、车外温度传感器和光照强度传感器）和实际蒸发器温度（通过蒸发器温度传感器）计算目标压缩机转速，然后将目标转速发送至混合动力车辆 ECU，混合动力车辆 ECU 根据目标转速控制空调逆变器，以控制压缩机使其达到适合空调系统工作条件的转速（不影响正常制冷性能和除雾性能的范围之内）。由此提高舒适性并降低油耗。

如果压缩机出现短路或断路，则混合动力车辆 ECU 将切断空调逆变器电路以停止对压缩机电动机供电。

2. PTC 加热器电路

PTC 加热器电路如图 5-2-6 所示。PTC 加热器芯由辅助蓄电池供电，通过空调放大器控制三个继电器的通断来改变 PTC 加热器的功率。

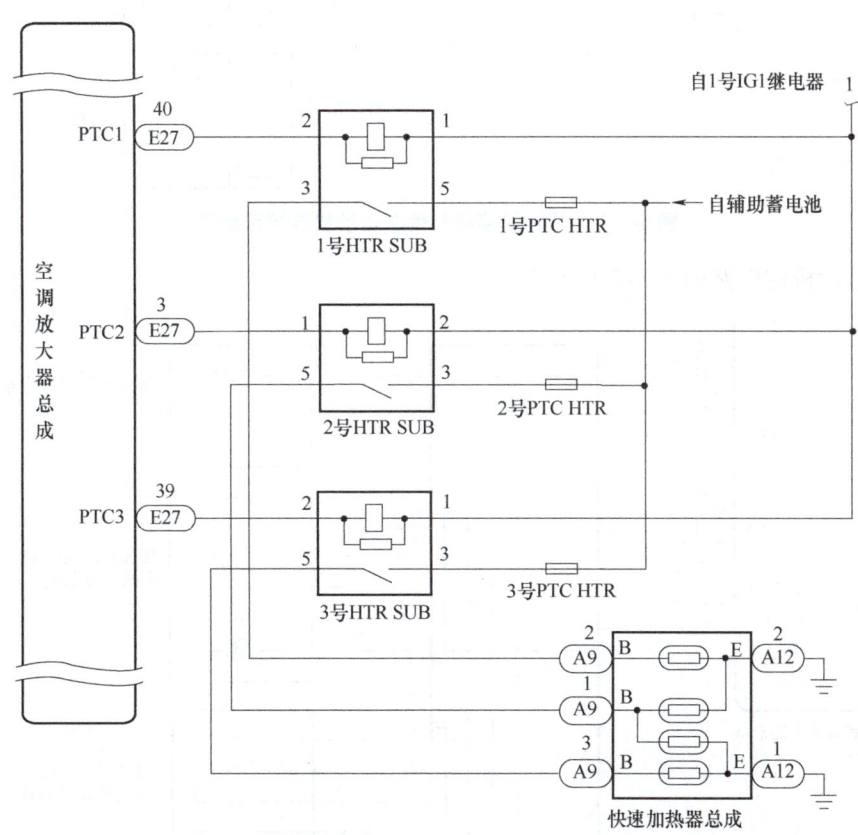

图 5-2-6　PTC 加热器电路

3. 总线插接器及伺服电动机电路

总线插接器也称空调线束总成，用于线束连接，以连接伺服电动机和空调放大器总成，其连接示意图如图 5-2-7 所示。

总线插接器内置通信/驱动集成电路，可与各伺服电动机插接器进行通信，驱动伺服电动机，并具有位置检测功能，如图 5-2-8 所示。与不带总线插接器的车型相比，总线通信具有更轻量化的结构和更少的线束。

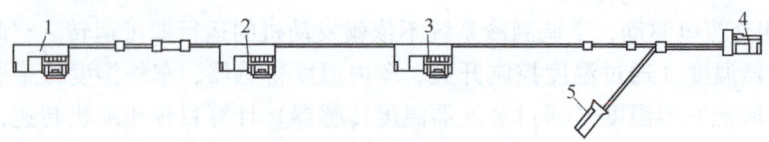

图 5-2-7　总线插接器连接示意图
1—总线插接器（至再循环风门伺服机构分总成）　2—总线插接器（至模式风门伺服机构分总成）
3—总线插接器（至空气混合风门伺服机构分总成）　4—总线插接器（至空调放大器总成）　5—蒸发器温度传感器

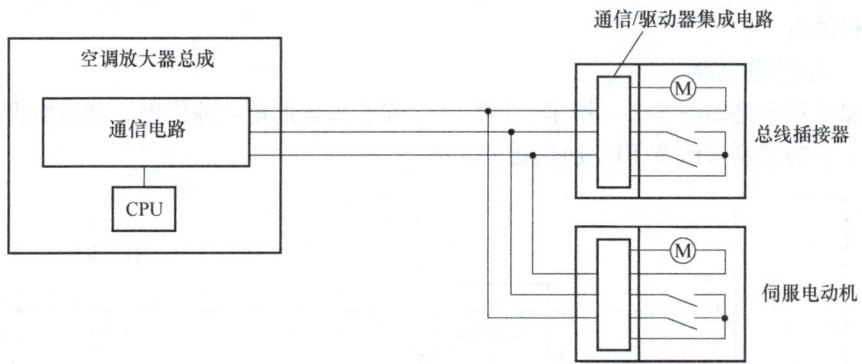

图 5-2-8　总线插接器与伺服电动机连接示意图

伺服电动机的电路如图 5-2-9 所示。

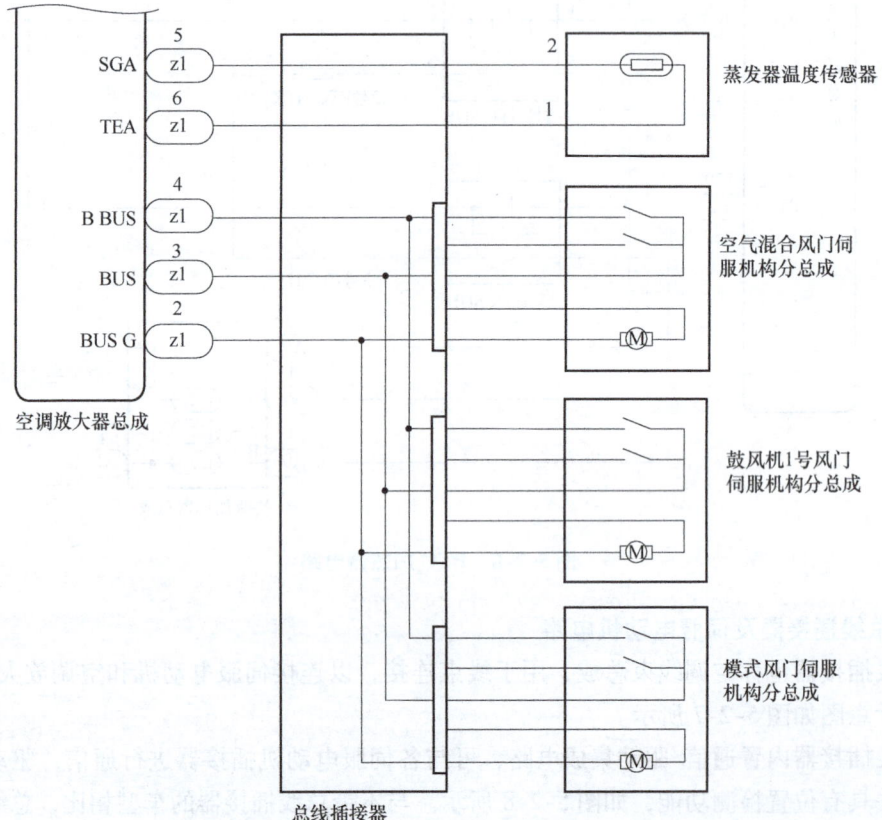

图 5-2-9　伺服电动机电路

210

伺服电动机为脉冲模式型，如图 5-2-10 所示，由印制电路板和伺服电动机组成。印制电路板有三个触点，基于不同的脉冲相位能向空调放大器总成传输两路开关信号。

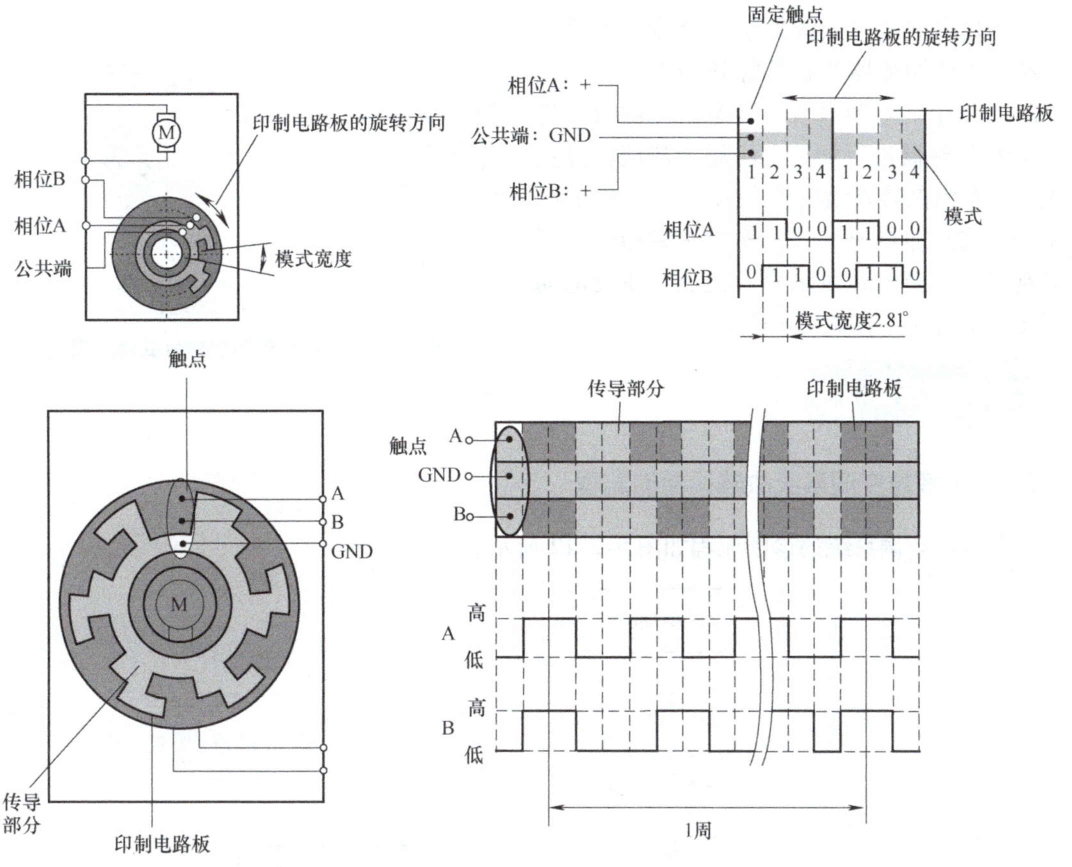

图 5-2-10　伺服电动机组成及其脉冲信号

拓展阅读

5.2.3　纯电动汽车的暖风系统

纯电动汽车的暖风系统和传统汽车不同，也和混合动力汽车不同，三者的区别主要在于热源（能量源）。传统汽车的热源是发动机余热（发动机传递给冷却液的热量）；纯电动汽车由于没有发动机，所以能量源为动力蓄电池，热源通常是 PTC 加热器；混合动力汽车发动机不是一直工作，只依靠发动机余热来提供暖风会导致供热不足或不匀，因此通常有辅助加热器（PTC 加热器）。

纯电动汽车的 PTC 加热器暖风系统通常可以分为两种：PTC 加热器直接加热空气和 PTC 加热器加热水。

1. PTC 加热器直接加热空气式暖风系统

直接加热空气式暖风系统具有结构简单、不用对原车型空调系统进行大幅度改动等优点，在纯电动汽车中得到了广泛采用，例如北汽 EV 系列纯电动汽车、江淮 IEV5 等。

2. PTC 加热器加热水式暖风系统

加热水式暖风系统加了一套冷却液循环系统，PTC 加热器芯直接加热冷却液，如图 5-2-11 所示。电动水泵将冷态的冷却液输送给 PTC 加热器进行加热，高温冷却液流经蒸发器向车内散热降温后进入水泵，如此循环。这种方式有加热速度快、输出热量稳定、可以利用原车型的暖风水管等优点，在纯电动汽车上也有应用，如比亚迪 E5。

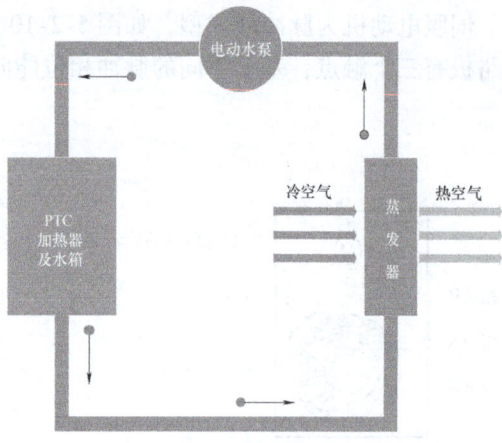

图 5-2-11　PTC 加热器加热水式暖风系统

5.2.4　卡罗拉空调系统故障诊断的流程

卡罗拉空调系统的诊断流程如图 5-2-12 所示。

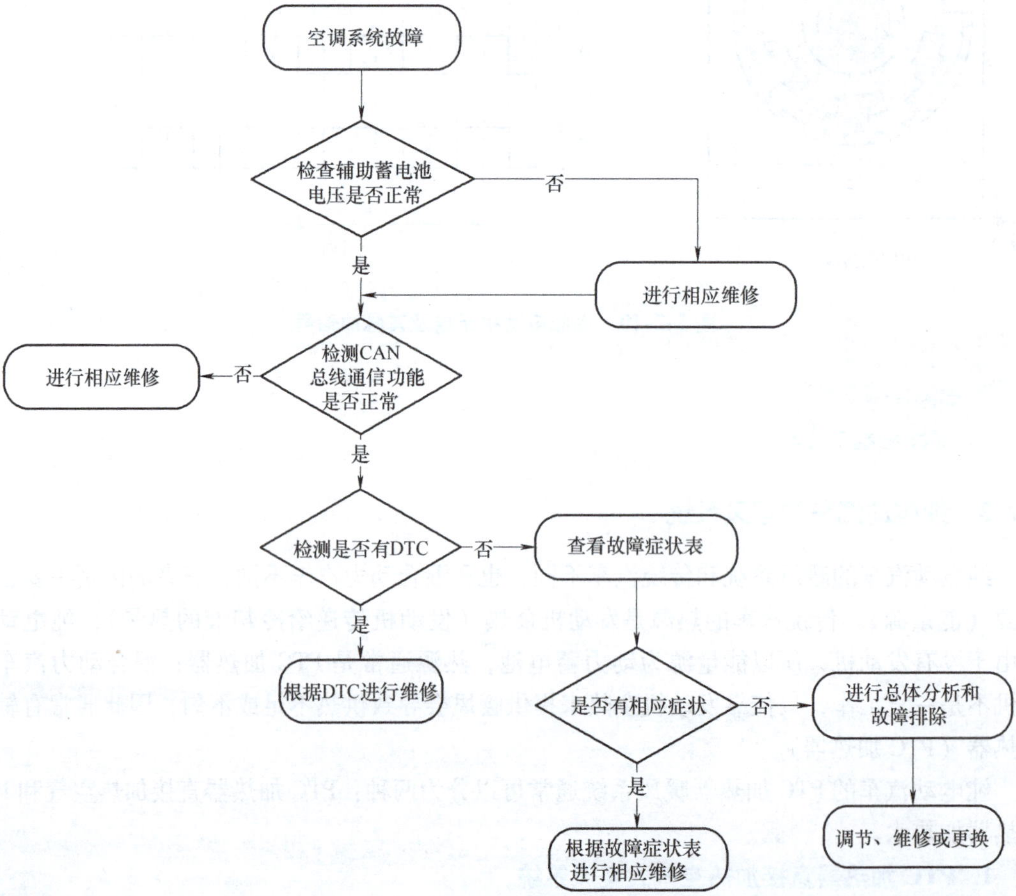

图 5-2-12　卡罗拉空调系统的诊断流程

1. 检查辅助蓄电池电压

辅助蓄电池标准电压为 11~14V，如果电压低于 11V，则对辅助蓄电池进行充电或更换辅助蓄电池。

2. 检查 CAN 总线系统的通信功能

用 GTS 检查是否输出 CAN 总线系统 DTC，如果有相应 DTC 则进行维修。

3. 检查空调系统故障码（DTC）

检查并清除故障码，再重新检查故障码。如果故障码依然存在，则根据诊断故障码表进行排除；如果故障码消失，则查看故障症状表。

4. 将故障现象与故障症状表对比

如果故障现象列于故障症状表中，则根据故障症状表进行排查。如果故障没有列于故障症状表，则需要对空调系统进行整体分析。

5. 总体分析与故障排除

进行总体分析时，要先进行面板诊断。通过操作各个空调控制开关，可进入诊断检查模式，操作流程如图 5-2-13 所示。

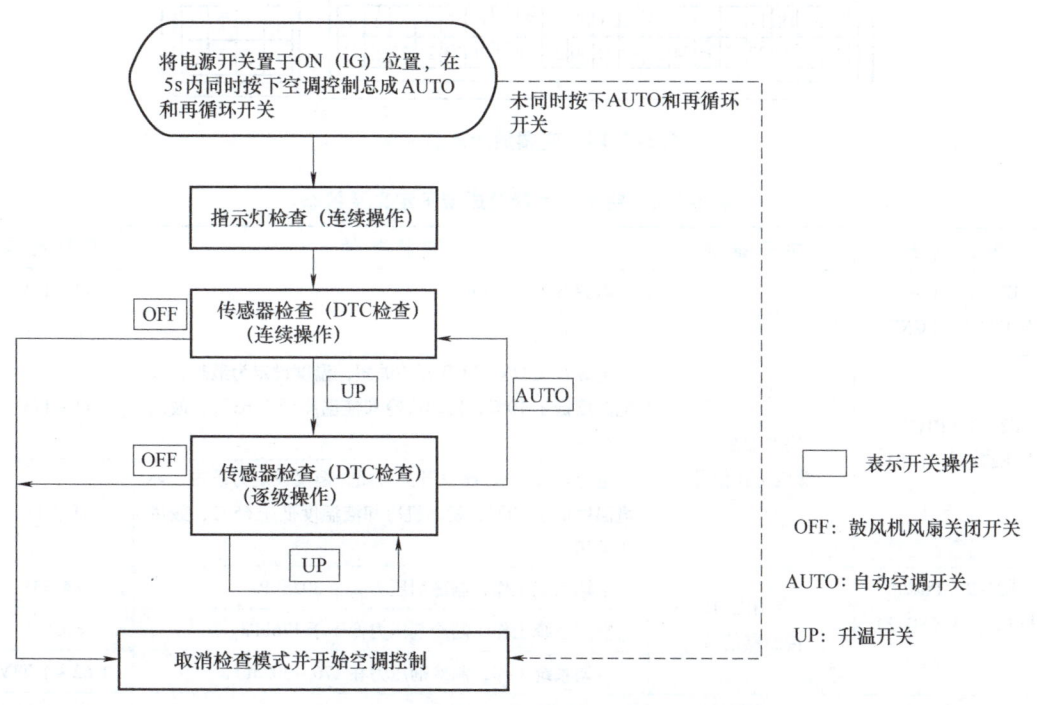

图 5-2-13　空调系统故障总体分析流程

（1）面板诊断

1) 将电源开关置于 ON（IG）位置，在 5s 内同时按下空调控制总成 AUTO 和再循环开关，以激活面板诊断。激活面板诊断时，将自动执行指示灯检查。

2) 检查并确认指示灯每隔 1s 连续点亮和熄灭 4 次。指示灯检查完成时，传感器检查自动开始。

3) 传感器检查时，读取在空调控制总成上显示的 DTC。无故障时，输出 DTC 00。如果

DTC 因自动改变而难以读取，则顺时针转动温度调节旋钮可逐步显示 DTC。传感器检查期间，同时按下前除雾器开关和后除雾器开关可以清除 DTC。

4）按下鼓风机风扇关闭开关，结束面板诊断。

（2）对空调系统进行主动测试 使用 GTS 进入以下菜单：空调/主动测试。

能进行主动测试的项目有：Blower Motor（鼓风机电动机）、Compressor Target Speed（压缩机目标转速）、Defogger Relay（除雾器继电器）、Heater Active Level（PTC 加热器能级）、Air Mix Servo Targ Pulse（空气混合风门伺服电动机目标脉冲）、Air Outlet Servo Pulse（模式风门伺服电动机目标脉冲）、Air Inlet Damper Targ Pulse（再循环风门伺服电动机目标脉冲）。

（3）检查 ECU 端子

1）检查空调放大器总成端子。空调放大器总成端子如图 5-2-14 所示，端子定义及状态见表 5-2-2。

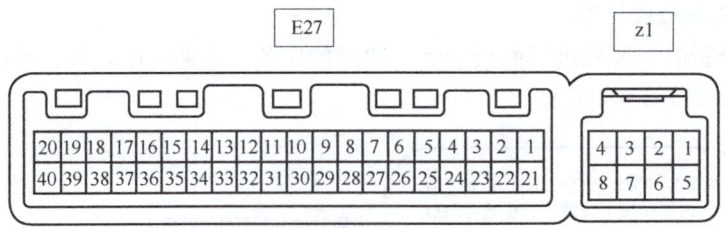

图 5-2-14 空调放大器总成端子

表 5-2-2 空调放大器总成端子定义及状态

测量端子	端子描述	测量条件	规定状态
E27-1（IG+）与 E27-14（GND）	电源（IG）	电源开关 ON（IG）	11～14V
		电源开关 OFF	低于 1V
E27-3（PTC2）与 E27-14（GND）	快速加热器总成工作信号	电源开关 ON，ECO 开关关闭，温度设定为最热，环境温度低于 10℃，发动机冷却液温度低于 65℃，鼓风机打开	11～14V
		电源开关 ON，ECO 开关关闭，温度设定为最热，环境温度低于 10℃，发动机冷却液温度低于 65℃，鼓风机关闭	低于 1V
E27-9（PRE）与 E27-13（SG-2）	空调压力传感器信号	空调系统工作，制冷剂压力高于 3025kPa	>4.73V
		空调系统工作，制冷剂压力低于于 176kPa	<0.62V
		空调系统工作，制冷剂压力在 176～3025kPa	0.62～4.73V
E27-10（S5-3）与 E27-13（SG-2）	空调压力传感器电源	电源开关 ON（IG）	4.75～5.25V
		电源开关 OFF	<1V
E27-11（CANH）与 E27-12（CANL）	CAN 通信	进行 CAN 通信	产生脉冲
E27-21（B）与 E27-14（GND）	电源（备用）	电源开关 OFF	11～14V
E27-22（BLW）与 E27-14（GND）	鼓风机电动机转速控制信号	电源开关 ON，鼓风机开关打开	产生脉冲

（续）

测量端子	端子描述	测量条件			规定状态
E27-24（ECOS）与 E27-14（GND）	ECO 开关信号	电源开关 ON，ECO 开关打开			<1V
		电源开关 ON，ECO 开关关闭			11～14V
E27-29（TR）与 E27-34（SG-1）	车内温度传感器信号	电源开关 ON，车内温度 25℃			1.8～2.2V
		电源开关 ON，车内温度 40℃			1.2～1.6V
E27-34（SG-1）	车内温度传感器搭铁	始终			<1V
E27-37（LIN）与 E27-14（GND）	LIN 通信信号	电源开关 ON			产生脉冲
E27-39（PTC3）与 E27-14（GND）	快速加热器总成工作信号	电源开关 ON，ECO 开关关闭，温度设定为最热，环境温度低于10℃	发动机冷却液温度低于60℃	鼓风机开关打开	<1V
				鼓风机开关关闭	11～14V
E27-40（PTC1）与 E27-14（GND）			发动机冷却液温度低于70℃	鼓风机开关打开	<1V
				鼓风机开关关闭	11～14V
z1-2（BUS G）	总线集成电路搭铁	始终			<1V
z1-3（BUS）与 z1-2	总线集成电路控制信号	电源开关 ON			产生脉冲
z1-4（B BUS）与 z1-2	总线集成电路电源	电源开关 OFF			11～14V
z1-5（SGA）	蒸发器温度传感器搭铁	始终			<1V
z1-6（TEA）与 z1-5（SGA）	蒸发器温度传感器信号	电源开关 ON，蒸发器温度 0℃			1.7～2.1V
		电源开关 ON，蒸发器温度 15℃			0.9～1.3V

2）检查空调控制总成端子。空调控制总成端子如图 5-2-15 所示，端子定义及状态见表 5-2-3。

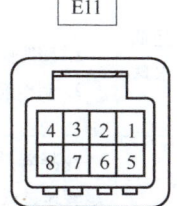

图 5-2-15　空调控制总成端子

表 5-2-3　空调控制总成端子定义及状态

测量端子	端子描述	测量条件	规定状态
E11-1（ILL-）与车身搭铁	照明信号	灯光控制开关置于 OFF	<1V
E11-4（ILL+）与车身搭铁	照明信号	灯光控制开关置于 OFF	<1V
		灯光控制开关置于 TAIL 或 HEAD 位置	11～14V
E11-5（GND）与车身搭铁	空调控制总成搭铁	始终	<1V
E11-6（LIN）与车身搭铁	LIN 通信信号	电源开关 ON	产生脉冲
E11-8（IG+）与 E11-5（GND）	电源	电源开关 ON	<1V
		电源开关 OFF	11～14V

插接器与空调控制总成连接，检查时可以从插接器后部进行。

（4）检查制冷剂压力　用歧管压力表检查制冷剂压力，根据读数进行判断，并进行相应修复。

正常情况下，低压侧的压力应为 150～250kPa，高压侧压力应为 1370～1570kPa。如果压力不正常，则说明空调制冷系统存在故障，具体情况见表 5-2-4。

表 5-2-4　歧管压力表读数对应症状、可能原因及相应解决措施

压力表现象（读数）	症　状	可能原因	解决措施
低压侧压力在正常和真空之间循环	空调系统间断性制冷	空调系统内有湿气	1. 更换冷凝器干燥器 2. 排除系统中的空气 3. 重新加注适量制冷剂
低压侧和高压侧压力均低	空调系统不制冷或制冷效果不良	无制冷剂或制冷剂不足	1. 检查制冷剂是否泄漏 2. 如果压力表读数接近 0，维修泄漏部位后进行抽真空 3. 向空调系统加注适量制冷剂
低压侧和高压侧压力均低	空调系统无法有效制冷且冷凝器至蒸发器的管路上结霜	冷凝器堵塞	更换冷凝器
低压侧显示真空，高压侧压力也很低	空调系统无法有效制冷（系统偶尔制冷），在储液罐或膨胀阀两侧管路上均能看到结霜	1. 空调系统存在湿气或污垢阻碍制冷剂流动 2. 膨胀阀开度过小	1. 更换膨胀阀 2. 更换冷凝器 3. 排空并重新加注制冷剂
低压侧和高压侧压力过高	空调无法制冷且低压管路过热（烫手）	空调系统存在空气	1. 更换冷凝器干燥器 2. 排空并重新加注适量制冷剂
低压侧和高压侧压力过高	空调系统无法有效制冷且低压侧管路结霜或出现大量水珠凝结	1. 膨胀阀开度过大 2. 制冷剂过量	1. 更换膨胀阀 2. 排出适量制冷剂
低压侧和高压侧压力过高	空调制冷一会儿后不制冷	冷凝器脏污或冷却风扇转速过低	1. 清洁冷凝器 2. 检查冷却风扇工作情况
低压侧压力过高或高压侧压力过低	空调无法有效制冷	压缩机内部泄漏	更换压缩机

5.2.5　空调出风口风量不能调节的故障诊断

空调不能调节风量故障的诊断流程如图 5-2-16 所示。

1. 对空调鼓风机电动机进行主动测试

对空调鼓风机电动机主动测试的结果有三种：正常、鼓风机电动机不工作和鼓风机电动机不能调节转速。

如果主动测试结果正常则认为是空调控制总成与空调放大器之间存在故障，需要检查二者之间的 LIN 通信。如果鼓风机电动机不工作，则认为鼓风机电动机与空调放大器之间存在

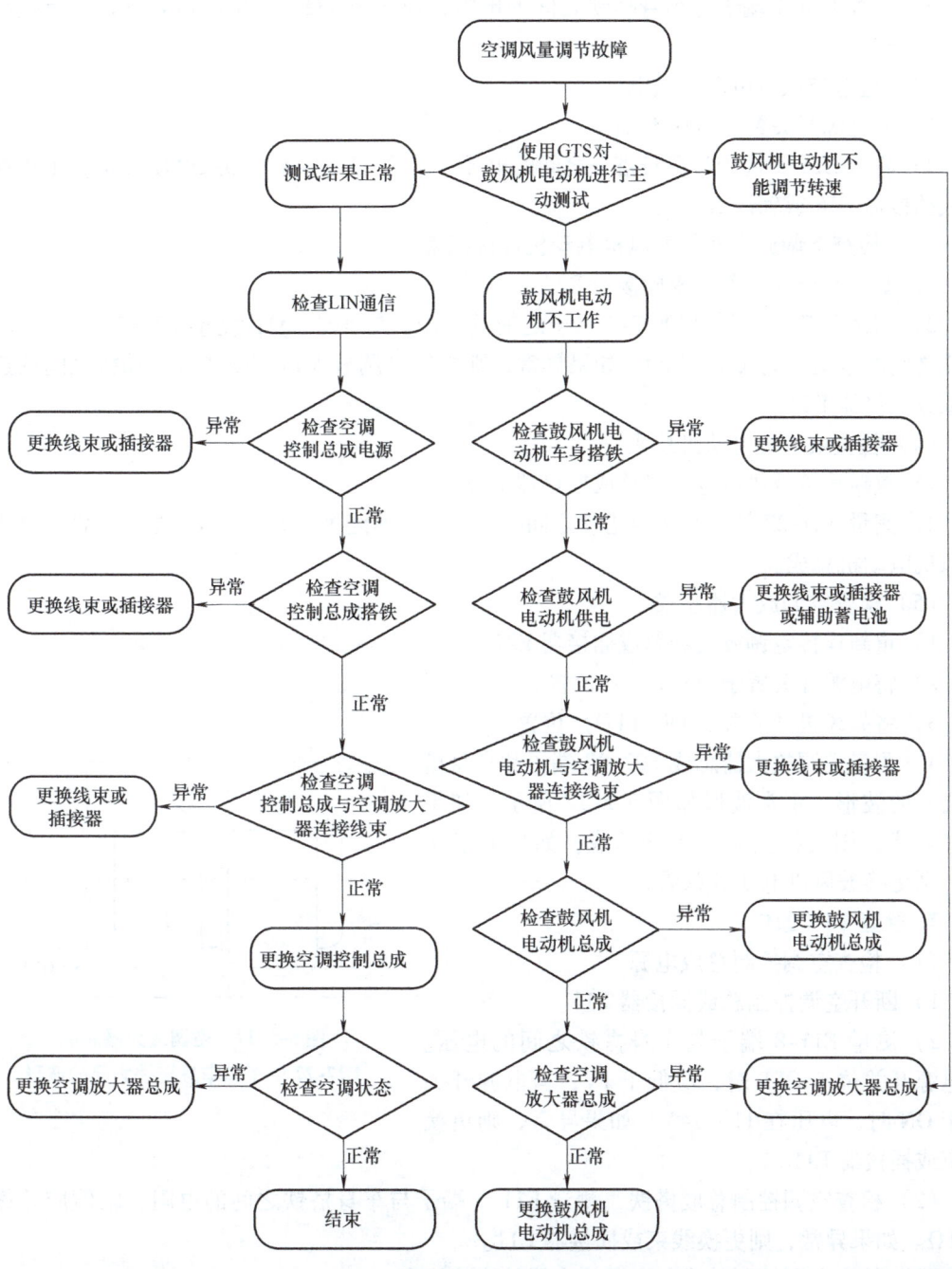

图 5-2-16 空调风量调节故障的诊断流程

故障。如果鼓风机电动机工作但不能改变转速，则认为是空调放大器故障，需要更换空调放大器总成。

2. 检查鼓风机电动机不工作故障

（1）检查鼓风机电动机车身搭铁

1）断开带风扇的鼓风机电动机总成插接器 E16。

2）检查 E16-1 端子与车身搭铁之间的电阻，应小于 1Ω。如果阻值异常，则更换线束或插接器 E16。

（2）检查鼓风机电动机供电

1）将电源开关置于 OFF 位置。

2）测量 E16-3 端子与车身搭铁之间的电压，应为 11～14V。如果电压异常，则更换线束或插接器 E16 或辅助蓄电池。

（3）检查空调放大器与鼓风机电动机连接线束

1）断开空调放大器总成插接器 E27。

2）测量 E27-22 端子与 E27-2 端子之间的电阻，应小于 1Ω；测量 E27-22 端子与车身搭铁之间的电阻，应大于 10kΩ。如果异常，则更换空调放大器与鼓风机电动机之间的连接线束或插接器 E27。

（4）检查鼓风机电动机总成

1）重新连接鼓风机电动机总成插接器 E16。

2）测量 E27-22 端子与车身搭铁之间的电压，应始终为 4.5～5.5V。如果异常，则更换鼓风机电动机总成。

（5）检查空调放大器总成

1）重新连接空调放大器总成插接器 E27。

2）将电源开关置于 ON（IG）位置。

3）将鼓风机开关置于 ON（LO）位置。

4）测量空调放大器总成 E27-22 端子和车身搭铁之间的波形，正常波形如图 5-2-17 所示。如果波形异常，则更换空调放大器总成；如果波形正常，则更换鼓风机电动机总成。

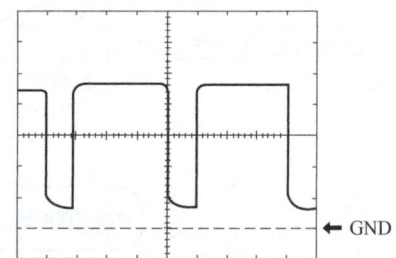

图 5-2-17　空调放大器总成 E27-22 端子和车身搭铁之间的波形

3. 检查 LIN 通信

（1）检查空调控制总成电源

1）断开空调控制总成插接器 E11。

2）测量 E11-8 端子与车身搭铁之间的电压。当电源开关位于 OFF 时，应低于 1V；当电源开关位于 ON 时，电压在 11～14V。如果异常，则更换线束或插接器 E11。

（2）检查空调控制总成搭铁　测量 E11-5 端子与车身搭铁之间的电阻，阻值应始终小于 1Ω。如果异常，则更换线束或插接器 E11。

（3）检查空调控制总成与空调放大器的连接线束

1）断开空调放大器总成插接器 E27。

2）测量 E11-6（LIN）端子与 E27-37（LIN）端子之间的电阻，应小于 1Ω。测量 E11-6（LIN）端子与车身搭铁之间的电阻，应大于 10kΩ。如果异常，则更换线束或插接器 E11、E27。

（4）更换新的空调控制总成　更换新的空调控制总成，检查空调工作状态。如果空调依然不能正常工作，则更换空调放大器总成。

 单元小结

1. 空调放大器接收来自空调控制面板等的指令，根据各个传感器信号对空调系统进行相应控制，包括：出风温度控制、鼓风机控制、进出风口控制、制冷剂量检测控制、PTC加热器控制和环保模式控制等。

2. 空调放大器总成根据环境温度、制冷剂压力和刚刚流经蒸发器的冷却空气温度判断制冷剂量。空调放大器总成判断制冷剂不足时，将熄灭空调开关指示灯（提醒用户），同时控制压缩机停止工作（保护压缩机）。

3. 环保模式控制期间，空调放大器总成将空调系统性能限制在规定状态，从而提高燃油经济性。

4. 电动压缩机电动机由动力蓄电池通过空调逆变器提供244.8V的三相交流电驱动，空调制冷系统不依赖发动机的运行即可运转。空调放大器总成根据目标蒸发器温度（通过温度控制开关、车内温度传感器、车外温度传感器和光照强度传感器）和实际蒸发器温度（通过蒸发器温度传感器）计算目标压缩机转速，然后将目标转速发送至混合动力车辆ECU，混合动力车辆ECU根据目标转速控制空调逆变器，以控制压缩机使其达到适合空调系统工作条件的转速。

 学习单元5.3　电控制动系统检测与修复

 任务导入

小王在丰田某4S店工作，今天接到一辆卡罗拉混合动力汽车，ABS警告灯常亮，经检查是带主缸的制动助力器总成损坏。师傅要求小王进行更换，如果你是小王，你知道如何正确规范地进行制动助力器总成的更换吗？

 学习目标

1. 能够掌握电控制动系统的功能、组成及工作原理。
2. 能够识别电控制动系统各部件。
3. 能够正确制订ABS警告灯常亮的检修流程。
4. 能够正确使用GTS完成检查、读取故障码等操作。
5. 能够正确更换带主缸的制动助力器总成。
6. 能遵守高压安全相关规范进行安全操作。

 理论知识

5.3.1　卡罗拉混合动力汽车电控制动系统

1. 电控制动系统组成

卡罗拉混合动力汽车电控制动系统将ABS、BAS、TRC、VSC、EBD和HAC整合在一个系统中，采用电子控制制动系统控制四个车轮上的液压制动力。电控制动系统较为复杂，其主要组成如图5-3-1和图5-3-2所示。

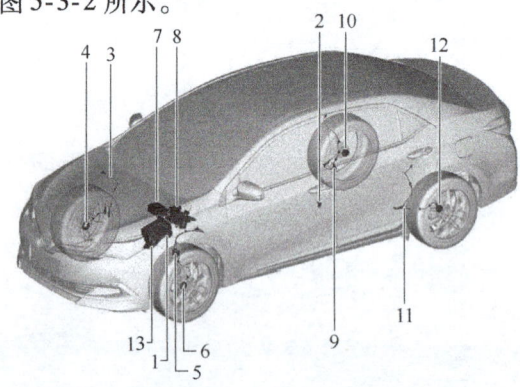

图5-3-1　卡罗拉混合动力汽车电控制动系统组成（1）

1—制动助力泵总成　2—左前门门控灯开关总成　3—右前轮轮速传感器　4—右前轮轮速传感器转子
5—左前轮轮速传感器　6—左前轮轮速传感器转子　7—制动主缸储液罐总成（包括制动液液位警告开关）
8—带主缸的制动助力器总成（包括制动执行器和防滑控制ECU）　9—右侧防滑控制传感器线束
10—右后轮轮速传感器及其转子　11—左侧防滑控制传感器线束　12—左后轮轮速传感器及其转子　13—发动机室1号继电器盒和1号接线盒总成（1号、2号ABS-MTR熔丝，1号、2号ABS熔丝，1号ECU-DCC熔丝）

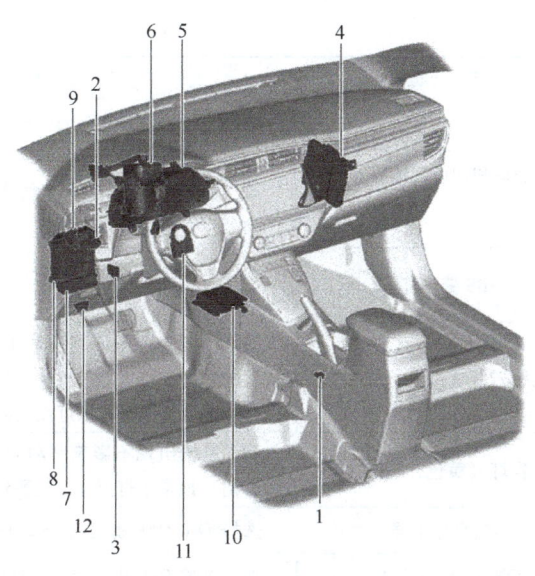

图 5-3-2　卡罗拉混合动力汽车电控制动系统组成（2）

1—驻车制动开关总成　2—制动灯开关总成　3—VSC OFF 开关　4—混合动力车辆 ECU　5—组合仪表总成（ABS 警告灯、制动警告灯（黄色/红色）、多信息显示屏（TRC OFF 信息）、VSC OFF 信息、打滑指示灯和仪表蜂鸣器）
6—动力转向 ECU　7—仪表板接线盒总成（3 号 ECU—IG 熔丝、IGN 熔丝、A/B 熔丝、STOP 熔丝）　8—主车身 ECU
9—制动踏板行程传感器总成　10—空气囊传感器总成（横摆率和加速度传感器）　11—转向角传感器　12—DLC3

卡罗拉混合动力汽车电控制动系统主要由制动助力泵总成、带主缸的制动助力器总成、制动踏板行程传感器总成、空气囊传感器总成、组合仪表总成、混合动力车辆 ECU、动力转向 ECU、VSC OFF 开关和制动器等组成。主要组成部分的名称及功能见表 5-3-1。

表 5-3-1　电控制动系统各组成部分及功能

总成或零部件名称	组　成	功　能
制动助力泵总成	制动助力泵及泵电动机	产生高压
	蓄压器	储存高压
带主缸的制动助力器总成	制动执行器	带 EBD 的 ABS、BAS、TRC、VSC 和 HAC 工作期间，根据来自防滑控制 ECU 的信号切换制动液路径，以控制施加至制动轮缸的液压
	液压制动助力器	根据驾驶人施加到制动踏板的力来产生液压 当制动系统出现故障时，液压制动助力器将液压直接供应至轮缸
	行程模拟器	制动期间根据驾驶人对制动踏板的作用力产生踏板行程
	防滑控制 ECU	根据接收到的来自传感器的信号监视车辆行驶状况，通过与混合动力车辆 ECU 和动力转向 ECU 协同控制，计算所需制动力大小并控制制动执行器 根据来自各传感器的信号判断车辆的行驶状况，并控制带 EBD 的 ABS、BAS、TRC、VSC 和 HAC 根据蓄压器压力传感器信号操作制动助力泵总成以控制蓄压器压力
制动踏板行程传感器总成		直接检测驾驶人踩下制动踏板的行程

(续)

总成或零部件名称	组成	功能
空气囊传感器总成	横摆率和加速度传感器	横摆率传感器检测车辆的横摆率 加速度传感器检测车辆的纵向和横向加速度 空气囊 ECU 通过 CAN 总线将来自横摆率和加速度传感器的信号发送至防滑控制 ECU
组合仪表总成	ABS 警告灯	防滑控制 ECU 检测到 ABS、EBD 或 BAS 出现故障时，该灯点亮以提醒驾驶人
	制动警告灯（红色，故障）	防滑控制 ECU 检测到制动分配故障时，该指示灯点亮以提醒驾驶人 制动液液位低时，该灯点亮以通知驾驶人
	制动警告灯（黄色，轻微故障）	制动系统出现不影响制动力的轻微故障（如再生制动故障）时，该指示灯点亮以提醒驾驶人
	多信息显示屏	选择 TRC OFF 模式或 VSC OFF 模式，显示信息
	VSC OFF 指示灯	选择 VSC OFF 模式时，点亮以通知驾驶人
	打滑指示灯	执行 ABS、TRC、VSC 控制时，该灯闪烁以告知驾驶人 TRC、VSC 或 HAC 故障时，该灯点亮以提醒驾驶人
	蜂鸣器	液压或电源出现故障时，蜂鸣器持续鸣响以通知驾驶人
混合动力车辆 ECU		接收到来自防滑控制 ECU 的信号后执行再生制动；将实际的再生制动控制值发送至防滑控制 ECU 在执行 TRC 或 VSC 控制时，根据来自防滑控制 ECU 的输出信号控制原动力
动力转向 ECU		与防滑控制 ECU 配合工作以控制转向辅助转矩
VSC OFF 开关		可使驾驶人选择正常模式、TRC OFF 模式或 VSC OFF 模式

（1）制动助力泵总成

1）制动助力泵总成的结构。制动助力泵总成由泵、泵电动机和蓄压器等组成，如图 5-3-3 所示。泵为柱塞泵，由电动机驱动的凸轮轴驱动，向蓄压器提供高压液体。蓄压器内充满并密封高压氮气，其作用是产生并储存液压，防滑控制 ECU 用此液压控制制动。

2）制动助力泵总成的工作原理。制动助力泵的连接如图 5-3-4 所示。

当接收到防滑控制 ECU 接通其内置电动机继电器信号后，泵电动机带动制动助力泵工作。制动助力泵工作时，泵出的制动液流经单向阀存储在蓄压器内。蓄压器内存储的高压制动液用于为正常制动和进行制动控制提供所需的液压。

蓄压器压力传感器持续监测蓄压器内的压力并将其传输至防滑控制 ECU。如果蓄压器内的压力低于设定值，则防滑控制 ECU 将激活信号发送至泵电动机继电器以驱动助力泵工作。当蓄压器内的压力达到设定值时，防滑控制 ECU 控制泵电动机继电器断开，停止驱动助力泵。

如果泵电动机意外持续运转且蓄压器压力传感器故障，则蓄压器内会产生高压。此时减压阀打开，使制动液回流至储液罐以降低蓄压器压力。

（2）带主缸的制动助力器总成　带主缸的制动助力器总成包括液压制动助力器、制动执行器、防滑控制 ECU 和行程模拟器，其中制动执行器和防滑控制 ECU 制成一体。

1）液压制动助力器。液压制动助力器的相对位置和内部结构如图 5-3-5 所示，由直接

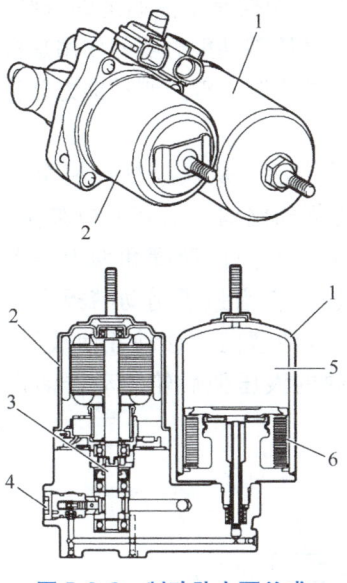

图 5-3-3　制动助力泵总成

1—蓄压器　2—泵电动机　3—凸轮轴
4—泵　5—氮气　6—波纹管

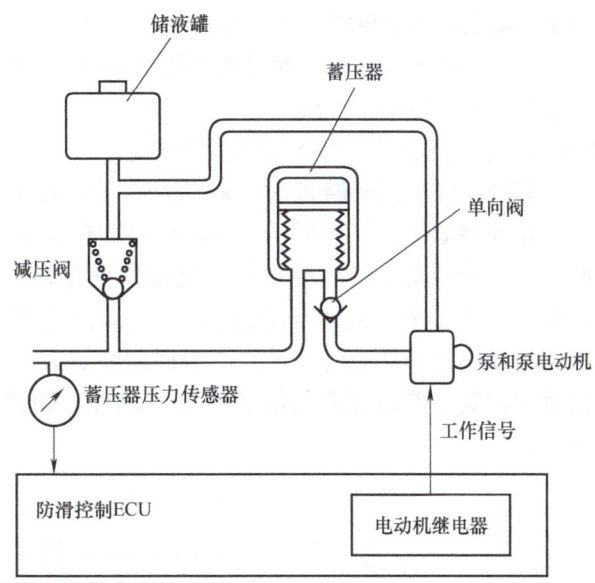

图 5-3-4　制动助力泵的电路及液压管路连接示意

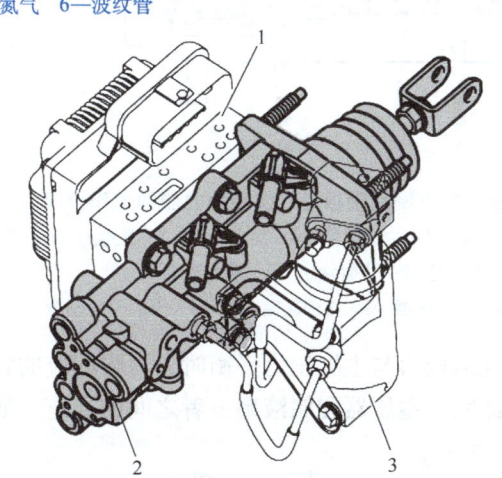

带主缸的制动助力器总成

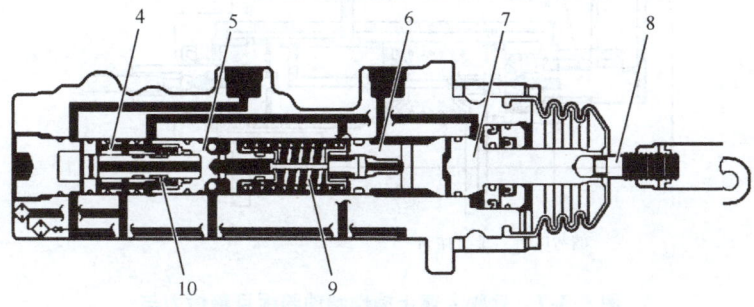

液压制动助力器内部结构

图 5-3-5　液压制动助力器相对位置和内部结构

1—制动执行器　2—液压制动助力器　3—行程模拟器　4—滑阀
5—调节活塞　6—主缸活塞　7—动力活塞　8—操纵杆　9、10—回位弹簧

连接至制动踏板的操纵杆、动力活塞、主缸活塞、调节活塞和切换制动液通道的滑阀组成，其中操纵杆直接连接到传输制动踏板操纵力的动力活塞上。液压制动助力器的作用是根据驾驶人施加到制动踏板的力来产生液压，并且当制动系统出现故障时，液压制动助力器将液压（由制动踏板的作用力产生）直接供给轮缸。

当驾驶人踩下制动踏板时，制动踏板的作用力通过动力活塞从操纵杆传输至主缸活塞。工作原理如图5-3-6所示，主缸油室回位弹簧设定的负载比调节活塞回位弹簧的高，因此使得调节活塞在主缸油室压缩之前向前移动。滑阀关闭通向储液罐和助力器腔的油道，使得蓄压器液压施加至助力器腔，从而产生助力并进一步增强了制动踏板力。蓄压器液压施加至助力器腔时，助力克服回位弹簧力，压缩主缸活塞向前移动并使液压升高，从而使前轮制动器油道内的液压升高。此外，助力器腔内的液压使后轮制动器油道内的液压升高。

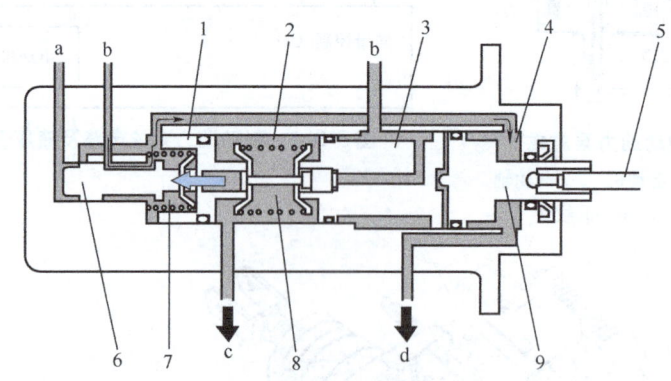

图5-3-6　驾驶人踩下制动踏板时，制动助力器的工作情况
1—调节活塞　2—回位弹簧　3—主缸活塞　4—助力器腔　5—操纵杆　6—滑阀
7—调节室　8—主缸油室　9—动力活塞
a—至储液罐　b—自蓄压器　c—至前轮制动器　d—至后轮制动器

当驾驶人停止操作制动踏板且踏板力与主缸压力平衡时，力将相应的施加至调节活塞的前部和后部，因此滑阀关闭助力器腔、蓄压器和储液罐三者之间的通道，如图5-3-7所示。

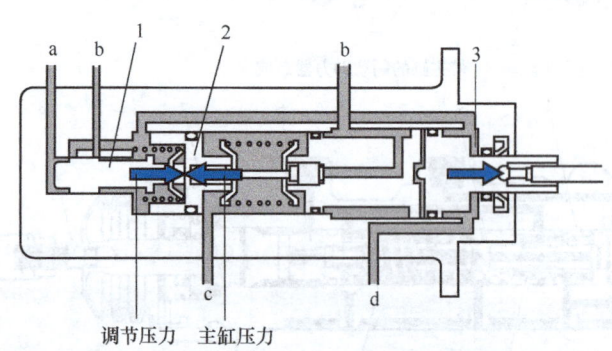

调节压力　主缸压力

图5-3-7　驾驶人停止操作制动踏板且踏板力与
主缸压力平衡时，制动助力器的工作情况
1—滑阀　2—调节活塞　3—助力器腔
a—至储液罐　b—自蓄压器　c—至前轮制动器　d—至后轮制动器

当驾驶人减小制动踏板作用力时，主缸压力降低。此时，施加至调节活塞前端的压力相对变大，调节活塞和滑阀向后移动。滑阀的移动会打开储液罐与助力器腔之间的通道，如图 5-3-8 所示。助力器腔内的制动液回流至储液罐，降低了助力器腔的压力，并且平衡了减小的主缸压力和助力器腔压力。同时前后轮制动器管路内的制动液在此作用下分别流向主缸油室和助力器腔，从而减小了前后轮制动力。

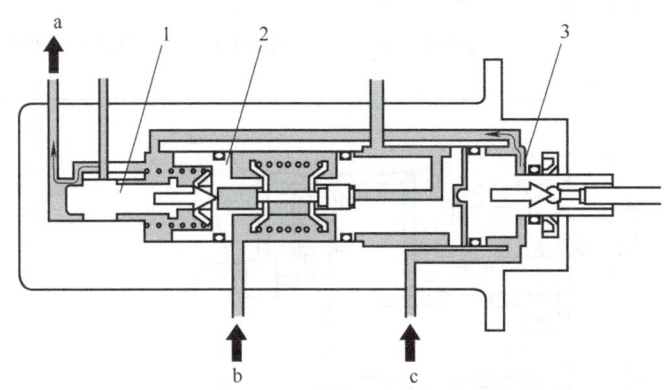

图 5-3-8　驾驶人减小制动踏板作用力时，制动助力器的工作情况
1—滑阀　2—调节活塞　3—助力器腔　a—至储液罐　b—自前轮制动器　c—自后轮制动器

2）制动执行器。制动执行器如图 5-3-9 所示，作用是调节施加至各轮缸的制动液压。

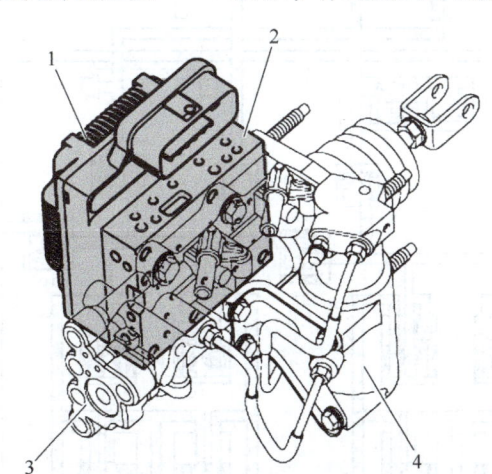

图 5-3-9　制动执行器和防滑控制 ECU
1—防滑控制 ECU　2—制动执行器部分　3—液压制动助力器　4—行程模拟器

制动执行器的结构及连接如图 5-3-10 所示。各零部件的作用见表 5-3-2。

表 5-3-2　制动执行器各零部件作用

零 部 件	功　　能
线性电磁阀	正常踩下制动踏板时，控制轮缸压力以产生与制动力要求相符的制动力
开关电磁阀	激活制动控制系统时切换制动液压路径
控制电磁阀	带 EBD 的 ABS、BAS、TRC 和 VSC 激活时，控制轮缸压力

(续)

零部件	功能
主缸压力传感器	主缸压力传感器将液压制动助力器产生的液压转换为电信号并将其传输至防滑控制 ECU，防滑控制 ECU 据此确定驾驶人所需的制动力
前轮缸压力传感器	检测施加至各自轮缸的液压并将其反馈给防滑控制 ECU，防滑控制 ECU 监测轮缸的压力并控制控制电磁阀，以实现最佳轮缸压力
蓄压器压力传感器	蓄压器压力传感器持续检测蓄压器内的制动液压并将其传输给防滑控制 ECU，防滑控制 ECU 控制泵电动机

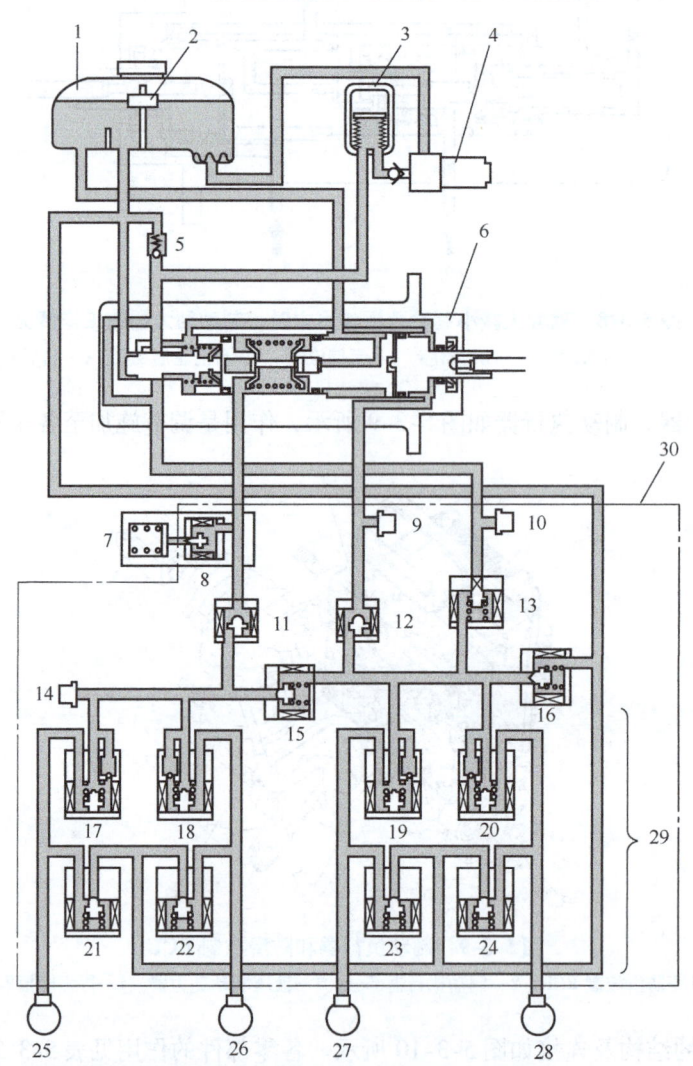

图 5-3-10　制动执行器的连接及内部结构

1—储液罐　2—制动液液位警告开关　3—蓄压器　4—泵电动机　5—减压阀　6—液压制动助力器　7—行程模拟器　8—开关电磁阀（SSC）　9—主缸压力传感器　10—蓄压器压力传感器　11—开关电磁阀（SMC）　12—开关电磁阀（SRC）　13—压力控制电磁阀/线性电磁阀（SLA）　14—前轮缸压力传感器　15—开关电磁阀（SCC）　16—压力控制电磁阀/线性电磁阀（SLR）　17—压力保持电磁阀（FLH）　18—压力保持电磁阀（FRH）　19—压力保持电磁阀（RLH）　20—压力保持电磁阀（RRH）　21—减压电磁阀（FLR）　22—减压电磁阀（FRR）　23—减压电磁阀（RLR）　24—减压电磁阀（RRR）　25—左前轮缸　26—右前轮缸　27—左后轮缸　28—右后轮缸　29—控制电磁阀　30—制动执行器

3) 行程模拟器。行程模拟器的位置及内部结构如图 5-3-11 所示，行程模拟器位于液压制动助力器旁，制动期间，根据驾驶人对制动踏板的作用力产生踏板行程。行程模拟器具有两种不同弹性系数的螺旋弹簧，模拟与主缸压力相关的踏板行程特性。

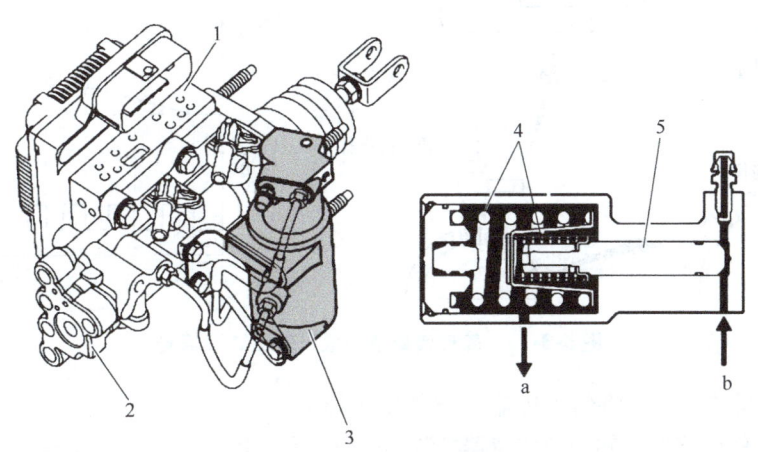

图 5-3-11　行程模拟器的位置及内部结构
1—制动执行器　2—液压制动助力器　3—行程模拟器　4—螺旋弹簧　5—活塞
a—至储液罐　b—自液压制动助力器

（3）制动踏板行程传感器总成　卡罗拉混合动力汽车采用了非接触型制动踏板行程传感器，如图 5-3-12 所示，功能是检测制动踏板行程范围并将其传输至防滑控制 ECU。

其工作原理如图 5-3-13 所示，利用霍尔效应检测传感器杆转角，将踏板行程信号变成电信号，为了保证其可靠性采用了双路冗余设计。

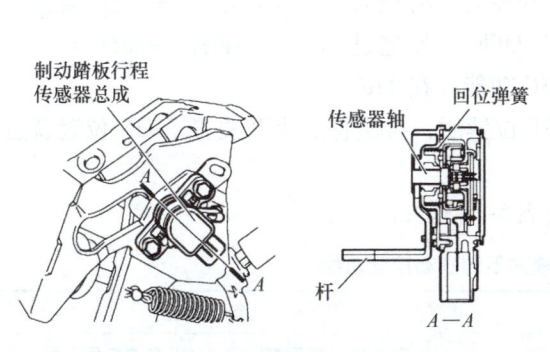

图 5-3-12　制动踏板行程传感器

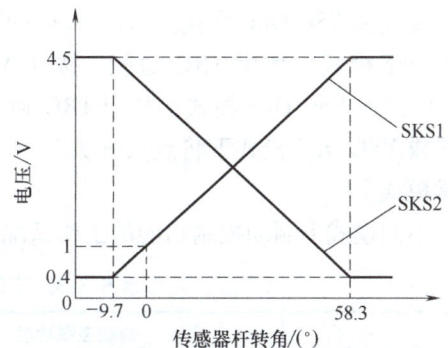

图 5-3-13　制动踏板行程传感器工作原理

（4）轮速传感器　轮速传感器采用了主动式传感器，包含霍尔集成电路、传感器转子，如图 5-3-14 所示。传感器转子集成于轮毂轴承内座圈，包含呈圆形排列的 N、S 磁极。

其工作原理是使用霍尔集成电路检测由转子转动引起的磁场变化，并以数字脉冲的形式将检测到的信息输出至防滑控制 ECU。轮速越高，输出数字脉冲的频率越高。

（5）空气囊传感器总成　空气囊传感器总成（位置如图 5-3-2 中 10 所示）与横摆率传感器和加速度传感器协同工作，根据来自横摆率传感器和加速度传感器的信号检测水平方向

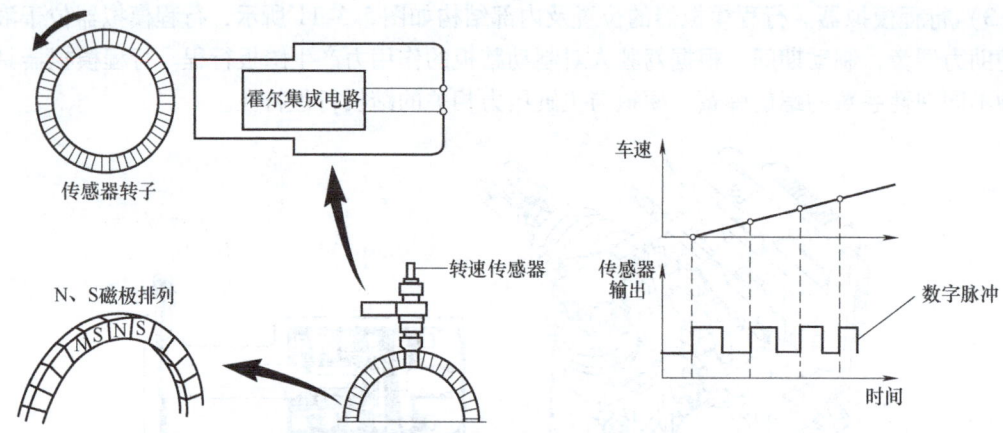

图 5-3-14　轮速传感器组成及输出脉冲信号

上前后左右的减速度，并将信号传输至防滑控制 ECU。

（6）转向角传感器　转向角传感器检测转向方向和角度，并将信号发送至防滑控制 ECU。转向角传感器如图 5-3-15 所示，由三个齿轮机构组成。齿轮 1 随转向管柱一起转动，两个检测齿轮内部各有一个检测磁铁，与传感器外壳一起固定在车身上。

（7）VSC OFF 开关　通过 VSC OFF 开关可停止运行 VSC 和 TRC。当车辆行驶路况较差时（比如土路），停止发动机输出功率可以保证驱动转矩。

VSC OFF 开关有三种模式可供选择：正常模式、TRC OFF 模式和 VSC OFF 模式。短按 VSC OFF 开关时，将进入 TRC OFF 模式，禁用 TRC 功能。按住 VSC OFF 开关超过 3s，将进入 VSC OFF 模式，禁用 TRC 和 VSC 功能。在 TRC OFF 或 VSC OFF 模式下将点火开关置于 OFF 位置后，再次将点火开关置于 ON 位置就进入正常模式。

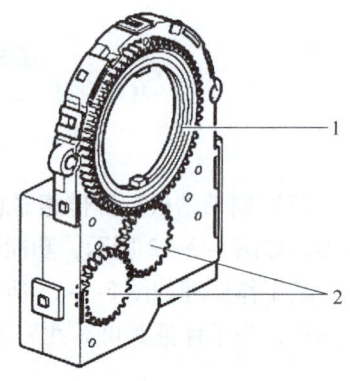

图 5-3-15　转向角传感器
1—齿轮　2—检测齿轮

不同模式下制动控制功能的工作情况见表 5-3-3。

表 5-3-3　不同模式下的制动控制功能

项　目	制动控制功能		组合仪表	
	TRC	VSC	VSC OFF 指示灯	多信息显示屏
正常模式	执行	执行	—	—
TRC OFF 模式	禁止	执行	—	TRC OFF
VSC OFF 模式	禁止	禁止①	点亮	—

① 当施加制动或横摆率较大时，将执行 VSC 功能。

2. 电控制动系统的电路连接

卡罗拉混合动力汽车电控制动系统的电路连接如图 5-3-16 所示。

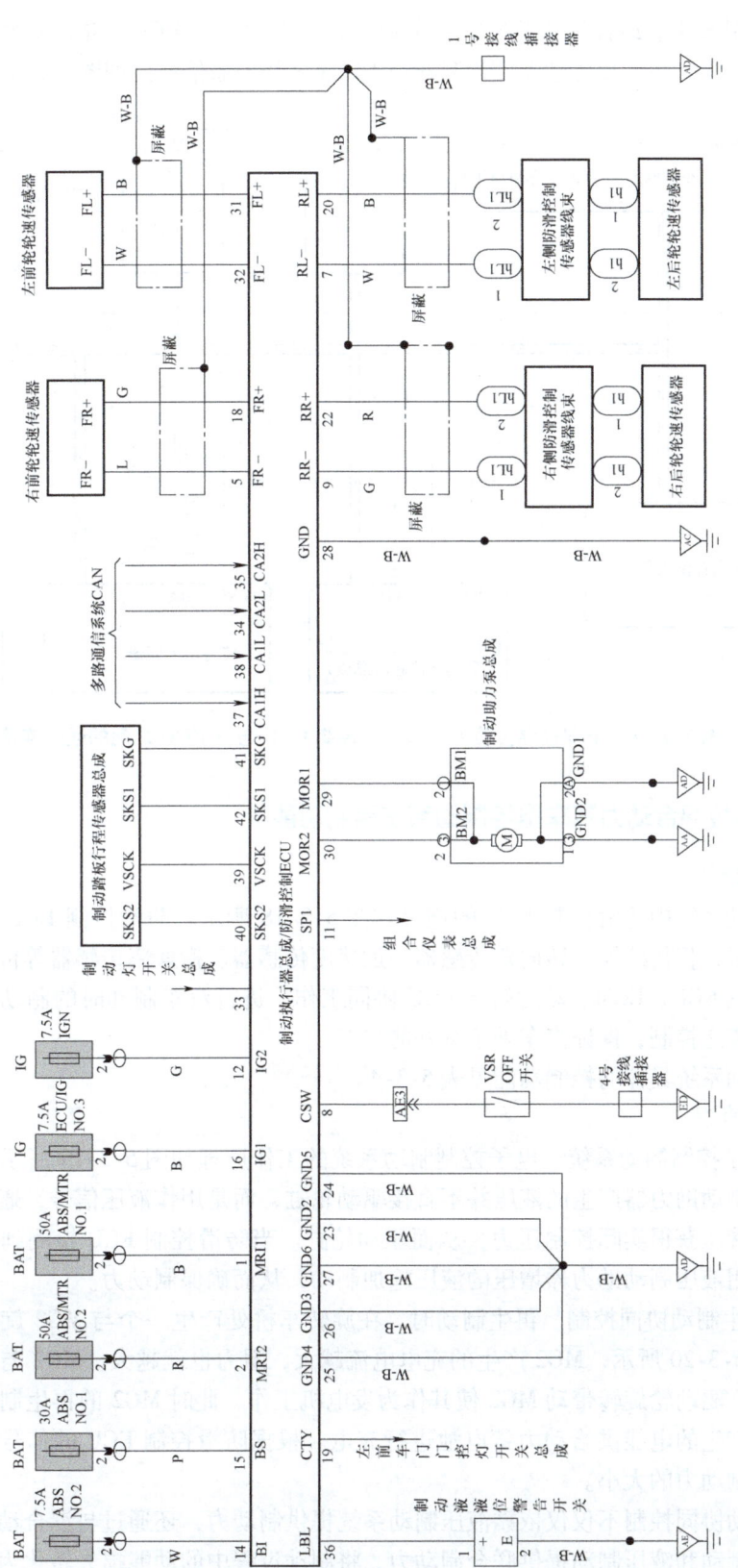

图5-3-16 卡罗拉混合动力汽车电控制动系统的电路连接

防滑控制 ECU、组合仪表总成、主车身 ECU、动力转向 ECU、混合动力车辆 ECU、空气囊传感器总成、转向角传感器和诊断接口 DLC3 之间的通信连接如图 5-3-17 所示。

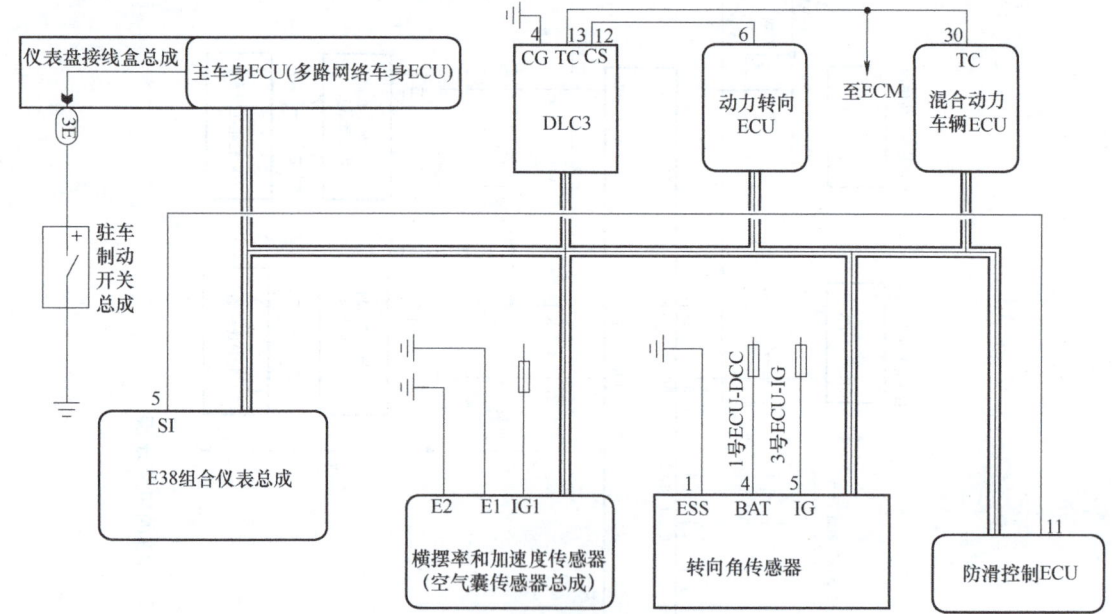

图 5-3-17 卡罗拉混合动力汽车防滑控制 ECU 与各 ECU 之间的通信连接

5.3.2 卡罗拉混合动力汽车电控制动系统控制功能

1. 控制功能

电控制动系统中防滑控制 ECU 的连接如图 5-3-18 所示。防滑控制 ECU 根据轮速传感器、制动踏板行程传感器、转向角传感器、加速度传感器、横摆率传感器等传递的信号，与混合动力车辆 ECU、ECM、动力转向 ECU 协同工作，进行汽车制动时的制动力控制、方向控制及车身姿态控制，保证汽车处于良好的状态。

电控制动系统具体的控制功能见表 5-3-4。

2. 工作原理

（1）电子控制制动系统 电子控制制动系统的工作原理如图 5-3-19 所示，在正常制动期间，液压制动助力器产生的液压并不直接驱动轮缸，而是用作液压信号，通过调节制动助力泵总成的液压获得实际控制压力，从而驱动轮缸。当防滑控制 ECU 检测到该系统有故障时，通过使用液压制动助力器增压的液压施加制动，从而确保制动力。

（2）再生制动协同控制 再生制动时，在旋转车桥处产生一个与 MG2 旋转方向相反的阻力，如图 5-3-20 所示，MG2 产生的充电电流越大，阻力也就越大。MG2 与驱动轮机械相连，制动时，驱动轮旋转带动 MG2 使其作为发电机工作，此时 MG2 的再生制动力阻碍驱动轮旋转并将产生的电能供给动力蓄电池进行充电。根据防滑控制 ECU 的信号，混合动力系统控制再生制动力的大小。

再生制动协同控制不仅仅依靠液压制动系统提供制动力，还通过与混合动力系统协同控制，用再生制动和液压制动提供联合制动力，将制动过程中的动能损失转化为电能回收。

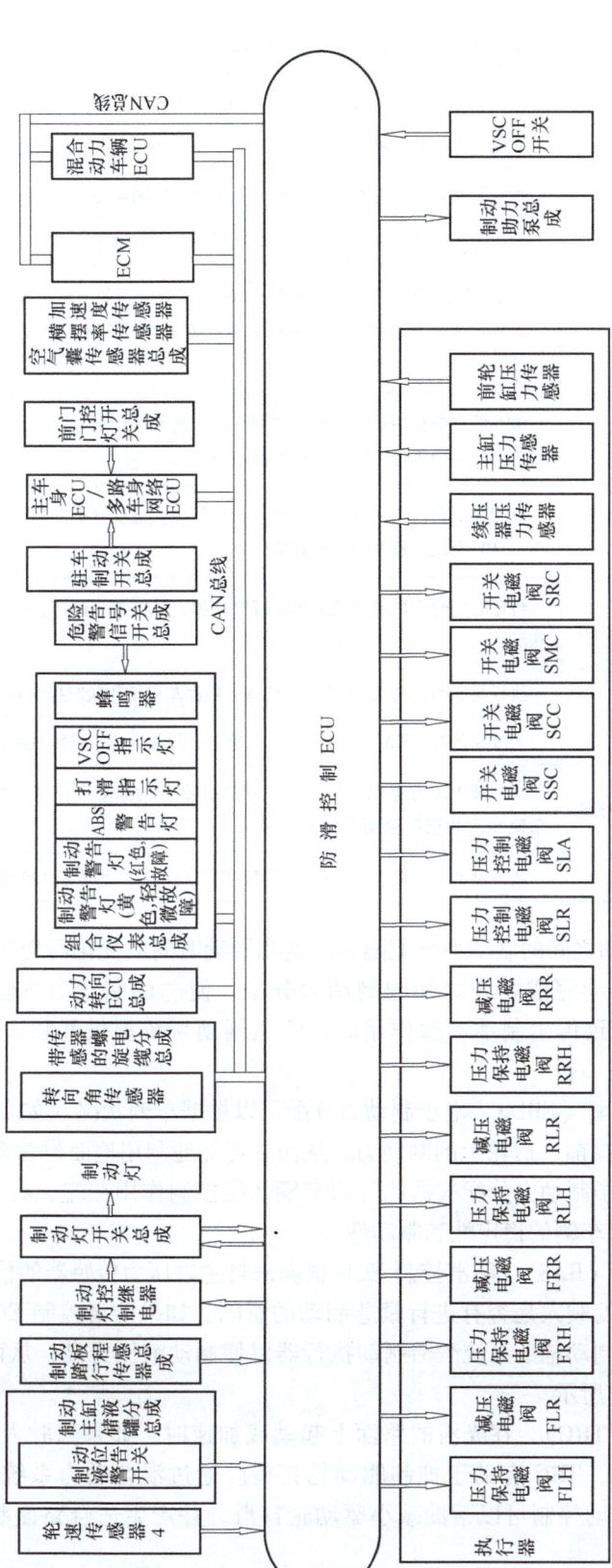

图 5-3-18 电控制动系统防滑控制 ECU 连接

表 5-3-4　电控制动系统的控制功能

控　制	内　容
电子控制制动系统	接收到来自防滑控制 ECU 的信号后，该系统在四个车轮上执行液压控制
再生制动协同控制	控制制动液压，以利用混合动力系统的再生制动尽可能回收电能
防抱死制动系统（ABS）	用力施加制动或在光滑的路面制动时，ABS 有助于防止车轮抱死
电子制动力分配（EBD）	EBD 控制根据驾驶条件，利用 ABS 来实现前后轮之间制动力的合理分配。此外，转弯期间施加制动时，也可以控制左右车轮的制动力，有助于保持车辆稳定性
制动辅助系统（BAS）	BAS 的主要作用是在紧急制动期间，当驾驶人施加的制动力不足时，提供辅助制动力，从而优化车辆的制动性能
牵引力控制（TRC）	在光滑的路面上起动或加速时，如果驾驶人过度踩下加速踏板，会使驱动轮打滑，TRC 有助于抑制驱动轮打滑
车辆稳定性控制（VSC）	转弯时前轮或后轮可能会出现打滑现象，从而发生侧滑，VSC 有助于抑制车辆侧滑
VSC +	执行与动力转向 ECU 的协同控制，根据车辆工作状况提供转向辅助
上坡辅助控制（HAC）	上坡起步时，HAC 可保持四个车轮上的制动液压，以暂时防止车辆倒退
TRC 或 VSC 工作期间的原动力控制	TRC 或 VSC 激活时，将来自防滑控制 ECU 的原动力控制信号传输至混合动力车辆 ECU 以限制原动力
紧急制动信号	紧急制动时，紧急制动信号使危险警告灯闪烁以警告后方车辆的驾驶人

液压制动和再生制动之间的制动力分配随着车速和制动时间的变化而变化，如图 5-3-21 所示。通过控制液压制动完成两者之间的制动力分配，使总的制动力符合驾驶人要求。当混合动力系统故障导致再生制动不起作用时，液压制动系统提供驾驶人所需的全部制动力。

（3）电子制动力分配（EBD）　电子制动力分配可以根据车辆状况（如负载情况、减速度等）的变化控制作用在前、后轮上的制动力，从而尽可能地利用地面附着系数。

转弯制动期间，电子制动力分配根据此时的车辆状况控制作用在左、右轮上的制动力，如图 5-3-22 所示，确保车辆的稳定性和制动性。

（4）制动辅助系统（BAS）　防滑控制 ECU 根据来自主缸压力传感器的信号计算制动踏板速度和踩踏量，判断驾驶人是否有进行紧急制动的意图。如果防滑控制 ECU 确定驾驶人试图进行紧急制动，则制动辅助系统激活制动执行器以使制动液压升高，从而增加制动力。其控制原理如图 5-3-23 所示。

（5）牵引力控制（TRC）　在光滑的路面上起动或加速时，如果驾驶人过度踩下加速踏板，会使驱动轮打滑，TRC 有助于抑制驱动轮打滑。通过混合动力系统实现的原动力调节和驱动轮的液压制动控制可以帮助减小驱动轮打滑，并产生适合路面状况的驱动力，如图 5-3-24 所示。

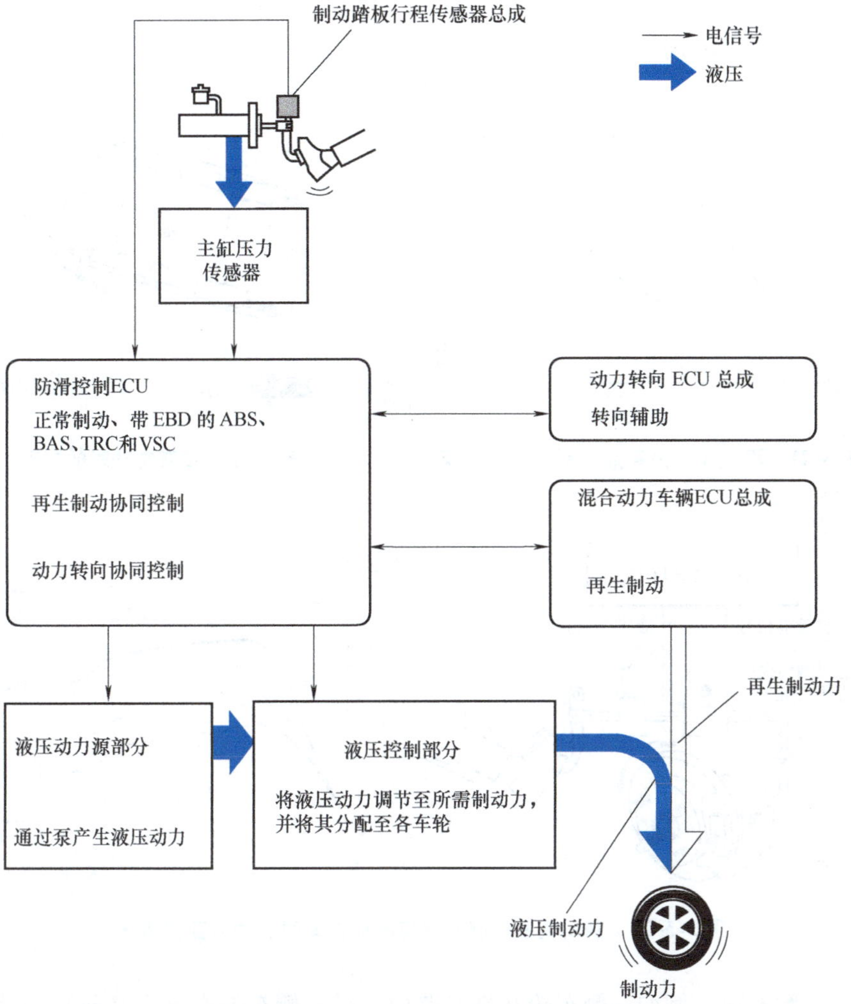

制动踏板行程传感器总成
电信号
液压
主缸压力
传感器
防滑控制ECU
正常制动、带EBD的ABS、
BAS、TRC和VSC
再生制动协同控制
动力转向协同控制
动力转向ECU总成
转向辅助
混合动力车辆ECU总成
再生制动
再生制动力
液压动力源部分
通过泵产生液压动力
液压控制部分
将液压动力调节至所需制动力，
并将其分配至各车轮
液压制动力
制动力

图 5-3-19 电子控制制动系统工作原理

MG2(发电)旋转方向
阻力方向
MG1
逆变器
发动机
MG2
制动力
MG2(发电)旋转方向
阻力方向
MG1
逆变器
发动机
MG2
制动力

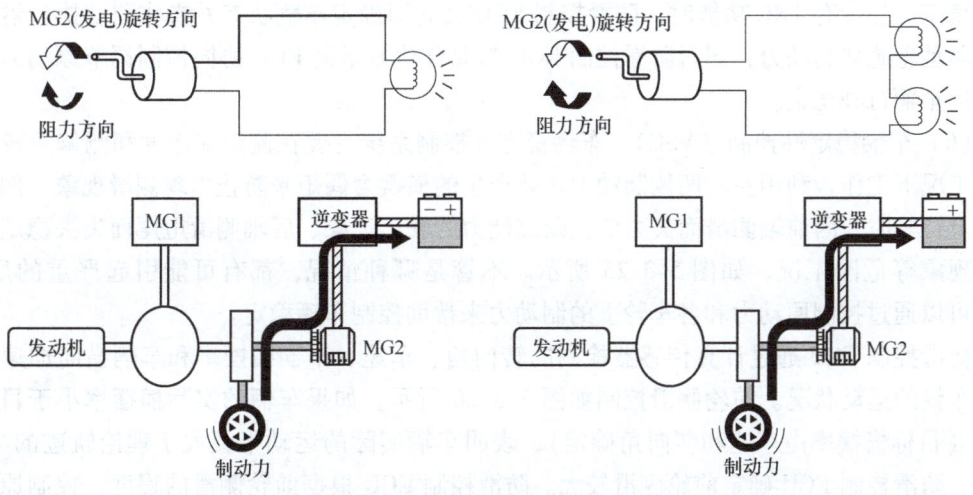

图 5-3-20 再生制动协同控制

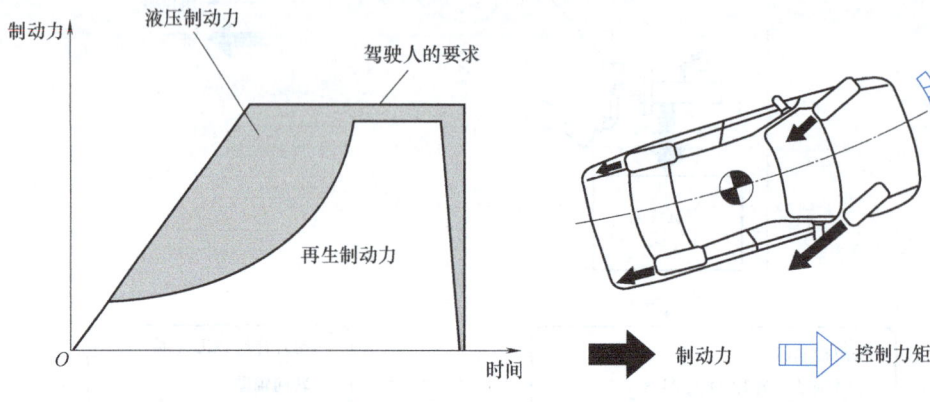

图 5-3-21　再生制动力和液压制动力的分配变化　　图 5-3-22　转弯制动时的制动力分配

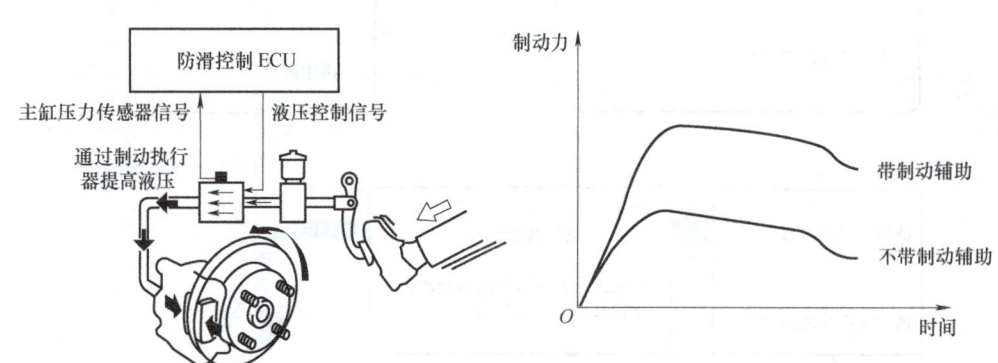

图 5-3-23　制动辅助控制原理与制动辅助时制动力变化情况

在摩擦因数不同（例如一侧车轮在良好路面，另一侧车轮在冰雪路面）的路面上行驶时，如果驾驶人突然踩下加速踏板，驱动轮可能会在附着系数小的路面上打滑，导致车辆行驶不稳定。当带有 TRC 功能时，防滑控制 ECU 会立即确定车辆状态并操作制动执行器向打滑的驱动轮施加制动力；同时防滑控制 ECU 与混合动力车辆 ECU 协同控制调节原动力，从而保证车辆行驶稳定。

（6）车辆稳定性控制（VSC）　车辆稳定性控制系统主要在侧向加速度和侧偏角较大的极限工况下工作，利用左右两侧制动力之差产生的横摆力偶矩来防止出现侧滑现象。例如在弯道上行驶时，因前轴侧滑而失去路径跟踪能力的驶出现象、后轴侧滑甩尾而失去稳定性的激转现象等危险工况，如图 5-3-25 所示。不管是哪种情况，都有可能引起严重的后果。VSC 可以通过控制原动力和各车轮上的制动力来帮助控制车辆稳定。

防滑控制 ECU 通过计算传感器检测的转向角、车速、车辆横摆率和车辆横向加速度来判定车辆的运动状况。前轮侧滑控制如图 5-3-26 所示。如果车辆的实际横摆率小于目标横摆率（目标横摆率由车速和转向角确定），表明车辆实际的运动半径大于理论轨迹的半径。此时，防滑控制 ECU 确定前轮侧滑较大。防滑控制 ECU 根据前轮侧滑的程度，控制原动力并向转向内侧的前轮和后轮施加制动力，从而达到减小前轮侧滑的效果。

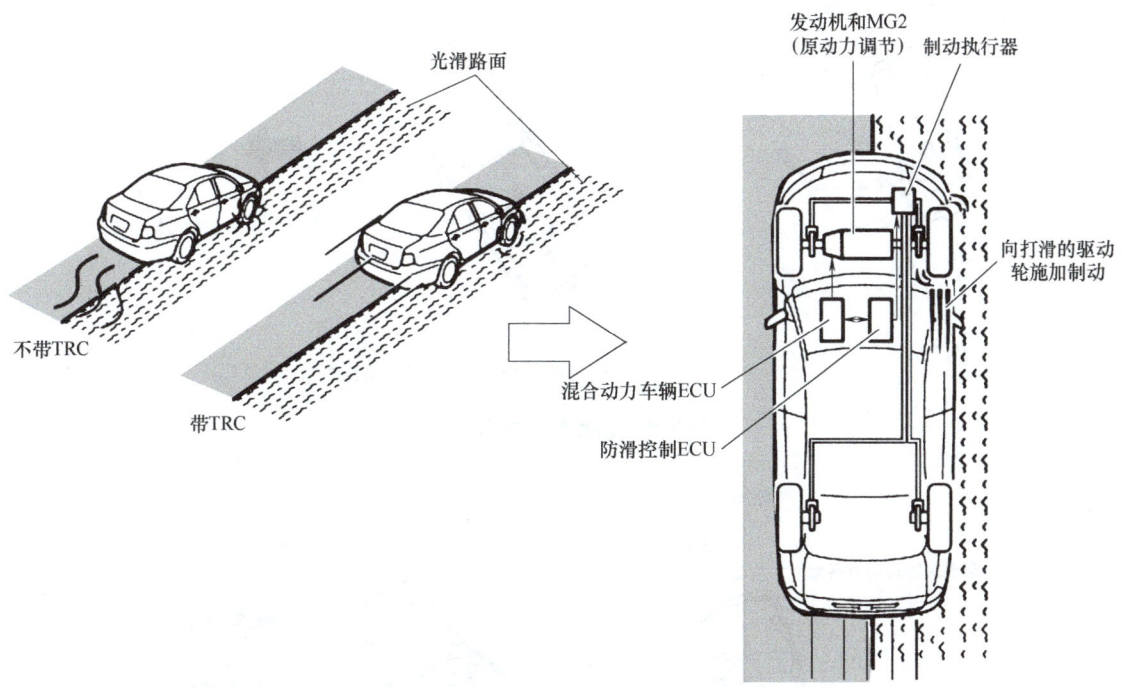

图 5-3-24　有无 TRC 在摩擦因数不同的路面上突然加速时的对比

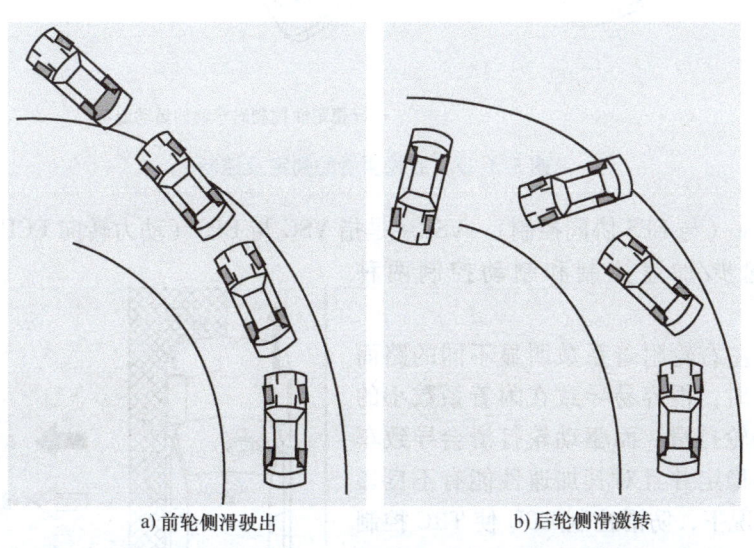

a) 前轮侧滑驶出　　　　　　b) 后轮侧滑激转

图 5-3-25　汽车在弯道行驶中前后轮侧向力过大时，汽车的运动轨迹

后轮侧滑控制如图 5-3-27 所示。车辆是否处于后轮侧滑状态由车辆实际运动方向和理论运动方向所确定的侧滑角度值以及侧滑角速度来判断。当车辆的侧滑角度和侧滑角速度均比较大时，防滑控制 ECU 确定车辆后轮侧滑较大。防滑控制 ECU 根据后轮侧滑的程度对转向外侧的前轮和后轮施加不同大小的制动力，从而产生阻碍侧滑的制动控制力矩，抑制后轮侧滑。这样，一方面可以降低车速，另一方面提高了车辆的行驶稳定性。

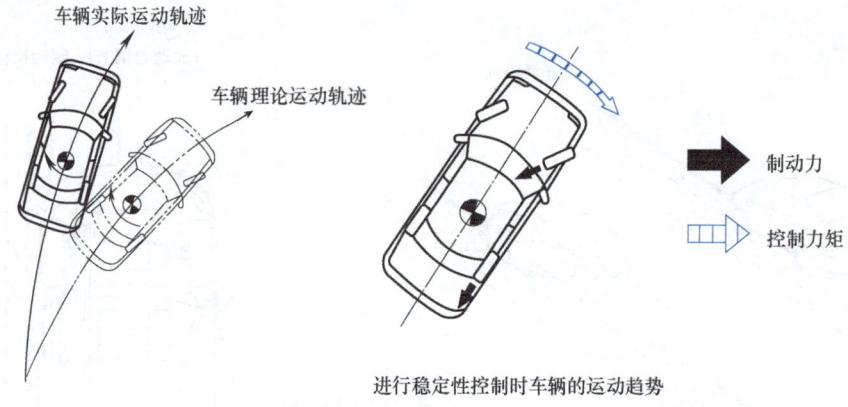

图 5-3-26　前轮侧滑的判定及控制

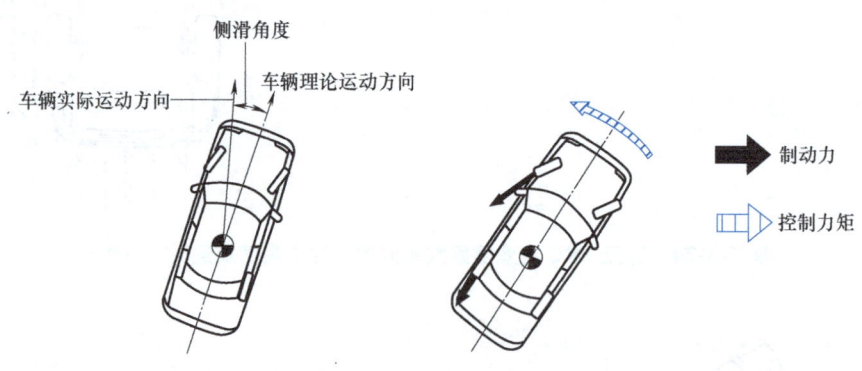

图 5-3-27　后轮侧滑的判定及控制

（7）VSC+（与 EPS 协同控制）　VSC+ 是指 VSC 与 EPS（动力转向 ECU）之间的协同控制，分为起步/加速控制和制动控制两种情况。

当车辆在左右轮附着系数明显不同的路面上起步或加速时，很容易导致在附着系数小的路面上的驱动轮打滑，而驱动轮打滑会导致车辆姿态变得不稳定并且对其加速性能有不良影响。在这种情况下，防滑控制 ECU 使 TRC 控制打滑驱动轮上的液压进行制动，并请求混合动力车辆 ECU 总成执行原动力控制。同时，VSC 执行与 EPS 的协同控制以提供转向力矩辅助，帮助驾驶人进行转向操作以稳定车身姿态。其控制原理如图 5-3-28 所示。

当车辆在左右轮附着系数明显不同的路面上制动时，左右轮之间的制动力差异会导致车

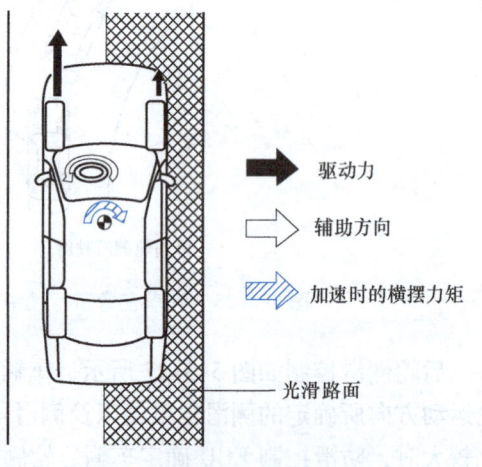

图 5-3-28　起步/加速时驱动轮打滑，
VSC+ 的控制原理

辆姿态变得不稳定并且产生横摆移动。在这种情况下，防滑控制 ECU 控制 ABS 和 VSC 以稳定车身姿态。同时，VSC 执行与 EPS 的协同控制以提供转向力矩辅助，帮助驾驶人进行转向操作以稳定车身姿态。其控制原理如图 5-3-29 所示。

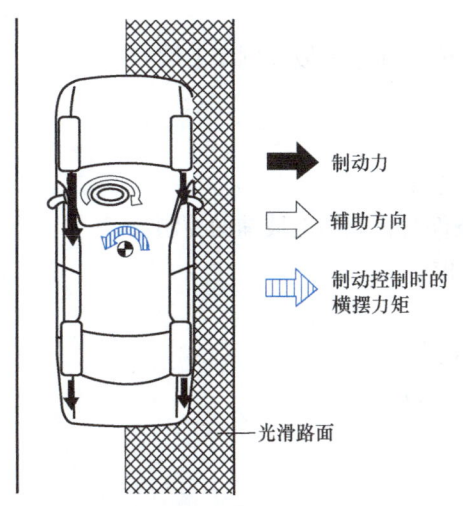

图 5-3-29　制动时驱动轮打滑，VSC + 的控制原理

5.3.3　上坡辅助控制（HAC）

当车辆在陡峭的或附着系数小的坡道上起步时，驾驶人将脚从制动踏板移动到加速踏板的过程中车辆可能会向后滑动，从而导致车辆起步困难。为了防止这种情况发生，上坡辅助控制将暂时（不超过 2s）在所有车轮上执行制动操作，以阻止车辆沿坡道向下移动，如图 5-3-30 所示。

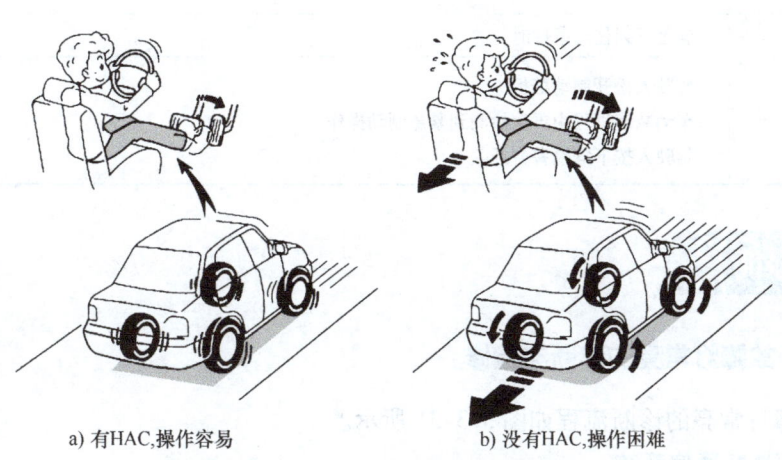

图 5-3-30　有无 HAC 车辆在上坡时的对比

如果没有上坡辅助控制，驾驶人必须快速而准确地将脚从制动踏板移动到加速踏板

（图 5-3-30b）。有上坡辅助控制时，驾驶人更容易起步，而且操作踏板时更加从容（图 5-3-30a）。

防滑控制 ECU 通过减速传感器信号判断车辆是否处于上坡状态，当车辆符合下列所有条件时激活上坡辅助控制：
1) 变速杆不在 P 和 N 位（前进上坡和倒车上坡）。
2) 车辆处于静止状态。
3) 未踩下加速踏板。
4) 驻车制动处于释放状态。

当车辆符合下列任意条件时，取消上坡辅助控制：
1) 变速杆位于 P 或 N 位。
2) 踩下加速踏板。
3) 驻车制动处于收紧状态。
4) 激活上坡辅助控制 2s 以后。

5.3.4 紧急制动信号

紧急制动时，紧急制动信号使所有危险警告灯闪烁以警告后方车辆的驾驶人，从而降低车辆追尾的可能性。防滑控制 ECU 根据轮速传感器、加速度传感器（空气囊传感器总成）和制动灯总成检测车辆状况和制动操作情况，当其判断为紧急制动时，防滑控制 ECU 发送指令到组合仪表总成，控制危险警告灯闪烁。

紧急制动信号的激活及解除条件见表 5-3-5。

表 5-3-5 紧急制动信号的激活条件和解除条件

激活条件	满足下列所有条件时 车速高于 55km/h 驾驶人踩下制动踏板 车辆减速过程中没有再次检测到紧急制动操作
解除条件	满足下列任意条件时 驾驶人松开制动踏板 车辆减速过程中再次检测到紧急制动操作 驾驶人按下危险警告开关

5.3.5 ABS 故障灯常亮的诊断与检修

ABS 故障灯常亮的诊断流程如图 5-3-31 所示。

1. 检查 CAN 通信系统

使用 GTS，选择 CAN 总线检查，进行 CAN 通信检查。如果输出故障码，则对 CAN 通信系统进行故障排除。如果未输出故障码，则检查带主缸的制动助力器总成插接器是否连接牢固。

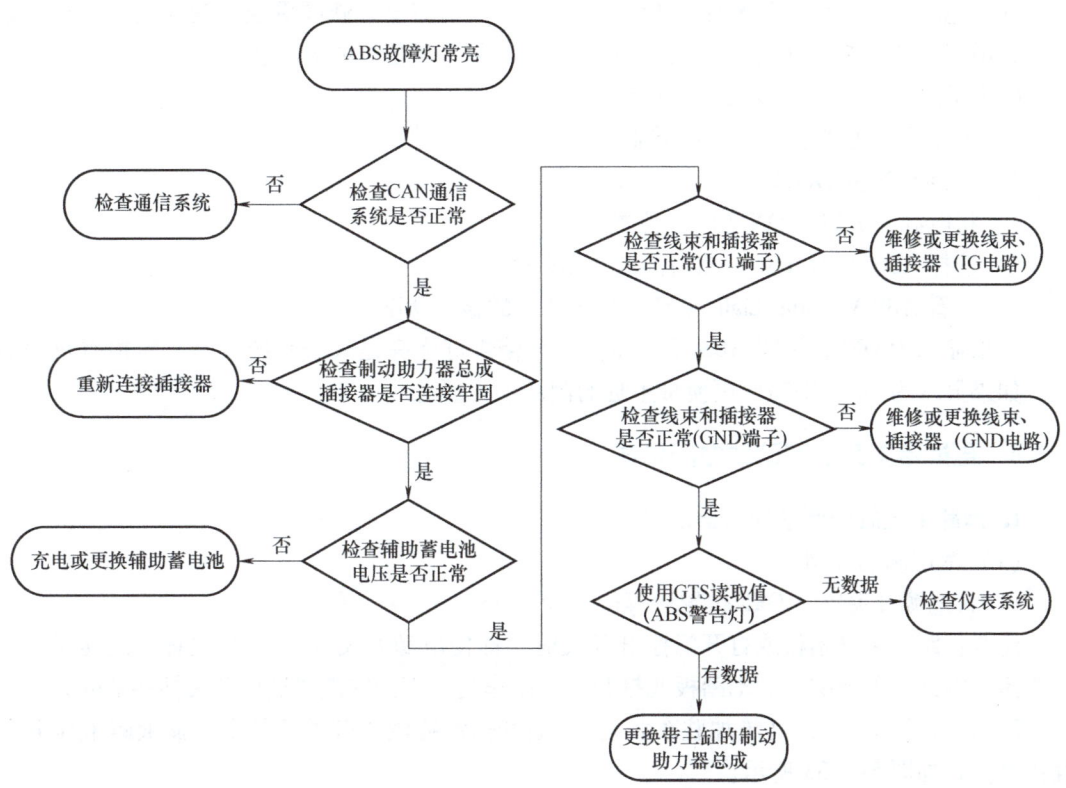

图 5-3-31 ABS 故障灯常亮的诊断流程

2. 检查制动助力器总成连接

检查带主缸的制动助力器总成连接是否牢固。如果连接牢固,则检查辅助蓄电池。

3. 检查辅助蓄电池

检查辅助蓄电池电压,其电压在电源开关 ON（IG）状态应为 11~14V,在电源开关 ON（READY）状态应为 11~15.5V。如果电压正常,则检查线束和插接器（IG1）端子。如果电压异常,则对辅助蓄电池充电或更换。

4. 检查防滑控制 ECU 供电

1) 断开防滑控制 ECU 插接器 A42,插接器 A42 和 IG1 端子如图 5-3-32 所示。

2) 将电源开关置于 ON（IG）位置。

3) 检查 A42-16 端子（IG1 端子）与车身搭铁间电压,正常应为 11~14V。

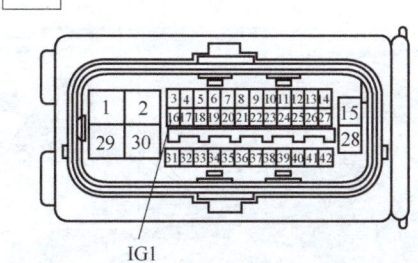

图 5-3-32 插接器 A42 和 IG1 端子

如果电压异常,说明防滑控制 ECU 供电异常,则需要维修或更换供电电路。如果电压正常,则检查线束和插接器 GND 端子。

5. 检查防滑控制 ECU 搭铁

1) 将电源开关置于 OFF 位置。

2) 检查 23、24、25、26、27、28 号端子与车身搭铁间电阻,阻值应均小于 1Ω。

如果电阻异常，说明防滑控制 ECU 搭铁异常，则需要维修或更换搭铁线路。如果电阻正常，说明防滑控制 ECU 搭铁正常，则需要读取 ABS 警告灯的显示状况。

6. 使用 GTS 读取 ABS 警告灯状态

1）重新连接防滑控制 ECU 插接器 A42。
2）连接 GTS 到 DLC3。
3）将电源开关置于 ON（IG）位置。
4）选择 ABS/VSC/TRC，然后读取数据列表。
5）查看 ABS Warning Light（ABS 警告灯）的显示状况。

如果显示为 OFF，说明 ABS 无故障，ABS 警告灯常亮是仪表系统故障，需检查仪表系统。如果显示为 ON，则需要更换带主缸的制动助力器总成。

5.3.6 更换带主缸的制动助力器总成

1. 拆卸带主缸的制动助力器总成

（1）禁用制动控制
1）将电源开关置于 OFF 位置后等待至少 2min。
注意：踩下制动踏板或打开门控灯开关时，即使电源开关置于 OFF 位置，制动系统也会激活。因此，不要踩下制动踏板或打开、关闭车门，直到储液罐液位开关插接器断开。
2）拉起驻车制动杆（施加驻车制动），断开储液罐液位开关插接器，储液罐液位开关插接器位置如图 5-3-33 所示。
3）断开辅助蓄电池负极端子电缆。
4）踩下制动踏板 40 次或更多次，使蓄压器中的所有制动液流回储液罐。
5）检查并确认不能继续深踩制动踏板。
6）解除驻车制动。
（2）拆卸风窗玻璃刮水器电动机　拆卸风窗玻璃刮水器电动机及连杆总成。
（3）拆卸左侧防水片　分离卡夹并拆卸左侧防水片，卡夹及防水片位置如图 5-3-34 所示。

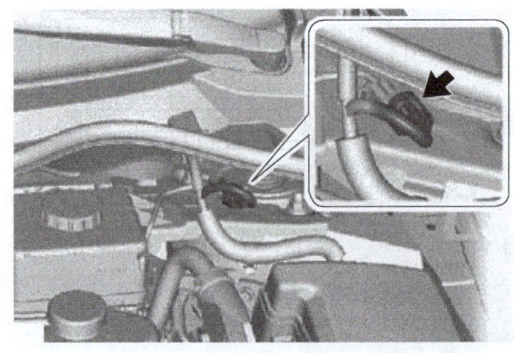

图 5-3-33　储液罐液位开关插接器位置

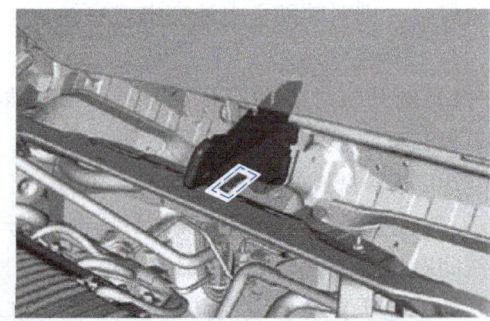

图 5-3-34　卡夹及防水片位置

（4）拆卸加热器 2 号风管挡泥板密封　分离卡夹并拆卸加热器 2 号风管挡泥板密封，卡夹及 2 号风管挡泥板密封位置如图 5-3-35 所示。

（5）拆卸前围上外板　拆下 11 个螺栓和 1 个螺母，然后取下前围上外板，螺栓和螺母位置如图 5-3-36 所示。

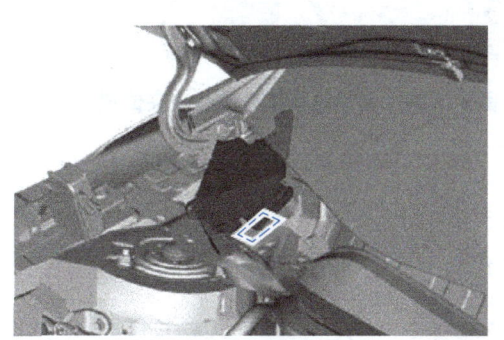

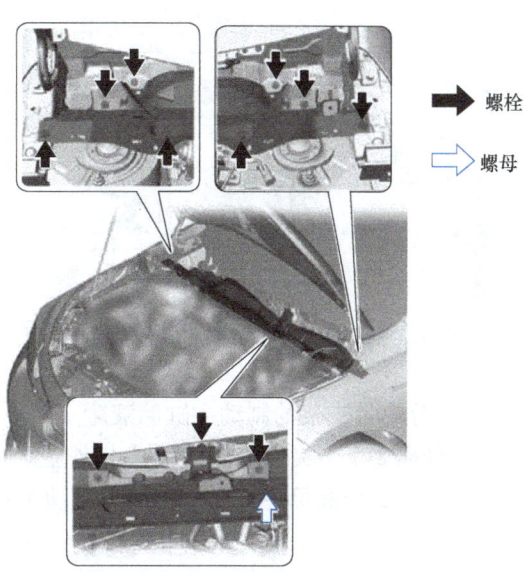

图 5-3-35　卡夹及 2 号风管挡泥板密封位置

图 5-3-36　前上围板螺栓和螺母位置

（6）排放制动液　排放制动液时注意不要使其滴落到任何油漆表面，如果不慎滴到油漆表面，则需要立即用清水清洗干净。

（7）拆卸仪表板 1 号底罩分总成

1）拆下 2 个螺钉，位置如图 5-3-37 所示。

2）分离卡夹和导销，拆下仪表板 1 号底罩分总成。卡夹和导销的位置如图 5-3-38 所示。

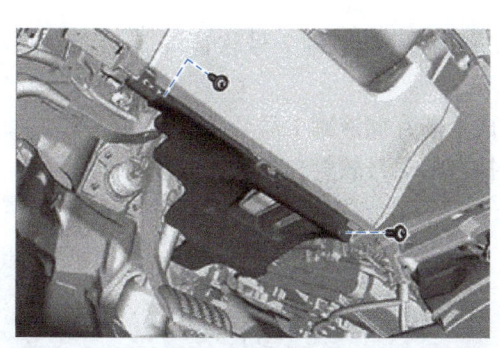

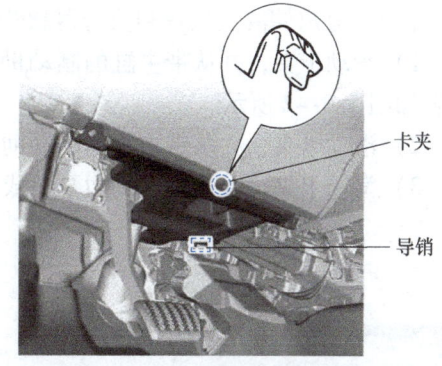

图 5-3-37　仪表板 1 号底罩分总成及其固定螺钉

图 5-3-38　仪表板 1 号底罩分总成卡夹和导销的位置

（8）拆卸制动踏板回位弹簧和推杆销

1）从制动踏板支架总成和推杆销上拆下制动踏板回位弹簧，回位弹簧位置如图 5-3-39 所示。

241

2）拆下卡夹和推杆销，然后从推杆 U 形夹上分离制动踏板支架总成，推杆销和卡夹如图 5-3-40 所示。

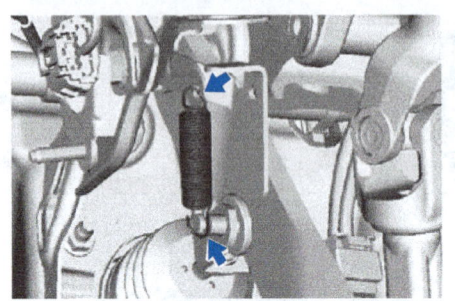
图 5-3-39　制动踏板回位弹簧的位置

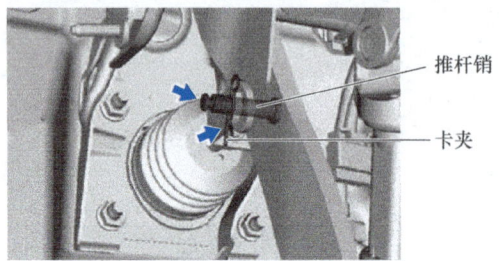
图 5-3-40　制动踏板推杆销和卡夹位置

（9）分离带支架的制动主缸储液罐

1）分离 2 个卡夹以分离线束，卡夹位置如图 5-3-41 所示。

2）拆下 2 个螺母并分离带支架的制动主缸储液罐。

图 5-3-41　卡夹和螺母位置

（10）分离储液罐软管和执行器软管

1）滑动卡夹，并从带主缸的制动助力器总成上断开储液罐 2 号软管，2 号软管和卡夹位置如图 5-3-42 所示。

2）滑动卡夹，并从带主缸的制动助力器总成上断开储液罐 1 号软管。

3）滑动卡夹，并从制动助力泵总成上断开执行器 1 号软管，如图 5-3-43 所示。

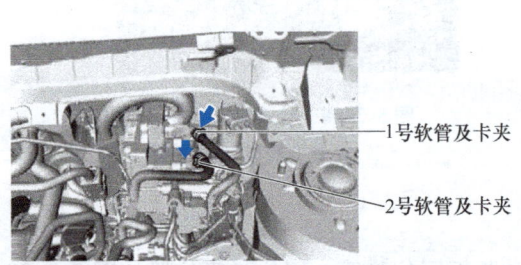
图 5-3-42　储液罐 1 号、2 号软管及卡夹

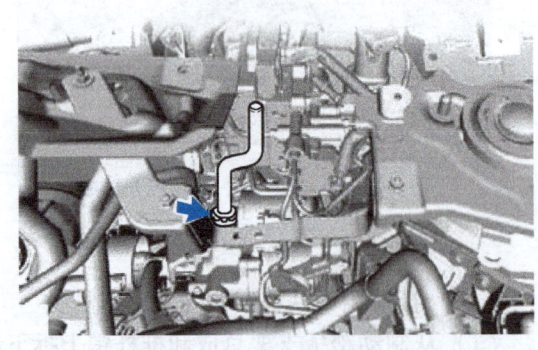
图 5-3-43　执行器 1 号软管及卡夹

（11）拆卸带支架的制动主缸储液罐　将带支架的制动主缸储液罐拆下。
（12）拆卸制动执行器 5 号支架
1）分离卡夹，卡夹位置如图 5-3-44 所示。

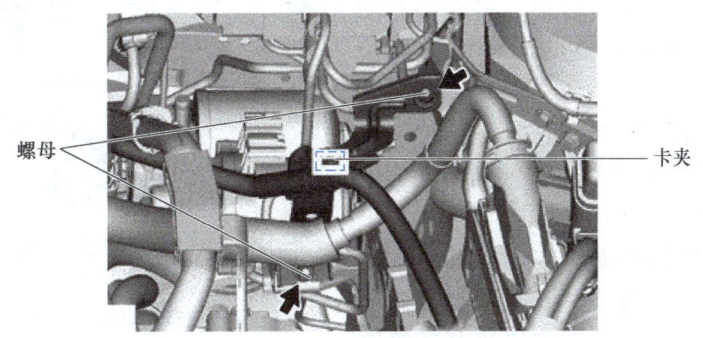

图 5-3-44　螺母和制动执行器 5 号支架位置

2）拆下 2 个螺母和制动执行器 5 号支架。

（13）拆卸带主缸的制动助力器总成

1）松开锁杆并从带主缸的制动助力器总成上断开插接器，插接器位置及断开插接器方法如图 5-3-45 所示。

2）从带主缸的制动助力器总成上拆下 2 个螺栓和 2 号制动管卡夹支架，2 号制动管卡夹支架和固定螺栓位置如图 5-3-46 所示。

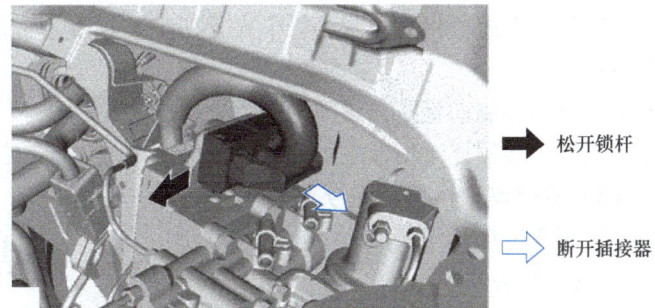

图 5-3-45　插接器位置及断开插接器方法

3）从带主缸的制动助力器总成上断开 5 根制动管路，并使用标签做好记录，以便识别重新连接的位置，制动管路连接如图 5-3-47 所示。

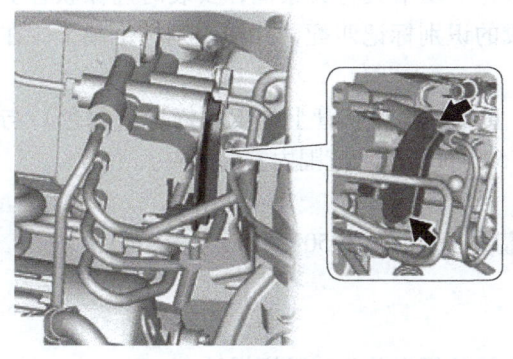

图 5-3-46　2 号制动管卡夹支架和固定螺栓位置

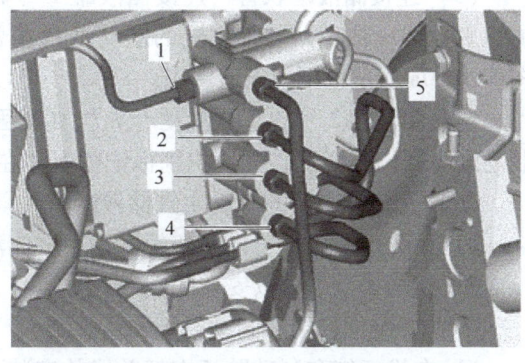

图 5-3-47　制动管路连接
1—至右前轮缸　2—至右后轮缸　3—至制动助力泵总成
4—至左后轮缸　5—至左前轮缸

4）拆下4个螺母，取下带主缸的制动助力器总成，螺母位置如图5-3-48所示。注意不要扭曲或损坏制动管路。

2. 安装带主缸的制动助力器总成

（1）安装制动助力器衬垫　将新的制动助力器衬垫安装到带主缸的制动助力器总成上。

（2）安装带主缸的制动助力器总成

1）用4个螺母安装带主缸的制动助力器总成，紧固力矩为12.7N·m。

注意：不要扭曲或损坏制动管路；不要让制动液流入ECU插接器中；如果安装新的带主缸的制动助力器总成，则连接制动管路前不要拆下孔塞，因为带主缸的制动助力器加注有制动液。

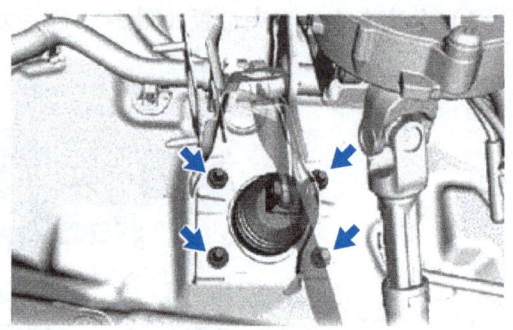

图5-3-48　带主缸的制动助力器4个固定螺母位置

2）将各制动管路暂时紧固至带主缸的制动助力器总成的正确位置。

3）用2个螺栓将2号制动管卡夹支架安装到带主缸的制动助力器总成上，拧紧力矩为7N·m。

4）紧固各制动管路，紧固力矩为15.2N·m。

5）将插接器连接到带主缸的制动助力器总成上，连接方法如图5-3-49所示。

（3）安装制动执行器5号支架

1）用2个螺母安装制动执行器5号支架，拧紧力矩为8.5N·m。

2）接合卡夹。

（4）连接制动执行器1号软管　用卡夹将制动执行器1号软管连接到制动助力泵总成上，安装时要确保软管上的识别标记（绿色）与制动助力泵总成上的相匹配。

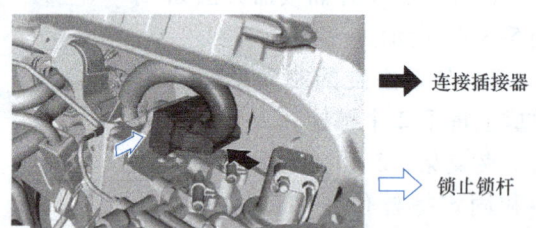

➡ 连接插接器

⇨ 锁止锁杆

图5-3-49　插接器连接方法

（5）连接储液罐软管　连接储液罐1号软管并滑动卡夹将其紧固，安装时确保软管上的识别标记（白色）与带主缸的制动助力器总成的识别标记匹配，并使识别标记朝上。在图5-3-50a所示范围内安装卡夹。

连接储液罐2号软管并滑动卡夹将其紧固，安装时确保软管上的识别标记（绿色）与制动助力器的相匹配，并使识别标记朝上。在图5-3-50b所示范围内安装卡夹。

（6）安装带支架的制动主缸储液罐

1）用2个螺母安装带支架的制动主缸储液罐，拧紧力矩为50N·m。

2）接合2个卡夹以安装线束。

（7）安装推杆销和制动踏板回位弹簧

1）在推杆销和制动踏板支架总成的安装孔上涂抹锂皂基乙二醇润滑油。

2）安装推杆销和新卡夹，将推杆U形夹连接到制动踏板支架总成上。

3）将制动踏板回位弹簧安装到制动踏板支架总成和推杆销上。

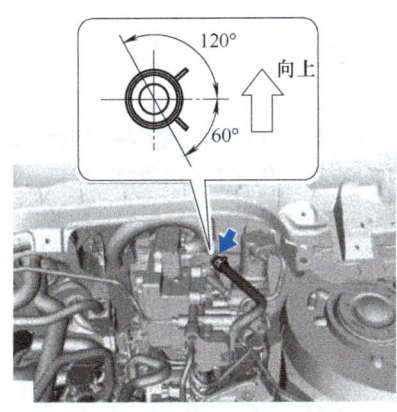 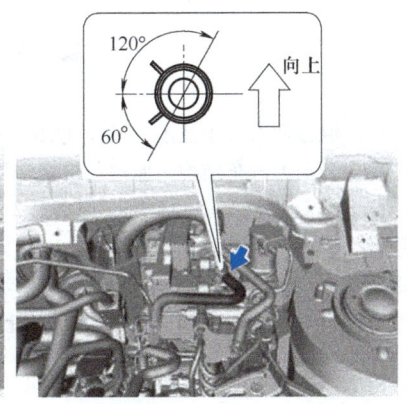

a) 储液罐1号软管卡夹位置及安装角度范围　　b) 储液罐2号软管卡夹位置及安装角度范围

图 5-3-50　储液罐 1、2 号软管卡夹位置及安装范围

（8）加注制动液　加注规定量的制动液。

（9）启用制动控制

1）连接辅助蓄电池负极端子电缆。

2）对制动系统进行放气。

3）检查并调节制动踏板。

4）获取横摆率和加速度传感器的零点。

（10）安装其他零部件

1）安装仪表板 1 号底罩分总成。

2）安装前围上外板、加热器 2 号风管挡泥板密封和左侧防水片。

3）安装风窗玻璃刮水器电动机及连杆总成。

单元小结

1. 卡罗拉混合动力汽车电控制动系统将 ABS、BAS、TRC、VSC、EBD 和 HAC 整合在一个系统中，采用电子控制制动系统控制四个车轮上的液压制动力。

2. 卡罗拉混合动力汽车电控制动系统主要由制动助力泵总成、带主缸的制动助力器总成、制动踏板行程传感器总成、空气囊传感器总成、组合仪表总成、混合动力车辆 ECU、动力转向 ECU、VSC OFF 开关和制动器等组成。

3. 卡罗拉混合动力汽车电控制动系统有多种制动控制功能，包括：防抱死制动、电子制动力分配、制动辅助、牵引力控制、车辆稳定性控制和上坡辅助控制；采用了再生制动协同控制。其制动执行器与防滑控制 ECU 集成为一体并配有液压制动助力器。

参 考 文 献

[1] 彼得·霍夫曼. 混合动力汽车技术［M］. 耿毅，耿彤，译. 北京：机械工业出版社，2017.
[2] 瑞佩尔. 图解混合动力汽车结构·原理与维修［M］. 北京：化学工业出版社，2017.
[3] 约翰 M 米勒. 混合动力汽车驱动系统（原书第 2 版）［M］. 刘玉梅，赵聪聪，徐振，等译. 北京：机械工业出版社，2016.
[4] 宁德发. 混合动力汽车结构·原理·检测·维修［M］. 北京：化学工业出版社，2018.
[5] 杨庆彪. 混合动力汽车结构原理与维修［M］. 北京：中国劳动社会保障出版社，2010.